古代汉语

同步辅导与习题详解

主编　童程　马一鸣
总策划　时代云图考试研究中心

【本书适用于王力版《古代汉语》第一册&第二册】

北京理工大学出版社
BEIJING INSTITUTE OF TECHNOLOGY PRESS

版权专有　侵权必究

图书在版编目（CIP）数据

古代汉语同步辅导与习题详解手写笔记 / 童程, 马一鸣主编. -- 北京：北京理工大学出版社, 2025.3.
ISBN 978-7-5763-5189-7

Ⅰ. H109.2

中国国家版本馆 CIP 数据核字第 2025JC9296 号

责任编辑：申玉琴　　**文案编辑**：申玉琴
责任校对：刘亚男　　**责任印制**：李志强

出版发行	/ 北京理工大学出版社有限责任公司
社　　址	/ 北京市丰台区四合庄路 6 号
邮　　编	/ 100070
电　　话	/ (010) 68944451（大众售后服务热线）
	(010) 68912824（大众售后服务热线）
网　　址	/ http://www.bitpress.com.cn

版 印 次	/ 2025 年 3 月第 1 版第 1 次印刷
印　　刷	/ 三河市良远印务有限公司
开　　本	/ 787 mm × 1092 mm　1/16
印　　张	/ 24.25
字　　数	/ 683 千字
定　　价	/ 69.80 元

图书出现印装质量问题，请拨打售后服务热线，负责调换

前　言

　　古代汉语的学习不是一件容易事。

　　何为古代汉语呢？王力先生最早于1954年在北京大学讲课时，创设了一门名为"汉语史"的课程。《汉语史稿》是其所用讲义，于1957年、1958年分为上、中、下三册由科学出版社出版，是汉语史研究领域的开山之作。在这本书中，王力先生提出了"初步意见"，将汉语史大致分为四个时期：

　　（1）上古汉语时期：3世纪以前（五胡乱华以前）。3、4世纪为过渡阶段。

　　（2）中古汉语时期：4世纪到12世纪（魏晋—隋唐—五代十国—北宋—南宋前半）。12、13世纪为过渡阶段。

　　（3）近代汉语时期：13世纪到19世纪（鸦片战争）。1840年鸦片战争到1919年五四运动为过渡阶段。

　　（4）现代汉语时期：20世纪（五四运动以后）。

　　从上古时期的《诗经》《楚辞》一直到明清时期的《三国演义》《水浒传》，我们在中学、大学阶段接触的古代文学作品内容丰富，跨度较大。这些都是古代汉语的书面语作品，而我们学习古代汉语其实就是通过学习文选来学习古代汉语的书面语。就文学作品而言，古今语法的差距并不悬殊，所以最重要的是掌握词汇的含义。我们只有明白词汇的具体含义，才可大体上读懂作品。而和现代汉语相比，词义差距较为明显的主要是上古汉语和中古汉语。

　　囿于本科阶段的课时分配和考试范围，对于王力先生的《古代汉语》，多数院校其实并不能全部学完，主要学习的还是第一册和第二册的上古时期的作品。这也是研究生招生考试和我们这本古代汉语辅导书的涵盖范围。学有余力的同学可将第三册和第四册通览几遍，所谓"读书百遍，其义自见"，勤翻课本，多多益善。

　　王力先生的《古代汉语》包括文选、常用词和古汉语通论。要注意的是，文选是基础，考试也经常会考句读，所以我们可以多读古文，培养语感，并且以读促悟，边读边思考。《古代汉语》的文选是从语言学的角度来说的，所以我们要字字落实，着重于语言的分析。有时间的同学可以手抄繁体字古文，这样更能记住字形。常用词部分，主要呈现了使用频率较高的义项，少见生僻的专有名词，或仅在极个别例句中出现的义项，不是这阶段学习的重点。而对于古汉语通论，要系统地进行学习，不要知其然而不知其所以然。此外，同学们要及时背诵与复习。

　　本书共有七个单元，针对选文设置了"课文通译""字词梳理""语法修辞"三大板块。由于文选长短不一，我们在单元内整合了部分相邻的课文知识。比如王力先生的《古代汉语》选用了《诗经》《论语》中的许多篇章，而我们有时会把好几篇选文里面包含的古代汉语知识整合在一起。这样可以保证整理后的每一课的容量大体是相等的。

"课文通译"板块，为了方便考生从字形去探求本义，本书用繁体字形式来呈现文选。这个板块主要是对原文中的字词进行分析，并简析原书内容，有助于考生对考点的融会贯通。

"字词梳理"板块，本书主要摘选文选中出现的重要字词。选择标准主要为该词是否在王力先生的《古代汉语》的常用词部分出现。本书虽然仅涵盖了《古代汉语》第一册与第二册的选文，但选文中一些词语的用法、用例出现在第三册或第四册的常用词中。对此，我们把后面的内容也放在选文的"字词梳理"部分加以展现，并标注了常用词对应的位置。比如《左传·宫之奇谏假道》里的"翫"，它的释义在《古代汉语》第三册的第1052页，是第656个常用词，则标注为"【玩（翫）】（三 P1052 常用词 656）"。此外，一些常用词并未标注对应的位置，这是因为其并未被收录在王力先生的《古代汉语》中，但考虑到其在多篇文选中出现了不同的含义，进行学习还是很有必要的。

在整理过程中，我们发现王力先生的《古代汉语》中的例句出现了一些错别字，更重要的是这些例句并不全部选自教材里的课文，即往往会选择不在文选范围内的文章的句子作为例子，这可能会对考生理解词义乃至句意有一定的阻碍。因此，多数情况下我们尽量重新选择了文选中的句子作为语料。

此外，教材中常用词部分的一些例句出自一些先秦文章，可教材没有标明这些先秦文章的标题，反而标示为年份。例如，请，请求。《左传·隐公元年》："亟请于武公。"此处将《左传·郑伯克段于鄢》标示为《左传·隐公元年》。这样考生往往弄不清楚这句话出自教材的哪一篇课文。我们在这本辅导书里尽可能地避免了这个问题。

"语法修辞"板块，本书主要关注词类活用、特殊结构等方面。"知识链接"则适当地补充了一些古代汉语的文法知识。在编写过程中，我们适当参考了以下几个版本的教材：

（1）李运富，华中科技大学出版社，《古代汉语简明教程》。

（2）郭锡良、唐作藩等，商务印书馆，《古代汉语（修订本）》。

（3）胡安顺、郭芹纳，中华书局，《古代汉语（第三版）》。

（4）董志翘、杨琳，武汉大学出版社，《古代汉语（第二版）》。

（5）黄德宽，高等教育出版社，《古代汉语》。

此外，我们还参考了《王力古汉语字典》《王力〈古代汉语〉注释汇订》《古代汉语句型分类详解》等，为的是博采众长，集方家之美。

除上述三大板块外，本书以"知识链接"的形式适当地补充了一些古代汉语的知识，还精心配套了单元试题并附上答案解析，让考生对古代汉语的考查形式有初步了解。

学习是一件幸福的事，古代汉语的学习也是这样。学习古代汉语，你可以畅游于名家作品中，体会语言的奥妙。著名社会学家费孝通先生曾提出十六字箴言："各美其美，美人之美，美美与共，天下大同。"同学们各自努力学习，博一个光明的前途，是"各美其美"；笔者努力编书，助力阁下平步青云，是"美人之美"。彼此虽不谋面，但教学相长，也算得上是"美美与共，天下大同"！希望大家都能发掘自己的潜力，不妄自菲薄，去创造一个崭新的自我。

童程、马一鸣

目 录

第一单元 1
- 鄭伯克段于鄢 3
- 齊桓公伐楚 16
- 宫之奇諫假道 24
- 燭之武退秦師 31
- 蹇叔哭師 37
- 晉靈公不君 41
- 齊晉鞌之戰 50
- 楚歸晉知罃 58
- 祁奚薦賢、子產不毀鄉校 63
- 单元习题 69
- 单元习题参考答案 76

第二单元 87
- 馮諼客孟嘗君 89
- 趙威后問齊使 98
- 江乙對荆宣王 101
- 莊辛説楚襄王 104
- 魯仲連義不帝秦 112
- 觸讋説趙太后 118
- 单元习题 127
- 单元习题参考答案 130

第三单元 135
- 學而、爲政、里仁、公冶長、雍也、述而、泰伯、子罕、鄉黨 138
- 先進、顏淵、子路、憲問 144
- 衛靈公、季氏、陽貨、微子、子張 156
- 有子之言似夫子、戰于郎、苛政猛於虎、大同、教學相長、博學、誠意 164
- 单元习题 174
- 单元习题参考答案 179

第四单元 185
- 寡人之於國也 187

齊桓晉文之事	192
文王之囿、所謂故國者、夫子當路於齊	202
許行	208
攘雞、陳仲子、弈秋、舜發於畎畝之中	219
單元習題	225
單元習題參考答案	230

第五單元 235

非攻	237
老子	239
北冥有魚	244
不龜手之藥	252
庖丁解牛	255
胠篋	260
百川灌河、莊子釣於濮水、惠子相梁、運斤成風、曹商使秦	266
勸學	271
察傳	278
五蠹	281
單元習題	291
單元習題參考答案	297

第六單元 301

關雎、卷耳、桃夭、苤苢、北門、靜女	303
柏舟、牆有茨、相鼠、氓、木瓜、黍離	311
君子于役、風雨、伐檀、碩鼠、鴇羽、蒹葭	319
黃鳥、無衣、月出、七月	325
節南山、公劉、噫嘻	333
單元習題	343
單元習題參考答案	348

第七單元 353

離騷	355
山鬼、國殤	363
哀郢	367
卜居、漁父	373
單元習題	379
單元習題參考答案	381

第一单元[1]

---

[1] 本单元是《古代汉语》学习的开篇,也是重点。各版本的教材中,选文重合度高的几篇文章也主要出现在这个单元。

《左传》

一、基本概况

《左传》是中国古代一部叙事完备的编年体史书,是先秦散文著作的代表,是儒家重要经典之一,与《公羊传》《谷梁传》合称"春秋三传"。

《左传》的作者相传是春秋时鲁国的史官左丘明,但后世学者对此有所争议。现在一般认为《左传》的成书时间大约在战国中期(公元前 4 世纪中叶)。

《左传》代表了先秦史学的最高成就,是研究先秦历史和春秋时期历史的重要文献,对后世的史学产生了很大影响,特别是对确立编年体史书的地位起了很大的作用。

二、行文特点

1. 言简而要,事详而博。《左传》的文章细密详瞻,富于文采,具体生动;微婉蕴藏,意味深长,使人寻绎不倦。

2. 叙事精彩,引人入胜。《左传》向来以叙事精彩著称。书中有着引人入胜的情节,生动逼真的细节和场面,大大增强了故事性。在叙述的过程当中,《左传》还应用了铺垫、照应、追溯、插叙等手法,把有关事实巧妙地安排在一起,形成完整而严谨的篇章。

3. 人物个性鲜明。《左传》在叙事中注重描写各类人物的活动,在刻画这些人物时,又往往表现这个人物在政治兴衰中的相关思想、品质和性格。

4. 善于描写战争和叙写外交辞令。《左传》以善写战争著称,它记叙了春秋时期多场大大小小的战争,往往注重对双方战前谋划的叙述,同时简洁生动地描绘战争场面。此外,《左传》还善于叙写外交辞令,理富文美。

鄭伯克段于鄢《隱公元年》

一、课文通译

初①，鄭武公②娶于申③，曰武姜④。生莊公及共叔段⑤。莊公寤生⑥，
从前，郑武公从申国娶了妻，名叫武姜。她生下庄公和共叔段。庄公出生时脚先出来，
驚⑦姜氏，故名曰"寤生"，遂⑧惡⑨之。愛⑩共叔段，欲立之。
使武姜受惊，因此给他取名"寤生"，从此就很厌恶他。武姜喜爱共叔段，想立共叔段为世子。
亟⑪請於⑫武公，公弗⑬許。及⑭莊公即位⑮，爲之請制⑯。公曰：
屡次向武公请求，武公都不答应。到庄公即位的时候，武姜就替共叔段请求分封到制邑去。庄公说：
"制，巖邑⑰也，虢⑱叔死焉⑲，佗⑳邑唯命㉑。"
"制邑，是个险要的城镇，从前虢叔就死在那里，若是分封到其他城邑我都可以照吩咐办。"
請京㉒，使居之，謂之京城大㉓叔。
武姜便请求分封到京邑，庄公便让共叔段住在那里，称他为京城太叔。

① 初：当初。这是追述往事时的说法。
② 郑武公：郑桓公的儿子，名掘突，郑国第二代君主。
③ 申：春秋时国名，姜姓，在今河南省南阳市北。
④ 武姜：郑武公之妻。"姜"是她娘家的姓，"武"是她丈夫武公的谥号。
⑤ 共叔段：郑庄公的弟弟，名段。共：国名。叔：排名在末的，年少的。有一说法是，武姜生公叔段的时候武姜没有难产，所以起名叫"段（果断）"。段在兄弟之中年岁小，因此称之为"叔段"。段后来出奔共，所以称之为共叔段。
⑥ 寤生：难产的一种，胎儿的脚先生出来。寤：通"牾"，逆，倒着。
⑦ 惊：使动用法，使……惊。
⑧ 遂：连词，从此就。
⑨ 恶：厌恶。
⑩ 爱：喜欢，喜爱。
⑪ 亟：屡次。
⑫ 于：介词，向。
⑬ 弗：不。
⑭ 及：介词，到。
⑮ 即位：君主登上君位。
⑯ 制：地名，又名虎牢，在今河南省荥（xíng）阳市西北。制原是东虢国的领地，东虢国被郑国所灭，制遂为郑地。此地山岭交错，自成天险，大有"一夫当关，万夫莫开"之势，为历代兵家必争之地。武姜为共叔段请制，其心思可见一斑。
⑰ 巖邑：险要的城镇。巖：同"岩"。"巖"为形声字，从山，严声。"岩"为会意字，从山，从石，本义为高峻的山崖。邑：会意字，甲骨文字形为𠮛，上为口（wéi），表疆域，下为跪着的人形，表人口，合起来表城邑，本义为人所聚居的地方。
⑱ 虢：东虢，古国名，为郑国所灭。
⑲ 焉：兼词，兼有介词"于"和代词"此"的语法功能，相当于"于是""于此"，有人认为其是"于是间"的合音字。
⑳ 佗：同"他"，指示代词，别的，其他的。
㉑ 唯命：只听从您的命令，是"唯命是从"的省略。
㉒ 京：地名，在今河南省荥阳市东南。
㉓ 大：同"太"。王力、朱骏声作古今字。《说文解字》段玉裁注："太从大声，后世凡言大，而以为形容未尽则作太，如大宰俗作太宰，大子俗作太子，周大王俗作太王是也。"

祭仲①曰："都城过百雉②，国之害也③。先王④之制，
大夫祭仲说："都邑的围墙超过三百丈，就会成为国家的祸害。按先王的规定，
大都不过参国之一⑤，中五之一⑥，小九之一⑦。
大城市的城墙不能超过国都城墙的三分之一，中等的不能超过五分之一，小的不能超过九分之一。
今京不度⑧，非⑨制也。君将不堪⑩。"公曰："姜氏欲之，
现在京邑的大小不合法度，违反了先王的制度。您将无法控制。"庄公回答说："姜氏要这么做，
焉辟⑪害？"对曰："姜氏何厌⑫之有？不如早为之所⑬，
我怎能避开这祸害呢？"祭仲说道："姜氏有什么满足的呢？不如趁早给太叔另外安排个容易控制的地方，
无⑭使滋蔓，蔓难图⑮也；蔓草犹⑯不可除，
不让他的势力进一步蔓延，一旦蔓延开来就难以对付了；蔓延滋长的野草尚且很难除掉，
况⑰君之宠⑱弟乎？"公曰："多行不义，必自毙⑲，子姑⑳待之。"
更何况您尊宠的兄弟呢？"庄公说："多做不义的事情，必定自己垮台，你姑且等着瞧吧。"

① 祭仲：郑国的大夫。
② 都城过百雉：都邑的城墙超过三百丈。都：次于国都而高于一般邑等级的城市。《左传·骊姬谋立奚齐》："凡邑有宗庙先君之主曰都。"雉：量词，古代城墙长一丈、宽一丈、高一丈为一堵，三堵为一雉，即长三丈。
③ 国之害也：国家的祸害。
④ 先王：前代君王。郭锡良《古代汉语讲授纲要》注为周开国君主文、武王。
⑤ 参国之一：国都城墙的三分之一。参：同"三"。
⑥ 中五之一："五分国之一"的省略，意思是中等城市城墙不超过国都城墙的五分之一。
⑦ 小九之一："九分国之一"的省略，意思是小城市的城墙不超过国都城墙的九分之一。
⑧ 不度：不合法度。
⑨ 非：不是，即违反。
⑩ 不堪：受不了，即无法控制。
⑪ 辟：同"避"，古今字。
⑫ 厌：同"餍"，满足。"厌"为形声字，从厂

(hǎn)，猒(yàn)声。篆文字形为𠪋，上为厂，山崖石穴形；下为猒，由"犬、肉、甘"三部分合起来，会意字，本义为"吃饱"。
⑬ 为之所：给他安排个地方。为：动词，义为"安排"。之：指代太叔。所：处所。
⑭ 无：通"毋"(wú)。
⑮ 图：图谋。这里指设法对付。
⑯ 犹：尚且。
⑰ 况：同"况"，何况。
⑱ 宠：形声字，从宀(mián)，龙声。本义：尊崇。庄公与共叔段的关系应该是不好的，所以这里的"宠"不能翻译为"宠爱的"。《说文解字》："宠，尊居也。"
⑲ 毙：形声字，从死，敝声。先秦古书中表仆倒义的"獘"，在流传过程中往往被改成"斃"。"毙"的本义为仆倒，倒下去，此处可翻译为"垮台""失败"，汉以后才有"死"义。
⑳ 姑：姑且，暂且。

既而①大叔命西鄙②北鄙贰③于己。公子吕④曰：
没过多久，太叔又命令原属郑国西部、北部的边邑既属于自己又属于庄公。公子吕说：
"国不堪⑤贰，君将若之何⑥？欲与⑦大叔，臣请事⑧之；若弗与，
"国家不能有两个国君，现在您打算怎么办？您如果想把郑国交给太叔，那么我就请求去侍奉他；如果不给，
则请除之。无生民心⑨。"公曰："无庸⑩，将自及⑪。"
那么就请除掉他。不要使民生二心。"庄公说："不用除掉他，他自己将会遭到灾祸的。"

① 既而：固定词组，时间连词，表示前面说的事情发生后不久接下来又……，翻译为"不久"。与之相似的词还有未几、俄顷、须臾、少顷、少焉、俄顷、逾时等。
② 鄙：边邑，从邑，啚声，即边境上的城邑。
③ 贰：两属。
④ 公子吕：郑国大夫。
⑤ 堪：形声字，从土，甚声，本义为地面高起。这里为动词，表承受得住，经得起。
⑥ 若之何：固定结构，表示对它怎么办。之：指代

"太叔命西鄙北鄙贰于己"这件事。
⑦ 与：给予。
⑧ 事：侍奉。
⑨ 生民心：使动用法，使民生二心。
⑩ 无庸：不用。《说文解字》："庸，用也。""庸"和"用"通用，一般出现于否定句。
⑪ 将自及：将自己赶上灾祸。杜预注："及之难也。"及：本义为追赶上。

大叔又收**贰**①以**爲**②己邑，至③于廪延④。子封曰："可矣。
太叔又把两属的边邑改为自己统辖的地方，一直扩展到廪延。公子吕说："可以行动了。
厚⑤将得众⑥。"公曰："不义不暱⑦，
土地扩大后他将得到老百姓的拥护。"庄公说："对君不义无法笼络民心，
厚将崩。"
势力再雄厚也会崩溃。"

① 贰：原来贰属的西鄙和北鄙。
② 以为："以之为"的省略。
③ 至：象形字。《说文解字》："从一，一犹地，指事。"甲骨文字形为，从土，上亦象飞下之形，尾上首下。本义：到来，到达。
④ 廪延：地名，在今河南省延津县北。
⑤ 厚：会意字，从厂（hǎn），表示与山石有关，与"薄"相对，本义为地壳厚，这里指土地扩大。
⑥ 众：百姓。这里指民心。
⑦ 暱：形声字，从日，匿声，本义为亲近，亲昵。

大叔完聚①，缮甲兵②，具卒乘③，将袭④郑。
太叔修葺城郭，聚集百姓，修整盔甲和武器，准备好兵马和战车，将要偷袭郑国国都"新郑"。
夫人⑤将启之⑥。公闻其期，曰："可矣！"命子封帅车二百乘⑧
武姜打算开城门做内应。庄公探听到太叔袭郑的日期，说："可以出击了！"命令子封率领二百辆战车
以伐京。京叛⑨大叔段。段入⑩于鄢。公伐诸⑪鄢。五月辛丑⑫，
去讨伐京邑。京邑的人民背叛了太叔段。太叔段于是逃到鄢城。庄公又追到鄢城讨伐他。五月二十三日，
大叔出奔⑬共。
太叔逃到共国。

① 完聚：葺（qì）城郭，聚集百姓。完：形声字，从宀（mián），元声。"宀"与房屋有关。"完"的本义为完备，完整。
② 缮甲兵：修整作战用的甲衣和兵器。缮：修理。甲：铠甲。兵：会意字，从廾，从斤。甲骨文字形为，上面是短斧之类，下面是"廾"（gǒng，双手），象双手持斤。"兵"的本义为兵器，武器。（这里一定要跟现代意义的"兵"区分开，现代的
③ 具卒乘：准备步兵和兵车。具：准备，会意字。甲骨文字形为，上面是"鼎"，下面是双手，表示双手捧着盛有食物的鼎器（餐具）。"具"的本义为准备饭食或酒席，泛指准备，备办。卒：步兵。乘：四匹马拉的战车。春秋时期都是车战，兵车一乘计有一车四马、三甲士（御者居中、尊者居左、骖乘居右）、七十二步卒。

④ 襲：偷袭，即行军不用钟鼓。杜预注："轻行掩其不备曰袭。"该词本是贬义词，后逐渐转为中性词。

⑤ 夫人：武姜。

⑥ 启之：给段开城门，即做内应。启：同"启"，为动用法，"为……启"。

⑦ 帅：通"率"，率领。

⑧ 二百乘：共甲士六百人，步卒一万四千四百人。

⑨ 叛：背叛。

⑩ 入：逃入。

⑪ 诸："之于"的合音字。

⑫ 辛丑：古人以干支纪日。中国自古便有十天干与十二地支，简称"干支"，取意于树木的干和枝。十天干即甲、乙、丙、丁、戊、己、庚、辛、壬、癸（guǐ）；十二地支即子、丑、寅、卯、辰、巳（sì）、午、未、申、酉、戌（xū）、亥。天干和地支二者相配，天干地支组合成六十个计时序号，用以纪日，汉以后亦用以纪年，叫"天干地支纪年法"。

⑬ 出奔：逃到外国避难。奔：会意字。金文字形为 ，上面从"大"（人），象人挥动双手，下面从"止"（趾），而且是三个"止"，表示快跑。"奔"的本义为快跑，特指战败逃跑。《左传·庄公十二年》："大奔曰败。"

遂寘①姜氏于城颍，而誓之②曰："不及黄泉③，无相见也。"——
庄公就把武姜安置在城颍，并且向她发誓说："不到黄泉（不到死后埋在地下），不再见面。"——
既而悔之④。
过了些时候，庄公又后悔了。

① 寘：放置，放逐。
② 誓之：为动用法，向她发誓。
③ 黄泉：地下的泉水，喻墓穴，指死后。
④ 悔之：为动用法，对这事后悔。

颍考叔①为颍谷封人②，闻之，有献③于公。
颍考叔是颍谷管理疆界的官吏，听到这件事后，就把贡品献给郑庄公。
公赐之食。食舍④肉。公问之。对曰："小人有母，
庄公赐给他饭食。颍考叔在吃饭的时候把肉留着。庄公问他为什么这样。颍考叔答道："小人的母亲，
皆尝⑤小人之食矣，未尝君之羹⑥。请以遗⑦之。"公曰："尔有母遗，
我吃的东西她都尝过，但从未尝过君王的肉羹。请让我带回去留给她吃。"庄公说："你有个母亲可以孝敬，
繄⑧我独无！"颍考叔曰："敢⑨问何谓也？"公语之故⑩，且告之悔⑪。
唯独我就没有！"颍考叔说："冒昧地问一下这话怎么讲？"庄公把原因告诉他，还把自己后悔的事情告诉他。
对曰："君何⑫患焉⑬？若阙⑭地及泉，隧⑮而相见，其⑰谁曰不然⑱？"
颍考叔答道："您在这件事上忧虑什么呢？如果挖地挖出了泉水，从地道中相见，那么谁能说您违背了誓言呢？"
公从之。公入而赋⑲："大隧之中，其乐也融融⑳。"
庄公听从了他的话。庄公走进地道赋诗道："大隧之中相见，多么其乐融融啊。"
姜出而赋："大隧之外，其乐也泄泄㉑。"遂为母子如初㉒。
武姜走出地道赋诗道："大隧之外相见，多么舒畅快乐。"从此他们恢复了从前的母子关系。

① 颍考叔：郑国大夫，执掌颍谷（今河南登封西）。
② 封人：管理疆界的地方长官。封：疆界，田界。古代国境以树（沟）为界，故封为边界标志。"封"是会意字，金文字形为 ，左边象土上长着丰茂的树木形，右边是一只手（又，后来写作"寸"），表示聚土培植。《说文解字》："封，爵诸侯之土也。从之从土从寸。"郭沫若曰："古之畿封实以树为之也。此习于今犹存。"

③ 有献：有进献的东西。"献"作宾语，名词。
④ 舍：同"捨"，放着，释手。《说文解字》："舍，释也。""舍"由"释手"得出"放弃"义。"舍"后来写作"捨"。"捨"现在又简化为"舍"。
⑤ 尝：吃过。
⑥ 羹：用肉或菜调和五味做成的带汁的食物，可以说是带汁的肉。《尔雅·释器》："肉谓之羹。""羹"为会意字，从羔，从美。古人的主要肉食是羊肉，所以用"羔""美"会意，表示肉的味道鲜美。上古的"羹"一般是指带汁的肉，而不是汤，"羹"表示汤的意思是中古以后的事情。
⑦ 遗：赠送。
⑧ 繄：句首语气助词，不译。
⑨ 敢：表敬副词，冒昧。
⑩ 故：缘故，原因。
⑪ 悔：后悔的事情。
⑫ 何：什么，为什么。
⑬ 患：忧也。
⑭ 焉：与介词"于"加代词"是"相当。
⑮ 阙：通"掘"，挖。
⑯ 隧：隧道，这里用作动词，指挖隧道。
⑰ 其：语气助词，加强反问。
⑱ 然：代词，指代庄公对姜氏发的誓言。
⑲ 赋：赋诗。孔颖达疏："谓自作诗也。"
⑳ 融融：形容和乐愉快的样子。
㉑ 洩洩：闲散自得貌，和乐貌。
㉒ 遂为母子如初：从此母子还和当初一样。（注意是和当初一样，不是和好如初，俩人以前的关系就不是很好。）

君子①曰：颍考叔，纯②孝也。爱 其 母，施③ 及 莊 公。
君 子 说：颍考叔，是位真正的孝子。他不仅孝顺自己的母亲，而且把这种孝心推广到庄公身上。
詩 曰："孝子不匱④，永錫⑤爾類。"其⑥ 是 之 謂 乎？
《诗经》说："孝子不断地推行孝道，永远能感化你的同类。"大概说的就是颍考叔这类纯孝吧？

① 君子：道德高尚的人。此处为作者的假托，是《左传》中常用的发表评论的方式。《左传》中，"君子曰""君子谓""君子以为"这三种表述共有八十四条，表达的是君子对《左传》所记载的人和事的评说。这部分内容也被后世《左传》学者认为是春秋大义。
② 纯：形声字，从糸（mì），屯声。从"糸"表示与线丝有关。本义：蚕丝，同一颜色的丝织品。《汉书·梅福传》："一色成体谓之醇，白黑杂合谓之驳。"王先谦补注："官本'醇'作'纯'，在此译为醇厚，笃厚"。
③ 施：延及，扩展，等于说扩大影响。"施"为形声字，从㫃（yǎn），也声，本指旗帜。
④ 匱：尽。
⑤ 锡：通"赐"，给予。
⑥ 其：代词，兼有委婉推断的语气。

二、字词梳理

（一）古今与通假 → 虽题为古今与通假，但其实还涉及异体。

1. 故名曰"寤生"：通"牾"，逆，倒着。通假字。

> **知识链接："寤""悟"的辨析**
>
> "寤"和"悟"为同源字，睡醒叫"寤"，觉悟叫"悟"。觉悟的"悟"来源于睡醒的"寤"，并常写作"寤"。

> **知识链接："悟""逜""忤""迕"的辨析**
>
> "悟""逜""忤""迕"为同源字。《说文解字》："悟，逆也。"其中尚无"逜""忤""迕"三

个字，但它们与"牾"同音，都有"违背"义，实同一词。此外，"逆"是反其道而行，与"迕"义近，二者古音近且义通，是同源关系。

📌 知识链接：同源字（词）

同源字（词）问题，王力先生的《古代汉语》中暂无专门小结，这里补充郭锡良、唐作藩等人主编的《古代汉语（修订本）》（下册）P1113的解释：

"所谓同源词是这样一些词：它们本身是同一语源，后来分化成若干意义相关而不完全相同的词。这些词的读音和字形往往也随着分化，由于语言的发展，读音可能变得彼此很不相同，意义之间的联系可能变得难以辨认，字的形体也变得彼此毫不相干。但是，只要深入分析就会发现它们在读音和意义上总是有一定的联系的。研究同源词，就是要找出这些来自同一语源的词互相之间的联系。"

2. 佗邑唯命：同"他"，别的，其他的。古今字。

3. 谓之京城大叔：同"太"，极大。古今字。

4. 焉辟害：同"避"，躲避，避开。古今字。

📌 知识链接："躲""避"的辨析

"躲"和"避"的意义相同，适用范围大体一致。

二者的不同在于："躲"的历史短、口语性质强，多用于具体事物；"避"则历史长、色彩较为庄重，多用于抽象事物。

5. 无使滋蔓 / 无生民心 / 无相见也：通"毋"，不要。通假字。

📌 知识链接："勿""毋（无）"的辨析

"勿"和"毋（无）"都是副词，表示戒止。

二者的不同在于："勿"后的动词不带宾语，如"过则勿惮改"（《论语》）；"毋（无）"后的动词为及物动词时必须带宾语，如"无友不如己者（《论语》）"。

6. 命子封帅车二百乘以伐京：通"率"，率领。通假字。

7. 食舍肉：同"捨"，放着，释手。古今字。

📌 知识链接："舍（捨）""赦"的辨析

"舍（捨）"和"赦"的古音声母相同。舍（捨）是舍弃，《尔雅·释言》："赦，舍也。"赦免罪过是舍弃行为之一。二者音、义俱近，是同源关系。

8. 永锡尔类：通"赐"，给予。通假字。

> "锡"可通假的对象很多，都存在字形上的相似性：通"緆"，音xī，细麻布；通"赐"，音cì，赐给；通"髢"，音tì，假发。

知识链接："赏""赐"的辨析

"赏"和"赐"都有"给予"义，且大都指"上予下"。但是"奖有功"称"赏"；"赐"则是不问有功无功，无奖励的成分，只是单纯的上之施予。

知识链接：古今字和通假字的区别与联系以及我们的处理原则

本书在处理古今字和通假字的注释时，主要遵循以下两个原则：凡是教材标为"A后来写作B"的，均标为"古今字"，并写作"A同B"；凡是教材标为"A通B"的，均标为"通假字"。

> 《王力古汉语字典》P186：女，通"汝"。

其实，王力先生的《古代汉语》在标注时，对古今字与通假字并没有处理得十分清楚。大多数情况下，其在处理古今字的时候，都写作"A后来写作B"，少部分会写作"A同B"，如《左传·郑伯克段于鄢》中的"佗，同'他'"与《战国策·冯谖客孟尝君》中的"恇，同'懦'，懦弱"等。而在《王力古汉语字典》中，古今字的情况则要么写作"A通B"，如《左传·齐桓公伐楚》的"女"，要么不标用字情况，直接解释，如《战国策·冯谖客孟尝君》的"恇"。显然，其间存在矛盾。

> 《王力古汉语字典》P336：恇，懦弱。

我们用"同"和"通"来区分古今字和通假字只是表面简单化的处理手段，而上述言及的矛盾，其实质是学界对于通假字、古今字、异体字等汉字研究中"一词多形"现象的解释与看法存在差异使然。

王力先生对古今字与异体字的论述可参看《古代汉语》（第一册）P168~174，但其并没有涉及通假字的详细论述。这里我们适当补充胡安顺、郭芹纳主编的《古代汉语（第三版）》等其他资料中关于古今字、通假字的相关知识，以助读者理解：

（一）古今字

1. 定义：古今字是指古代某个字承担了多个意义或读音，而后成为区分这些意义或读音而另造的分化字与原始字的合称。

2. 产生原因：为了区别源头义与引申义，或加意符表示源头义，如"责—债"，加意符表示引申义，如"解—懈"。

3. 古今字的形成方式：

(1) 在古字基础上增加意符，形成今字。这是最常见的，如"然—燃"。

(2) 更换意符或声符，形成今字，如"说—悦"。

(3) 对古字的字形略加改造，形成今字，如"句—勾""母—毋"。

(4) 字形完全不同，没有联系，如"要—邀""亦—腋"。

4. 性质：今字承接的古字的义项，只是古字承担的几个职务当中的一个，古字还有别的职务存在。古今字很多，大致可分为以下两组（古字在前，今字在后，今字不见于《说文解字》的归第一组，今字见于《说文解字》的归第二组）：

(1) 大—太、弟—悌、閒—间、说—悦、孰—熟、竟—境……

(2) 共—供、辟—避、知—智、昏—婚、田—畋、反—返……

对于第一类，其在《说文解字》中没有，被认为是后起字（今字），这没有异议；复杂的在这第二类，这组后面的字，从前的文字学家不但不敢认为是后起字，反而认为是本字，同时第一个字是假借字。（这部分《古代汉语》教材并未展开，详细情况可参见裘锡圭《文字学概要（修订版）》P244~264。）

(二) 通假字

1. 定义：在文言中，语言中已有某个意思或汉字里本来已有某个字，但写文章的人不知道用哪个字或一时之间想不起来，或根本不知道已有，便临时找一个同音字代用，并且沿用下来，为人们所承认，便形成了两个字通用的现象。

总而言之，通假字是古人在书写时所使用的与本字同音的替代字。这里的通假是指本有其字的通假，与本无其字的假借字不同。

通假字常用"A通B""A用作B"来表示。凡通假字，都需要按照被通假的字的音去读，按照被通假的字的字义去讲。

2. 条件：通假的前提是同音或音近。这里的音指的是当时的音，而非今音。如今确定通假关系，一般主要依靠音韵学知识，但充分利用汉字的形声偏旁也可帮助辨识通假字。

3. 性质：通假字是已有本字的临时性借用，有的显然是古人写的错别字。因为每个假借字都还有各自原来的含义和用法，并且是根本的、主要的、常用的，而其借用义是临时的、不固定的，所以除一些使用极其普遍并沿用下来为人们所承认的外，一般只当作一种用字现象，不列入该字的义项。

4. 通假类型：

(1) 按本字与通假字的对应关系划分：

①一通一，即一个通假字只通一个本字，如"剥"通"攴（扑）"。

②一通多，即一个通假字可以通几个本字，如"矢"通"屎""誓"。

③多通一，即几个通假字都通一个字，如"财""裁"通"才"。

④二字互通，即两个字互相通假，如"错"通"措"。

(2) 从形声关系来看：

①一般来说，同声旁的字古音也相同或相近，可通，如"被—披""何—呵""错—措"。

②形声字与该字的声旁也可互相通假，如："傍—旁""匪—非""性—生""列—裂""式—轼""内—纳"。

（二）词义详解

1. 【克】（一 P53 常用词 30）

（1）战胜，攻破。《左传·郑伯克段于鄢》："郑伯克段于鄢。"《左传·齐桓公伐楚》："以此攻城，何城不克？"《左传·曹刿论战》："彼竭我盈，故克之。"

引申为克服，克制。《论语·颜渊》："克己复礼为仁。"

又引申为好胜。《论语·宪问》："克伐怨欲不行焉，可以为仁矣。"

> **小贴士**
>
> 同样的一个词，出现在不同的语境中，被不同语境中的情感色彩沾染，就引申出类似而有别的含义，这就是语境对词义的影响。比如这里的"克"同样是"战胜"义，引申后较积极的为"克服"，较消极的为"好胜"。

（2）能。《诗经·荡》："靡不有初，鲜克有终。"《尚书·大禹谟》："克勤于邦，克俭于家。"

2. 【亟】（二 P522 常用词 363）

（1）读 qì。副词，屡次。《左传·郑伯克段于鄢》："亟请于武公，公弗许。"《孟子·离娄下》："仲尼亟称于水曰……"

（2）读 jí。形容词，急。《诗经·七月》："亟其乘屋，其始播百谷。"

3. 【恶】（一 P227 常用词 155）

（1）罪恶，不良的行为，跟"善"相对。《论语·颜渊》："君子成人之美，不成人之恶。"

引申为凶恶（形容词）。《墨子·七患》："时年岁凶，则民各且恶。"

（2）貌丑，跟"好（hǎo）"相对，又跟"美"相对。《孟子·离娄下》："虽有恶人，斋戒沐浴，可以祀上帝。"

引申为不好。《论语·乡党》："色恶不食，臭恶不食。"

（3）读 wù。动词，讨厌，厌恶，跟"好（hào）"相对。《左传·郑伯克段于鄢》："故名曰'寤生'，遂恶之。"

（4）读 wū。疑问代词作状语，哪里。《论语·里仁》："君子去仁，恶乎成名？"

> **✎ 知识链接："醜""恶""丑"的辨析**
>
> "醜"和"恶"都有丑恶、相貌难看的意义。先秦时期，"醜"主要用作"醜恶"义，"恶"主要表相貌难看。汉代时期，"恶"主要表"善恶、憎恶"义，"相貌难看"义则由"醜"取代，"醜"的"醜恶"义衰亡。
>
> 现在"醜"字简化为"丑"。古代汉语中，"醜"和"丑"是两个字，意义各不相同，除作地支和时辰用"丑"外，都不能写作"丑"，如"公孙丑""文丑""魏丑夫"等人名一般不会用"醜"。

4.【参】(二 P432 常用词 294)

(1) 读 sān。三分。《左传·郑伯克段于鄢》:"先王之制,大都不过参国之一,中五之一,小九之一。"

引申为与二物并列为三。

(2) 读 cān。考察,验证。《荀子·劝学》:"君子博学而日参省乎己,则知明而行无过矣。"

(3) 读 shēn。星宿名。李白《蜀道难》:"扪参历井仰胁息,以手抚膺坐长叹。"

(4) 读 cān。通"骖"(二 P524 常用词 372),三匹马驾一辆车。

又特指两旁的马。《楚辞·国殇》:"左骖殪兮右刃伤。"

(5) 参加,参与。→后起义。

> **知识链接:"三""参"的辨析**
>
> "三"和"参"有时通用,此时"参"读作"三"。
>
> 二者的不同在于:"三"可作数名;而"参"表示三分或并列成三。

5.【厌】(一 P148 常用词 97)

(1) 饱。"厌"字表"吃饱"义时一般写作"餍"。

引申为满足。《左传·郑伯克段于鄢》:"姜氏何厌之有?"《论语·述而》:"学而不厌,诲人不倦。"

(2) 厌恶,憎恶。《论语·乡党》:"食不厌精,脍不厌细。" → 王力先生的《古代汉语》第一册 P148 此词音标为去声(yà),但实际上在众多字典中此义项均作阴平(yā),即便是《王力古汉语字典》也读阴平。教材恐有误,存疑。

(3) 读 yā。镇压。特指用迷信的方法去镇压。

> **知识链接:"饱""厌"的辨析**
>
> "饱"和"厌"属于同义词。
>
> 二者的不同在于:"饱"一般只用于表"吃饱"义,是不及物动词,可作状语,如"饱食终日";而"厌"还经常用于抽象意义,是及物动词,不可作状语。

6.【所】(二 P524 常用词 371)

(1) 处所。《左传·郑伯克段于鄢》:"不如早为之所。"《诗经·硕鼠》:"乐土乐土,爰得我所。"

又用于抽象意义,表示恰当的位置。诸葛亮《出师表》:"必能使行阵和睦,优劣得所也。"

(2) 代词,作为前置的宾语。《论语·为政》:"视其所以,观其所由,察其所安。"

引申为动词的词头,表被动。《汉书·霍光传》:"卫太子为江充所败。"

> **小贴士**
>
> 王力先生的《古代汉语》与《王力古汉语字典》中对"所"字的阐释有出入,且关于

> "所"的研究历来众说纷纭，建议仔细阅读该《古代汉语》第一册P363~368"古汉语通论"（十二）中的关于"所"字的内容。

（3）不定数词，表示估计数字。《史记·留侯世家》："父去里所复还。"

7.【滋】（一 P328 常用词 220）

（1）增益，增长。《左传·郑伯克段于鄢》："无使滋蔓。"

引申为栽种。《楚辞·离骚》："余既滋兰之九畹兮，又树蕙之百亩。"

（2）副词，更加。《孟子·夫子当路于齐》："若是，则弟子之惑滋甚。"

（3）美味，如"滋味"。

（4）润泽，如"滋润"。

8.【贰】（一 P58 常用词 41）

（1）副的，与"正"相对。《周礼·大宰》："乃施法于官府，而建其正，立其贰。"

（2）重复一次。《论语·雍也》："不迁怒，不贰过。"

（3）属于二主，事二主。《左传·郑伯克段于鄢》："既而大叔命西鄙北鄙贰于己。"

引申为不专一，跟"壹"相对。

（4）不一样，不相同。《荀子·王制》："道不过三代，法不贰后王。"

> **知识链接："两""二""贰"的辨析**
>
> "两""二""贰"如今都和数字相关。
>
> "两"与"二"最大的不同在于："两"可表示成双成对的事物，如"两手""两端"，且可作副词；"二"则无上述用法。
>
> "二"和"贰"的不同在于："二"是一般的数词，唐以前"贰"一般不表示数字，而是表示"二"的抽象意义，如"重复""两属""不专一""生二心""不一样"等。"贰"表示数目是唐以后的假借用法。

（三）虚词多义

副词在现代汉语中虽然一般归为实词，但因其具备封闭性、常用性、词义向虚等多种特性，从而兼具虚词的特征。尤其是其中的语气副词、情态副词等。此部分梳理当篇文章中多次出现的含义虚化的一些虚词（语气词、助词、介词、连词）、代词、副词等。

1. 其

（1）表委婉的语气词。如："其是之谓乎？"

（2）表加强反问的语气词。如："其谁曰不然？"

2. 焉

（1）疑问代词，哪里。如："姜氏欲之，焉辟害？"

（2）兼词，兼具指示代词（这、那）和语气词的双重作用。如："制，岩邑也，虢叔死焉，佗邑唯命。""君何患焉？"

3. 请

(1) 动词，请求。如："亟请于武公，公弗许。""及庄公即位，为之请制。""请京，使居之。"

(2) 表敬副词，表示请求对方做某事。如："若弗与，则请除之。"

(3) 表敬副词，表示请求对方允许自己做某事。如："欲与大叔，臣请事之。"

4. 若

(1) 假设连词，假如，如果。如："若弗与，则请除之。"

(2) 凝固结构，奈何，怎么办，一般充当谓语。如："国不堪贰，君将若之何？"

三、语法修辞

(一) 词类活用

动词的四种活用：
① 意动：认为……如何。② 使动：使得……如何。
③ 为动：为了……如何。④ 被动：被……如何。

1. 今京不<u>度</u>：名词活用作动词，合乎法度。

2. <u>隧</u>而相见：名词活用作动词，挖隧道。

3. <u>惊</u>姜氏：不及物动词的使动用法，使……受到惊吓。

4. 无<u>生</u>民心：不及物动词的使动用法，使……产生二心。

5. 且告之<u>悔</u>：动词活用作名词，专指动作的对象，即后悔的事。

6. 夫人将<u>启</u>之：及物动词的为动用法，"将启之"等于"将为之启"，即将为共叔段打开城门。

(二) 特殊结构

1. 君何患焉：疑问代词"何"作谓语"患（担心）"的宾语，前置。

2. 敢问何谓也：疑问代词"何"作谓语"谓（意指，说的是）"的宾语，前置。

3. 姜氏何厌之有：代词"之"复指前置的宾语"何厌"，正常的语序应该是"姜氏有何厌"，这里的"有"表示状态、行为发生变化，即"姜氏满足什么的呢？"。

4. 其是之谓乎：疑问句中，指示代词"是"作动词"谓"的宾语，宾语前置。另外，代词"之"复指前置的宾语"是（这）"。

5. 谓之京城大叔：双宾句，间接宾语（近宾语）为"之"；直接宾语（远宾语）为"大叔"。

6. 无生民心：双宾句，间接宾语为"民"；直接宾语为"心"。

7. 不如早为之所：双宾句，间接宾语为"之"，指共叔段；直接宾语为"所"，处所。

8. 公赐之食：双宾句，间接宾语为"之"，指颍考叔；直接宾语为"食"，食物。

9. 公语之故，且告之悔：两个小双宾句，间接宾语都是"之"，直接宾语分别为"故（缘故）"与"悔（后悔的事）"。

(三) 修辞

公入而赋……姜出而赋……：互文见义。

> **知识链接：互文见义**
>
> 　　互文见义是两个句子或两个词组在意思上互为补充和呼应的一种修辞方式。互文实际上是把一句话拆成两个部分来说，故阅读时应把两个部分合起来理解，如果去掉其一，则另一部分的意思是不完整的。例如：
> 　　（1）杜牧《泊秦淮》："烟笼寒水月笼沙。"（烟雾和月光笼罩着寒水，笼罩着沙滩。）
> 　　（2）《出师表》："受任于败军之际，奉命于危难之间。"（受任于败军危难之际，奉命于败军危难之间。）
> 　　（3）《乐府诗集·木兰诗》："将军百战死，壮士十年归。"（将军和战士经历了很多年的战争，有的为国牺牲，有的十年之后凯旋。）

小贴士
　　王力先生在《古代汉语》第四册"古汉语通论"（二十八）中阐述了八种修辞手段，分别是稽古、引经、代称、倒置、隐喻、迂回、委婉、夸饰，但没有介绍具体常见的修辞格。我们适当补充其他版本的《古代汉语》的内容。此处援引胡安顺、郭芹纳主编的《古代汉语（第三版）》（下册）P904 的相关部分。

齊桓公伐楚 [1] 《僖公四年》

一、课文通译

四年，春，齊侯以諸侯之師①侵蔡。蔡潰，遂伐楚。
鲁僖公四年，春天，齐桓公率领诸侯国的军队攻打蔡国。蔡国溃败，齐桓公接着又去攻打楚国。
楚子②使與③師言曰："君處北海，寡人處南海④，
楚成王派使节到诸侯之师中对齐桓公说："您住在北方，我住在南方，
唯⑤是⑥風⑦馬牛不相及也。不虞⑧君之涉⑨吾地也，何故？"
两地放马牛牝牡相诱也不相及。没想到您进入了我的国土，这是什么缘故？"
管仲對曰："昔召康公⑩命我先君⑪大公⑫曰，'五侯九伯⑬，女實征之⑭，
管仲回答说："从前召康公命令我们的先君姜太公说，'五等诸侯和九州长官，你都有权征伐他们，
以夾輔⑮周室。'賜我先君履⑯：東至于海⑰，西至于河⑱，
从而辅佐周王室。'召康公赐给了我们先君征讨的范围：东到海边，西到黄河，
南至于穆陵⑲，北至于無棣⑳。爾貢㉑包㉒茅㉓不入㉔，王祭不共㉕，
南到穆陵，北到无棣。你们应当进贡的包茅没有交纳，周王室的祭祀供给不上，
無以縮酒㉖，寡人㉗是徵㉘；昭王㉙南征而不復，寡人是問㉚。"
没有用来祭祀的东西，我是来问责这件事情的；周昭王南巡没有返回，我特来查问这件事。"
對曰："貢之不入，寡君之罪也，敢不共給？昭王之不復，
楚国使臣回答说："贡品没有交纳，是我们国君的过错，我们怎么敢不供给呢？周昭王南巡没有返回，
君其問諸水濱！"
还是请您到水边去问一问吧！"

① 诸侯之师：参与"侵蔡"这场战争的鲁、宋、陈、卫、郑、许、曹等诸侯国的军队。师：军队。
② 楚子：楚成王。
③ 与：介词，跟，和。

---

1. "春秋无义战"。这种说法似乎过于夸张，但《左传·齐桓公伐楚》似乎证明了战争的不合道义。齐桓公寻找的借口一看便知是站不住脚的，无法掩盖恃强凌弱的本来面目，继而赤裸裸地以武力相威胁。这一典型事例足以让人明白那时大多数战争的非正义性质，以及强者为王的竞争逻辑。

   不过这场战争之所以载入史册，引起人们的兴趣，并不是因为这场战争涉及谁是谁非、谁代表正义和非正义的问题，而是因为这场战争体现了在一个"无法无天"、凭强力攫取利益的时代之中，弱者凭借智慧保护自己的技巧，以及在强大的武力面前不甘称臣的精神及其内在的智慧，这些都通过巧妙的外交辞令表达出来，不费一兵一卒，以智慧的力量使对手心理上先行崩溃，从而达到保护自己的目的。即使是撇开利益之争一类背景，单是那些外交辞令本身，也足以让人赞赏和惊叹不已。一来一往，针锋相对，表面显得谦恭、温和、礼让，言辞也让人听起来不刺耳，而内在的凛然正气却透过温和的表面使对手胆战心惊。

④ 北海、南海：泛指北方、南方边远的地方，不实指大海，形容两国相距甚远。
⑤ 唯：句首语气词。
⑥ 是：此。
⑦ 风：走失，跑掉，指公畜和母畜在发情期相互引诱追逐。
⑧ 不虞：不料，没有想到。
⑨ 涉：趟水而过。这里的意思是进入，委婉地指入侵。
⑩ 召康公：周成王时的太保召公，"康"是他的谥号。
⑪ 先君：已故的君主。
⑫ 大公：姜太公，即齐国的开国君主姜尚。
⑬ 五侯、九伯：泛指各国诸侯。五侯：公、侯、伯、子、男五等爵位的诸侯。九伯：九州的长官。九州指的是冀州、兖州、青州、徐州、扬州、荆州、豫州、梁州、雍州。
⑭ 实征之：可以征伐他们。
⑮ 夹辅：辅佐。
⑯ 履：践踏。这里指齐国可以征伐的范围。
⑰ 海：渤海和黄海。
⑱ 河：黄河。
⑲ 穆陵：地名，即今山东省的穆陵关。
⑳ 无棣：地名，齐国的北境，在今山东省无棣县附近。
㉑ 贡：贡物。
㉒ 包：裹束。
㉓ 茅：菁茅，楚地特产。

㉔ 入：纳，这里指纳贡。
㉕ 共：同"供"，供给。
㉖ 缩酒：渗滤酒渣，祭祀时的仪式之一。古代祭祀时用菁茅滤酒去渣，谓之缩酒。一说，束茅立之祭前，沃酒其上，酒渗下，若神饮之，故谓之缩酒。(《周礼·甸师》)
㉗ 寡人：古代君主的自称。古代君主为表谦虚（笼络人心）而自称寡人（寡德之人），与此同时还有"孤"（自嘲为孤，就像孤家寡人）以及"不谷"（谷是粮食，是以养人，是善物，"不谷"即为"不善"）之称。
㉘ 徵：追究，追问。一说索取。"徵"现在简化为"征"，但"徵"和"征"在古书中是两个不同的字，它们只在征税的意义上通用。"征"的本义是远行，由远行引申为征伐，征税是其假借义。"徵"的本义是上对下的召唤，多用于"召他来授予官职"，有求取人才的意思，因而引申为求责。
㉙ 昭王：周成王的孙子周昭王。昭王十九年，在昭王南渡汉水的时候，当地人民把一艘用胶粘起来的大船献给昭王，不料船行到汉水中间时因胶融化而散架了，昭王掉到水里被淹死，昭王带去的六师人马也被楚人打得七零八落，几乎全军覆灭。经过这次严重挫败，周王室失去了控制南方的力量，楚国便在江汉地区发展起来。
㉚ 问：责问，追问。

師進，次①于陘②。
于是齐军继续前进，临时驻扎在陉地。

① 次：军队临时驻扎。
② 陉：山名，楚国地名，在今河南省郾城区南。

夏，楚子使屈完①如②師。師退，次于召陵③。
这年夏天，楚成王派使臣屈完到齐国军队去交涉。齐军向后撤退，临时驻扎在召陵。

① 屈完：楚国大夫。
② 如：往，到……去。
③ 召陵：楚国地名，在今河南省郾城区东。

齊侯陳諸侯之師，與屈完乘而觀之。齊侯曰："豈不穀①是爲?
齐桓公让诸侯国的军队摆开阵势，与屈完同乘一辆战车观看军容。齐桓公说："诸侯们难道是为我而来吗？
先君之好是繼！與不穀同好，如何？"對曰：
他们不过是为了继承我们先君的友好关系罢了！你们也同我们建立友好关系，怎么样？"屈完回答说：
"君惠②徵③福於敝邑④之社稷，辱⑤收寡君，寡君之願也。"齊侯曰：
"承蒙您恩惠为我们的国家求福，忍辱接纳我们的国君，这正是我们国君的心愿。"齐桓公说：

"以 此 衆⑥ 戰,誰 能 禦 之!以 此 攻 城,何 城 不 克!"對 曰:
"我率领这些诸侯军队作战,谁能够抵挡他们!我让这些军队攻打城池,什么样的城攻不下!"屈完回答说:
"君 若 以 德 綏⑦ 諸 侯,誰 敢 不 服?君 若 以 力,楚 國 方 城⑧ 以 爲 城,
"如果您用仁德来安抚诸侯,哪个敢不顺服?如果您使用武力,那么楚国将把方城山当作城墙,
漢 水 以 爲 池⑨,雖 衆,無 所 用 之!"
把汉水当作护城河,您的兵马虽然众多,恐怕也没有用处!"

① 不谷:不善,诸侯的谦称。
② 惠:恩惠,敬词。
③ 徼:通"邀",求。
④ 敝邑:对自己国家的谦称。
⑤ 辱:屈辱,这里是谦辞。
⑥ 众:名词,指从将士。
⑦ 绥:安抚。"绥"为会意字,从糸(mì),从妥。"糸"与丝织品、绳索有关,"妥"表妥当、平安。合起来表示有了这绳索,人就稳妥了。"绥"的本义为借以登车的绳索。
⑧ 方城:今河南叶县南部的方城山。"城"为会意字,从土,从成,成亦声。"城"的本义为城墙。古代都邑四周用作防御的高墙一般分两重,里面的叫"城",外面的叫"郭"。《说文解字》:"城,所以盛民也。"
⑨ 池:形声字,从水,也声。本义:水停积处。此处指护城河,即城堡或其他筑垒地方围墙外面深而宽的壕沟,通常注满水。古代掘土筑城,城下之地,有水称"池",无水称"隍"。因以"池隍"借指城市。

屈 完 及① 諸 侯 盟②。
后来屈完代表楚国与诸侯国订立了盟约。

① 及:连词,与,和。
② 盟:订立盟约。

二、字词梳理

(一) 古今与通假

→ 读"nǚ"更为常见,有"女性""女儿""星宿名"等含义。
→ 读"nù",动词,表示以女嫁人。这符合常见的其他词性的词活用作动词时读去声的一般规律。当然,这并不绝对。

1. **女**实征之:同"汝",表第二人称,你,你们。古今字。"女"本来指"女性",后借为第二人称代词,读rǔ,后写作"汝"。

📌 **知识链接:"女""妇"的辨析**

已嫁和未嫁的女性都可以称作"女",但未婚女性不可称"妇"。

→ 读 gòng 更为常见,作动词表"同,同有",作副词表"共同,一起"。

2. 王祭不**共**:同"供",供应,供给。古今字。

📌 **知识链接:"共""同"的辨析**

"共"和"同"都可以表副词义,即共同。
二者的不同在于:"共"与"分"相对,而"同"与"异"相对。因此,表"一样"义时,只能用"同"。

（二）词义详解

1. 【师】（一 P63 常用词 49）

（1）古代军队二千五百人为一师，一般泛指军队。《左传·蹇叔哭师》："劳师以袭远，非所闻也。"

（2）传授知识技术的人，老师，与"弟子"相对。引申为效法。

（3）拥有专门知识技艺的人，或指乐官。

（4）众。《诗经·节南山》："不弔昊天，不宜空我师。"

> 📖 **知识链接："师""军"的辨析**
>
> "师"和"军"都可以表示军队或军队的编制单位。
>
> 二者的不同在于：
>
> 1. 表示军队的编制单位时，"军"比"师"大，古今皆然。
>
> 2. 先秦时，"军"泛指军队；"师"一般指出征在外的军队。汉代以后，"军"可指出征的军队，也可泛指军队；而"师"很少再用来表示军队。
>
> 3. "军"表示军队时既可指士兵，也可指军营；"师"无此用法。

2. 【处】（二 P575 常用词 393） *（与"所"字音近、义同而同源。）*

（1）读 chǔ。动词，居住。《左传·齐桓公伐楚》："君处北海，寡人处南海，唯是风马牛不相及也。"《孟子·陈仲子》："辟兄离母，处于於陵。"《诗经·七月》："嗟我妇子，曰为改岁，入此室处。"《诗经·公刘》："于时处处，于时庐旅。"

引申为处于，置身，又特指居家不仕或女子居家未嫁，前者如"处士"，即隐居的人，后者如《庄子·逍遥遊》："绰约如处子。"

（2）读 chǔ。动词，止，停止，休息。《说文解字》："处，止也，得几而止。"

引申为停留。曹植《浮萍篇》："日月不恒处，人生忽若寓。"

（3）读 chǔ。动词，相处，交往。《庄子·德充符》："久与贤人处则无过。"

（4）读 chù。名词，居住的地方，处所。司马迁《报任安书》："何处不勉焉？"

引申为部分，方面。

3. 【履】（一 P337 常用词 246） *（这是"履"最开始、最主要的意思，同时期及之前表示"鞋子"义的字为"屦(jù)"。）*

（1）踩，踏。《诗经·小旻》："战战兢兢，如临深渊，如履薄冰。"

引申为领土。《左传·齐桓公伐楚》："赐我先君履。"

（2）鞋子。《庄子·山木》："衣弊履穿，贫也，非惫也。"

引申为动词，穿鞋。《史记·留侯世家》："良业为取履，因长跪履之。"

（3）施行，执行。《礼记·表记》："处其位而不履其事，则乱也。"

> 📌 **知识链接："履""屦""鞋"的辨析**
>
> "履""屦""鞋"都是同一物之名，时代不同而名称有别。先秦两汉用"屦"；"履"在汉代开始成为主流；宋明盛行"鞋"。

> 📌 **知识链接："履""蹑""蹈""践"的辨析**
>
> "履""蹑""蹈""践"都表示"行走"义，"履"与"践"可都表示"走在……上面"义。
>
> 四者的不同在于："履"有敬重色彩；"蹑"表示有意识地踩上去；"蹈"有冒险色彩，如"蹈火""蹈海"；"践"有轻贱色彩。

4.【入】(一 P316 常用词 191)

(1) 进，进来，进去，与"出"相对。《孟子·许行》："三过其门而不入。"

(2) 纳。《左传·齐桓公伐楚》："尔贡包茅不入。"《左传·晋灵公不君》："谏而不入，则莫之继也。"

> 📌 **知识链接："入""进"的辨析**
>
> "入"和"进"都是动作。
>
> 二者的不同在于："入"是进去，与"出"相对；"进"是向前，与"退"相对。

5.【征】(二 P505 常用词 318)

(1) 远行。《左传·齐桓公伐楚》："昭王南征而不复，寡人是问。"在这个意义上经常是"征夫"连用，指远行人，后泛指行人。

(2) 征伐。特指上伐下，"有道"伐"无道"叫"征"。《左传·齐桓公伐楚》："五侯九伯，女实征之。"

(3) 抽税。《孟子·尽心下》："有布缕之征。"《孟子·攘鸡》："什一，去关市之征。"

> 📌 **知识链接："侵""袭""伐""讨""征"的辨析**
>
> "侵""袭""伐""讨""征"都是战争的类型。
>
> 五者的不同在于："侵"表示不宣而战，不需要理由；"袭"更具秘密性质，指偷偷进攻；"伐"指正式的战争，有理由，有钟鼓；"讨"指征伐有罪，故"讨贼"不能说成"伐贼"；"征"的本义是行，故往往不带宾语。

6.【次】（一 P46 常用词 14）

> 古代的"次"不用作量词。大约在唐代出现"次"的量词用法。

(1) 等级较差的、第二的。

> 《说文解字》："次，不前，不精也。从欠二声。"有学者认为"次"从二从欠，表示"亚、次"等义。

引申为按次序排列。《史记·陈涉世家》："陈胜、吴广皆次当行，为屯长。"

(2) 军队临时驻扎。《左传·齐桓公伐楚》："师进，次于陉。"

7.【如】（一 P47 常用词 15）

(1) 往，到……去。《左传·齐桓公伐楚》："夏，楚子使屈完如师。"《楚辞·哀郢》："当陵阳之焉至兮，淼南渡之焉如？"

(2) 像。《诗经·淇奥》："如切如磋，如琢如磨。"

引申为依照。

[不如] 不及，比不上。

(3) 形容词词尾。

(4) 连词，如果，假如。《孟子·寡人之于国也》："王如知此，则无望民之多于邻国也。"

(5) 连词，或。 → 《王力古汉语字典》注明此义待考证。

> **知识链接："之""适""如""赴""往"的辨析**
>
> "之""适""如""赴""往"都表示位移。
>
> 五者的不同在于："之""适""如"三者同义，必须带直接宾语；而"赴"指的是将身投入，往往指投入水火；"往"是不及物动词，上古时不带直接宾语，只能带间接宾语，中古以后可带直接宾语。

8.【御】（一 P232 常用词 166）

(1) 动词，驾驶车马。《左传·齐晋鞌之战》："郑周父御佐车，宛茷为右，载齐侯以免。"

引申为驾驶其他东西。《庄子·北冥有鱼》："若夫乘天地之正，而御六气之辩。"

又引申为名词，驾车的人。《诗经·车攻》："徒御不惊。"

又引申为治理。《孟子·齐桓晋文之事》："刑于寡妻，至于兄弟，以御于家邦。"

(2) 形容词，属于天子的。

(3) 抵御，抵抗。《左传·齐桓公伐楚》："以此众战，谁能御之！"《左传·晋灵公不君》："既而与为公介，倒戟以御公徒，而免之。"

> **知识链接："御""禦"的辨析**
>
> "御"的"抵禦、抵抗"义后写作"禦"。
>
> 二者的不同在于：
>
> 1. 古代二字一般不通用。

2. "御"的"驾驶"义与"属于天子的"义不可写作"禦"。
3. 表"抵抗"义时,后代一般都写作"禦",不写作"御"。
4. 如今表"抵抗"的"禦"字也简化为"御"。

(三) 虚词多义

1. 以
(1) 动词,率领。如:"齐侯以诸侯之师侵蔡。"
(2) 介词,用,凭借。如:"君若以德绥诸侯,谁敢不服?"
(3) 介词,来。如:"女实征之,以夹辅周室。"

2. 之
(1) 结构助词,的。如:"齐侯以诸侯之师。"
(2) 取独。如:"不虞君之涉吾地也。"
(3) 第三人称代词。如:"与屈完乘而观之。"

三、语法修辞

特殊结构

1. 不虞君之涉吾地也:"之"放在主谓短语"君涉吾地"中间,使这个短语失去了独立成句的可能性,形式上成了"君'的'涉吾地"这样一个偏正短语,整体充当动词"虞"的宾语。这就是所谓的取消句子独立性,简称"取独"。

> **知识链接**:主谓短语为什么比偏正短语更具有独立成句的可能性呢?
>
> "取独"这个概念是完全建立在结构主义语法基础之上的,而该语法体系下的汉语语法呈现出词、短语、句子三者结构高度一致的特点,即都具备"主谓、动宾、偏正、中补、并列"五种基本结构类型。*参见黄伯荣、廖序东主编的《现代汉语》(下册)P48。*
>
> 结构上一致,能否成句往往就看有没有句调。而主谓短语相比于偏正短语能够更顺利地升级为句子,根源在于主谓短语的语法关系为陈述关系,其中常见的谓语是谓词性的动词、形容词,此二者的表达作用在于陈述,而偏正短语为修饰关系,其中常见的中心语是体词性的名词,而名词的表达作用在于指称。*参见黄伯荣、廖序东主编的《现代汉语》(下册)P46。*
>
> 现代汉语中也有类似的"取独"用法,例如:
> 我|知道他离开。——我|知道他的离开。
>   主谓结构。   偏正结构。

2. 赐我先君履:双宾句,"我先君"是间接宾语,"履"是直接宾语。
3. 尔贡包茅不入:"尔贡""包茅"是同位语,二者异名同指。

4. 寡人是徵/寡人是问：宾语"是"前置。
5. 贡之不入，寡君之罪也：第一个"之"取独，"贡之不入"整体作大句子的主语。
6. 昭王之不复，君其问诸水滨："之"取独。
7. 岂不谷是为？先君之好是继：宾语"不谷"和"先君之好"分别前置，且均用代词"是"复指。
8. 楚国方城以为城，汉水以为池："以"是介词，宾语"方城"和"汉水"分别前置，正常的语序是"以方城为城""以汉水为池"。

宫之奇谏假道 1 《僖公五年》

一、课文通译

晋侯①復假道②於虞③以伐虢④。宫之奇諫⑤曰："虢，虞之表⑥也。
晋侯又向虞国借路去攻打虢国。宫之奇劝阻虞公说："虢国，是虞国的屏障。
虢亡，虞必從之。晋不可啟⑦，寇⑧不可翫⑨。
虢国灭亡了，虞国一定跟着灭亡。晋国的这种贪心不能让它开启，这支侵略别人的军队不可轻视。
一之謂甚，其⑩可再乎？諺所謂'輔車⑪相依，唇亡齒寒'者，
一次借路已经算是过分了，难道还可以有第二次吗？俗话说'面颊和牙床互相依靠，嘴唇没了牙齿就会寒冷'，
其虞虢之謂也。"
大概说的就是虞国和虢国吧。"

① 晋侯：晋献公。晋：国名，在今山西省翼城县东。
② 復假道：又借路。复：相当于现在的"又"。古代的"再"只表示两次或第二次的意思。三次或三次以上就不能叫"再"了。《左传·曹刿论战》："一鼓作气，再而衰，三而竭"。现在的"再"则不限次数，如"再三""一拖再拖"等。假：借。晋曾于僖公二年向虞借道伐虢，今又借道，故用"复假道"。
③ 虞：国名，姬姓。周武王封予古公亶父之子虞仲后代的侯国，在今山西省平陆县东北。
④ 虢：国名，姬姓。周文王封予其弟虢仲的封地，在今陕西省宝鸡市东，号西虢，后为秦所灭。本文所说的是北虢。
⑤ 谏：规劝君主或尊长使改正错误，主要用于下对上，如"谏劝""进谏"。
⑥ 表：外面，这里指屏障，藩篱。
⑦ 启：启发，这里指启发晋的贪心。
⑧ 寇：凡兵作乱于内为"乱"，于外为"寇"。
⑨ 翫：同"玩"，这里是轻视的意思。
⑩ 其：反诘语气词，难道。
⑪ 輔车：面颊与牙床。一说车夹木与车舆。辅：面颊。车：牙床。

公曰："晋，吾宗①也，豈害我哉？"對曰："大伯虞仲②，大王之昭③也。
虞公说："晋国，与我国同宗，难道会加害我们吗？"宫之奇回答说："太伯、虞仲，是太王的长子和次子。
大伯不從④，是以不嗣⑤。虢仲虢叔，王季之穆也⑥；爲文王卿士⑦，
太伯不从父命，因此没有继承王位。虢仲、虢叔，都是王季的儿子；当过文王的执掌国政的大臣，
勳在王室，藏於盟府⑧。將虢是滅⑨，
对王室有过功勋，因功受封的典策还藏在主管盟誓典策的官府中。现在晋国连虢国都要灭掉，

---

1. 僖公二年，晋侯向虞国借道攻打虢国，灭虢之夏阳。僖公五年，晋侯再次向虞国借道伐虢。虞国大夫宫之奇看穿了晋侯的阴谋，于是力劝虞公不要借道。他首先陈述了虞、虢之间唇亡齿寒的关系，然后揭露了晋侯残酷无情的本质，最后提醒虞公国家存亡在于德行，而不在于神灵。然而虞公不听劝告，最终灭国。

何愛於虞?且虞能親於桓莊⑩乎,其⑪愛之⑫也?桓莊之族何罪,
对虞国还爱什么呢?再说晋献公对虞的爱,能比对桓庄之族更亲密吗?桓、庄这两个家族有什么罪过,
而以爲戮⑬?不唯偪⑮乎?親⑯以寵⑰偪,
能让晋献公把他们杀害了?还不是因为他们对自己有威胁?近亲的势力威胁到自己,
猶尚害之,況以國乎⑱?"
尚且要加害于他们,更何况对一个国家呢?"

① 宗:同姓,同一宗族。晋、虞、虢都是姬姓的诸侯国,有同一祖先。
② 大伯、虞仲:周始祖太王(古公亶父)的长子和次子。
③ 昭:按照古代宗庙制度,始祖的神位居中,其下则左昭右穆。昭位之子在穆位,穆位之子在昭位。昭穆相承,所以又说昭生穆,穆生昭。太伯、虞仲、王季俱为太王之子,都是太王之昭。
④ 不从:不从父命。
⑤ 嗣:继承(王位)。太伯知道大王要传位给他的弟弟王季,便和虞仲一起出走。宫之奇认为太伯没继承王位是不从父命的结果。
⑥ 虢仲虢叔,王季之穆也:王季于周为昭,昭生穆,故虢仲、虢叔为王季之穆。虢仲、虢叔:虢的开国祖,王季的次子和三子,文王的弟弟。
⑦ 卿士:执掌国政的大臣。
⑧ 盟府:主管盟誓典策的官府。
⑨ 将虢是灭:将灭虢。将:意同"要"。是:代词,复指前置的宾语"虢"。
⑩ 桓庄:桓叔与庄伯,这里指桓庄之族。庄伯是桓叔之子,桓叔是献公的曾祖,庄伯是献公的祖父。晋献公曾尽杀桓叔、庄伯的后代。
⑪ 其:指代晋。
⑫ 之:指代虞。
⑬ 桓庄之族何罪,而以为戮:桓庄之族有什么罪而能让晋献公把他们杀害了。庄公二十五年晋献公尽诛同族群公子。以为戮:把他们当作杀戮的对象。
⑭ 唯:因为。
⑮ 偪:同"逼",逼近,这里有威胁的意思。
⑯ 亲:献公与桓庄之族的血统关系。
⑰ 宠:在尊位,指桓庄之族的高位。
⑱ 況以国乎:此句承上文,因此省略了"以国"后的"偪"字。

公曰:"吾享祀①豐絜,神必據②我。"對曰:"臣聞之,鬼神非人實③親,
虞公说:"我的祭品丰盛清洁,神必然保佑我。"宫之奇回答说:"我听说,鬼神不是随便亲近某人的,
惟德是依。故周書曰:'皇天無親,惟德是輔④。'
而是依从有德行的人。所以《周书》里说:'上天对于人没有亲疏的不同,唯有德之人上天才保佑他。'
又曰:'黍稷非馨,明德惟馨⑤。'又曰:'民不易物,
又说:'黍稷不算芳香,只有美德才芳香。'又说:'人们拿来祭祀的东西都是相同的,
惟德繄物⑥。'如是,則非德民不和,
但是只有有德行的人的祭品才是真正的祭品。'如此看来,没有德行,百姓就会不和,
神不享矣。神所馮⑦依,將在德矣。若晉取虞,
神灵也就不享用他的祭品了。神灵所依凭的,就在于德行。如果晋国消灭虞国,
而明德⑧以薦⑨馨香⑩,神其⑪吐⑫之乎?"
而修明德行以芳香的祭品进献给神灵,难道神灵会不享用(祭祀的食物)吗?"

① 享祀:泛指一切祭祀。享:会意字,本作"亯"。上方为"高"省,下方为"曰",象进献熟物形。"享"的本义为祭献,上供。用物品进献人,供奉鬼神使其享受。

② 据：依从，这里指保佑。"据"为形声字，本义为手靠着，靠着。《说文解字》："据，杖持也。"

③ 实：同"是"，复指前置的宾语。

④ 皇天无亲，惟德是辅：所引《周书》已亡佚，引见伪古文《尚书·蔡仲之命》。皇：大。辅：辅佐，这里指保佑。

⑤ 黍稷非馨，明德惟馨：引见伪古文《尚书·君陈》。黍稷：泛指五谷。黍：黄黏米。稷：不黏的黍子。馨：浓郁的香气。"馨"字从殸声，"殸"的籀文为"磬（qìng）"，本义为芳香，散布很远的香气。

⑥ 民不易物，惟德繄物：引见伪古文《尚书·旅獒》。繄：句中语气词。易物：改变祭品。

⑦ 冯：从马，冫（冰）声。本义为马行疾，假借为依凭，后作"憑"，又作"凭"。

⑧ 明德：使德明。

⑨ 荐：进献祭品。

⑩ 馨香：指代谷物黍稷。香：谷物的香气，小篆字形为薌，从黍，从甘，"黍"表示谷物，"甘"表示香味。

⑪ 其：语气词，加强反问。

⑫ 吐：不食所祭之物。

弗　　　　聽，許　　　晉　　　使。宮 之 奇 以 其 族 行①。
虞公不听从宫之奇的劝阻，答应了晋国使者借路的要求。宫之奇带着全族的人离开了虞国。

曰："虞　不　臘② 矣。在　此　行　也，晉不更③ 舉矣。"
他说："虞国不能举行腊祭了。晋国只需这一次行动，不必再出兵了。"

① 以其族行：率领全族离开虞。以：介词，表率领。

② 腊：用作动词，指举行腊祭。"腊"为形声字，从肉，巤（liè）声。本义：年终祭祀。"腊"指古代阴历十二月的一种祭祀名，冬至后第三个戌日祭祀众神。《说文解字》："冬至后三戌，腊祭百神。"蔡邕《独断》："夏曰嘉平，殷曰清祀，周曰大蜡，汉曰腊。"

③ 更：表示动作行为的重复，相当于"再""复""又"。王之涣《登鹳雀楼》："欲穷千里目，更上一层楼。"

冬，十二月丙子①朔②，晉　滅　虢，虢公醜③ 奔京師④。師　還，館⑤ 於　虞。
冬天，十二月初一，晋灭掉了虢国，虢公丑逃到东周的都城。晋军回师途中安营驻扎在虞国。

遂　襲　虞，滅　之。
趁机发动进攻，灭掉了虞国。

① 丙子：十二月初一正逢干支的丙子。

② 朔：每月初一。"朔"的前一天为"晦"，即农历每月的最后一天。

③ 丑：虢公名。

④ 京师：东周都城，在今河南省洛阳市。

⑤ 馆：本义为"宾馆"，此处活用作动词，表住宿，可译为驻扎。

二、字词梳理

（一）古今与通假

1. 一之谓甚：通"为"，算是。通假字。

> 📌 知识链接："谓""曰"的辨析
>
> "谓"和"曰"都有"说"的意思。
>
> 二者的不同在于："谓"表对某人说时，后面不紧接引语，中间需要有告知的对象；而"曰"表对某人说时，后面紧接引语。

2．不唯偪乎：同"逼"，侵逼，逼近。古今字。

3．吾享祀丰絜：通"洁"，清洁，廉洁。通假字。

4．神所冯依：同"凭"，依凭。古今字。

> ◆ 知识链接："冯""据"的辨析
>
> "冯"和"据"都有"依靠、依仗"的意思，但除此之外，二者的其他意义都不相同。

> ◆ 知识链接：与"马"有关的字
>
> 带有"马"的字大多和"马"相关，多数是马的名字，其次用于形容马的动作、形态等。
>
> 1. 有关马的名词：骐、骥、骓（zhuī，青白杂色的马）、驵（zǎng，好马、壮马）、驹、骏……
>
> 2. 有关马的动作：骇（hài，马受惊）、驚（jīng，马受惊）、腾、驾、驭、骑、驰、驱……
>
> 3. 有关马的形容词：驳（bó，马毛色不纯）。
>
> "冯"在《说文解字》中的意思是马飞快奔跑的样子，待考。

（二）词义详解

1．【谏】（一 P44 常用词 9）

用言语纠正君父和尊长的过失。《左传·宫之奇谏假道》："宫之奇谏曰……"

引申为纠正，更正。《论语·八佾》："成事不说，遂事不谏，既往不咎。"陶渊明《归去来兮辞》："悟已往之不谏，知来者之可追。"

2．【假】（二 P419 常用词 266）

(1) 借。《左传·宫之奇谏假道》："晋侯复假道于虞以伐虢。"

引申为凭借。《荀子·劝学》："假舆马者，非利足也，而致千里。"

(2) 不是真的。表示"真假"这个含义时，先秦一般用"伪"，两汉以后才用"假"。 *先秦时这个意思应当为"暂摄职务为假"，后面才引申出"不是真的"的含义。（见《王力古汉语字典》P39）*

(3) 如果。《史记·淮阴侯列传》："假令韩信学道谦让。"

(4) 至，达。《诗经·噫嘻》："噫嘻成王，既昭假尔。"

3．【玩（翫）】（三 P1052 常用词 656）

(1) 玩弄。《尚书·旅獒》："玩人丧德，玩物丧志。"

引申为欣赏。 *《王力古汉语字典》P970："长时沉浸于某个方面而不能自拔。"*

(2) 名词，供赏玩的物品。

(3) 习惯而不留心，放松警惕。《左传·宫之奇谏假道》："寇不可翫。"

4．【嗣】

(1) 动词，继承。《左传·宫之奇谏假道》："大伯不从，是以不嗣。"

(2) 名词，后嗣，子孙。

5.【唯】

(1) 答应声。

(2) 副词，独，只。

(3) 语气副词：①表希望。《左传·烛之武退秦师》："阙秦以利晋，唯君图之。"②表加强语气。《论语·述而》："与其进也，不与其退也，唯何甚！"

6.【惟】（三 P935 常用词 595）

(1) 动词，思想。《报任安书》："所以自惟。"

(2) 副词，只有。《左传·宫之奇谏假道》："鬼神非人实亲，惟德是依。"白居易《长恨歌》："惟将旧物表深情。"

(3) 句首、句中语气词，表示联系主谓语。《孟子·滕文公上》："周虽旧邦，其命维新。"又表祈求。杨恽《报孙会宗书》："故敢略陈其愚，惟君子察焉。"

> 知识链接："惟""唯""维"的辨析

作副词表"只"义时，"惟""唯"等同；作动词表"思"义时，"惟""维"等同；作语气词时，"惟""唯""维"通用，都有表示希望、祈求，以及加强语气等用法。

三者的不同在于："惟"的本义是思；"唯"的本义是答应声；"维"的本义是绳子，维系。

表语气时，词性界定不太一致，如王力认为"唯"是语气副词，"惟"是语气助词。

7.【皇】（二 P520 常用词 360）

(1) 大。《左传·宫之奇谏假道》："皇天无亲，惟德是辅。"《楚辞·离骚》："朕皇考曰伯庸。"《九章·哀郢》："皇天之不纯命兮。"

引申为美盛鲜明。词语"富丽堂皇"。

(2) 君。《周礼·外史》："掌三皇五帝之书。"

(3) [凤皇] 传说中的神鸟。雄的叫"凤"，雌的叫"皇"，统称"凤皇"。

> 知识链接："帝""王""皇"的辨析

"帝""王""皇"都是顶级上位者的称呼。

三者的不同在于：起初"帝"指天神，"王"指最高统治者，殷商后期，最高统治者也称"帝"；《诗经》时期，"帝""王"区分得很清楚，基本是神与人的分别；秦以后天子称"帝"，诸侯贵胄称"王"，"帝"和"王"有君与臣的分别。

8.【辅】

(1) 车轮外侧增缚的两条直木，用以增强车轮的承载力。

(2) 面颊。《左传·宫之奇谏假道》："谚所谓'辅车相依，唇亡齿寒'者，其虞虢之谓也。"

(3) 辅佐，协助。《左传·宫之奇谏假道》："皇天无亲，惟德是辅。"

> **知识链接**："扶""俌""傅""辅""赙"的辨析
>
> "扶""俌""傅""辅""赙"声近、义通，五字同源。
> 五者的不同在于："扶"是具体的搀扶；"俌""傅""辅"是抽象的扶助；"赙"是以财助丧。

9. 【荐】（一 P52 常用词 27） → 书中"薦""荐"为两字，今"薦"简化为"荐"。在汉代前，"进献""推荐"义上古书只用"薦"，不用"荐"，唐宋后开始混用。

(1) 兽所吃的草。《庄子·齐物论》："麋鹿食荐。"
(2) 草席。又引申为动词，表垫在下面。
(3) 向鬼神进献物品，特指无牲的祭祀。 → 先秦时，有牲的祭祀叫"祭"。后世在祭祀的意义上不再区分。

引申为奉献，进献。
引申为向君主推荐贤才。《孟子·万章上》："尧荐舜于天。"
(4) 一再，频频。《诗经·节南山》："天方荐瘥，丧乱弘多。"

（三）虚词多义

其

(1) 语气词，加强反问语气。如："一之谓甚，岂可再乎？""而明德以荐馨香，神其吐之乎？"
(2) 语气词，加强陈述语气。如："其虞虢之谓也。"
(3) 第三人称代词，他的。如："宫之奇以其族行。"

三、语法修辞

（一）词类活用

1. 桓庄之族何罪，而以为戮：动词活用作名词，杀戮的对象。

> **知识链接**：古汉语中表示"杀害"的诸多说法
>
> 1. 诛：杀有罪的人，如诛暴秦、诛奸贼。
> 2. 弑：古代统治阶级对子杀父、臣杀君的称谓。
> 3. 杀：使人或动物失去生命，一般是客观描述，如杀敌。
> 4. 屠：除了残杀人，还包括宰杀牲畜。
> 5. 灭：用作"杀"时，一般针对人，如灭口。
> 6. 戮：斩，杀，在古汉语中有"陈尸示众"的意思，如戮尸。
> "诛"是褒义词，"弑""屠""灭""戮"或多或少含贬义，如弑君、屠城、灭口、杀戮。
> "杀""灭"比较口语，"诛""戮""弑""屠"都是书面语。

2. 明德惟馨 / 而明德以荐馨香：形容词的使动用法，使……昭明。

3. 虞不腊矣：名词活用作动词，举行腊祭。

4. 师还，馆于虞：名词活用作动词，住客舍（驻扎）。

（二）特殊结构

1. 其虞虢之谓也：宾语前置，"其"是句首语气词，"之"复指前置宾语"虞虢"。

2. 大伯不从，是以不嗣：宾语前置，介词"以"的宾语"是"前置。

3. 将虢是灭，何爱于虞：宾语前置，代词"是"复指"灭"的前置宾语"虢"，疑问代词"何"是"爱"的前置宾语。

4. 且虞能亲于桓庄乎，其爱之也：特殊的倒装结构，"其"指晋国，"之"指"虞"，正常的语序应该是"且晋之爱虞也，能亲于桓庄乎"。

5. 鬼神非人实亲，惟德是依：宾语前置，"实"与"是"都是代词，复指前置的宾语"人"与"德"。

知识链接：繁简字

我们现在所说的"繁简字"，是现代汉语规范中具有特定内涵的个性化术语。其以国家公布的《简化字总表》为特定范围。繁体字指的是其中对应字组中笔画多的字，简体字指的是其中对应字组中笔画少并定为规范的字。没有繁简对应关系和规范意义的不在其中。

大部分繁体字产生于先秦、秦汉，在六朝时期继续发展，并在唐代成为官方正统字体。而简体字不一定比繁体字出现得晚，如"回""号""云"最早可以追溯到甲骨文时期。

简化字运动是近代才开始的。《第一批简化字表》于1935年8月公布，因汉字简化方式仍存在较大争议，不久便被废除。1956年《汉字简化方案》实施之后，简体字才算较为广泛地使用开来，其中收录了515个简化字和54个简化偏旁。

燭之武退秦師[1]《僖公三十年》

一、课文通译

晉侯秦伯①圍鄭，以②其③無禮於④晉，
晋文公和秦穆公联合围攻郑国，因为晋文公即位前流亡国外经过郑国时没有受到应有的礼遇，

且⑤貳⑥於楚也。晉軍⑦函陵⑧，秦軍汜南⑨。佚之狐⑩言於鄭伯曰：
并且郑国从属于晋的同时又从属于楚。晋军驻扎在函陵，秦军驻扎在汜水的南面。佚之狐对郑文公说：

"國危矣！若⑪使⑫燭之武見⑬秦君，師必退。"公從⑭之。辭⑮曰：
"国家危险了！假如派烛之武去拜见秦穆公，秦国的军队一定会撤退。"郑文公听从了建议。烛之武推辞说：

"臣之壯也⑯，猶⑰不如人；今老矣，無能爲⑱也已⑲。"公曰："吾不能早用⑳子，
"我壮年的时候，尚且不如别人；现在老了，也不能有什么作为了。"郑文公说："我没有及早任用您，

今急而求子，是㉑寡人之過㉒也。然㉓鄭亡，子亦有不利焉！"許㉔之。
现在由于情况危急才来求您，这是我的过错。然而郑国灭亡了，对您也不利啊！"烛之武就答应了这件事。

① 晋侯、秦伯：晋文公和秦穆公。秦、晋两国联合围攻郑国是因为秦、晋都要争夺霸权，均需要向外扩张。晋国发动对郑国的战争，自然要寻找这样的得力伙伴。历史上秦、晋关系一直很好，所以秦、晋联合也就成自然了。
② 以：连词，因为。
③ 其：代词，指代郑国。
④ 于：对于。
⑤ 且：连词，表递进，并且。
⑥ 貳：从属二主。
⑦ 军：名词作动词，驻军。
⑧ 函陵：郑国地名，在今河南省新郑市北。
⑨ 汜南：汜水的南面，也属郑地。《王力古汉语字典》注：汜作水名是念作第二声。
⑩ 佚之狐：郑国大夫。
⑪ 若：假如。
⑫ 使：派。
⑬ 见：拜见，进见。
⑭ 从：听从。
⑮ 辞：推辞。
⑯ 臣之壮也：我壮年的时候。
⑰ 犹：尚且。
⑱ 为：做。
⑲ 也已：略等于"矣"，语气词，了。
⑳ 用：任用。
㉑ 是：指示代词，这。
㉒ 过：过错。
㉓ 然：连词，表转折，然而。
㉔ 许：答应。

---

1. 秦、晋围郑发生在公元前 630 年（僖公三十年）。在这之前，郑国有两件事得罪了晋国。一是晋文公逃亡路过郑国时，郑国没有以礼相待；二是在公元前 632 年（僖公二十八年）的晋、楚城濮之战中，郑国曾出兵帮助楚国。（《晋楚城濮之战》："乡役之三月，郑伯如楚致其师。"）城濮之战以楚国失败而告终。郑国感到形势不妙，马上派子人九出使晋国，与晋结好，甚至在公元前 632 年 5 月"晋侯及郑伯盟于衡雍"，但是最终也没能感化晋国。

夜縋①(zhuì)而出。見秦伯曰："秦晉圍鄭，
夜晚有人用绳子将烛之武从城楼上放下去。烛之武见到秦穆公后说："秦、晋两国围攻郑国，
鄭既②知亡矣。若亡鄭而有益於君，敢③以煩執事④。
郑国已经知道要灭亡了。假如灭掉郑国对您有好处，怎敢冒昧地拿"亡郑"这件事麻烦您。
越⑤國以鄙⑥遠，君知其難也；焉⑦用⑧亡鄭以陪⑨鄰⑩？
越过别国把远方的郑国当作秦国的东部边邑，您知道这是困难的；为什么要灭掉郑国而给邻国增加土地呢？
鄰之⑪厚⑫，君之薄也。若舍⑬鄭以爲東道主⑭，
邻国的势力雄厚了，您秦国的势力也就相对削弱了。如果您放弃围攻郑国而把它当作东方道路上招待过客的主人，
行李⑮之往來，共⑯(gōng)其⑰乏困⑱，君亦無所害。且君嘗爲晉君賜矣⑲，
出使的人来来往往，郑国可以随时供给他们缺乏的东西，对您也没有什么害处。而且您曾经给予晋惠公恩惠，
許君焦、瑕⑳(xiá)，朝㉑濟㉒而夕設版㉓焉，君之所知也。
惠公曾经答应给您焦、瑕两座城池，但惠公早上渡过黄河回国而晚上就在那里筑城防御，这是您所知道的。
夫晉何厭㉔之有？既東封㉕鄭，又欲肆其西封㉖，
晋国怎么会有满足的时候呢？现在它已经把郑国当作它东边的疆界，又想要向西扩大疆界；
若不闕㉗(quē)秦，將焉取之？闕秦以利晉，唯君圖㉘之。"
如果不使秦国的土地亏损，它到哪里去夺取土地呢？削弱秦国对晋国有利，希望您考虑这件事。"

① 縋：用绳子拴着人（或物）从上往下运。
② 既：已经。
③ 敢：表谦敬的副词。
④ 執事：执行事务的人，为客气话，实际指秦伯本人。
⑤ 越：越过。
⑥ 鄙：名词的意动用法，把……当作边邑。
⑦ 焉：何。
⑧ 用：介词，表原因。
⑨ 陪：增加。"陪"是形声字，从阜（fù），音（pǒu）声。左耳旁为"阜"的变形。阜，土山。"陪"的本义为重叠的土堆。《左传·定公四年》："分之土田陪敦，陪犹山也。"注："增也。"
⑩ 鄰：邻国，指晋国。
⑪ 之：位于主谓之间，取消句子独立性。
⑫ 厚：雄厚。
⑬ 舍：放弃（围郑）。
⑭ 東道主：古时中国民间宴请款留宾客的主人。客人由西来，则称主人为东道主；客人由南来，则称主人为北道主。郑在秦国东面，故称东道主。
⑮ 行李：出使的人，也作"行吏"，指外交使节。
⑯ 共：同"供"，供给。
⑰ 其：指代使者。
⑱ 乏困：缺少。行而无资叫"乏"，居而无食叫"困"。《广韵·乏韵》："乏，匮也。"特指食用的缺少，又指窘迫、无路可走。本文中的"乏困"为同义复词，统指使者往来时馆舍资粮供应的不足。
⑲ 嘗为晉君賜矣：曾经给予晋君恩惠（指秦穆公曾派兵护送晋惠公回国）。嘗：曾经。为：给予。为……赐：施恩。
⑳ 許君焦、瑕：（晋惠公）许诺给您焦、瑕两城。
㉑ 朝：在早晨。
㉒ 濟：渡河。李白《行路难》："直挂云帆济沧海。"又如："同舟共济。"
㉓ 版：筑土墙用的夹板。"版"是形声字，从片，反声。"片"（piàn）的意思是破开的木片或草片。从"片"的字大都与木板有关。"版"的本义为筑墙的夹板。《孟子·告子下》："傅说举于版筑之间。"
㉔ 厭：同"饜"，满足。
㉕ 封：疆界，这里用作动词。"封"的甲骨文和金文象封土树木之形。本义是堆土植树，特指堆土植树以为疆界。
㉖ 肆其西封：扩展它西边的疆界，指晋国灭郑以后，必将图谋秦国。肆：延伸，扩张。
㉗ 闕：侵损，削减。

㉘ 图：考虑。繁体作"圖"，从囗（古"围"字），从啚（"鄙"的本字）。"囗"表示区域范围，"鄙"就是边鄙，所以"图"的本义就是地图。绘制地图要经过苦心思虑，使用地图往往也有所谋划，由此就生出了"考虑"义。再引申为设法对付。《左传·郑伯克段于鄢》："无使滋蔓，蔓难图也。"

秦伯说①，与郑人盟②。使杞子、逢（páng）孙、杨孙戍③之，乃还④。
秦伯非常高兴，就与郑国签订了盟约。派遣杞子、逢孙、杨孙守卫郑国，秦伯就撤军了。

① 说：同"悦"，喜欢，高兴。
② 盟：结盟。
③ 戍：驻扎，防守。
④ 还：撤军回国。

子犯请击之。公曰："不可。微①夫人②之力不及此。
晋国大夫子犯请求出兵攻击秦军。晋文公说："不行。假如没有秦国国君的力量就没有我的今天。
因③人之力而敝④之，不仁；失其所与⑤，不知（zhì）⑥；
依靠别人的力量而又反过来损害他，这是不仁道的；失掉自己的同盟者，这是不明智的；
以乱易⑦整⑧，不武⑨。吾其⑩还也。"亦去⑪之⑫。
用混乱相攻取代联合一致，这是不符合武德的。我们还是回去吧。"晋军也就离开了郑国。

① 微：带有假设语气的否定副词，假如不是、没有。范仲淹《岳阳楼记》："微斯人，吾谁与归？"
② 夫人：那人，指秦穆公。夫：远指代词。
③ 因：依靠。
④ 敝：损害。
⑤ 所与：同盟者。与：结交，亲附。"与"的繁体字作"與"，从与，从舁（yú），共同抬起，与，给予。合起来表偕同，朋友。
⑥ 知：同"智"，明智。
⑦ 易：代替。
⑧ 整：一致的步调。
⑨ 不武：不符合武德。武：使用武力所应遵守的道义准则。
⑩ 其：表委婉的语气词，还是。
⑪ 去：离开
⑫ 之：指代郑国。

二、字词梳理

（一）古今与通假

1. **共**其乏困：同"供"，供给。古今字。
2. 若**舍**郑以为东道主：同"捨"，放着，释手。古今字。
3. 秦伯**说**：同"悦"，喜悦，高兴。古今字。
4. 不**知**：同"智"，智慧，明智。古今字。

（二）词义详解

1.【许】（二 P580 常用词 404） *上古的"许"和现在的"许"有一些不同，上古的"许"一般只有"应允"的意思，没有"容许"的意思。*

（1）应允，与"辞"相对。《左传·郑伯克段于鄢》："亟请于武公，公弗许。"《左传·宫之奇谏假道》："弗听，许晋使。"《左传·烛之武退秦师》："许君焦、瑕，朝济而夕设版焉，君之所知也。"

(2) 不能确定的零数。吴均《与宋元思书》："自富阳至桐庐，一百许里。" ←后起义。

(3) [何许] 何处。陶渊明《五柳先生传》："先生不知何许人也。"

[如许] 这样，指到达这个程度。朱熹《观书有感》："问渠那得清如许，为有源头活水来。"

(4) 或许，大约。《懊侬歌十四首·其二》："潭如陌上鼓，许是侬欢归。" ←后起义。

(5) 兴起。《孟子·夫子当路于齐》："夫子当路于齐，管仲晏子之功，可复许乎？"

2.【缒】←后起义。

(1) 绳子。《左传·昭公十九年》："登者六十人，缒绝。"

(2) 用绳子悬物。《左传·烛之武退秦师》："夜缒而出。"

3.【既】（四 P1321 常用词 876）

(1) 动词，尽。韩愈《进学解》："言未既，有笑于列者曰……"

(2) 副词，已经。《论语·先进》："春服既成。"《孟子·寡人之于国也》："兵刃既接。"《诗经·氓》："言既遂矣，至于暴矣。"

(3) [既……且……] 表示两种情况同时存在。《诗经·烝（zhēng）民》："既明且哲，以保其身。"

[既……则……] 表示两种情况有连带关系。《论语·季氏》："既来之，则安之。"

[既而] 副词，不久，一会儿。《孟子·万章上》："既而幡然改曰……"

4.【陪】

(1) 在土堆上加土。

引申为凡相重之称，如"陪臣"就是臣子的臣子。

(2) 增加。《左传·烛之武退秦师》："焉用亡郑以陪邻？"

(3) 辅佐。

(4) 陪同。

5.【乏】（一 P57 常用词 37）

(1) 缺少，特指食用的缺少。《左传·烛之武退秦师》："行李之往来，共其乏困。"

又作动词，缺乏。杜甫《赠李白》："苦乏大药资。"

(2) 疲乏。←后起义。

6.【困】（一 P150 常用词 101）

(1) 无路可走。《礼记·教学相长》："是故学然后知不足，教然后知困。"

[困穷] 生活艰难。

[乏困]、[困乏] 缺乏（吃的、穿的、住的）。《左传·烛之武退秦师》："行李之往来，共其乏困。"

(2) 遇到困难，被难住。←《王力古代汉语字典》P145：艰难，窘迫。

引申为"困住"。欧阳修《五代史·伶官传序》："而智勇多困于所溺。"

(3) 劳倦。

7.【尝】

(1) 口辨味。《诗经·瓠叶》:"君子有酒,酌言尝之。"

(2) 试探。

引申为试一试。《孟子·齐桓晋文之事》:"我虽不敏,请尝试之。"《庄子·运斤成风》:"尝试为寡人为之。"

(3) 副词,曾经。《左传·烛之武退秦师》:"且君尝为晋君赐矣。"

> 知识链接:"曾""尝"的辨析

"曾"和"尝"在"曾经"的意义上同义,但古代多用"尝"而少用"曾"。此外,"曾"有"竟,乃""增加"等含义。

8.【封】(二 P571 常用词 385)

(1) 加土培育树木。引申为聚土筑坟。

(2) 古代帝王把土地分给人们作为他的领土或食邑。《史记·项羽本纪》:"项氏世世为楚将,封于项,故姓项氏。"

(3) 古代帝王在泰山上筑坛祭天。

(4) 界域,疆界。《左传·烛之武退秦师》:"既东封郑,又欲肆其西封。"

(5) 封闭,封合。杜甫《寄杜位》:"封书两行泪。"

9.【肆】(三 P1053 常用词 657)

(1) 陈设。《诗经·行苇》:"或肆之筵,或授之几。"

(2) 陈列货物或工艺品的场所,作坊。《论语·子张》:"百工居肆以成其事。"

引申为市场。

(3) 放肆。用于褒义,表示不受拘束。《进学解》:"先生之于文,可谓闳其中而肆其外矣。"用于贬义,表示不依法度,不守规矩。韩愈《送孟东野序》:"其辞淫以哀,其志弛以肆。"

(4) 延伸,扩张,如"肆通"。→畅通,四通八达。

10.【微】(一 P151 常用词 106)

(1) 隐蔽,藏匿。方苞《左忠毅公逸事》:"从数骑出,微行入古寺。"

引申为未显露的。《礼记·坊记》:"夫礼者,所以章疑别微以为民坊者也。"

又引申为微小,细微。《战国策·庄辛说楚襄王》:"被礛磻,引微缴,折清风而抎矣。"苏轼《石钟山记》:"微风鼓浪,水石相搏。"《庄子·庖丁解牛》:"动刀甚微,謋然已解。"

又作副词,表示暗暗地。《史记·魏公子列传》:"故久立与其客语,微察公子。"

又为低贱,卑下。李密《陈情表》:"今臣亡国贱俘,至微至陋,过蒙拔擢,宠命优渥。"

又为衰微。《战国策·鲁仲连义不帝秦》:"周贫且微,诸侯莫朝,而齐独朝之。"

(2) 大约等同于"非",但只用于事后的假设。《左传·烛之武退秦师》:"微夫人之力不及此。"《论语·宪问》:"微管仲,吾其被发左衽矣!"

[微独] 不但,非但。《战国策·触詟说赵太后》:"微独赵,诸侯有在者乎?"

> 应作"触龙言说赵太后",本书标题和选文与王力先生的《古代汉语》一致。

(三)虚词多义

1. 以

(1) 连词,表因果,因为。如:"以其无礼于晋,且贰于楚也。"

(2) 连词,表目的,把,来。如:"越国以鄙远。""焉用亡郑以陪邻。"

(3) 介词,拿,用。如:"以乱易整,不武。"

2. 其

(1) 人称代词,代郑。如:"以其无礼于晋。"

(2) 指示代词,自己的。如:"失其所与,不知。"

(3) 指示代词,这。如:"君知其难也。"

(4) 语气词,表示委婉。如:"吾其还也。"

三、语法修辞

(一)词类活用

1. 晋军函陵,秦军氾南:名词活用作动词,驻扎。"函陵""氾南"用作处所补语。

2. 若亡郑而有益于君:动词的使动用法,使……灭亡。

3. 越国以鄙远:名词活用作动词,名词的意动用法,把……当作边邑。

4. 既东封郑,又欲肆其西封:名词活用作动词,把……作为疆界。

(二)特殊结构

1. 无礼于晋:倒装句,正常的语序为"于晋无礼"。

2. 且君尝为晋君赐矣:双宾句,动词"为"的间接宾语是"晋君",直接宾语是"赐"。

3. 许君焦、瑕:双宾句,直接宾语为"焦、瑕",间接宾语为"君"。

4. 夫晋何厌之有:宾语前置,"之"复指前置宾语"何厌"。

> **知识链接:历时同义词**
>
> 像"鞋—履"和"投—抛—掷"等意思相近,但在历史上分别在不同时期出现的对同一事物的相异的指称形式,我们称之为历时同义词。历时同义词的形成原因较为复杂,但大致包括以下几个方面:
>
> 1. 造词的时候意义近似,如"视—看—睹—见"。
>
> 2. 词义的发展变化,如"肥—胖"。
>
> 3. 新词和旧词的积累,如"几—案—桌"。
>
> 4. 地域和方言的差异,如"釜—锅"。

蹇叔哭师《僖公三十二年》

一、课文通译

冬，晋文公卒。庚辰①，将殡②于曲沃③。出绛④，柩⑤有声如牛。
冬天，晋文公去世了。十二月十日，要在曲沃停柩待葬。刚走出国都绛城，棺材里发出了像牛叫的声音。
卜偃⑥使大夫拜，曰："君命大事⑦，将有西师⑧过轶⑨我。
卜官郭偃让大夫们向棺材下拜，说："国君发布了军事命令，将有西方的军队越过我们的国境。
击之，必大捷焉。"
我们袭击它，一定会大获全胜。"

① 庚辰：僖公三十二年十二月十日，即晋文公死的第二天。
② 殡：停柩待葬。"殡"的篆文字形为𣨛。歹为朽骨，表示死人，因尸在棺，故字从歹。古代殿前有两阶，无中间道。宾主相见时，主人立东阶，宾从西阶上下。东阶又叫阼（zuò）阶，西阶又叫宾阶。人死了，已经反主为客了，所以灵柩停在西阶，表示可以宾客之礼相待，故字从宾。按周代礼制，人死后，敛尸于棺，在祖庙西阶下掘坎停柩，以后再择日迁葬，叫作殡庙。直到春秋，仍有殡庙之礼。
③ 曲沃：晋国旧都，晋国祖庙所在地，在今山西省闻喜县东。
④ 绛：晋国国都，在今山西省翼城县东南。
⑤ 柩：装有尸体的棺材。《尔雅·释木》："虚者为棺，实者为柩。"
⑥ 卜偃：掌管晋国卜筮的官员，姓郭，名偃。
⑦ 大事：军事。古时军事和祭祀是大事。《左传·成公十三年》："国之大事，在祀与戎。"
⑧ 西师：西方的军队，指秦军。
⑨ 过轶：越过。轶：形声字，从车，失声。"轶"的本义为超车，引申为超越。

杞子①自郑使告于秦曰："郑人使我掌②其北门之管③，若潜④师以来，
秦国大夫杞子从郑国派人向秦国报告说："郑国人让我掌管他们国都北门的钥匙，如果悄悄派兵前来，
国⑤可得也。"穆公访⑥诸蹇叔。蹇叔曰："劳师以袭远，
就可以占领他们的国都。"秦穆公向秦国老臣蹇叔征求意见。蹇叔说："让军队辛勤劳苦地偷袭远方的国家，
非所闻也。师劳力竭，远主⑧备之，无乃⑨不可乎？师之所为，
我从没听说过。军队辛劳精疲力竭，远方国家的君主又有防备，这样做恐怕不行吧？军队的一举一动，
郑必知之。勤⑩而无所⑪，必有悖心⑫。且行千里，其谁不知？"
郑国必定会知道。军队辛勤劳苦而一无所得，一定会产生悖逆之心。再说行军千里，谁会不知道呢？"
公辞焉。召孟明⑬、西乞⑭、白乙⑮，使出师于东门之外。
秦穆公没有听从蹇叔的意见。他召见了孟明、西乞、白乙三位将领，让他们从东门外面出兵。
蹇叔哭之，曰："孟子，吾见师之出而不见其入也。"公使谓之曰："尔何知！
蹇叔哭着对他们说："孟明啊，我看着大军出发却看不见他们回来了。"秦穆公派人对蹇叔说："你知道什么！

中壽，爾墓之木拱矣！⑯"
要是你在中寿的年龄就去世的话，你坟上的树都有两手合抱一般粗了！"

① 杞子：秦国大夫。
② 掌：掌管。
③ 管：钥匙。"管"是形声字，从竹，官声。本义：一种类似于笛的管乐器，又引申泛指管状物，特指钥匙。
④ 潜：隐蔽地行动。
⑤ 国：国都。
⑥ 访：咨询，征求意见。《说文解字》："访，泛谋曰访。从言，方声。"
⑦ 诸："之于"的合音字，"之"是指示代词，指代袭郑这件事；"于"是介词，相当于现在的"向"，引出所要咨询的人蹇叔。咨询的对象首先是事而不是人，所以不能以人为直接宾语。
⑧ 远主：郑君。
⑨ 无乃：表委婉语气的副词，恐怕，大概。
⑩ 勤：劳苦。"勤"是形声字，右形，左声。《说文解字》："勤，劳也。"《礼记·玉藻》："勤者，有事则收之。"注："执劳辱之事也。"
⑪ 无所：一无所得。
⑫ 悖心：悖逆之心，反感。
⑬ 孟明：秦国大夫，姓百里，名视，字孟明，为秦国元老百里奚之子。
⑭ 西乞：秦国大夫，字西乞，名术，为秦国元老蹇叔之子。
⑮ 白乙：秦国大夫，字白乙，名丙，为秦国元老蹇叔之子。
⑯ 中寿，尔墓之木拱矣：要是你在中寿的年龄就去世的话，你坟上的树都有两手合抱一般粗了。根据句意，此处为讽刺蹇叔现已年老昏聩。中寿：说法不一，约在七八十岁上下。拱：形声字，从手，共声。"拱"的本义为抱拳，敛手。两手在胸前相合，表示恭敬。两手合围常用来表达树木的粗细。

蹇叔之子與師。哭而送之曰："晋人禦師必於殽①。殽有二陵②焉：
蹇叔的儿子跟随军队一起出征。他哭着送儿子说："晋国人必定在崤山抗击我军。崤有两座山头：
其南陵，夏后皋③之墓也；其北陵，文王之所辟风雨也。
它南面的大山，是夏王皋的坟墓；它北面的大山，是周文王避过风雨的地方。
必死是间，余收爾骨④焉⑤。"
你们一定会战死在这两座山之间，我在那里收拾你的尸骨吧。"

① 殽：通"崤"，山名，在今河南省洛宁县西北。
② 陵：形声字，从阜（fù），表示与地形、地势的高低上下有关。夌（líng）声。本义：大土山。《说文解字》："陵，大阜也。"《诗·小雅·天保》："如山如阜，如冈如陵。"崤山有两陵，南陵和北陵，相距三十五里，地势险要。
③ 夏后皋：夏代君主，名皋，夏桀的祖父。后：国君。"后"是会意字，金文写作后，象人之形，施令以告四方，故广之，从一口，发号者君后也。
④ 爾骨：你的尸骨。
⑤ 焉：在那里。

秦師遂東。
于是秦国军队向东进发。

二、字词梳理

（一）古今与通假

1. 晋人禦師必于殽/殽有二陵焉：通"崤"，山名。通假字。

2. 文王之所**辟**风雨也：同"避"，躲避。古今字。

（二）词义详解

1.【拜】（三 P917 常用词 555）

> 最早的"拜"只是拱手弯腰而已，和今天的作揖一样，后来才发展到屈膝顿首，以头叩地等。

（1）一种表示敬意的礼节。古人的拜是先跪下，头低到手，与心平。《左传·塞叔哭师》："卜偃使大夫拜。"

引申为谒见，拜见。《论语·阳货》："孔子时其亡也而往拜之。"

（2）授予（官职）。《陈情表》："诏书特下，拜臣郎中。"

> ▶ 知识链接："跪""坐""拜""跽"的辨析
>
> "跪"指抬起臀部，保持准备拜伏的恭敬姿势；"坐"指身体放松，臀部落在脚后跟上；"拜"指由跪姿弯腰把头叩至地面；"跽"指两膝着地，伸直腰股。

2.【潜】（四 P1297 常用词 823）

（1）在水面下行走。《庄子·达生》："至人潜行不窒，蹈火不热。"

引申为潜伏水中。《周易·乾卦》："潜龙勿用。"

又为秘密地出动军队。《左传·塞叔哭师》："若潜师以来，国可得也。"

（2）副词，秘密地，偷偷地。杜甫《哀江头》："少陵野老吞声哭，春日潜行曲江曲。"

3.【访】（一 P42 常用词 4）

（1）咨询。《左传·塞叔哭师》："穆公访诸塞叔。"

（2）拜访（某人）。孟浩然《洛中访袁拾遗不遇》："洛阳访才子，江岭作流人。" ← 后起义

引申为探寻某地（古迹、名胜）。王勃《滕王阁序》："访风景于崇阿。"

（3）查访，侦查。《石钟山记》："至唐李渤始访其遗踪。" ← 晚起义

4.【勤】（一 P56 常用词 36）

（1）疲劳，辛苦，和"逸"相对。《论语·微子》："四体不勤，五谷不分。"《左传·塞叔哭师》："勤而无所，必有悖心。"

（2）努力工作，不偷懒，和"怠""惰"相对。《尚书·蔡仲之命》："克勤无怠。"

5.【辞】（一 P130 常用词 61）

（1）口供。《说文解字》："辞，讼也。"

（2）言词，话。《周易·系辞下》："吉人之辞寡，躁人之辞多。"

引申为言之成文的，文辞。《周易·乾卦》："修辞立其诚。"

（3）文体的一种。曹丕《典论·论文》："王粲长于辞赋。"

（4）不接受。《论语·雍也》："与之粟九百，辞。"

6.【管（筦）】（四 P1473 常用词 998）

（1）管乐器的一种，竹制，六孔，像笛。《诗经·有瞽（gǔ）》："既备乃奏，箫管备举。"

(2) 古代的一种钥匙。《左传·蹇叔哭师》："郑人使我掌其北门之管，若潜师而来，国可得也。"

引申为掌管，主管。《汉书·食货志》："管在县官。"

(3) 关涉。 〔后起义。〕

（三）虚词多义

1. 其

(1) 代词。如："郑人使我掌其北门之管，若潜师而来，国可得也。"

(2) 语气词，加强反问语气。如："且行千里，其谁不知？"

2. 之

(1) 代词。如："击之，必大捷焉。""蹇叔哭之。"

(2) 结构助词，的。如："使出师于东门之外。"

3. 焉

(1) 代词兼语气词，相当于"于是间"，可译为在那里。如："必死是间，余收尔骨焉。"

(2) 语气词。如："击之，必大捷焉。"

三、语法修辞

词类活用

1. 劳师以袭远：动词的使动用法，使……疲劳。
2. 秦师遂东：方位名词活用作动词，向东进发。

> 📌 **知识链接：清代"说文四大家"**
>
> "说文四大家"是指清代在研究《说文解字》方面做出重要贡献的四位学者，分别是段玉裁（《说文解字注》）、朱骏声（《说文通训定声》）、桂馥（《说文解字义证》）、王筠（《说文句读》）。

晋灵公不君 《宣公二年》

一、课文通译

晋灵公①不君②。厚敛③以彫牆④。從臺上彈人，
晋灵公不行君道。加重赋税来修筑豪华的宫室。他从高台上用弹弓射行人，
而觀其辟丸也。宰夫⑤胹⑥熊蹯⑦不孰，殺之，寘⑧諸畚⑨，使婦人載⑩以過朝。
观看他们躲避弹丸的样子。厨师没有把熊掌炖烂，他就把厨师杀了，放在筐里，让宫女们用车装着经过朝廷。
趙盾⑪、士季⑫見其手，問其故而患之。將諫，
大臣赵盾和士季看见露出的死人手，便询问他被杀的原因并为晋灵公的无道而忧虑。赵盾准备规劝晋灵公，
士季曰："諫而不入⑬，則莫之繼也。會請先，不入，
士季说："如果您去进谏而国君不采纳，那就没有人能接着进谏了。请允许我先进谏，如果他不接受，
則子繼之。"三進⑭及⑮溜⑯，而後視之。
您就接着去劝谏。"士季去见晋灵公时往前走了三次到了屋檐下，晋灵公才抬头看他。
曰："吾知所過矣，將改之。"稽首⑰而對曰："人誰無過？
晋灵公说："我已经知道自己的过错了，打算改正。"士季拜头至地回答说："谁能没有过错呢？
過而能改，善莫大焉。詩曰：'靡⑱不有初⑲，鮮⑳克㉑有終㉒。'
犯了错误而能够改正，那就没有比这再好的了。《诗经》说：'没有谁做事不肯善始，但很少有人可以善终。'
夫如是，則能補過者鮮矣。君能有終，則社稷之固也，豈惟羣臣賴㉓之。
如果这样，那么弥补过错的人就太少了。您如能始终坚持向善，那么国家就有了保障，而不只是臣子们有了依靠。
又曰：'袞㉔職有闕㉕，惟仲山甫㉖補之。'能補過也。君能補過，
《诗经》又说：'周宣王有了过失，只有仲山甫来弥补。'这是说周宣王能补救过失。国君能够弥补过失，
袞㉗不廢矣。"
君位就不会失去了。"

① 晋灵公：名夷皋，襄公之子，文公之孙。他是晋国第二十六君，在位十四年，是中国历史上有名的暴君。
② 不君：不行君道。
③ 厚敛：加重赋税。敛：形声字，从攴（pū），佥（qiān）声。本义：收敛，聚集。收集的对象是物，常是财物。
④ 彫墙：修筑豪华的宫室，过着奢侈的生活。彫：同"雕"，画。《说文解字》："彫，琢文也。从彡，周声。"
⑤ 宰夫：厨子。
⑥ 胹：煮，炖。"过熟曰胹。"李时珍《本草纲目·熊》："其足名蹯，为八珍之一，古人重之，然胹之难熟。"
⑦ 熊蹯：熊掌。
⑧ 寘：通"置"，放置。
⑨ 畚：筐篓一类盛物的器具。
⑩ 载：用车装。

⑪ 赵盾：赵衰之子，晋国正卿（相当于首相），谥号宣子。

⑫ 士季：士为之孙，晋国大夫，名会。

⑬ 不入：不采纳，不接受。

⑭ 三进：往前走了三次。始进为入门，再进为由门入庭，三进为升阶当霤。

⑮ 及：到。

⑯ 霤：通"霤"，屋顶瓦垄滴水的地方，指屋檐下。

⑰ 稽首：古人最恭敬的礼节。跪拜礼有"九拜"之称：一曰"稽首"，即跪下并拱手至地，头也至地，为"九拜"中最隆重的一种，常为臣子拜见君主时所用。二曰"顿首"，即拜头叩地，也称为"叩头"，是古代地位相等或平辈之间互相表示敬意的礼节。三曰"空首"，即拜头至手，是位尊者对于位卑者稽首拜的答拜礼。四曰"振动"，是两手相击，振动其身而拜，是丧礼相见中最隆重的跪拜礼。这种礼节的形式不仅要"顿首"，还要双手相击，哭天喊地，浑身战栗不已，表示对丧者的悲痛哀悼。五曰"吉拜"。六曰"凶拜"。"吉拜"和"凶拜"礼行于各种祠祭及丧葬礼中。七曰"奇拜"，"奇"

为单数，"奇拜"即拜一次。八曰"褒拜"，即拜而再拜，是宫廷礼仪。九曰"肃拜"，即作揖、鞠躬，是拜礼中最轻的一种。军人身披甲胄，不便跪拜，所以用肃拜。妇人也以肃拜为正。

⑱ 靡：没有谁。"靡"是形声字，从非，麻（mǐ）声。本义：无，没有。《尔雅》："靡，无也。"《诗经·采薇》："靡室靡家。"

⑲ 初：开始。"初"是会意字，从刀，从衣，合起来表示用刀剪裁衣服是制衣服的起始。《说文解字》："初，始也。裁者衣之始也。"

⑳ 鲜：少。

㉑ 克：能够。

㉒ 终：结束。

㉓ 赖：依靠。

㉔ 衮：天子的礼服，此处借指周宣王。

㉕ 阙：通"缺"，过失。

㉖ 仲山甫：周宣王的大臣。

㉗ 衮：双关语，表面上说的是龙袍，实际上说的是君位。

猶不改。宣子驟①諫。公患之，使鉬麑②賊③之。
可是晋灵公仍然没有改正。赵盾多次劝谏。晋灵公对此感到厌烦，便派鉬麑去杀赵盾。

晨往，寢門闢④矣。盛服⑤將朝，尚早，坐而假寐⑥。
鉬麑一大早就去了赵盾家，只见卧室的门开着。赵盾穿戴整齐准备上朝，因为时间还早，他和衣坐着打盹儿。

麑退，歎而言曰："不忘恭敬⑦，民之主⑧也。賊民之主，
鉬麑退了出来，感叹地说："时刻不忘记恭敬国君，真是百姓的靠山啊。杀害百姓的靠山，

不忠；棄君之命，不信。有一於此，不如死也。"
这是不忠；背弃国君的命令，这是失信。不忠不信中有一样违背了，还不如去死。"

觸⑨槐而死。
于是鉬麑撞槐树而死。

① 驟：多次。

② 鉬麑：晋国力士。

③ 賊：杀。段玉裁以为"贼字为用刀或戈毁贝，会意而非形声"。"贼"的本义是毁坏，毁害。

④ 闢：开着。

⑤ 盛服：正其衣冠，即穿戴整齐。

⑥ 假寐：闭目养神，打盹儿。杜预注："不解衣冠而睡。"此处指赵盾穿戴整齐地坐着打瞌睡。

⑦ 恭敬：严肃，有礼貌。"恭敬"在这里可以看作复音词，但是词素的独立性很强，常常可以分开来使用。朱熹《集注》："恭主容，敬主事。恭见于外，敬主乎中。"这句话指出了二者的分别："恭"着重在外貌方面，"敬"着重在内心方面。

⑧ 主：春秋战国时期对卿大夫的称呼。

⑨ 觸：撞。"觸"是形声字，从角，蜀声。本义：以角撞物。《说文解字》："觸，牴也。"

秋九月，晋侯饮①赵盾酒，伏②甲③将攻之。其右④提弥明⑤知之，
秋天九月，晋侯赐酒给赵盾喝，事先埋伏下武士准备杀掉赵盾。赵盾的车右提弥明发现了这个阴谋，
趋登⑥曰："臣侍君宴，过三爵⑦，非礼也。"遂扶以下。
快步走上殿堂后说："臣下陪君王宴饮，酒过三巡还不告退，就不合礼仪了。"于是他扶起赵盾走下殿堂。
公嗾⑧夫獒⑨焉。明搏而杀之。盾曰："弃人用犬，
晋灵公唤出了猛犬来咬赵盾。提弥明徒手与猛犬搏斗而打死了它。赵盾说："不用人而用狗，
虽猛何为！"斗⑩且⑪出。提弥明死之⑫。
即使凶猛又有什么用！"他们两人边打边退。最终提弥明为赵盾战死了。

① 饮：使……喝，也就是给……喝。
② 伏：埋伏。
③ 甲：穿铠甲的士兵。
④ 右：车右，又称骖乘。古制，一车乘三人，尊者居左，御者居中，骖乘居右。车右都是勇力之士。
⑤ 提弥明：晋国勇士，赵盾的车右。
⑥ 趋登：快步走上殿堂。趋：形声字，从走，刍声。本义：快步走。《说文解字》："趋，走也。"《释名》："徐行曰步，疾行曰趋，疾趋曰走。"
⑦ 三爵：三巡。爵：古时的酒器。《诗经·宾之初筵》："三爵不识，矧敢多又。"郑玄笺："三爵者，献也，酬也，酢也。"郑笺云："酬，报也。饮酒之礼，主人献宾，宾酢主人，主人又饮而酌宾，谓之酬。"如果酒过三巡宾客依旧要回礼的话，就叫作
"应酬"，所以"应酬"一般具有无可奈何、推脱不掉之意。
⑧ 嗾：唤狗的声音。用如动词，嗾使。"嗾"为形声字，从口，族声。李贺《公无出门》："嗾犬狺狺相索索，舐掌偏宜佩兰客。"
⑨ 獒：猛犬。
⑩ 斗：同"鬨""鬥"，读dòu，象形字。"斗"的甲骨文字形为𨷖，象两人怒发对打形。本义：搏斗。《说文解字》："两士相对，兵杖在后，象斗之形。"按："争也。"
⑪ 且：连词，一边……一边。连用以表示两件事同时并进。如：既高且大；且战且退。
⑫ 死之：为之死，为他死了，即殉难的意思。之：赵盾。

初，宣子田①于首山②，舍③于翳桑④。见灵辄⑤饿⑥，问其病⑦，
当初，赵盾到首阳山打猎，住在翳桑。他看见有个叫灵辄的人饿得晕倒了，便去问他的病情，
曰："不食三日矣。"食⑧之，舍其半。问之，曰：
灵辄说："我已经多日没吃东西了。"赵盾给他东西吃，他留下了一半。赵盾询问原因，灵辄说：
"宦⑨三年矣，未知母之存否。今近焉，请以遗⑩之。"
"我在外当奴仆已经多年了，不知道家中老母是否活着。现在离家近了，请允许我把这一半留给她。"
使尽之，而为之箪⑪食⑫与肉，真诸橐⑬以与之。既而⑭与⑮为公介⑯，
赵盾让他把食物吃完，另外给他准备了一篮饭和肉，放在口袋里给他。不久灵辄做了晋灵公的武士，
倒戟以御公徒，而免之。问何故，对曰：
他在搏杀中把武器倒过来抵挡晋灵公手下的人，使赵盾得以脱险。赵盾问他为什么这样做，他回答说：
"翳桑之饿人也。"问其名居，不告而退。——遂自亡⑰也。
"我就是在翳桑的饿汉。"赵盾再问他的姓名和住处，他没有回答就退了出去。——于是赵盾自己逃走了。

43

① 田：打猎，后来写作"畋"。"田"为象形字，本义为种田。其小篆字形为田，象阡陌纵横或沟洫四通的一块块农田，从"田"的字多与田猎耕种有关。

② 首山：首阳山，在今山西省永济市南。

③ 舍：住一晚。

④ 翳桑：首山附近的地名。

⑤ 灵辄：人名，晋国人。

⑥ 馁：因挨饿而病倒。本义：饥之甚。在古代，"饥"与"饿"存在着程度上的差别。"饥"指一般的肚子饿；"饿"是严重的饥饿，饿得快死。《韩非子·饰邪》："家有常业，虽饥不饿。"

⑦ 病：重病。"病"为形声字，疒形，丙声。《说文解字》："疾，病也；病，疾加也。"段玉裁注："析言之则病为疾加，浑言之则疾亦病也。"

⑧ 食：给……东西吃。

⑨ 宦：当贵族的仆隶。"宦"从宀（mián），从臣，表示在屋下做事情的臣仆，"臣"的甲骨文字形为⾂，象一只竖立的眼睛形。人在低头时，眼睛即处于竖立的位置，字形正表示了俯首屈从之意。

⑩ 遗：给。

⑪ 箪：盛饭用的竹筐。"箪"是形声字，从竹，单声。《说文解字》："箪，笥也。从竹，单声。"《汉律令》："箪，小筐也。"

⑫ 食：饭。

⑬ 橐：两头有口的口袋，用时以绳扎紧。《说文解字》："橐，囊也。"按：小而有底曰橐，大而无底曰囊。

⑭ 既而：副词，不久，一会儿，指上件事情发生后不久。古代汉语中表示此意的时间副词还有少顷（一会儿，片刻）、未几（不久，没多久）、俄而（不久，一会儿）。

⑮ 与：参加。

⑯ 介：铠甲，代指甲士，象形字。"介"的甲骨文字形为𠆢，象人身上穿着铠甲形。中间是人，两边的四点象连在一起的铠甲片。《史记·老庄申韩列传》："急则用介胄之士。"

⑰ 亡：逃离，出走。"亡"是会意字，小篆字形为亾，从入，从乚（yǐn）。"入"是人字，"乚"指隐蔽，合起来表示人到隐蔽处。《史记·陈涉世家》："今亡亦死，举大计亦死。"

乙　　丑，趙穿①攻靈公於桃園。宣子未出山而復。
九月二十六日，赵穿在桃园杀掉了晋灵公。赵盾还没有走出晋国边境的山便回来了。

大　史②書③曰："趙盾弒(shì)其君④。"以　示　於　朝。宣子曰："不　然⑤。"
晋国太史董狐记载道："赵盾弑杀了他的国君。"他还把这个说法拿到朝廷上公布。赵盾说："不是这样。"

對　曰："子爲正卿⑥，亡不越竟⑦，反　不　討　賊⑧，非　子　而　誰？"
董狐说："您身为正卿，逃亡而不出国境，回来后又不讨伐叛贼，不是您杀了国君又是谁呢？"

宣子曰："烏呼！'我　之　懷⑨矣，自　詒⑩伊⑪慼'，其　我　之　謂　矣！"
赵盾说："哎！'由于我怀念祖国，反而自己找来了忧患'，这话大概说的就是我吧！"

① 赵穿：晋国大夫，赵盾的堂兄弟。

② 大史：太史，掌管记载国家大事的史官，这里指晋国史官董狐。

③ 书：写，指记事。

④ 赵盾弑其君：太史这样记载是为了维护宗法社会的正统思想和等级观念。无论国君如何无道，也只可劝谏，不可杀，杀君就是大逆不道。史官以此为记事的准则，当然不会写出真正的历史。子杀父、臣杀君叫"弑"。

⑤ 然：指示代词，这样。"然"还有"以为……对""同意"的意思。不以为然：不认为是对的，表示不同意。不以为意：不把它放在心上，表示不重视，不认真对待。现代社会中人们常常将这两个词弄混。

⑥ 正卿：春秋时部分诸侯国的执政大臣兼军事最高指挥官，上卿兼执政卿于一身。例如，晋之知蓄、知瑶，楚之令尹，鲁之东门襄仲，他们的权力仅次于国君。

⑦ 竟：同"境"，国境，边境。

⑧ 贼：大逆不道的人，指赵穿。

⑨ 怀：眷恋。

⑩ 诒：通"贻"，给。《说文解字》："一曰遗也。"

⑪ 伊：指示代词，那个。

孔子曰："董狐，古之良史①也，书　法②不　　隐③。赵盾，古之良大夫也，
孔子说："董狐，是古代的好史官，记载史事的原则是直言不讳。赵　盾，是古代的好大夫，
爲　法　受　恶④。惜也，越　　竟　乃　免。"
为了史官的记事原则而蒙受了弑君的恶名。可惜啊，如果他出了国境就能避免弑君之名了。"

① 良史：好史官。
② 书法：记事的原则。书：形声字，从聿，者声。"聿"的甲骨文为手持笔的象形文字，即笔。"书"的本义为书写，记录，记载。《说文通训定声》："上古以刀录于竹若木，中古以漆画于帛，后世以墨写于纸。"
③ 隐：隐讳，不直写。
④ 恶：弑君的恶名。

二、字词梳理

（一）古今与通假

1. 而观其**辟**丸也：同"避"，躲避。古今字。
2. 宰夫胹熊蹯不**孰**：同"熟"，煮熟了的。古今字。

> **知识链接："孰""谁"的辨析**
>
> "孰"用于问人与问物，多用于选择问，也用于非选择问；而"谁"专指问人，不用于选择问。当"孰"用于非选择问句，且指人时，和"谁"完全同义。如："孰为夫子？"

3. 三进及**溜**：通"霤"，屋顶瓦垄滴水的地方，指屋檐下。通假字。
4. 衮服有**阙**：通"缺"，过失。通假字。
5. 宣子**田**于首山：同"畋"，打猎。古今字。
6. 亡不越**竟**：同"境"，边境。古今字。
7. **反**不讨贼：同"返"，返回。古今字。
8. 自诒伊**感**：通"贻"，给。通假字。
   （读 dài 时，表欺骗，和"殆""给"等是同源字。）

（二）词义详解

1.【孰】（一 P327 常用词 219）

(1) 煮熟了的。《左传·晋灵公不君》："宰夫胹熊蹯不孰。"
引申为深透，深入，如"深思熟虑"。
(2) 五谷丰年，与"饥"相对。《孟子·许行》："五谷熟而民人育"。
(3) 谁，哪个。《论语·雍也》："哀公问弟子孰为好学"。

2.【载】（三 P1164 常用词 733）

(1) 用车装载。《左传·晋灵公不君》："宰夫胹熊蹯不孰，杀之，寘诸畚，使妇人载以过朝。"《战国策·庄辛说楚襄王》："饭封禄之粟，而载方府之金。"
引申为用船或其他工具装载。李清照《武陵春》："只恐双溪舴艋舟，载不动许多愁。"

又引申为负担，承载。《荀子·王制》："水则载舟，水则覆舟。"

（2）记载。萧统《文选序》："推而广之，不可胜载矣。"

（3）开始。《诗经·七月》："春日载阳，有鸣仓庚。"

（4）动词或形容词词头。《归去来兮辞》："乃瞻衡宇，载欣载奔。"

（5）读 zǎi。年。《文选序》："盖乃事美一时，语流千载。"

3.【莫】

（1）否定性的无定代词，相当于没有谁。《左传·晋灵公不君》："谏而不入，则莫之继也。"

（2）副词，不要，别。《孔雀东南飞》："初七及下九，嬉戏莫相忘。"

（3）副词，没有，不。苏轼《赤壁赋》："盈虚者如彼，而卒莫消长也。"

4.【患】（一 P220 常用词 136）

（1）动词，担心，发愁。《论语·颜渊》："季康子患盗，问于孔子。"

引申为名词，忧患，麻烦。《孟子·舜发于畎亩之中》："入则无法家拂士，出则无敌国外患者，国恒亡。"

> 知识链接："忧""患"的辨析

"忧"和"患"有时无区别，如"内忧外患"，但"忧"多用于严重的场合。

（2）生病，病。

5.【靡】（一 P150 常用词 103）

（1）无。《诗经·荡》："靡不有初，鲜克有终。"《诗经·柏舟》："之死矢靡它。"

（2）倒下。《左传·曹刿论战》："吾视其辙乱，望其旗靡，故逐之。"

（3）浪费。《战国策·庄辛说楚襄王》："专淫逸侈靡，不顾国政，郢都必危矣！"

6.【先】（一 P239 常用词 182）

（1）动词，先行，先做某事。《左传·晋灵公不君》："会请先，不入，则子继之。"《庄子·庄子钓于濮水》："楚王使大夫二人往先焉。"

（2）副词，时间在前的，次序在前的，跟"后"相对。《战国策·冯谖客孟尝君》："冯谖先驱，诚孟尝君曰……"

引申为去世的上代或长辈。

7.【骤】（一 P48 常用词 17）

（1）马跑。《诗经·四牡》："驾彼四骆，载骤骎骎。"

引申为快速，急速。《老子·二十三章》："飘风不终朝，骤雨不终日。"

（2）副词，屡次。《左传·晋灵公不君》："宣子骤谏。"

8.【信】（一 P224 常用词 149）

（1）言语真实，不虚伪。《老子》："信言不美，美言不信。"

（2）相信，认为可靠。《论语·公冶长》："始吾于人也，听其言而信其行。"《左传·晋灵公不君》："弃君之命，不信。"

（3）副词，真的，的确。《楚辞·离骚》："苟余情其信姱以练要兮，长顑颔亦何伤。"

（4）使者，送信的人。《孔雀东南飞》："自可断来信，徐徐更谓之。" →后起义

（5）读 shēn。通"伸"，伸展、伸张。马中锡《中山狼传》："狼欣然从之，信足先生。"

9.【遗】（二 P574 常用词 390）

（1）失掉。贾谊《过秦论》："秦无亡矢遗镞（zú）之费，而天下诸侯已困矣。"

（2）留下来的。《孟子·夫子当路于齐》："其故家遗俗，流风善政，犹有存者。"

（3）读 wèi。留给，送给。《史记·魏公子列传》："公子闻之，往请，欲厚遗之，不肯受。"《楚辞·山鬼》："被石兰兮带杜衡，折芳馨兮遗所思。"《左传·晋灵公不君》："今近焉，请以遗之。"

引申为加。《诗经·北门》："王事敦我，政事一埤（pí）遗我。"

10.【亡】（一 P49 常用词 21）

（1）逃跑。《左传·晋灵公不君》："遂自亡也。"《史记·陈涉世家》："今亡亦死，举大计亦死。"引申为失掉（让它跑掉）。《战国策·庄辛说楚襄王》："亡羊而补牢，未为迟也。"

（2）灭亡，跟"存"相对。《左传·烛之武退秦师》："然郑亡，子亦有不利焉！"

（3）死，跟"存"相对。《三国志·诸葛亮传》："今刘表新亡，二子不协。"

（4）读 wú。通"无"，一指"没有"，一指"不"。《列子·愚公移山》："河曲智叟亡以应。"宗臣《报刘一丈书》："官人幸顾我，他日来，幸亡阻我也！"

11.【且】（二 P599 常用词 443）

（1）连词，一边……一边……。《左传·晋灵公不君》："斗且出。"

（2）连词，而且。《左传·郑伯克段于鄢》："公语之故，且告之悔。"《孟子·夫子当路于齐》："且以文王之德，百年而后崩，犹未洽于天下。"

（3）连词，又。《诗经·鱼丽》："君子有酒，旨且多。"

（4）副词，将要，快要。王安石《游褒禅山记》："不出，火且尽。"

（5）副词，尚且，还。《庄子·北冥有鱼》："若夫乘天地之正，而御六气之辩，以游无穷者，彼且恶乎待哉？"《史记·项羽本纪》："臣死且不避，卮酒安足辞？"

（6）副词，暂且。李白《梦游天姥吟留别》："且放白鹿青崖间，须行即骑访名山。"

> **知识链接："且""将"的辨析**
>
> 在表达"将要"的意义上，二者是同义词，但"且"表示快要，"将"表示一般的"将来"，稍有不同。

12.【反】(一 P45 常用词 11)

(1) 翻转，颠倒。《诗经·关雎》："辗转反侧。"

(2) 造反，叛乱。《史记·项羽本纪》："日夜望将军至，岂敢反乎？"

(3) 回来。《左传·晋灵公不君》："反不讨贼。"

引申为退还，归还。

又引申为反省。

13.【免】(一 P52 常用词 25)

(1) 脱身，使脱身。《左传·齐晋鞌之战》："人不难以死免其君，我戮之不祥。"《左传·晋灵公不君》："既而与为公介，倒戟以御公徒，而免之。"

引申为释放。《左传·秦晋殽之战》："武夫力而拘诸原，妇人暂而免诸国。"

又引申为脱掉。《左传·秦晋殽之战》："左右免胄而下，超乘者三百乘。"

(2) 罢免。《汉书·文帝纪》："遂免丞相勃，遣就国。" ← 后起义。

14.【讨】(一 P45 常用词 10)

(1) 研究。《论语·宪问》："世叔讨论之。"

引申为治理。《左传·宣公十二年》："其君无日不讨国人而训之。"

(2) 声讨。《左传·晋灵公不君》："亡不越竟，反不讨贼，非子而谁？"

引申为征讨，征伐。《左传·隐公九年》："郑伯为王左卿士，以王命讨之。"

(三) 虚词多义

夫

(1) 句首语气词，表示下面要发表议论。如："夫如是，则能补过者鲜矣。"

(2) 指示代词，那个。如："公嗾夫獒焉。"

三、语法修辞

(一) 词类活用

1. 晋灵公不**君**：名词活用作动词，即按君道行事。

2. 晋侯**饮**赵盾酒：动词的使动用法，使……喝。

3. 公**嗾**夫獒焉：名词活用作动词，嗾使。

4. 提弥明**死**之：动词的为动用法，为……而死。

5. **食**之，舍其半：动词的使动用法，使……食，即给……东西吃。

6. 使**尽**之：形容词活用作动词，吃光。

7. 倒戟以御公徒，而**免**之：动词的使动用法，使……脱身。

(二) 特殊结构

1. 莫之继也："莫"作主语，代词宾语"之"前置。

2. 弃人用犬，虽猛何为：疑问代词"何"作宾语，前置。

3. 而为之箪食与肉：双宾句，"之"是间接宾语，"箪食与肉"是直接宾语。

4. 其我之谓矣："之"复指前置的宾语"我"。

> **知识链接：古汉语中词义的引申**
>
> "引申"一词出自《周易·系辞上》的"引而伸之，触类而长之，天下之能事毕矣"，原来用于表示规律的触类旁通，后来是描述词义演变的语言学术语。
>
> 陆宗达、王宁指出："引申"是一种有规律的词义运动，不断产生新义或派生新词，从而构成有系统的义列，这就是词义引申的基本表现。简而言之，"引申"是词义运动的一种基本形式，是词语在本义的基础上按照一定规律不断发展出新义的过程。
>
> 词义的引申变化大致有：
>
> 1. 由具体到抽象，如"道"，原义为道路，后来引申为方法、途径，又引申为规律、事理。
>
> 2. 由个体到一般，如"江"，本来专指长江，后来泛指河流。
>
> 3. 动静转移，如"居"，本来指蹲踞、踞坐，后来引申为居住。
>
> 4. 正反转移，如"乞"，本来指气，后来借用来表示乞讨、索要，继而引申为该含义的反面——给予；再如"受"，可以表示接受、承受，又可以表示授予、交付。
>
> 5. 因果转移，如"解"，本来表示分解牛，后来表示解剖的结果——松散、涣散。

齊晉鞌之戰 《成公二年》

一、课文通译

癸^{guǐ}酉①，師②陳③于鞌。邴夏④御齊侯⑤，逢^{páng}丑父⑥爲右⑦。
成公二年六月十七日，齐、晋双方军队在鞌摆开阵势。邴夏为齐侯驾车，逢丑父当戎右。

晉解張⑧御郤^{xì}克⑨，鄭丘緩⑩爲右。齊侯曰："余姑翦^{jiǎn}滅此而朝食⑪！"
晋国的解张为郤克驾车，郑丘缓当戎右。齐侯说："我姑且消灭了这些人再吃早饭！"

不介⑫馬而馳之⑬。郤克傷於矢，流血及屨，未絕鼓音⑭。曰："余病⑮矣！"
不给马披上甲就驱马进击。郤克被箭射伤，血流到了鞋上，但没有中断擂鼓。他说："我受重伤了！"

張侯⑯曰："自始合⑰，而矢貫⑱余手及肘⑲；余折以御，
解张说："从一开始交战，箭就射进了我的手和肘；我折断射中的箭杆继续驾车，

左輪朱⑳殷㉑。豈敢言病？吾子㉒忍之。"緩曰："自始合，
左边的车轮都被我的血染成了黑红色。我哪敢说受伤？您忍着点吧。"郑丘缓说："从一开始交战，

苟㉓有險㉔，余必下推車。子豈識㉖之？——然子病矣。"張侯曰：
如果遇到难走的路，我必定下去推车。您难道知道这些吗？——但是您确实伤势很重而难以支持了。"解张说：

"師之耳目㉗，在吾旗鼓，進退從㉘之。此車一人殿㉙之，
"军队的耳朵和眼睛，都集中在我们的鼓声和战旗上，前进、后退都要听从它。这辆车上只要还有一个人镇守，

可以集事㉚。若之何其㉛以㉜病敗㉝君㉞之大事㉟也？擐^{huàn}㊱甲執兵㊲，
战事就可以成功。怎么能因为伤痛而败坏了国君的大事呢？穿上盔甲，手执兵器，

固即死也；病未及死，吾子勉㊳之！"左并㊴轡^{pèi}㊵，
本来就抱定了必死的决心；伤痛还不至于死，您还是努力指挥战斗吧！"解张将双手所持的辔绳并握于左手，

右援㊶枹^{fú}㊷而鼓㊸，馬逸㊹不能止，師從之。齊師敗績。逐之，
腾出右手接过郤克的鼓槌擂鼓，解张所驾的马狂奔起来，晋军跟随他们。齐军溃败。晋军追赶齐军，

三周㊻華不注㊼。
围着华不注山绕了三圈。

① 癸酉：成公二年的六月十七日。
② 师：齐晋两国的军队。
③ 陈：列阵，摆开阵势。
④ 邴夏：齐国大夫。
⑤ 御齐侯：为齐侯驾车。御：动词，驾车。齐侯：齐国国君，指齐顷公。
⑥ 逢丑父：齐国大夫。
⑦ 右：车右。古代战车，将领居左，御者居中，骖乘居右。如果将领是君主或主帅则居中，御者居左，负责保护和协助将领的人居右。
⑧ 解张：晋臣。
⑨ 郤克：晋国大夫，是这次战争中晋军的主帅，又称

郤献子、郤子等。

⑩ 郑丘缓：晋臣。郑丘：复姓。

⑪ 余姑翦灭此而朝食：我姑且消灭了这些人再吃早饭。这句话是成语"灭此朝食"的出处。姑：副词，姑且。翦灭：剪除，消灭。朝食：活用作动词，吃早饭。秦汉以前由于农业不发达，粮食有限，人们一天只吃两顿饭。《墨子·杂守》记载：第一顿称"饔"，在太阳行至东南方（隅中）时就餐；第二顿称"飧"或"食"，在申时（下午四点左右）进餐。

⑫ 介：用作动词，披甲。一说指马尾结。

⑬ 驰之：使劲赶马，指驱马进击，驱马追击敌人。之：代词，指马。

⑭ 未绝鼓音：鼓声不断。古代车战，主帅居中，亲掌旗鼓，指挥军队。"兵以鼓进"，击鼓是前进的号令。

⑮ 病：受伤很重。古代病重、伤重、劳累过度造成体力难以支持都叫"病"。

⑯ 张侯：解张。"张"是字，"侯"是名，人名和字连用，先字后名。

⑰ 合：交战。

⑱ 贯：穿。

⑲ 肘：胳膊。

⑳ 朱：红色。

㉑ 殷：深红色，黑红色。《广韵·山韵》："殷，赤黑色。"白居易《游悟真寺诗》："白珠垂露凝，赤珠滴血殷。"

㉒ 吾子：您，尊称，比"子"更亲切。

㉓ 苟：连词，表假设。

㉔ 险：险阻，指难走的路。《说文解字》："险，阻难也。""险"的本义是地势不平坦，难以通过。危险是后起的意义，上古的"险"很少当危险讲。上古一般用"危"表示"危险"的意义，而不用"险"。

㉕ 识：知道，懂得。"识"为形声字，从言，戠声。善于言谈表示有知识，故从言。

㉖ 之：代词，指代"苟有险，余必下推车"这件事，可不译。

㉗ 师之耳目：军队的耳、目，指注意力。

㉘ 从：听从。

㉙ 殿：镇守。《广雅》："殿，后也。"《论语·集解》引马注："殿在军后，前曰启，后曰殿。"古代考核政绩或军功的差等，下等称为"殿"，上等称为"最"。

引申为镇抚，镇守。《诗经·采菽》："殿天子之邦。"

㉚ 可以集事：可以（之）集事，即可以靠它（主帅的车）成事。集事：成事，指战事成功。

㉛ 若之何其："若之何"为固定格式，一般相当于"对……怎么办""怎么办"。这里是和语气助词"其"配合，放在谓语动词前加强反问，相当于"怎么""怎么能"。

㉜ 以：介词，因为。

㉝ 败：坏，毁坏。

㉞ 君：国君。

㉟ 大事：战争。古代国家大事有两件，即祭祀与战争。

㊱ 擐：穿上。"擐"是形声字，从手，瞏声。《说文解字》："擐，贯也。"《国语·吴语》："夜中，乃令服兵擐甲。"

㊲ 执兵：拿起武器。

㊳ 勉：努力。"勉"是形声字，从力，免声。本义：力所不及而强作。《左传·昭公二十年》："尔其勉之。"注："谓努力。"

㊴ 并：动词，合并。

㊵ 辔：缰绳。古代一般是四匹马拉一车，共八条马缰绳，两边的两条系在车上，另六条在御者手中，御者双手执之。

㊶ 援：拿过来。"援"是形声字，从手，爰声。本义：拉，引。《说文解字》："援，引也。"《左传·襄二十三年》："右抚剑，左援带，命驱之出。"

㊷ 枹：鼓槌。

㊸ 鼓：动词，敲鼓。

㊹ 逸：奔跑，狂奔。这是由于单手持辔无法控制。

㊺ 败绩：大败。《左传·庄公十一年》："凡师，敌未陈曰败某师，皆陈曰败，大崩曰败绩。"戴震曰："车覆曰败绩。"《礼记·檀弓篇》："马惊败绩。""败绩"的本义是翻车。上古战争都是车战，如果战争中翻车了，特别是主帅的车翻了，必大败无疑。建在战车上的旗和鼓是指挥军队作战的号令，车翻了，旗倒了，鼓声没了，军队必然溃败。

㊻ 周：环绕。

㊼ 华不注：山名，在今山东省济南市东北。

韓厥①夢子輿②謂己曰："旦③辟④左右。"故中御⑤而從齊侯。
韩厥梦见父亲子舆对自己说："明日早晨要避开战车的左右两侧。"因此韩厥在战车中间驾车追赶齐侯。

邴夏曰："射其御者⑥，君子也。"公曰："謂之君子而射之，非禮也⑦。"
邴夏说："射那个驾车的，他是个君子。"齐侯说："称他为君子又去射他，这不合于礼。"
射其左，越⑧于車下；射其右，斃⑨于車中。綦毋張⑩喪車⑪，
于是射他左边的人，坠落车下；射他右边的人，倒在车里。晋军将领綦毋张失去了战车，
從⑫韓厥曰："請寓乘⑬。"從左右⑭，皆肘⑮之，使立於後。
跟随韩厥说："请允许我搭你的车。"他站在左边或右边，韩厥都用肘制止他，使他站在自己身后。
韓厥俛⑯定其右⑰。
韩厥弯下身子把倒在车中的戎右安放稳当。

① 韩厥：晋国大夫，在这次战役中任司马。司马掌祭祀、赏罚等军政。
② 子舆：韩厥的父亲（当时已去世）。
③ 旦：指事字。甲骨文字形为 ☉，象太阳从地面刚刚升起的样子。本义：天亮，破晓，夜刚尽日初出时。"旦"在本文中指明日早晨。
④ 辟：同"避"，避开。
⑤ 中御：战车中间为御者。当时战车，只有天子、诸侯、主帅之车为将在中间，其他战车皆御者在中间，左为将，右为车右。韩厥为司马，是军中之将，本应在左，因有"旦辟左右"之梦，故居中为御者。
⑥ 御者：韩厥，其仪态如君子，邴夏请齐侯射之。
⑦ 非礼也：戎事（打仗）以杀敌为礼，齐侯的话说明他不懂戎礼，此乃齐侯愚蠢之举。
⑧ 越：坠，掉下。"越"是形声字，从走，戉声。本义：经过，越过（引申为超越），跃过（引申为超过），超

出（引申为失坠，坠落）。
⑨ 斃：仆倒，倒下去。"斃"是形声字，从死，敝声。先秦古书中表仆倒义的"獘"，在流传过程中往往被改成"斃"。
⑩ 綦毋张：晋国大夫，姓綦毋，名张。
⑪ 丧车：丢了了战车。丧：会意字，小篆字形为 𠸶，上面是"哭"，下面是"亡"，表示哭已死去的人。"丧"的本义为丧失。《说文解字》："丧，亡也。"
⑫ 从：跟着。
⑬ 寓乘：寄（于）乘，搭车。寓：寄，指附搭。
⑭ 从左右：跟随（韩厥）站在左边或右边。从：綦毋张是寄乘，所以说是"从"。
⑮ 肘：名词用作动词，用肘制止。
⑯ 俛：同"俯"，低下身子。
⑰ 定其右：把车右的身体放稳当，以免坠于车下。

逢丑父與公易位①。將及華泉②，驂③絓④於木而止。
逢丑父和齐侯交换位置。将要到达华泉时，齐侯战车两边的骖马被树木绊住而不能继续逃跑。
丑父寢於轏⑤中，蛇出於其下，以肱⑥擊之，傷而匿之⑦，
丑父昨晚睡在栈车里，有蛇从他身底爬出来，他用胳膊击打蛇，手臂受伤却隐瞒了伤情，
故不能推車而及⑧。韓厥執縶馬前⑨，再拜稽首，
所以他不能推车而被晋军追上了。韩厥手持拴马绳站在齐侯的马前，两次下拜并行稽首礼，
奉觴加璧以進⑩，曰："寡君⑪使羣臣爲魯衞請⑫，
捧着一杯酒并加上一块玉璧献上，说："我们国君派我们这些臣下为鲁、卫两国求情，
曰無⑬令⑭輿⑮師陷入⑯君地。下臣⑰不幸，屬當戎行⑱，無所逃隱⑲，
他说不要让军队深入齐国的土地。臣下不幸，恰巧遇到您的军队，没有地方逃避躲藏，
且懼奔辟⑳而忝㉑兩君。臣辱戎士㉒，敢告不敏㉓。
而且我也害怕由于我的逃跑躲避而使两国的国君受辱。臣下勉强充当一名战士，冒昧地向您报告臣下之不才，

攝官承乏㉔。"丑父使公下,如㉕華泉取飲。
代理这个官职只是为了弥补人手缺乏而已。"逢丑父(冒充齐侯)命令齐侯下车,到华泉去取水来给自己喝。
鄭周父㉖御佐車㉗,宛茷㉘(fèi)爲右,載齊侯以免㉙。韓厥獻丑父,
郑周父驾着齐侯的副车,宛茷担任副车的车右,载上齐侯使他免于被俘。韩厥献上逢丑父,
郤獻子將戮之。呼曰:"自今無有代其君任患者,有一於此,
郤克打算杀掉他。逢丑父呼喊道:"直到目前为止还没有能代替自己国君受难的人,现在这里有了一个,
將爲戮㉚乎?"郤子曰:"人不難㉛以死免㉜其君,我戮之不祥㉝。赦㉞之,
还将要被杀死吗?"郤子说:"一个人不畏惧用死来使他的国君免于祸患,我杀了他不吉利。赦免他,
以勸㉟事㊱君者。"乃㊲免之。
以此鼓励侍奉国君的人。"于是赦免了逢丑父。

① 易位:调换位置。逢丑父乘韩厥俯身之机,与齐侯调换位置,己居中,齐侯居右。当时军中君主与将士之服相同,韩厥未见过二人,故不能分辨。逢丑父与君易位,准备危急时掩护齐侯逃走。
② 华泉:泉名,在华不注山下。
③ 骖:骖马。古代用三马或四马驾车,中间驾辕的马叫服马,左右两边的马叫骖马。
④ 絓:通"挂",绊住。
⑤ 輶:古代用竹木条做成的车,亦称"栈车"。晋杜预注:"輶,士车。"古代士人所乘的车(一种卧车)。
⑥ 肱:胳膊上从肩到肘的部分,此处指整个胳膊。
⑦ 伤而匿之:受伤但隐瞒伤情未报。这是为了交代逢丑父不能下来推车的原因,而补叙的头天夜里的事。匿:隐藏,这里是"隐瞒"的意思。
⑧ 及:赶上。
⑨ 韩厥执絷马前:齐侯之骖马被绊住,韩厥为其解开,执索立于马前。絷:绊马索,即拴缚马足的绳索。
⑩ 奉觞加璧以进:向齐侯进酒献璧。这是臣下对君主所行的礼节。春秋时代讲究等级尊卑,韩厥对敌国君主也需行臣仆之礼。奉:捧。觞:古代喝酒用的器具,犹如后代的酒杯。"觞"是形声字,从角,傷省声。金文从"爵"。《说文解字》:"觞,爵实曰觞,虚曰觯。"《归去来分辞》:"引壶觞以自酌,眄庭柯以怡颜。"加:加上,放上。璧:玉环的一种。
⑪ 寡君:臣子对别国称自己国君的谦词。
⑫ 为鲁卫请:鞌之战的前奏是齐伐鲁,卫助鲁侵齐,鲁、卫战败,向晋求救,晋才出兵与齐交战,所以韩厥说"为鲁卫请"。
⑬ 无:通"毋",不要。
⑭ 令:使,让。
⑮ 舆:众多,许多。
⑯ 陷入:进入,深入。
⑰ 下臣:人臣对别国国君的自谦之辞。
⑱ 属当戎行:恰巧遇到您(齐军)的军队。属:恰巧。当:遇到。戎行:兵车的行列,指齐军。
⑲ 隐:隐蔽,躲藏。
⑳ 辟:同"避",躲避。
㉑ 忝:使……受辱。"忝"为形声字,从心,天声。本义:羞辱,愧对。《说文解字》:"忝,辱也。"后演变成自称的谦词,有轻贱、侮辱的意思,如"忝居""忝为人师""忝列门墙"。
㉒ 臣辱戎士:我不配当戎士。
㉓ 不敏:谦词,不才之意。
㉔ 摄官承乏:齐侯之御者空缺,韩厥请求代摄此职,为其驾车,实际即俘获齐侯之意。(外交辞令:自己是不得已参加战斗,不能不履行职责来俘获齐侯你。)摄:代理。承乏:承担其空乏。
㉕ 如:动词,往,到……去。
㉖ 郑周父:齐臣。
㉗ 佐车:诸侯的副车。佐:古人以右为尊,以左为卑。"佐"常用于下对上、弱对强的帮助。上对下、强对弱时用"佑"。《广雅》:"佐,助也。"
㉘ 宛茷:齐臣。
㉙ 免:免于被俘。
㉚ 为戮:被杀。为:介词,表被动,相当于"被"。戮:形声字,本义为斩、杀。《说文解字》:"戮,杀也。字亦作剹。"
㉛ 难:认为……是困难的,把……看作难事。
㉜ 免:使……免除祸患,使……脱身。
㉝ 祥:形声字,从示,羊声。本义为凶吉的预兆,预

先显露出来的迹象，后特指吉兆。《周礼》："以观妖祥，辨吉凶。"郑玄注："妖祥，善恶之征。"

㉞ 赦：赦免。

㉟ 劝：形声字，从力，藋（guàn）声。简化字中，"又"仅是一个符号。本义：勉励。

㊱ 事：侍奉。

㊲ 乃：副词，表示前后两事事理相因，相当于"于是就"。

二、字词梳理

（一）古今与通假

1. 师陈于<u>鞌</u>：同"鞍"，地名。异体字。

2. 韩厥<u>俛</u>定其右：同"俯"，低下身子。异体字。

3. 骖<u>絓</u>木而止：通"挂"，绊住。通假字。

4. <u>无</u>令与师陷入君地：通"毋"，不要。通假字。

5. 旦<u>辟</u>左右：同"避"，避开。古今字。

（二）词义详解

1.【姑】（一 P63 常用词 50）

(1) 父之姊妹。《诗经·泉水》："问我诸姑。"

(2) 夫之母。杜甫《新婚别》："妾身未分明，何以拜姑嫜。"

(3) 夫之姊妹。《孔雀东南飞》："新妇初来时，小姑始扶床。"

(4) 姑且，暂且。《左传·郑伯克段于鄢》："多行不义，必自毙，子姑待之。"《诗经·卷耳》："我姑酌彼金罍，维以不永怀。"

2.【病】（一 P146 常用词 95）

(1) 重病。《论语·述而》："子疾病，子路请祷。"

引申为一般的病。《庄子·列御寇》："秦王有病召医。"

(2) 有病。《战国策·触詟说赵太后》："老臣病足。"

→ 和病相关的名词、动词等义项呈现出清晰的抽象化路径。名词方面：从看得见的病症引申为缺点。动词方面：从生重病引申为疲劳困乏、担心忧虑等。

> **知识链接："疾""病"的辨析**
>
> "疾"和"病"单用时，无明显分别，但一般的病叫"疾"，重病叫"病"。

3.【合】（二 P420 常用词 268）

(1) 闭，合拢，与"开"相对。《上邪》："天地合，乃敢与君绝！"

(2) 两军接触（交战）。《左传·齐晋鞌之战》："自始合，而矢贯余手及肘。"

(3) 应该。白居易《与元九书》："始知文章合为时而著，歌诗合为事而作。"【后起义】

(4) 全。《醒世恒言·灌园叟晚逢仙女》："合家大小哭哭啼啼，置备棺衣入殓，不在话下。"【后起义】

(5) 符合。《孟子·齐桓晋文之事》："此心之所以合于王者何也？"

4.【险】（二 P519 常用词 357） →上古汉语中"险"字很少为"危险"义，后代才引申为危险。

（1）地势不平坦，难以通过。《左传·齐晋鞌之战》："苟有险，余必下推车。"《楚辞·山鬼》："余处幽篁兮终不见天，路险难兮独后来。" →地势平坦为"易"。

引申为险要的地方。《孟子·公孙丑下》："固国不以山川之险。"

（2）艰难。苏轼《教战守策》："然后可以刚健强力，涉险而不伤。"

5.【固】（一 P152 常用词 108）

（1）坚固，特指地势易守难攻的地方。《过秦论》："秦孝公据殽函之固，拥雍州之地。"

引申为坚持。《史记·廉颇蔺相如列传》："蔺相如固止之。"

（2）副词，本来，当然。《庄子·不龟手之药》："夫子固拙于用大矣。"《韩非子·五蠹》："公私之相背也，乃仓颉固以知之矣。"

> 📝 知识链接："坚""刚""强""固"的辨析

"坚"指土地坚硬，反义词为"脆"；"刚"指刀硬，反义词是"柔"；"强"指弓有力，反义词是"弱"；"固"指四面闭塞，易守难攻，暂无单音节的反义词与其对应。

6.【援】（二 P510 常用词 330）

（1）拉，拽。引申为拿，拿过来。《左传·齐晋鞌之战》："左并辔，右援枹而鼓，马逸不能止，师从之。"《楚辞·国殇》："霾两轮兮絷四马，援玉枹兮击鸣鼓。"

（2）引据，类推。黄宗羲《柳敬亭传》："援古证今，极力为之。"

7.【逸】（一 P319 常用词 197）

（1）逃走。《左传·桓公八年》："随侯逸。"

引申为马跑得很快。《左传·齐晋鞌之战》："马逸不能止，师从之。"李朝威《柳毅传》："鸟起马惊，疾逸道左。"

又引申为隐遁，散失，如"逸文"。

又引申为超出常格，卓越，杜甫《春日忆李白》："清新庾开府，俊逸鲍参军。"

（2）放纵，安逸，安乐。《五代史·伶官传序》："忧劳可以兴国，逸豫可以亡身，自然之理也。"

8.【逐】（一 P50 常用词 22）

（1）追赶，追捕，追回来。《汉书·蒯通传》："秦失其鹿，天下共逐之。"

用于抽象意义，表示追求。《韩非子·难一》："以有尽逐无已。"

（2）追击。《左传·齐晋鞌之战》："逐之，三周华不注。"

（3）把别人赶出去。《左传·僖公二十三年》："醒，以戈逐子犯。"

> 🔖 **知识链接："追""逐"的辨析**
>
> "追"和"逐"一般而言无分别，但表"放逐"义时不能用"追"，表"挽回"义时只能用"追"。

9.【奉】（二 P424 常用词 275）

（1）双手恭敬地捧着。《左传·齐晋鞌之战》："再拜稽首，奉觞加璧以进。"

（2）陪从。《左传·庄公八年》："管夷吾、召忽奉公子纠来奔。"

（3）供养。《老子》："损不足以奉有余。"

（4）通"俸"。《战国策·触詟说赵太后》："位尊而无功，奉厚而无劳。"

10.【如】（一 P47 常用词 15）

（1）往，到……去。《楚辞·涉江》："入溆浦余儃佪兮，迷不知吾所如。"

（2）像。《诗经·淇奥》："如切如磋，如琢如磨。"

（3）形容词词尾。韩愈《答李翊书》："仁义之人，其言蔼如也。"

（4）如果。王昌龄《芙蓉楼送辛渐》："洛阳亲友如相问，一片冰心在玉壶。"

（5）连词，或。《论语·先进》："安见方六七十如五六十而非邦也者？"

11.【劝】（二 P416 常用词 257）

（1）鼓励，奖励，与"惩""沮"相对。《史记·货殖列传序》："于是太公劝其女功，极技巧。"《庄子·北冥有鱼》："且举世而誉之而不加劝，举世而非之而不加沮。"《左传·齐晋鞌之战》："赦之，以劝事君者。"

（2）奋勉。《史记·货殖列传序》："各劝其业。"

（3）鼓动，劝说（说明道理使人听从）。王维《送元二使安西》："劝君更尽一杯酒，西出阳关无故人。"

三、语法修辞

（一）词类活用

1. 邴夏**御**齐侯：动词的为动用法，不及物动词带宾语，为……驾车。

2. 不**介**马而**驰**之："介"，名词活用作动词，给马披上铠甲；"驰"，动词的使动用法，使……奔驰。

3. 从左右，皆**肘**之：名词活用作动词，用肘制止。

4. 如华泉取**饮**：用如名词，指水。

5. 人不**难**以死**免**其君："难"，形容词的意动用法，认为……是困难的；"免"，动词的使动用法，使……免除祸患。

（二）特殊结构

郤克伤于矢：被动句，介词"于"引进动作主体"矢"。

> **知识链接**：郭锡良、唐作藩等人主编的《古代汉语（修订版）》对"词类活用"的阐述
>
> 汉语的词类划分，在上古就已经奠定了基础，这些基本功能是古今相同的。
>
> 但是在古代汉语里，某些词可以按照一定的语言习惯灵活运用，在句中临时改变它的基本功能。这就叫作词类活用。现代汉语里也有这种情况，但是远不及古代汉语，特别是上古汉语那样普遍。
>
> 古代汉语里词类活用现象中最值得注意的是使动用法和意动用法。此外，名词活用作动词和名词作状语的现象也很常见。名词作状语不是词类活用，但是在现代汉语中名词一般不用作状语（除了时间名词和地点名词，其他名词作状语是少见的），所以我们在学习古代汉语的时候也要特别加以注意。

楚歸晉知罃《成公三年》

一、课文通译

晉人歸①楚公子穀臣②與連尹③襄老④之屍於楚，以求⑤知罃。
晋人把楚国公子谷臣和连尹襄老的尸首归还给楚国，以此要求交换知罃。
於是⑥荀首佐中軍⑦矣，故楚人許之。
在这个时候荀首已经是中军副帅，所以楚人答应了。

① 归：送还。
② 公子谷臣：楚庄王的儿子。
③ 连尹：楚国官名，是楚国主射之官。
④ 襄老：楚国的大臣。
⑤ 求：索取。
⑥ 于是：在这个时候。
⑦ 佐中军：担任中军副帅。

王送知罃曰："子其怨我乎？"對曰："二國治戎①，臣不才，
楚王送别知罃说："你会恨我吗？"知罃回答说："两国交战，臣下没有才能，
不勝其任，以爲俘馘②。執事不以釁③鼓，使歸即戮④，
不能胜任自己的任务，所以做了俘虏。楚王没有用我的血来祭鼓，而让我回国去接受杀戮，
君之惠也。臣實不才，又誰敢怨？"王曰："然則德我乎？"對曰：
这是君王的恩惠啊。臣下实在没有才能，又敢怨恨谁？"楚王说："那么你会感恩我吗？"知罃回答说：
"二國圖其社稷，而求紓⑤其民，各懲⑥其忿⑦以相宥⑧也，
"两国都为自己的国家考虑，设法解除人民的痛苦，各自克制自己的愤怒而互相原谅，
兩釋纍⑨囚以成其好。二國有好，臣不與及⑩，其誰敢德？"王曰："子歸，
两边都释放被俘的囚犯以结成友好。两国友好，臣下不曾与谋，又敢感激谁？"楚王说："你回去后，
何以報我？"對曰："臣不任⑪受怨，君亦不任受德，無怨無德，
用什么报答我呢？"知罃回答说："臣下无所怨恨，君王也不受恩德，没有怨恨也没有恩德，
不知所報。"王曰："雖然，必告不穀。"對曰："以君之靈⑫，
就不知道该报答什么。"楚王说："虽然这样，还是一定要把你的想法告诉我。"知罃回答说："靠君王的福佑，
纍臣得歸骨於晉，寡君之以爲戮，死且不朽。若從君之惠而免之，
被囚的臣下能够带着这把骨头回到晋国，如果我的国君把我杀掉，我死了将很光荣。如果我的国君施以恩惠而赦免臣下，
以賜君之外臣⑬首，首其請於寡君⑭而以戮於宗⑮，亦死且不朽。
把臣下赐给您的外臣荀首，荀首将向国君请求而在自己的宗庙里处死我，我死了也很光荣。

若 不 獲 命⑯，而 使 嗣 宗 職⑰，次 及 於 事，
如果得不到国君杀戮的命令，而让我继承宗族世袭的民职，按次序担任晋国的军事职务，
而 帥 偏 師⑱以 脩 封 疆，雖 遇 執 事，其 弗 敢 違⑲；其 竭 力 致 死，
而率领部分军队来保卫边疆，即使碰到君王的文武官员，我也不会躲避；一定竭尽全力效死，
無 有 二 心，以 盡 臣 禮，所 以 報 也。"王 曰："晉 未 可 與 爭。"
没有别的念头，以尽到为臣的职责，这就是我用来报答君王的。"楚王说："我们是不能与晋国相斗争的。"
重 爲 之 禮 而 歸 之。
于是很隆重地给他举行礼仪并把他送回去了。

① 治戎：整顿军队，这里指交战。戎：会意字，从戈，从十。"戈"是兵器，"十"是铠甲的"甲"。"戈"是进攻的武器，甲是自卫的武器，所以戎是古代兵器总名。如"兵戎相见"，即拿着武器相见，指发生武装冲突。《说文解字》："戎，兵也。从戈，从甲。"引申为士兵、军事、战争。弓、殳、矛、戈、戟为古代五戎。

② 俘馘：俘虏。馘：割取敌方战死者的左耳（用以计数报功）。《说文解字》："馘，军战断耳也。"春秋传曰："以为俘馘"。《尔雅·释诂》："馘，获也。"

③ 釁：取血涂鼓，意思是处死。《说文解字》："釁，血祭也。象祭灶也。从爨（cuàn）省，从酉。酉，所以祭也。从分，分亦声。"血祭就是把牲畜的血涂在新制器物的缝隙上的一种祭祀仪式。所以字从爨省。"爨"本指烧火做饭，也指炉灶。祭灶也用牲血涂抹。"酉"，即古酒字，是用来祭神的。"分"，取血布散之意。这个字形体太繁，所以后来写成"衅"，如《礼记·乐记》："车甲衅而藏之府库。"引申为缝隙，裂痕，嫌隙，争端。今词语"寻衅""挑衅"即寻找嫌隙或挑起争端，企图扩大事态。

④ 即戮：接受杀戮。

⑤ 纾：缓和，解除。"纾"是形声字，从糸（mì），予声。本义：延缓。《说文解字》："纾，缓也。"《左传·襄公八年》："民急矣，姑从楚以纾吾民。"又如词语"纾缓"（宽缓，使宽缓）、"纾回"（缓慢曲折）。

⑥ 惩：惩戒，克制。

⑦ 忿：怒气，怨恨。

⑧ 宥：宽恕，原谅。"宥"是形声字，从宀（mián），有声。"宀"表示房屋。本义：广厦容人。引申为宽仁，宽待，原谅。如：宥世（以宽仁之政治理国家）。

⑨ 累：形声字，从糸（mì），表示与线丝有关，畾（léi）声。本义：绳索。引申为拘系，捆绑。如：累囚（被拘系的俘囚）。

⑩ 与及：参与其中，相干。及：赶上。

⑪ 任：担当。

⑫ 灵：古时楚人对跳舞降神的巫的称呼。跳舞为了求福，引申为威灵；福气，福分。《汉书·董仲舒传》："受天之祐，享鬼神之灵。"

⑬ 外臣：臣子对别国君主称呼本国的臣。这里是知䓨向楚王称呼自己父亲的谦称，指代荀首。

⑭ 寡君：向他人称呼自己国君的谦称，指代晋王。

⑮ 宗：宗庙。

⑯ 不获命：没有获得国君允许杀戮的命令。

⑰ 宗职：宗子（宗族首领，世袭）的职务。宗：会意字，从宀，从示。宀，房屋；示，神祇。"宗"即在室内对祖先进行祭祀，本义为宗庙，祖庙。

⑱ 偏师：副帅、副将所属的军队，非主力军队。

⑲ 违：躲避。"违"是形声字，从辵，韦声。本义为离开，背离。

二、字词梳理

（一）古今与通假

1. 而**帅**偏师以脩封疆：通"率"，率领。通假字。
2. 而帅偏师以**脩**封疆：通"修"，治理。通假字。

（二）词义详解

1.【怨】（二 P582 常用词 408）

（1）心怀不满，埋怨，抱怨。《论语·宪问》："不怨天，不尤人。"

（2）恨。《左传·楚归晋知罃》："子其怨我乎？"

用作名词，怨恨，仇恨。《孟子·齐桓晋文之事》："构怨于诸侯。"

2.【即】（一 P138 常用词 75）

（1）动词，走近，靠近，走向。《诗经·氓》："匪来贸丝，来即我谋。"

（2）动词，就在（当前的地点或时间）。《史记·项羽本纪》："项王即日因留沛公与饮。" → 或认为这个意思是介词性质。

（3）副词，就。《红楼梦·林黛玉进贾府》："此即冷子兴所云之史氏太君，贾赦贾政之母也。"

（4）连词，如果，假如。贾谊《论积贮疏》："即不幸有方二三千里之旱，国胡以相恤？"

（5）连词，则。《史记·廉颇蔺相如列传》："欲勿予，即患秦兵之来。"

3.【纾】

（1）缓和。引申为经济不紧张。范成大《四时田园杂兴诗·引》："淳熙丙午，沉疴少纾。"

（2）动词，散开。引申为解除。《左传·楚归晋知罃》："二国图其社稷，而求纾其民。"文天祥《指南录后序》："众谓予一行为可以纾祸。"

4.【惩】（二 P517 常用词 351）

（1）自己受创（失败教训）而知戒。《九歌·国殇》："首身离兮心不惩。"

又表示使人受创而警惧。《左传·楚归晋知罃》："各惩其忿以相宥也，两释累囚以成其好。"

（2）苦于。《列子·愚公移山》："惩北山之塞，出入之迂也。"

5.【释】（一 P143 常用词 87）

（1）解开，放下，放掉。《庄子·庖丁解牛》："庖丁释刀对曰……"《楚辞·哀郢》："心絓结而不解兮，思蹇产而不释。"

引申为释放，赦免。《左传·楚归晋知罃》："各惩其忿以相宥也，两释累囚以成其好。"

引申为溶解。《老子》："涣然若冰之将释。"

引申为分解，排解。《战国策·鲁仲连义不帝秦》："为人排患、释难、解纷乱而无所取也。"

（2）解说，解释。

> **知识链接："解""释""放"的辨析**
>
> "解""释"都有解开或松开的意思，如"冰块解冻"与"涣然冰释"；又都有分析、解说的意思，如"注释""注解"。而"放"突出的是"使事物向外扩散"，如"放牧""放逐"。

6.【及】（一 P51 常用词 23）

（1）追赶上。《左传·齐晋鞌之战》："故不能推车而及。"

引申为达到。《左传·郑伯克段于鄢》："若阙地及泉，隧而相见，其谁曰不然？"《庄子·北冥有鱼》："小知不及大知，小年不及大年。"

引申为到那个时候。《左传·齐晋鞌之战》："病未及死，吾子勉之！"《论语·先进》："由也为之，比及三年。"

引申为趁这个时候。《战国策·触龙说赵太后》："愿及未填沟壑而托之。"

(2) 连词，与。《左传·郑伯克段于鄢》："生庄公及共叔段。"

又为介词。《左传·齐桓公伐楚》："屈完及诸侯盟。"

7.【竭】（二 P425 常用词 279）

枯竭，跟"盈"相对。《左传·曹刿论战》："彼竭我盈，故克之。"《庄子·胠箧》："夫川竭而谷虚，丘夷而渊实。"

引申为用尽，把所有的都用上。《左传·楚归晋知罃》："其竭力致死，无有二心，以尽臣礼，所以报也。"

(三) 虚词多义

其

(1) 表疑问的语气副词。如："子其怨我乎？"

(2) 语气词，加强反问。如："其谁敢德？"

(3) 将。如："首其请于寡君而以戮于宗。""虽遇执事，其弗敢为。""其竭力致死。"

三、语法修辞

(一) 词类活用

1. 使归即**戮**：动词活用作名词，杀。
2. 然则**德**我乎：名词活用作动词，感恩。
3. 于是荀首**佐**中军矣：名词活用作动词，当……副帅。
4. **次**及于事：名词活用作状语，按次序。

(二) 特殊结构

1. 又谁敢怨/其谁敢德：疑问句中，代词宾语"谁"前置。
2. 子归，何以报我：介词"以"的宾语"何"前置。
3. 重为之礼而归之：双宾句，代词"之"是间接宾语，"礼"是直接宾语。

> **知识链接**：郭锡良、唐作藩等人主编的《古代汉语（修订版）》对古代汉语今译的看法
>
> 考研过程中，古文翻译是非常重要的一类考查方式和测试题型。
>
> 近代著名翻译家严复在外文翻译方面曾提出过三点要求，这三点要求完全可以照映在古文翻译领域——译事三难：信、达、雅。求其信已大难矣。顾信矣不达，虽译犹不译也，则达尚焉……信、达而外，求其尔雅。（《天演论·译例言》）

"信""达""雅"三者是互相联系的,而又各有侧重。所谓"信"是指译文要忠实于原文,所谓"达"是指译文要通畅明白,所谓"雅"是指译文要典雅优美。以下几个方面是我们在翻译古代汉语时需要注意的。

1. 准确地理解原文,并用规范的现代汉语译出来。(总原则)

2. 为了忠实于原文,能对译时应尽可能对译。

3. 遇到不能对译的地方,要妥善处理,如词汇发展造成的词义演变、虚词的灵活的语法意义、不宜现代化的古代专有名词、古今不同的词语搭配、需要改变的句子结构。

祁奚薦賢、子産不毀鄉校

一、课文通译

祁奚薦賢《襄公三年》

祁奚①請老②。晉侯③問嗣④焉，稱⑤解狐⑥——其讎⑦也。
祁奚请求退休。晋悼公问祁奚谁可接任中军尉的职务，祁奚推荐解狐——他的仇人。

將立之而卒。又問焉。對曰："午⑧也可。"
晋悼公正要立解狐而解狐死了。晋悼公又问祁奚的意见。祁奚回答："我的儿子祁午可以胜任。"

於是羊舌職⑨死矣。晉侯曰："孰⑩可以代之？"對曰："赤也可。"
在这个时候祁奚的副手羊舌职也死了。晋悼公说："谁可接替他？"祁奚答道："其子羊舌赤适合。"

於是使祁午爲中軍尉，羊舌赤⑪佐之⑫。
于是晋悼公便安排祁午做中军尉，羊舌赤佐助他。

① 祁奚：字黄羊，晋国大臣。
② 请老：告老，请求退休。
③ 晋侯：晋悼公。
④ 嗣：接替中军尉职务的人。
⑤ 称：从禾，再声。其本义是称量物体的轻重，引申为举起，再引申为举荐。
⑥ 解狐：晋国大臣。
⑦ 讎：仇人。"讎"本作"雠"。《说文·雔部》："雔，双鸟也。从二隹。读若酬。"徐灏《说文解字注笺》："双鸟为雔，即逑匹本义。引申为凡相当之称。雠敌、雠答、雠校皆此义也。贸易物与价相当，亦谓之雠。"徐灏所举"雠"的诸多引申义后皆作雠。雠的本义是应，即应答、对答。《诗经·抑》："无言不雠，无德不报。"又指仇敌、仇人。
⑧ 午：祁午，祁奚的儿子。
⑨ 羊舌职：晋国大臣，姓羊舌，名职。
⑩ 孰：谁。
⑪ 羊舌赤：羊舌职的儿子，字伯华。
⑫ 佐之：辅佐他，这里指担任中军佐。

君子①謂祁奚於是②能舉③善④矣。稱其讎，不爲諂⑤；立其子，不爲比⑥；
我认为这件事足可说明他很能推荐贤人。推荐仇人，不算是谄媚；拥立儿子，不是出于偏爱；

舉其偏⑦，不爲黨⑧。商書曰："無偏無黨，王道蕩蕩⑨"，
推荐自己的下属，不是为了结党营私。《商书》说"不偏爱不结党，王道坦坦荡荡而公正无私"，

其祁奚之謂矣。解狐得舉，祁午得位，伯華得官：建一官而三物成，
说的就是祁奚了。解狐得到举荐，祁午得到职位，羊舌赤得到官职：立了一个中军尉而作成了三件好事，

能舉善也。夫唯善，故能舉其類。詩云：
真是能举荐贤人啊。正因为自己贤，所以能举荐与自己一样的人。《诗经》说：

"惟其有之，是以似之⑩。"祁奚有焉。
"只有有才德又心胸宽广之人，才能推荐出和他一样有品性的人。"祁奚有这种美德。

① 君子：作者的假托，《左传》中作者习惯的用来发表评论的方式。
② 于是：在这件事情上。
③ 举：推荐。
④ 善：贤者。
⑤ 不为谄：不算是谄媚。谄：谄媚，讨好。
⑥ 比：为私利而无原则地结合，这里指偏爱自己亲人。
⑦ 偏：直属的下级，副职，下属。《说文解字》："偏，颇也。从人，扁声。"段玉裁注："颇，头偏也。引申为凡偏之称，故以颇释偏。""偏"的本义是不正。不正首先是不平正、倾斜，引申为非正职、副佐。
⑧ 党：勾结，结党营私。"黨"字今简化为"党"，但在古代这两个字是两个不同的字。作为姓氏时它们的读音也不相同。我们不能混淆。"党项"的"党"不能写作"黨"。党项族是我国古代少数民族西羌族的一支，北宋时曾建立西夏政权。古代的"党"指居民组织单位。五百家为党，一万二千五百家为乡，所以常乡党连称。引申指集团，特指以私利结合的集团，所以古汉语中"党"指集团时，一般只用于贬义。
⑨ 无偏无党，王道荡荡：出自《尚书·洪范》。王道：理想中的政治。"王道"一词源自《论语·子路》中的"子曰：'君子怀德，小人怀土；君子怀刑，小人怀惠'"。这句话的意思是说君子应当以道德和法律来管理国家和社会，而小人则以私利和个人欲望为中心。所以，王道强调的是君主或者领导者应当以公正、正义、宽容和富有道德的方式来治理国家或者管理事务。荡荡：平坦开阔的样子，这里指公正无私。
⑩ 惟其有之，是以似之：出自《诗经·裳裳者华》。

子产不毁乡校《襄公三十一年》

二、字词梳理

（一）古今与通假

不如小决使**道**：同"导"，疏通，引导。古今字。

（二）词义详解

1. 【雠】（一 P65 常用词 54）

仇人。《左传·祁奚荐贤》："称解狐——其雠也。"

> 知识链接："雠""仇"的辨析
>
> "雠"和"仇"的古义相同，古音不同。"雠"音同"酬"；"仇"音同"求"。

2. 【称】（二 P418 常用词 262）

(1) 称量物体的轻重。《庄子·胠箧》："为之权衡以称之。"

(2) 举。《韩非子·五蠹》："外内称恶，以待强敌，不亦殆乎？"

引申为举荐，推举。《左传·祁奚荐贤》："晋侯问嗣焉，称解狐——其雠也。"

（3）称颂，称道。韩愈《原毁》："彼虽能是，其人不足称也。"

引申为称述，述说。《史记·屈原列传》："上称帝喾，下道齐桓，中述汤武，以刺世事。"

引申为称为，号称。《战国策·冯谖客孟尝君》："以责赐诸民，因烧其券，民称万岁。"《战国策·鲁仲连义不帝秦》："俱据万乘之国，交有称王之名。"

（4）读chèn。相称，适合，配得上。王安石《伤仲永》："令作诗，不能称前时所闻。"

3.【举】（二 P511 常用词 333）

（1）举起来，抬起来。《孟子·齐桓晋文之事》："吾力足以举百钧，而不足以举一羽。"《老子》："高者抑之，下者举之。"

引申为抽象意义，表示使自己超出一般人。《楚辞·渔父》："何必深思高举，自令放为？"

引申为举荐，提拔。《左传·祁奚荐贤》："举其偏，不为党。"《论语·卫灵公》："君子不以言举人，不以人废言。"《韩非子·五蠹》："仲尼以为孝，举而上之。"

引申为发动，特指起兵，如"大举进攻"。

（2）攻下。《战国策·庄辛说楚襄王》："秦果举鄢、郢、巫、上蔡、陈之地。"《过秦论》："南取汉中，西举巴蜀。"

（3）形容词，全。《楚辞·渔父》："举世皆浊我独清。"

又作副词，全，都。《孟子·梁惠王下》："举欣欣然有喜色而相告曰……"

> **知识链接**：表示"全、都、一概"的诸多说法
>
> 1. 举："吾今日之俸，虽举家锦衣玉食，何患不能？"（司马光《训俭示康》）
> 2. 俱："野径云俱黑，江船火独明。晓看红湿处，花重锦官城。"（杜甫《春夜喜雨》）
> 3. 毕、咸："永和九年，岁在癸丑，暮春之初，会于会稽山阴之兰亭，修禊事也。群贤毕至，少长咸集。"（王羲之《兰亭集序》）
> 4. 尽："虚实尽知。"（《资治通鉴·唐纪》）
> 5. 齐："落霞与孤鹜齐飞。"（《滕王阁序》）
> 6. 通 / 通通。

4.【党】（一 P64 常用词 53）

（1）上古时代，五百家为党。《论语·雍也》："以与尔邻里乡党乎？"

（2）亲族，姻亲。《列子·歧路亡羊》："既率其党，又请杨子之竖追之。"

（3）集团，集团的成员。张溥《五人墓碑记》："且矫诏纷出，钩党之捕遍于天下。"

引申为袒护，偏袒，凭私人交情。《左传·祁奚荐贤》："举其偏，不为党。"《墨子·尚贤》："不党父兄，不偏富贵。"

5.【谄】（三 P915 常用词 546）

巴结、奉承。《左传·祁奚荐贤》："称其雠，不为谄。"

> **知识链接："谄""谀"的辨析**
>
> "谄"和"谀"都为贬义词，且连用时无差别。
>
> 不同在于："谄"不限于言语，"谀"则主要指言语上的奉承。

6.【比】（一 P323 常用词 209）

（1）摆在一起。《虞初新志·核舟记》："其两膝相比者，各隐卷底衣褶中。"

引申为抽象意义，表示当作同类看待。《孟子·许行》："子比而同之，是乱天下也。"

（2）读 bì。偏袒，偏心自己的人。《左传·祁奚荐贤》："立其子，不为比。"

（3）读 bì。及，表示等到了那个时候。《论语·先进》："求也为之，比及三年，可使足民。"归有光《项脊轩志》："比去，以手阖门。"

（4）《诗》的六艺之一。六艺是赋、比、兴、风、雅、颂。

7.【议】（三 P1043 常用词 637）

（1）发表言论。《诗经·北山》："或出入风议。"

又特指议论政事。《左传·子产不毁乡校》："夫人朝夕退而游焉，以议执政之善否。"《史记·屈原列传》："入则与王图议国事，以出号令。"

引申为讨论政事以便决定措施。《报任安书》："陪外廷末议。"

引申为判罪。《报任安书》："因为诬上，卒从吏议。"

引申为评论。刘伶《酒德颂》："议其所以。"

（2）文体的一种。

8.【遊】（二 P507 常用词 324）

（1）闲逛，随意旅行。《楚辞·渔父》："屈原既放，遊于江潭。"

引申为有目的地旅行，多指求仕、求学。《孟子·尽心上》："遊于圣人之门者难为言。"《荀子·劝学》："故君子居必择邻，遊必就士。"

（2）交际，交往。宋濂《送东阳马生序》："又患无硕师名人与遊，尝趋百里外，从乡之先达执经叩问。"

> **知识链接："遊""游"的辨析**
>
> "遊"和"游"是同音词，意义常常相通。
>
> 二者的不同在于："遊"与行走相关，实际应用中都可以写作"游"；而"游"与水相关，实际应用中均不可写作"遊"。

9. 【防】（一 P65 常用词 56）

(1) 名词，河堤，河坝。

(2) 动词，筑堤防水。《左传·子产不毁乡校》："然犹防川。"

引申为提防，防备。曹植《君子行》："君子防未然，不处嫌疑间。"

10. 【遽（jù）】（三 P1068 常用词 690）

(1) 传车，送信的快车或快马。《左传·昭公二年》："惧弗及，乘遽而至。"

(2) 快速，匆忙。《左传·子产不毁乡校》："岂不遽止？"《左传·秦晋殽之战》："且使遽告于郑。"

11. 【决（決）】（一 P319 常用词 199）

(1) 打开缺口，导引水流。

引申为洪水把堤岸冲开。《左传·子产不毁乡校》："大决所犯，伤人必多，吾不克救也。"

(2) 判定，决定。《三国志·诸葛亮传》："受制于人，吾计决矣。"

(3) 处决。《指南录后序》："予分当引决，然而隐忍以行。"

（三）虚词多义

1. 焉

(1) 指示代词兼语气词。如："晋侯问嗣焉。""又问焉。"

(2) 代词兼语气词，意即于是间，如："夫人朝夕退而游焉。"

2. 也

句中语气词。如："午也可。"

3. 于是

(1) 介词结构，在这时候。如："于是羊舌职死矣。"

(2) 双音节连词，略等于今天的"于是"，表顺承。如："于是使祁午为中军尉。"

(3) 介词结构，在这件事情上。如："君子谓祁奚于是能举善矣。"

4. 夫

句首语气词。如："夫为善，故能举其类。""夫人朝夕退而游焉，以议执政之善否。"

三、语法修辞

（一）词类活用

1. 晋侯问嗣焉：动词活用作名词，接替中军尉职务的人。

2. 我闻忠善以损怨：形容词活用作动词，做忠善的事。

3. 不如吾闻而药之也：名词的意动用法，以……为药。

（二）特殊结构

1. 是祁奚之谓矣：代词"之"复指前置宾语"祁奚"。

2. 是以似之:"是"作"以"的前置宾语。

3. 何如/何为:"何"作动词"如""为"的前置宾语。

> **知识链接:古代和现代的文体分类**
>
> 古代的文体分类有很多,前人的分类不外乎三个标准:
> 1. 从语言形式来分:诗词歌赋。
> 2. 从内容来分:史专行状。
> 3. 从应用范围来分:书信赠序。
>
> 现如今的文体大致可以归为以下三类。
> 1. 散文:史传类、说理文、杂记文、应用文。
> 2. 韵文:诗词歌赋、铭箴赞颂。
> 3. 骈文。

单元习题

一、选择题

1. "亟请于武公，公弗许。"句中"亟"读（ ）。
   A. jí   B. qì

2. "都城过百雉，国之害也。"句中"都城"是（ ）。
   A. 合成词   B. 词组

3. "姜氏欲之，焉辟害？"句中"焉"字作（ ）。
   A. 状语   B. 定语

4. "姜氏何厌之有？"句中"何"字作（ ）。
   A. 状语   B. 定语

5. "蔓草犹不可除，况君之宠弟乎？"句中"宠"的意思是（ ）。
   A. 地位尊荣   B. 宠爱

6. "夫人将启之。"句中"之"是指（ ）。
   A. 共叔段   B. 城门

7. "爱其母，施及庄公。"句中"施"（ ）。
   A. 读 shī，施加   B. 读 yì，扩展

8. "不虞君之涉吾地也，何故？"句中"虞""涉"的含义是（ ）。
   A. 料想、赤脚过河   B. 担心、进攻
   C. 没想到、干涉   D. 料想、侵入

9. "齐侯陈诸侯之师，与屈完乘而观之。"句中"乘"的意思是（ ）。
   A. 乘车   B. 登上   C. 兵车   D. 追逐

10. "岂不谷是为？先君之好是继！"句中"不谷"的意思是（ ）。
    A. 不善，先君的谦称   B. 不善，诸侯的谦称
    C. 不善，对诸侯的鄙称   D. 不善，对先君的鄙称

11. "次"的本义为（ ）。
    A. 等级较差的   B. 临时驻扎   C. 哈欠

12. "师"的本义为（ ）。
    A. 军队   B. 老师   C. 军队编制的一级，二千五百人

13. "将虢是灭，何爱于虞？且虞能亲于桓庄乎，其爱之也？"句中"之"是指（ ）。
    A. 虢国   B. 虞国   C. 晋国   D. 桓庄之族

14. "辅车相依，唇亡齿寒"中的"辅"的意思是（　　）。
    A．辅佐　　　　　B．辅弼　　　　　C．兵车　　　　　D．面颊
15. "馆"的本义为（　　）。
    A．安置、住　　　B．华丽的房屋　　C．接待宾客的房屋、招待所
16. "晋侯秦伯围郑，以其无礼于晋，且贰于楚也。"句中"以""贰"的含义是（　　）。
    A．因为，第二次　B．以便，两属　　C．因为，两属
17. "既东封郑，又欲肆其西封"中的"肆"的意思是（　　）。
    A．伸展　　　　　B．放肆　　　　　C．陈设　　　　　D．店铺
18. "乱"的特指义是（　　）。
    A．没有秩序，跟"整"相对　　　　　B．乐曲的末章
    C．政治上没有秩序，跟"治"相对
19. "穆公访诸蹇叔"中的"访"的含义是（　　）。
    A．访问　　　　　B．慰问　　　　　C．咨询　　　　　D．探求
20. "郑人使我掌其北门之管"中的"管"的含义是（　　）。
    A．竹管　　　　　　　　　　　　　B．类似于现代的锁钥
    C．管理　　　　　　　　　　　　　D．类似于现代的铜管乐器
21. "勤"的本义为（　　）。
    A．辛劳　　　　　　　　　　　　　B．不偷懒、工作努力
22. "靡不有初，鲜克有终"中的"克"的含义是（　　）。
    A．战胜　　　　　B．克制　　　　　C．能够　　　　　D．克服
23. "初，宣子田于首山"中的"田"的含义是（　　）。
    A．打猎　　　　　B．种田　　　　　C．田地　　　　　D．追逐
24. "董狐，古之良史也，书法不隐"中的"书法"的意思是（　　）。
    A．记事的原则　　B．书写的方法　　C．记事的方法　　D．书写的技巧
25. "田"的本义为（　　）。
    A．打猎　　　　　　　　　　　　　B．农田
26. "公患之，使鉏麑贼之"的"贼"的本义为（　　）。
    A．偷窃　　　　　　　　　　　　　B．杀害
27. "自始合，苟有险，余必下推车，子岂识之？——然子病矣。"句中"合""险""病"的含义是（　　）。
    A．合兵一处，危险，受重伤　　　　B．双方交兵，难走的路，受重伤
    C．合作，难走的路，突然生病　　　D．敌我交战，危险，意外病倒
28. "伤而匿之，故不能推车而及"中的"及"的含义是（　　）。
    A．比得上　　　　B．涉及　　　　　C．趁着　　　　　D．被赶上

29．"驰"的特指义是（　　）。
　　A．马快跑　　　　B．驱马追击敌人　　C．传播、流布　　D．向往、奔向
30．"晋人归楚公子谷臣与连尹襄老之尸于楚，以求知罃。于是荀首佐中军矣，故楚人许之。"句中"于是""佐"的含义是（　　）。
　　A．在这种情况下，辅佐　　　　　　B．于是，担任中军副帅
　　C．在这个时候，担任中军副帅　　　D．在这个时候，帮助
31．"奔"的特指义是（　　）。
　　A．逃亡　　　　　　　　　　　　　B．男女相悦，不依旧礼教规定而自相结合
　　C．战败逃跑
32．"卒"的特指义为（　　）。
　　A．步兵　　　　B．士大夫的死　　C．终于，终

二、翻译粗体字

1．既而大叔命西鄙北鄙**贰**于己。
2．**都城**过百雉，国之害也。
3．颍考叔为颍谷**封**人。
4．**佗**邑唯命。（南京师范大学2023）
5．尔贡包茅不入，王祭不**共**，无以缩酒，寡人是征。
6．师退，**次**于召陵。
7．君若以德**绥**诸侯。
8．君惠**徼**福于敝邑之社稷，辱收寡君，寡君之愿也。
9．曰："虞不**腊**矣。在此行也，晋不**更**举矣。"
10．若晋取虞，而明德以**荐**馨香，神其吐之乎？
11．师之所为，郑必知之。**勤**而无所，必有**悖**心。
12．公**辞**焉。**召**孟明、西乞、白乙，使出师于东门之外。
13．其南陵，夏**后**皋之墓也。
14．"其北陵，文王之所**辟**风雨也。必死是间，余收尔骨焉。"秦师遂**东**。
15．**犹**不改。宣子**骤**谏。公患之，使鉏麑贼之。
16．问之，曰："**宦**三年矣，未知母之存否。今近焉，请以**遗**之。"
17．左**并**辔，右援**枹**而鼓，马**逸**不能止，师从之。
18．射其左，**越**于车下；射其右，**毙**于车中。綦毋张**丧**车，从韩厥曰："请寓乘。"
19．**擐**甲执兵，**固**即死也；病未及死，吾子**勉**之！
20．二国**治戎**，臣不才，不胜其任，以为俘**馘**。执事不以**衅**鼓，使归即**戮**，君之惠也。臣实不才，又谁敢怨？

21. 二国图其社稷，而求**纾**其民，各**惩**其**忿**以相**宥**也，两释累囚以成其好。

22. 若不获命，而使**嗣**宗职，次及于事，而**帅**偏师以脩封疆，虽遇执事，其弗敢**违**。

23. 祁奚**请老**。晋侯问**嗣**焉，**称**解狐——其仇也。

24. 称其仇，不为谄；立其子，不为**比**；举其偏，不为**党**。

25. 我闻忠善以**损**怨，不闻作威以**防**怨。岂不**遽**止？

26. 然犹防川：大**决**所犯，伤人必多，吾不克救也；不如小决使**道**，不如吾闻而**药**之也。

27. 若果行此，其郑国实**赖**之，岂唯**二三臣**？

三、翻译句子

1. 先王之制，大都不过参国之一，中五之一，小九之一。今京不度，非制也。君将不堪。

2. 颍考叔，纯孝也。爱其母，施及庄公。诗曰："孝子不匮，永锡尔类。"其是之谓乎？

3. 夫晋何厌之有？既东封郑，又欲肆其西封；若不阙秦，将焉取之？阙秦以利晋，唯君图之。

4. 若舍郑以为东道主，行李之往来，共其乏困，君亦无所害。

5. 秋九月，晋侯饮赵盾酒，伏甲将攻之。其右提弥明知之，趋登曰："臣侍君宴，过三爵，非礼也。"遂扶以下。公嗾夫獒焉。明搏而杀之。盾曰："弃人用犬，虽猛何为！"斗且出。提弥明死之。（南京师范大学 2023）

四、给下列选段加注标点

1. 初郑武公娶于申曰武姜生庄公及共叔段庄公寤生惊姜氏故名曰寤生遂恶之爱共叔段欲立之亟请于武公公弗许及庄公即位为之请制公曰制岩邑也虢叔死焉佗邑唯命请京使居之谓之京城大叔（首都师范大学 2023）

2. 祭仲曰都城过百雉国之害也先王之制大都不过参国之一中五之一小九之一今京不度非制也君将不堪公曰姜氏欲之焉辟害对曰姜氏何厌之有不如早为之所无使滋蔓蔓难图也蔓草犹不可除况君之宠弟乎公曰多行不义必自毙子姑待之

五、说明下列句子中"之"的用法

1. 不虞君之涉吾地也。

2. 寡君之罪也。

3. 虽众，无所用之。

4. 姜氏何厌之有？

六、翻译下文，并解释文中加粗的字（首都师范大学2023）

逢丑父与公**易**位。将及华泉，骖𫘤于木而止。丑父寝于𫐉中，蛇出于其下，以肱击之，伤而匿之，故不能推车而及。韩厥执**絷**马前，**再**拜稽首，奉觞加璧以进，曰："寡君使群臣为鲁卫请，曰无令**舆**师陷入君地。下臣不幸，**属**当**戎行**，无所逃隐，且惧奔辟而**忝**两君，臣辱戎士，敢告不敏，**摄**官**承**乏。"丑父使公下，**如**华泉取饮。郑周父御佐车，宛茷为右，载齐侯以免。韩厥献丑父，郤献子将戮之。呼曰："自今无有代其君**任**患者，有一于此，将为戮乎。"郤子曰："人不**难**以死免其君，我戮之不祥。赦之，以**劝**事君者。"乃免之。

七、分析题

1. 说明下列句子中的词类活用现象，指出活用的词与活用的种类，并把句子译成现代汉语。（首都师范大学2022）

（1）晋灵公不君。

（2）故远人不服，则修文德以来之。

（3）左右以君贱之也，食以草具。

（4）晋侯饮赵盾酒。

（5）夫人之，我可以不夫人之乎。

2. 请具体分析下列句子中的词类活用现象。（武汉大学2021）

（1）晋灵公不君。厚敛以彫墙。

（2）是以君子远庖厨也。

（3）刻削之道：鼻莫如大，目莫如小，鼻大可小，小不可大也。

（4）臣闻求木之长者，必固其根本。

（5）以事秦之心，礼天下之奇才。

3. 具体分析下列句子中的特殊语法现象。（武汉大学2020）

（1）从左右，皆肘之，使立于后。

（2）能富贵将军者，上也。

（3）不如吾闻而药之也。

（4）狂者伤人，莫之怨也。

（5）盗者孰谓？谓阳虎也。

（6）贤哉，回也！

（7）姜氏何厌之有？

4. 分析下列宾语前置句的语法结构，指出前置的宾语及种类，并翻译全句。（首都师范大学2022）

（1）岂不谷是为？先君之好是继！

（2）姜氏何厌之有？

（3）居则曰："不吾知也。"

（4）君若以力，楚国方城以为城，汉水以为池，虽众，无所用之！

（5）其是之谓乎？

5. 分析下列虚词的含义、作用或用法。（北京师范大学 2023）

（1）劳心者治人，劳力者治于人。

（2）会请先，不入，则子继之。

（3）北方之学者，未能或之先也。

（4）夫夷以近，则遊者众；险以远，则至者少。

（5）子其勉也，吾不复见子矣。

（6）微斯人，吾谁与归？

八、文献阅读综合题（中国传媒大学 2022）

認真閱讀下列古文及注釋文字，然後做相應題目。

祁奚請老晉侯問嗣焉稱解狐其讎也將立之而卒又問焉對曰午也可於是羊舌職死矣晉侯曰孰可以代之對曰赤也可於是使祁午爲中軍尉羊舌赤佐之君子謂祁奚於是能舉善矣稱其讎不爲諂立其子不爲比舉其偏不爲黨（注諂媚也偏屬也「音義」解音蟹諂他檢反比毗志反）商書曰無偏無黨王道蕩蕩其祁奚之謂矣[……]建一官而三物成（【疏】正義曰尉佐同掌一事故爲建一官也三事成者成其得舉得位得官也官位一也變文相辟耳）能舉善也夫唯善故能舉其類詩雲惟其有之是以似之祁奚有焉（《左傳·襄公三年》）

1. 解釋詞語。

請老　嗣　稱　孰　黨

2. 原文"建一官而三物成"，下列哪句話最能合乎其意，且能補足原文省略空缺處？（　　）

A．晉侯怒謂羊舌赤曰合諸侯以爲榮也

B．以謀不協請君臨之使勻乞盟

C．解狐得舉祁午得位伯華得官

D．羊舌四族皆彊家也解狐謀之

3. 注文"諂媚也""諂他檢反"及【疏】之後文字各爲誰作？

4. 根據文中注音和反切，寫出"解""諂""比"三字的中文拼音。

5. 祁奚薦舉了哪些人擔任職務？請選擇：

A．午也可　　　　B．赤也可　　　　C．羊舌職　　　　D．祁午

E．伯華　　　　　F．解狐　　　　　G．以上答案只有 ABC 正確

（注：以上爲多項選擇題，多選少選均不給分）

6．從原文看，祁奚擔任的是什麽職務？

7．爲什麽祁奚可以薦賢？用文中一句話回答。

九、对比下列词语

(1) 侵、征

(2) 躲、避

(3) 赏、赐

十、名词解释

1．直音（首都师范大学 2020）

2．反切（中国传媒大学 2020，武汉大学 2022）

3．《康熙字典》（首都师范大学 2022）

4．《汉语大字典》（首都师范大学 2021）

5．《词诠》（首都师范大学 2020）

6．《诗词曲语词汇释》（首都师范大学 2022、2023）

7．《说文解字》（浙江大学 2020，武汉大学 2022）

8．石鼓文（北京师范大学 2023）

9．隶变（中国传媒大学 2020）

10．六书（中南大学 2021，首都师范大学 2022）

11．古今字（武汉大学 2021）

12．异体字（北京语言大学 2020，首都师范大学 2020）

单元习题参考答案

一、选择题

1. B【解析】"亟"读"qì",表示屡次,每每。"亟"还可以读作"jí",表示紧急,急切,如"亟待解决"。

2. B【解析】合成词是指两个或两个以上的词素构成的词,其中由词根和词根合成的叫复合词,如朋友、火车、立正、照相机等。词组是由语法上能搭配的词组合起来的没有句调的语言单位,也叫短语,可以根据结构和功能分为不同的类型。

3. A【解析】这句话翻译为:姜氏要这么做,我怎能避开这祸害呢?"焉"字后面带动词,所以"焉"是状语。

4. B【解析】这句话翻译为:姜氏有什么满足的呢?"满足"是名词,所以"何"是定语。

5. A【解析】宠:形声字,从宀(mián),龙声。本义:尊崇。庄公与共叔段的关系应该是不好的,所以这里的"宠"不能翻译为"宠爱的"。

6. A【解析】启,及物动词的为动用法,"将启之"等于"将为之启,即将为共叔段打开城门。其中的"之"指代共叔段。

7. B【解析】施:延及,扩展,扩大影响。"施"为形声字,从㫃(yǎn),也声,本指旗帜。

8. D【解析】不虞:不料,没有想到。涉:趟水而过,这里的意思是进入,委婉地指入侵。

9. A【解析】这句话翻译为:齐桓公让诸侯国的军队摆开阵势,与屈完同乘一辆战车观看军容。

10. B【解析】古代君主自称。古代君主为表谦虚(笼络人心)而自称"不谷"(谷是粮食,是以养人,是善物,"不谷"即为"不善"),与此同时还有"孤"(自嘲为孤,就像孤家寡人)、"寡人"(寡德之人)。

11. A【解析】次:会意字。《说文解字》:"次,不前,不精也。从欠二声。"有学者认为"次"从二从欠,表示"亚、次"等义。

12. C【解析】师:会意字,从帀(zā),从𠂤(duī)。帀是包围,𠂤是小土山。四下都是小土山,表示众多。本义:古代军队编制的一级。二千五百人为一师。

13. B【解析】宾语前置。"之"代指虞国,这句话调整语序后是"其爱之也,能亲虞于桓庄乎?"。翻译为"再说晋献公对虞的爱,能比对桓庄之族更亲密吗?"可以看作"于桓庄亲",也就是宾语前置。桓庄:桓叔与庄伯,这里指桓庄之族。庄伯是桓叔之子,桓叔是献公的曾祖,庄伯是献公的祖父。晋献公曾尽杀桓叔、庄伯的后代。其:指代晋。之:指代虞。

14. D【解析】辅车:面颊与牙床。辅:面颊。车:牙床。

15．C【解析】馆：形声字，从食，官声。本义：高级客舍，宾馆。"馆"供宿供膳，所以从"食"。它的异体字为"舘"，表明"馆"属于房舍一类。

16．C【解析】以其无礼于晋：晋文公即位前流亡国外经过郑国时，没有受到应有的礼遇。这句话为倒装句，正常语序为"于晋无礼"。以：连词，因为。其：代词，指代郑国。于：对于。且贰于楚：并且从属于晋的同时又从属于楚。且：表递进，并且。贰：从属二主。于：介词，对。

17．A【解析】肆其西封：扩展它西边的疆界，指晋国灭郑以后，必将图谋秦国。肆：延伸，扩张。

18．C【解析】"乱"指没有秩序，跟"整"相对，特指政治上没有秩序，跟"治"相对。

19．C【解析】这句话翻译为：秦穆公向秦国老臣蹇叔征求意见（咨询）。

20．B【解析】管：古代的一种钥匙。

21．A【解析】勤：形声字，右形，左声。本义：劳累，劳苦。

22．C【解析】这句话翻译为：没有谁做事不肯善始，但很少人可以善终。

23．A【解析】田：同"畋"，打猎。

24．A【解析】书法：记事的原则。书：形声字。从聿，者声。聿，甲骨文为手持笔的象形，即笔。"书"的本义为书写，记录，记载。《说文通训定声》："上古以刀录于竹若木，中古以漆画于帛，后世以墨写于纸。"

25．B【解析】田：象形字，本义为种田。其小篆字形象阡陌纵横或沟浍四通的一块块农田，从"田"的字多与田猎耕种有关。

26．B【解析】贼：形声字，从戈，则声。刀毁贝，见于西周金文。本义：残害，伤害。

27．B【解析】这句话翻译为：从一开始交战，如果遇到难走的路，我必定下去推车，您难道知道这些吗？——但是您确实伤势很重而难以支持了。

28．D【解析】这句话翻译为：手臂受伤却隐瞒了伤情，所以不能推车而被晋军追上。

29．B【解析】"驰骋"泛指车马快跑。"驰"的本义是使劲赶马，特指驱马追击敌军。

30．C【解析】这句话翻译为：晋人把楚国公子谷臣和连尹襄老的尸首归还给楚国，以此要求交换知罃。在这个时候荀首已经是中军副帅，所以楚人答应了。

31．C【解析】奔：会意字。金文字形为 ，上面从"大"（人），象人挥动双手，下面从"止"（趾），而且是三个"止"，表示快跑。"奔"的本义为快跑，特指战败逃跑。

32．B【解析】卒：死，特指士大夫的死。

二、翻译粗体字

1．贰：两属。

2．都城：都邑的城墙。

3．封：疆界。

77

4．佗：其他的。

5．共：同"供"，供给。

6．次：临时驻扎。

7．绥：安抚。

8．徼：求。

9．（1）腊：年终祭祀，古代阴历十二月的一种祭祀名。这里作动词，指举行腊祭。（2）更：表示动作行为的重复，相当于"再""复""又"。

10．荐：进献。

11．（1）勤：劳苦。（2）悖心：悖逆之心，反感。

12．（1）辞：不听，不接受。（2）召：召见。

13．后：国君。

14．（1）辟：同"避"，躲避。（2）东：方位名词作动词，向东出发。

15．（1）犹：仍然。（2）骤：多次。

16．（1）宦：为人奴仆。（2）遗：送给，留给。

17．（1）并：动词，合并。（2）枹：鼓槌。（3）逸：奔跑，狂奔。

18．（1）越：坠，掉下。（2）毙：仆倒，倒下去。（3）丧：丢失。

19．（1）擐：穿上。（2）固：本来。（3）勉：努力。

20．（1）治戎：整顿军队，这里指交战。（2）馘：割取敌方战死者的左耳（用以计数报功）。这里与"俘"连用，指俘虏。（3）衅：取血涂鼓，意思是处死。

21．（1）纾：缓和，解除。（2）惩：戒，克制。（3）忿：怒气，怨恨。（4）宥：宽恕，原谅。

22．（1）嗣：继承。（2）帅：通"率"，率领。（3）违：避开，躲避。

23．（1）请老：告老，请求退休。（2）嗣：接替中军尉职务的人。（3）称：举荐。

24．（1）比：为私利而无原则地结合，这里指偏爱自己的亲人。（2）党：勾结，结党营私。

25．（1）损：减少。（2）防：堵住。（3）遽：立即，马上。

26．（1）决：堤防溃决。（2）道：同"导"，疏通，引导。（3）药：名词作动词，以……为药，当作（治病）的良药。

27．（1）赖：依靠。（2）二三：泛指复数，这些，这几位。

三、翻译句子

1．按先王的规定，大城市的城墙不能超过国都城墙的三分之一，中等的不能超过五分之一，小的不能超过九分之一。现在京邑的大小不合法度，违反了先王的制度。您将无法控制。

2．颖考叔，是位真正的孝子。他不仅孝顺自己的母亲，而且把这种孝心推广到庄公身上。《诗经》说："孝子不断地推行孝道，永远能感化你的同类。"大概就是对颖考叔这类纯孝而说的吧？

3．晋国怎么会有满足的时候呢？现在它已经把郑国当作它东边的边境，又想要向西扩大边界；如果不使秦国的土地亏损，它到哪里去夺取土地呢？削弱秦国对晋国有利，希望您考虑这件事。

4．如果您放弃围攻郑国而把它当作东方道路上招待过客的主人，出使的人来来往往，郑国可以随时供给他们缺少的东西，对您也没有什么害处。

5．秋天九月，晋侯赐酒给赵盾喝，事先埋伏下武士准备杀掉赵盾。赵盾的车右提弥明发现了这个阴谋，快步走上殿堂后说："臣下陪君王宴饮，酒过三巡还不告退，就不合礼仪了。"于是他扶起赵盾走下殿堂。晋灵公唤出了猛犬来咬赵盾。提弥明与猛犬搏斗而打死了它。赵盾说："不用人而用狗，即使凶猛又有什么用！"他们两人边打边退。最终提弥明为赵盾战死了。

四、给下列选段加注标点

1．初，郑武公娶于申，曰武姜。生庄公及共叔段。庄公寤生，惊姜氏，故名曰"寤生"，遂恶之。爱共叔段，欲立之。亟请于武公，公弗许。及庄公即位，为之请制。公曰："制，岩邑也，虢叔死焉，佗邑唯命。"请京，使居之，谓之京城大叔。

2．祭仲曰："都城过百雉，国之害也。先王之制，大都不过参国之一，中五之一，小九之一。今京不度，非制也，君将不堪。"公曰："姜氏欲之，焉辟害？"对曰："姜氏何厌之有？不如早为之所，无使滋蔓，蔓难图也；蔓草犹不可除，况君之宠弟乎？"公曰："多行不义，必自毙，子姑待之。"

五、说明下列句子中"之"的用法

1．这个"之"放在主谓短语"君涉吾地"中间，使这个短语失去了独立成句的可能性，形式上成了'君'的"涉吾地"这样一个偏正短语，整体充当动词"虞"的宾语。这就是所谓的取消句子独立性，简称"取独"。这种用法的"之"的词性有介词、连词、结构助词等说法。

2．这个"之"是结构助词（有人认为是连词），用在定语和中心语之间。

3．这个"之"是第三人称代词，作宾语。

4．这个"之"是代词，其作用是复指前置的宾语"何厌"。

六、翻译下文，并解释文中加粗的字

1．全文翻译。

逢丑父和齐侯交换位置。将要到达华泉时，齐侯战车两边的骖马被树木绊住而不能继续逃跑。丑父昨晚睡在栈车里，有蛇从他身底爬出来，他用胳膊击打蛇，手臂受伤却隐瞒了伤情，所以他不能推车而被晋军追上了。韩厥手持拴马绳站在齐侯的马前，两次下拜并行稽首礼，捧着一杯酒并加上一块玉璧向齐侯献上，说："我们国君派我们这些臣下为鲁、卫两国求情，他说不要让军队深入齐国的土地。臣下不幸,恰巧遇到您的军队,没有地方逃避躲藏。而且我也害怕由于我的逃跑躲避而使两国的国君受辱。臣下勉强充当一名战士,冒昧地向您报告臣下之不才,代理这个官职只是为了弥补人手缺乏而已。"逢丑父(冒充齐侯)命令齐侯下车,到华泉去取水来给自己喝。郑周父驾着齐君的副车,宛茷担任副车的车右,载上齐侯使他免于被俘。韩厥献上逢丑父,郤克打算杀掉他。逢丑父呼喊道:"直到目前为止还没有能代替自己国君受难的人,现在这里有了一个,还将要被杀死吗?"郤克说:"一个人不畏惧用死来使他的国君免于祸患,我杀了他不吉利。赦免他,以此鼓励侍奉国君的人。"于是赦免了逢丑父。

2．解释加粗的字。

(1) 易:换。

(2) 縶:绊马索,即拴缚马足的绳索。

(3) 再:两次。

(4) 舆师:许多军队。

(5) 属:恰巧。

(6) 戎行:兵车的行列,指齐军。

(7) 忝:使……受辱。

(8) 摄:代理。摄官即兼职。

(9) 承:承担。

(10) 如:动词,往,到……去。

(11) 任:承担。

(12) 难:认为……是困难的。

(13) 劝:鼓励。

七、分析题

1. (1) ①活用的词及种类:君,名词活用作动词。

②全句翻译:晋灵公不行君道。

(2) ①活用的词及种类:来,动词的使动用法。

②全句翻译:所以如果远方的人不归服,就应该修缮文教来使他们归附。

(3) ①活用的词及种类:贱,形容词的意动用法。

②全句翻译:孟尝君身边的人都认为他看不起冯谖,就给他吃粗劣的饭菜。

(4) ①活用的词及种类:饮,动词的使动用法。

②全句翻译:晋侯赐酒给赵盾喝。

(5) ①活用的词及种类:夫人,名词的意动用法。

②全句翻译:国君把她看作夫人,我能不把她看作夫人吗?

2．(1) 君：名词活用作动词，行君道。

(2) 远：形容词的使动用法，使……远离。

(3)"鼻大可小"的"小"和"小不可大也"的"大"都是形容词的使动用法，分别译为使……变小，使……变大。

(4) 固：形容词的使动用法，使……牢固。

(5) 礼：名词活用作动词，礼遇。

3．(1) 肘：名词活用作动词，用肘制止。

(2) 富贵：形容词的使动用法，使……富贵。

(3) 药：名词的意动用法，以……为药。

(4) "莫之怨"宾语前置。古代汉语的否定句中，代词作宾语要提前至谓语动词之前。

(5) "孰谓"宾语前置。古代汉语中，疑问代词作宾语必须提前至谓语之前。

(6) 正常语序是"回也，贤哉！"但是在古代汉语中，为了加强语气，会将谓语提前至主语之前。

(7) "何厌之有"宾语前置。古代汉语中，疑问代词作宾语必须提前至谓语之前。此句中还以"之"复指宾语"何厌"。

4．(1) ①前置的宾语：不谷、先君之好。

②前置的种类：古代汉语中，为了强调宾语，会将宾语提前，并以"是"复指宾语，成为宾语前置的标志。

③全句翻译：诸侯们难道是为我而来吗？他们不过是为了继承我们先君的友好关系罢了！

(2) ①前置的宾语：何厌。

②前置的种类：上古汉语中，疑问代词作宾语需放在动词之前。代词"之"复指前置的宾语"何厌"。

③全句翻译：姜氏有什么满足的呢？

(3) ①前置的宾语：吾。

②前置的种类：在动词前面有"不""未""弗""无"等否定副词的否定句中，动词的宾语如果是代词，一般放在动词的前面。

③全句翻译：平日在家的时候就说："没有人了解我。"

(4) ①前置的宾语：方城、汉水。

②前置的种类：古代汉语中，为了强调介词的宾语，常将宾语提前至介词之前。

③全句翻译：您如果使用武力，那么楚国将把方城山当作城墙，把汉水当作护城河，您的兵马虽然众多，恐怕也没有用处！

(5) ①前置的宾语：是。

②前置的种类：文言固定格式"(其)……之谓也/矣/乎"，"其"表委婉语气，在疑问句中表示"大概、恐怕"的意思，"之"复指"是"。

③全句翻译：大概说的就是颍考叔这类纯孝吧？

5.（1）于：在被动句中引进动作、行为的主动者，为介词。

（2）之：指代我，为代词。

（3）或：有人，为无定代词。之：指代他，为代词。

（4）以：并且，为连词，用于连接两个形容词。

（5）矣：无实义，为句尾语气词。

（6）微：假如没有，为带有假设语气的否定副词。

八、文献阅读综合题

1. 解释词语。

（1）請老：告老，请求退休。

（2）嗣：用作名词，指接替中军尉职务的人。

（3）稱：举，举荐。

（4）孰：谁。

（5）黨：动词，勾结，这里指袒护自己的侪类。

2. C【解析】全文大意是祁奚荐贤，C项最符合文意，并且和"建一官而三物成"衔接紧凑。

3. 《左传》最通行的注疏本来自《十三经注疏》，由晋朝杜预作注、唐朝孔颖达等人作疏。

4. （1）解：xiè　　（2）諂：chǎn　　（3）比：bì

5. DEF【解析】祁奚请求退休。晋悼公问祁奚谁可接任，祁奚推荐仇人解狐（F项）。正要立解狐，解狐却死了。晋悼公征求意见，祁奚推举自己的儿子祁午（D项）。正当此时，祁奚的副手羊舌职也死了。晋悼公又问："谁可接任？"祁奚答道："其子羊舌赤适合。"晋悼公便安排祁午做中军尉，羊舌赤佐助。而羊舌赤的字从"解狐得举，祁午得位，伯华得官"这句话看出是伯华（E项）。因此，本题选 DEF。

6. 祁奚担任的是中军尉，即中军的军尉，平时掌军政，战时兼任主将的御者。

7. 祁奚能荐贤的原因：夫唯善，故能举其类。

九、对比下列词语

（1）侵、征：二字都与战争有关。但"侵"含有贬义，是不宣而战，不需要任何理由，且不用钟鼓，是直接侵犯别国；征是褒义词，常用于上攻下、有道伐无道。

（2）躲、避：二字意义相同，适用范围大体一致。但"躲"的口语性质强，多用于具体事物；"避"较为庄重，多用于抽象事物。

（3）赏、赐：二字都有给予义，且大都指"上予下"。但是"奖有功"称"赏"；"赐"则不问有功无功，无奖励的成分，只是单纯的上之施予。

十、名词解释

1. 直音是指用同音字给汉字注音的方法，即直音法。直音法是古代汉语中较为常用的注音方法之一，如："郯，音谈。"(《经典释文·左传僖公四年注》)

2. 反切是中国传统注音法中用两个汉字合起来为一个汉字注音的方法。有时单称反或切。用反切注音时，被注音字称被反切字，简称被切字。反切的基本原则是反切上字与被切字的声母相同，反切下字与被切字的韵母（包括介音）和声调相同，即取反切上字的声母，取反切下字的韵母和声调，组合在一起就是被切字的读音。例如："坛，徒干切。"反切的产生是为了补救读若、直音注音方法的不足，是汉字注音方法的巨大进步，标志着汉语语音学的开始。但是该法使用起来存在一些问题，如在认读反切注释时不知道反切字的读音，那么反切就没有起到注音的效果。

3. 《康熙字典》是一部成书于清朝康熙年间的汉语字典，由文华殿大学士兼户部尚书张玉书及文渊阁大学士兼吏部尚书陈廷敬担任主编，是中国第一部以字典命名的汉字辞书。《康熙字典》以二百一十四个部首分类，并注有反切注音、出处及参考等，差不多把每一个字的不同音切和不同意义都列举进去，是古代汉语的学习者必备的工具书。

4. 《汉语大字典》是由湖北、四川两省出版部门组织两省有关专业工作者编写的一部字典。它注重历史地反映汉字形音义的发展。在字形方面，单字条目下收列了能够反映形体演变关系的、有代表性的甲骨文、金文、小篆和隶书的形体；在字音方面，除尽可能注出现代读音外，还收列了中古的反切，标注了上古的韵部。《汉语大字典》全书共八卷，一千五百多万字。它共收录单字五万六千个左右，按部首排列，它的部首以传统的《康熙字典》中二百一十四个部首为基础，删并成两百部。单字归部也基本上与《康熙字典》相同。每卷前面都列有该卷的检字表，第八卷列有全书的《笔画检字表》，可供检索。

5. 《词诠》是近人杨树达著的一部虚词词典。该词典按语法词类来分析各个虚词的意义和用法，包括虚词的通常用法及特殊用法。体例是每解一个虚词，先注音，次辨明其词类，再说明其意义和用法，然后列举书证。结合词类具体指明古汉语中虚词的语法作用，是虚词研究的发展。本书共收字五百以上，语言通俗易懂。本书是按注音字母音序编排的，并附有《部首目录》。

6. 《诗词曲语辞汇释》是研究唐宋元明诗词曲中习用的特殊语辞的一本典籍，由近人张相著，于1953年由中华书局出版。全书共释单字、词语五百三十七项，附目六百有余。每条排列的次序，先诗后词再曲，引证相当丰富，对于我们阅读诗词曲等作品很有参考价值。《诗词曲语辞汇释》一般是解释单词或词组的意义，有时还由意义的解释推及于词源（或语源）的探讨和语法的分析。被解释的单词或词组，都是唐宋元明间流行于诗词曲中的特殊词语。这部书能帮助读诗词曲的人了解这些特殊词语的意义和用法。使用这部书时，可利用书末附载的笔画索引进行查阅。

7. 《说文解字》由东汉许慎著，是我国第一部系统完备的字典。它收字 9353 个，另有重文 1163 个。每个字都是先列小篆形体，然后进行说解，先释字义，后说形体结构。许慎在《说文解字》中系统地阐述了"六书"理论，并首次提出 540 部首，将 9353 个字归入这些部首，为后世的部首检字法的发展提供了很大便利。

同时，《说文解字》也是中国语言学史上第一部分析字形、说解字义、辨识声读的字典。它创立了汉民族风格的语言学——文献语言学，也是文献语言学的奠基之作，对传统语言学的形成和发展有巨大影响，后世所说的文字、音韵、训诂之字，大体不出《说文解字》所涉及的范围。《说文解字》完整而系统地保存了小篆和部分籀文，是国人认识更古文字——甲骨文和金文的桥梁；同时它的训解更是国人注释古书、整理古籍的重要依据。因此《说文解字》在今天仍有巨大的学术价值和应用价值。

8. 石鼓文是春秋秦景公时秦人刻在状似鼓形的十块石上的文字，为春秋时的秦国文字，因其刻石外形似鼓而得名。石鼓文字体在古文与秦篆之间，一般称为"大篆"。其所刻内容为四言诗，共十首，诗名有"汧""霝雨""而师""作原""吾水""车工"等，主要内容是记述秦国国君游猎之事，因此也称"猎碣"。石鼓是战国时秦国遗物，石鼓文则是我国现存最早的刻石文字。

9. 隶变是指由小篆经过一系列形体的改变从而成为隶书的过程。隶变是汉字发展史上的一个里程碑，标志着古汉字演变成现代汉字的起点。有隶变，才有今天的汉字。在隶变中，中国文字由小篆转变为隶书。隶变是中国文字发展上一个重要的转折点，结束了古文字的阶段，使中国文字进入更为定型的阶段，隶变之后的文字接近现在所使用的文字，也比古文字更容易辨识。

10. 六书指象形、指事、形声、会意、转注、假借。汉代学者把汉字的构成和使用方式归纳成六种类型，总称六书。六书说是最早的关于汉字形体构造的系统理论，是后人根据汉字的实际情况，加以客观分析所得出的结论。六书中，象形、指事、形声、会意是造字之法，而转注和假借则是用字之法。例如：

(1) 象形：木、日。

(2) 指事：本、末。

(3) 形声：徒、芳。

(4) 会意：森、相。

(5) 转注："考""老"相授。

(6) 假借：锯类工具"我"假借为表示第一人称的"我"。

11. 古今字是文字学术语。它是指表示同一个词由于时代的变迁而采用的不同的字，是汉字发展的一种孳乳现象，即古汉语中有些多义词的某个义项在词义系统发展过程中，逐渐从原词的引申义项中分化独立而形成新词的现象。新造的字是"今字"，原来兼表意义的字是"古字"。如："莫"的本意是太阳落在草丛中，表示日暮、傍晚，后来"莫"字被假借作否定性无定代词和否定副词，为了在书面语中不至于混淆，就又在"莫"字上再加形符"日"成"暮"字，来表示"傍晚"的意思，"莫"和"暮"就成了一对古今字。

12．异体字是指在同一时期内，读音和意义都一致，但是字的形体不一样的字，又称又体、或体，《说文解字》中称为重文。汉字是由意符、音符和记号组成，意符选取的角度因人而异，音符又不同于拼音文字中的字母，所以，一字多形的现象在汉字的历史上比比皆是，如"峯"和"峰"。异体字主要有以下几种情况：

(1) 会意字与形声字之差，如"泪"与"淚"。

(2) 改换意义相近的意符，如"嘆"和"歎"。

(3) 改换声音相近的声符，如"線"和"綫"。

(4) 变换声符和意符的位置，如"和"与"咊"，有的改变声符或意符的写法，如"花"与"苍"。

第二单元

《战国策》

一、基本概况

《战国策》，又称《国策》，原作者不明，一般认为非一人之作，其中的资料大部分出于战国时期，成书推断也并非一时。全书共 33 卷，约 12 万字，由西汉文学家、史学家刘向编订。其主要记述了战国时期的纵横家（游说之士）的政治主张和策略，展示了战国时期的历史特点和社会风貌。

《战国策》是中国古代的一部重要的史学名著，也是一部国别体史书。

二、内容与结构

内容：涵盖了战国时期各国的政治、军事、外交等方面的活动情况和社会面貌。记事年代大致上接《春秋》，下迄秦统一。

结构：全书按东周、西周、秦国、齐国、楚国、赵国、魏国、韩国、燕国、宋国、卫国、中山国依次分国编写，共 497 篇。

三、价值与影响

史料价值：是研究战国历史的重要典籍，反映了战国时期各国的政治、军事、外交等方面的活动情况和社会面貌。

文学价值：是中国古代历史散文中的重要著作之一。其文辞优美，语言生动，富于雄辩和机智，描写人物绘声绘色，常借用寓言阐述道理。

思想价值：思想观念与当时的史书等有所不同，体现了战国时期君德浅薄、谋策者因势而为的特点，也反映了战国时期思想活跃、文化多元的历史特点。

四、版本与流传

西汉末年刘向编订《战国策》，书名亦为其拟定。此版本于宋时已有缺失，由北宋文学家、史学家曾巩做了订补。此后又有其他注本问世。

在流传过程中，《战国策》经历了多次修订和整理。现今所见《战国策》已远非东汉时期版本。

五、特点与贡献

特点：以策士的游说活动为中心，反映出这一时期各国政治、外交的情状。全书没有系统完整的体例，都是相互独立的单篇。

贡献：为后世提供了研究战国历史的重要资料，同时也对中国古代文学和史学的发展产生了深远影响。

馮諼客孟嘗君[1] 《齊策》

一、课文通译

齊人有馮諼者，貧乏不能自存①，使人屬②孟嘗君，願寄食門下③。
齐国有一人叫冯谖，因为太穷而不能养活自己，他便托人告诉孟尝君，表示愿意寄居在他的门下为食客。

孟嘗君曰："客何好④？" 曰："客無好也。" 曰："客何能⑤？" 曰："客無能也。"
孟尝君问："冯谖有何爱好？"回答说："没有什么爱好。"又问："他有何才干？"回答说："没什么才能。"

孟嘗君笑而受之，曰："諾⑥。"
孟尝君听了后笑了笑，但还是接受了他，说："好吧。"

① 存：生存，生活。
② 属：同"嘱"，嘱咐。
③ 寄食门下：在孟尝君门下做食客。
④ 好：爱好，擅长，喜好。
⑤ 能：才能，本事。
⑥ 诺：答应声。一般用于上对下、尊对卑或平辈之间。《说文解字》："诺，应也。"按，缓应曰诺，疾应曰唯。

左右以①君賤②之也，食③以草具④。居有頃⑤，倚柱彈⑥其劍，
孟尝君身边的人认为他看不起冯谖，就让他吃粗劣的饭菜。过了一段时间，冯谖倚着柱子弹着自己的剑，

歌曰："長鋏⑦歸來乎⑧，食無魚！" 左右以告。孟嘗君曰："食之，
唱道："长剑我们回去吧，没有鱼吃！"左右的人把这事告诉了孟尝君。孟尝君说："让他吃鱼，

比門下之客⑨。"居有頃，復彈其鋏，歌曰："長鋏歸來乎，出無車！"
按照中等门客的生活待遇。"又过了一段时间，冯谖弹着他的剑，唱道："长剑我们回去吧，外出没有车子！"

左右皆笑之，以告。孟嘗君曰："爲之駕⑩，比門下之車客。"
左右的人都取笑他，并把这件事告诉孟尝君。孟尝君说："给他车子，按照上等门客的生活待遇。"

於是乘其車，揭⑪其劍，過⑫其友曰："孟嘗君客我⑬！"
于是冯谖乘坐着他的车，高举着他的剑，去拜访他的朋友，十分高兴地说："孟尝君待我为上等门客！"

後有頃，復彈其劍鋏，歌曰："長鋏歸來乎，無以爲家⑭！"
此后不久，冯谖又弹着他的剑，唱道："长剑我们回去吧，没有能力养家！"

---

1. 冯谖：齐国游说之士。谖，一作"煖"，《史记》又作"驩"，音皆同。客：做门客。门客作为贵族地位和财富的象征最早出现于春秋时期，当时养客之风盛行。每一个诸侯国的公族子弟都有着大批的门客。门客就是在古代达官贵人家中养的一些人，有的具有真才实学，能在关键时刻替主人办事，但也有一些徒有虚名，骗吃骗喝的。他们的身份和家奴不同，平时没有固定的工作，不必干杂役，照样吃喝领工资。当主人需要他们办事时，才给他们安排工作。养门客最盛行是在战国时期，"战国四公子"就以养门客而著称。孟尝君：齐国贵族，姓田名文，齐湣王时为相。其父田婴在齐宣王时为相，并受封于薛，故本篇中有"寡人不敢以先王之臣为臣"之说。田婴死后，田文袭封地，封号为孟尝君。孟尝君好养士，据说有门客三千，成为以养士而著称的"战国四公子"之一。"战国四公子"还有魏国的信陵君、楚国的春申君、赵国的平原君。

左 右 皆 惡⑮ 之，以爲貪而不知足。孟 嘗 君 問："馮 公 有 親⑯ 乎？"
此时，左右的手下都开始厌恶冯谖，认为他贪得无厌。而孟尝君听说此事后问："冯公有双亲吗？"

對 曰："有 老 母。"孟 嘗 君 使 人 給⑰ 其 食 用，無 使 乏。
回答说："家中有老母亲。"于是孟尝君派人供给他母亲吃用，使她不再感到缺乏。

於 是 馮 諼 不 復 歌。
于是从那之后，冯谖不再唱歌。

① 以：认为。
② 賤：认为……低贱。
③ 食：通"饲"，给……吃。
④ 草具：粗劣的饭菜。具：供置，也能作酒肴。"具"字金文字形为𥃲，两手举鼎之形。"具"的本义是准备饭食或酒席，引申为饭食。按照孟尝君的待客惯例，门客按能力分为三等：上等（车客）出有车；中等（门下之客）食有鱼；下等（草具之客）食无鱼。
⑤ 居有顷：过了不久。
⑥ 彈：敲打。
⑦ 鋏：剑。
⑧ 歸來乎：回去吧。归来：离开，回去。乎：语气词。
⑨ 比門下之客：一作"比门下客鱼之"。比：和……一样，等同于。
⑩ 为之驾：为他配车。

⑪ 揭：举。
⑫ 过：拜访。"过"是形声字，从辵，表示与行走有关，咼声。本义为"走过，经过"。引申为从这儿到那儿，即拜访。《史记·魏公子列传》："于众人广坐之中，不谊有所过，今公子故过之。"（于大庭广众之中，不应该有拜访朋友的事，今天公子你做了。）
⑬ 客我：待我以客，厚待我，即把我当上等门客看待。
⑭ 无以为家：没有能力养家。
⑮ 惡：讨厌。
⑯ 亲：父母，也单指父亲或母亲。《礼记·奔丧》注："亲，父母也。"日语中，"両親（两亲）"这个词是父母的总称。
⑰ 给：供给。

後孟嘗君出記①，問門下諸客："誰 習② 計 會kuài③，能爲文收責④於薛者乎？"
后来孟尝君出文告，征询他的门客："谁熟习会计的事，可以为我到薛地收取债务？"

馮 諼 署⑤ 曰："能。"孟 嘗 君 怪 之，曰："此 誰 也？"
冯谖在告示上署了自己的名，并签上一个"能"字。孟尝君见了名字感到很惊奇，问："这是谁呀？"

左 右 曰："乃 歌 夫'長 鋏 歸 來'者 也。"孟 嘗 君 笑 曰："客 果 有 能 也！吾 負⑥ 之，
侍从们说："就是唱那'长铗归来'的人。"孟尝君笑道："这位客人果真有才能！我亏待了他，

未 嘗 見 也。"請 而 見 之，謝⑦ 曰："文 倦 於 事⑧，憒kui 於 憂⑨，
还没见过面呢。"他立即派人请冯谖来相见，当面赔礼道："我被琐事搞得精疲力竭，被忧虑搅得心烦意乱，

而 性 懧nuò 愚⑩，沉⑪ 於 國 家 之 事，開 罪⑫ 於 先 生。先 生 不 羞⑬，乃 有 意 欲 爲 收 責 於 薛 乎？"
加之我懦弱无能，沉溺于国家大事之中，以致怠慢了您。您却并不见怪，竟愿意为我前往薛地去收债？"

馮 諼 曰："願 之。"於 是 約 車 治 裝⑭，載 券 契qì⑮ 而 行。辭 曰："責 畢 收，
冯谖回答道："我愿意去。"于是套好车马，整治行装，载上契约票据动身了。辞行的时候冯谖问："债收完了，

以 何 市⑯ 而 反⑰？"孟 嘗 君 曰："視 吾 家 所 寡 有⑱ 者。"
买什么回来？"孟尝君说："您就看我家里缺什么吧。"

① 出记：出了一个文告。记：古时的一种公文，如奏记、残记；又指记述或解释典章制度的文字，如十三经中的《周礼·考工记》和《礼记》。
② 习：熟悉。"习"为会意字，从羽，与鸟飞有关。本义为小鸟反复地试飞，引申为反复练习，通晓、熟悉，学过后再温熟反复地学，使熟练。
③ 计会：会计。
④ 责：同"债"，为债的本字。
⑤ 署：署名，签名。（可见"记"不能作账册，而当作告示。）
⑥ 负：辜负，对不住。实际意思是没有发现他的才干。
⑦ 谢：道歉。
⑧ 倦于事：忙于事务，疲劳不堪。
⑨ 愦于忧：忧愁思虑太多，心思烦乱。愦：同"溃"，乱。王逸《九思·逢尤》："心烦愦兮意无聊。"
⑩ 惇愚：懦弱无能。惇：同"懦"。
⑪ 沉：沉浸，埋头于。
⑫ 开罪：得罪。
⑬ 不羞：不以为羞。
⑭ 约车治装：准备车马、整理行装。约：缠束。约车即套车。
⑮ 券契：债契。债务关系人双方各持一半为凭。古时契约写在竹简或木简上，分两半，验证时，合起来查对，故后有"合券"之说。
⑯ 市：买。"市"为会意字，金文字形为㞢，上面是"之"（往），下面是"分"，表市场嘈杂声。本义为市场。《说文解字》："市，买卖之所也。"后引申为交易、购买等义。《乐府诗集·木兰诗》："愿为市鞍马，从此替爷征。"
⑰ 反：同"返"，返回。
⑱ 寡有：没有。

驱①而之②薛，使吏召诸民当偿者③，悉来合券④。券徧合，起，
冯谖赶着车到了薛地，派官吏把该还债务的百姓找来核验契据。核验完毕后，他站起来，
矫命⑤以责赐诸民，因烧其券，民称万岁⑥。
假托孟尝君的命令把所有的债款赏赐给欠债人，并当场把债券烧掉，百姓都高呼"万岁"。

① 驱：赶着车。
② 之：往。
③ 当偿者：应当还债的人。
④ 悉来合券：都来验合债券。悉：都。合券：验合债券。由此可知前面应解释为"债务契约"。
⑤ 矫命：假托（孟尝君的）命令。矫：从矢，乔声。"矫"本义为把箭杆揉直的一种器具，引申为"正曲使直"。有一种"纠正"的感觉，所以有"矫正"一词。后又引申为"假托、诈称"。
⑥ 万岁：千秋万代，永远存在（祝颂的话）。"万岁"本有永远存在之意，为臣下对君主的祝贺之辞；今也用为祝颂词，是表达极其赞赏的感情用语口号。在中国封建社会里，"万岁"一词是最高统治者的代名词。

长驱到齐，晨而求见①。孟尝君怪其疾②也，
冯谖赶着车，马不停蹄，直奔齐都，清晨就求见孟尝君。孟尝君对冯谖回得如此迅速感到很奇怪，
衣冠而见之，曰："责毕收乎？来何疾也！"曰："收毕矣。"
立即穿好衣、戴好帽去见他，问："债都收完了吗？怎么回得这么快！"冯谖说："都收了。"
"以何市而反？"冯谖曰："君云'视吾家所寡有者'，臣窃③计君宫中积珍宝，
"买什么回来了？"孟尝君问。冯谖回答道："您曾说'看我家缺什么'，我私下考虑您宫中积满珍珠宝贝，
狗马实外厩，美人充下陈④，君家所寡有者以义耳。
外面马房多的是猎狗、骏马，后庭多的是美女，您家里所缺的只不过是'仁义'罢了。
窃以为君市义。"孟尝君曰："市义奈何？"曰："今君有区区⑤之薛，
所以我用债款为您买了'仁义'。"孟尝君道："买仁义是怎么回事？"冯谖道："现在您不过有块小小的薛地，

不拊愛⑥子其民⑦，因而賈利之⑧。　　　　　臣竊矯君命，
如果不抚爱百姓，视民如子，而用商贾之道在人民处获利。（这怎么行呢？）因此我擅自假造您的命令，
以責賜諸民，因燒其券，民稱萬歲，乃臣所以爲君市義也。"
把债款赏赐给百姓，顺便烧掉了契据，以至百姓欢呼'万岁'，这就是我用来为您买义的方式啊。"
孟嘗君不説⑨，曰："諾。先生休矣⑩！"
孟尝君听后很不快，说："嗯。先生还是算了吧！"

① **求見**：谒见。
② **疾**：迅速。
③ **竊**：副词，私下、私自。多用作谦词，常有冒失、唐突的含义在内，《战国策·触詟说赵太后》："窃自恕。"
④ **下陳**：堂下，后室。古代统治者宾主相见时，在堂下陈列礼品，站立候从之处。位于堂下，因而称"下陈"。
⑤ **區區**：少，小，此亦隐指放债之利。
⑥ **拊愛**：爱抚。拊：同"抚"，抚育，抚慰。
⑦ **子其民**：视民如子。
⑧ **賈利之**：用商贾之道在人民处获利。贾：走街串巷贩卖货物的人为"商"，有固定场所，坐着贩卖货物的人为"贾"，故有"行商坐贾"，后泛指商人、做买卖等。（此处不必视为名词作商人解。）
⑨ **説**：同"悦"。
⑩ **休矣**：算了吧，罢了。

後朞年①，齊王②謂孟嘗君曰："寡人不敢以先王之臣爲臣！"孟嘗君就國③於薛。
过了一年，齐湣王对孟尝君说："我可不敢把先王的臣子当作我的臣子！"孟尝君只好前往自己的领地薛邑。
未至百里，民扶老攜④幼，迎君道中。孟嘗君顧⑤謂馮諼：
还差百里未到，薛地的百姓扶老携幼，都在路旁迎接孟尝君到来。孟尝君见此情景回头看着冯谖道：
"先生所爲文市義者，乃今日見之！"
"您为我买的'义'，今天才见到了它！"

① **后期年**：一周年之后。期年：整整一年。《战国策·邹忌讽齐王纳谏》："期年之后，虽欲言，无可进者。"
② **齊王**：齐湣王。《史记·孟尝君列传》："齐王惑于秦、楚之毁，以为孟尝君名高其主，而擅齐国之权，遂废孟尝君。"所谓"不敢以先王之臣为臣"，是托词。
③ **就國**：回自己的封地。国：孟尝君的封地薛。
④ **攜**：形声字，从手，巂声，俗作攜。本义：提着。引申为带，随身一道。《庄子·让王》："于是夫负妇戴，携子入于海。"词语"携子同行，携女归宁"。
⑤ **顧**：回顾，旁顾。顾，从页，"页"的甲骨文字形为𩑋，表示与头有关，雇声。《说文解字》："顾，环视也。"成语"顾盼生辉"（一回首，一注目，都有无限光彩，比喻眉目传神）。

馮諼曰："狡兔有三窟①，僅得免其死耳；今君有一窟，未得高枕而臥也。
冯谖说："狡猾机灵的兔子有三个洞，才能免遭死患；现在您只有一个洞，还不能高枕无忧。
請爲君復鑿二窟！"孟嘗君予車五十乘、金②五百斤，西遊於梁③，
请让我再去为您挖两个洞吧！"孟尝君应允了，就给了他五十辆车子、五百斤金，冯谖往西到大梁游说，
謂惠王④曰："齊放⑤其大臣孟嘗君於諸侯，諸侯先迎之者，富而兵強。"
对惠王说："现在齐国放逐他的大臣孟尝君到诸侯国去，诸侯中先迎接他的，可使自己的国家富庶强盛。"
於是梁王虛上位⑥，以故相爲上將軍，遣使者黃金千斤、車百乘，往聘孟嘗君。
于是惠王把相位空出来，把原来的相国调为上将军，并派使者带着千斤金、百辆车子，去聘请孟尝君。

馮諼先驅⑦，誡孟嘗君曰："千金，重幣⑧也；百乘，顯使⑨也。
冯谖先赶车回去，告诫孟尝君说："千斤金，这是很重的聘礼了；百辆车子，这算显贵的使臣了。
齊其聞之矣。"梁使三反⑩，孟嘗君固辭⑪不往也。
齐国大概听说这件事了吧。"魏国的使臣往返了多次，孟尝君坚决推辞不去。

① 窟：洞。
② 金：上古时期为金属的总名。《尚书》孔颖达疏："古之金、银、铜、铁总号为金。"
③ 梁：大梁，魏的国都。
④ 惠王：梁惠王，魏武侯之子。
⑤ 放：放逐。
⑥ 虛上位：把上位（宰相之位）空出来。
⑦ 先驅：驱车在前。
⑧ 重幣：贵重的财物礼品。《说文解字》："币，帛也。从巾，敝声。"徐灏《说文注笺》："币，本缯帛之名，因车马玉帛同为聘享之礼，故浑言之皆称币。"币本指作为礼品的丝织品，泛指聘问和祭享的礼品。古代外交官带的礼物有玉、帛、皮、马、圭、璧，称为"六币"。《战国策·赵策一》："卑身厚币，以招贤者。"到了汉代才有货币的意义。《史记·平准书》："更钱造币以赡用。"
⑨ 顯使：地位显要的使臣。
⑩ 三反：先后多次往返。反：同"返"。
⑪ 固辭：坚决辞谢。

齊王聞之，君臣恐懼。遣太傅①齎②黃金千斤、文車③二駟⑷、
齐王听到这件事，君臣都惊慌害怕起来。于是派遣太傅送千斤黄金、两辆文饰华美的四马车、
服劍⑤一。封書⑥謝⑦孟嘗君曰："寡人不祥⑧，被於宗廟之祟⑨，
一把佩剑给孟尝君。齐王还封了书信向孟尝君道歉说："我是糊涂的，遭受了祖宗降下的灾祸，
沉於諂諛之臣⑩，開罪於君。寡人不足為⑪也；願君顧⑫先王之宗廟，
又被那些逢迎讨好的臣子所迷惑，得罪了您。我是不值得您帮助的；希望您能顾念先王的宗庙，
姑⑬反國統萬人⑭乎！"馮諼誡孟嘗君曰："願請先王之祭器，立宗廟於薛⑮！"
暂且回来统率百姓吧！"冯谖提醒孟尝君说："希望您向齐王请来先王传下的祭器，在薛地建立宗庙！"
廟成，還報孟嘗君曰："三窟已就⑯，君姑高枕為樂矣！"
宗庙建成了，冯谖回来报告孟尝君说："三个洞穴都已凿成了，您可以暂且高枕而卧，安心享乐了！"

① 太傅：官名，辅弼国君之官，掌制定颁行礼法。
② 齎：拿东西送人。《说文解字》："齎，持遗也。从贝，齐声。"《周礼·外府》："共其财用之币齎。"
③ 文車：文饰华美的车辆。文：象形字，甲骨文字形为 ，此字象纹理纵横交错形。"文"本义为花纹，纹理。《说文解字》："文，错画也。象交文。今字作纹。"《左传·昭公二十五年》："为九文、六彩、五章，以奉五色。"注："青与赤谓之文，赤与白谓之章，白与黑谓之黼，黑与青谓之黻。"
④ 駟：四马驾的车。
⑤ 服劍：佩剑。
⑥ 封書：写信。古代书信用封泥加印，故曰"封书"。
⑦ 謝：赔礼道歉。
⑧ 不祥：糊涂。一说不善，没有福气。
⑨ 被于宗廟之祟：遭受祖宗神灵降下的灾祸。被：遭受。祟：会意字，甲骨文字形为 ，从示从出。"示"与鬼神有关，表示鬼魅出来作怪。"祟"本义为鬼神制造的灾祸。迷信者认为，人害病是鬼神作祟，而且鬼神何日何时作祟可以在书上查出，此书称为"祟书"。
⑩ 沉于諂諛之臣：被阿谀奉承的奸臣所迷惑。
⑪ 不足为：不值得你看重并辅助。一说无所作为。
⑫ 顧：顾念。
⑬ 姑：暂且。
⑭ 万人：全国百姓。

⑮ **立宗庙于薛**：在薛地建立宗庙。古人重视宗庙，这样就可以使孟尝君的地位更加巩固。

⑯ **就**：完成。

孟嘗君爲相數十年，無纖介①之禍者，馮諼之計也。
孟尝君做了几十年宰相，没有一点祸患，都是（由于）冯谖的计谋啊。

① 纤介：纤丝与草籽，比喻极微小。"介"同"芥"。《庄子·北冥有鱼》："覆杯水于坳堂之上，则芥为之舟；置杯焉则胶，水浅而舟大也。"

二、字词梳理

（一）古今与通假

1. 使人**属**孟尝君：同"嘱"，嘱托。古今字。
2. 能为文收**责**于薛者乎：同"债"，债务，债款。古今字。
3. 而性**懧**愚：同"懦"，懦弱。异体字。
4. 以何市而**反**：同"返"，返回。古今字。
5. 券**徧**合：同"遍"，普通，全面。异体字。
6. 孟尝君不**说**：同"悦"，喜悦，高兴。古今字。

（二）词义详解

1. 【存】（二 P574 常用词 392）

（1）存在，不及物动词，跟"亡"相对。《归去来兮辞》："三径就荒，松菊犹存。"
使动用法，表示使不死，使不亡。《史记·魏公子列传》："已却秦存赵。"

（2）思念，关心。《史记·屈原列传》："其存君兴国而欲反复之，一篇之中三致志焉。"

2. 【过】（二 P417 常用词 261）

（1）走过，经过。《左传·秦晋殽之战》："三十三年春，秦师过周北门。"《庄子·运斤成风》："庄子送葬，过惠子之墓。"
引申为超过。《左传·郑伯克段于鄢》："大都不过参国之一。"

（2）名词，过错。《论语·卫灵公》："过而不改，是为过矣。"
动词，犯错。《左传·宣公二年》："人谁无过。"《战国策·触詟说赵太后》："君过矣。"《论语·学而》："过则勿惮改。"

（3）责备。《论语·季氏》："无乃尔是过与？"

3. 【给】（一 P144 常用词 89）

（1）读 jǐ。形容词，丰足（指食用），跟"乏"相反。《史记·扁鹊仓公列传》："其家给富。"

（2）读 jǐ。动词，供应（食用），使足，使不匮乏。《战国策·冯谖客孟尝君》："孟尝君使人给其食用，无使乏。"

> 知识链接："与""予""给"的辨析
>
> "与"和"予"自古同音，且表"给予"义时同义。
> "给"作动词时，不表示一般的"给予"，而是表示"供给（食用）"。

4．【习】（一 P146 常用词 93）
(1) 鸟反复地飞，频繁地飞。《礼记·月令》："鹰乃学习。"
引申为反复练习，钻研。《论语·学而》："学而时习之。"
又引申为熟习，通晓。《战国策·冯谖客孟尝君》："问门下诸客，谁习计会。"
(2) 人们受客观事物反复影响所产生的反应习惯。《论语·阳货》："性相近也，习相远也。"

5．【谢】（一 P131 常用词 62）
(1) 道歉。《史记·廉颇蔺相如列传》："因宾客至蔺相如门谢罪。"
(2) 辞。《孔雀东南飞》："阿母谢媒人：'女子先有誓，老姥岂敢言。'"
(3) 告，告诉。《孔雀东南飞》："多谢后世人，戒之慎勿忘。"
(4) 对别人的帮助或赠予表示感激。《史记·项羽本纪》："乃令张良留谢。"
(5) 衰退，凋谢。（后起义）李渔《芙蕖》："及花之既谢，亦可告无罪于主人矣。"

6．【约】（一 P142 常用词 85）
(1) 缠，约束。《战国策·触詟说赵太后》："于是为长安君约车百乘，质于齐。"
用作名词时表示绳索，绳子。《老子》："善结无绳约而不可解。"
引申为约束。《论语·子罕》："博我以文，约我以礼。"
(2) 订约。《史记·项羽本纪》："怀王与诸将约曰。"
名词，盟约。《过秦论》："于是从散约解。"
又为邀约，约会。赵师秀《约客》："有约不来过夜半，闲敲棋子落灯花。"

7．【窃】（一 P221 常用词 141）
(1) 偷。《史记·魏公子列传》："而如姬最幸，出入王卧内，力能窃之。"

> 知识链接："盗""窃"的辨析
>
> 作动词使用时，"盗"和"窃"同义。但"盗"另有名词用法，表示"盗贼"；而"窃"无名词用法。

(2) 偷偷地，暗地里。《史记·孙子吴起列传》："窃载与之齐。"
(3) 谦词，表示自己的话不一定说得对，自己的行为不一定做得对。《战国策·冯谖客孟尝君》："臣窃计君宫中积珍宝。"

> **知识链接：古汉语中的谦词**
>
> 1. 犬子、犬女：称自己的儿女。
> 2. 不才、不佞、不肖：表示自己没有才能或才能平庸等。
> 3. 愚：谦称自己不聪明。
> 4. 鄙：谦称自己学识浅薄。
> 5. 卑：谦称自己身份低微。
> 6. 臣：谦称自己不如对方的身份地位高。
> 7. 仆：谦称自己是对方的仆人，使用它含有为对方效劳之意。
> 8. 拙：用于对别人称自己的东西。
> 9. 小：谦称自己或与自己有关的人或事物。
> 10. 家：古人称自己一方的亲属朋友时常用。
> 11. 舍：谦称自己的家或卑幼亲属。

8.【计】（一 P145 常用词 90）

(1) 动词，结算，算账。《战国策·冯谖客孟尝君》："问门下诸客，谁习计会。"

引申为打算，盘算，谋划。《战国策·触詟说赵太后》："父母之爱子，则为之计深远。"《史记·廉颇蔺相如列传》："臣尝有罪，窃计欲亡走燕。"《韩非子·五蠹》："然则为匹夫计者，莫如修行义而习文学。"

(2) 名词，计策。《战国策·冯谖客孟尝君》："无纤介之祸者，冯谖之计也。"

9.【休】（三 P805 常用词 520）

(1) 休息。《诗经·汉广》："南有乔木，不可休息。"

引申为退职，不再做官。杜甫《旅夜书怀》："官应老病休。"

(2) 喜庆，跟"咎"相对，如"休戚相关"。

(3) 完了。李商隐《马嵬》："他生未卜此生休。"

(4) 副词，别，不要。《陈州粜米》："则这攒典哥哥休强挺。"

（三）虚词多义

1. 以

(1) 动词，以为，认为。如："左右以君贱之也。"

(2) 介词，拿，用。如："食以草具。""左右以告。"

2. 乃

(1) 就是。如："乃歌夫'长铗归来'者也。""乃臣所以为君市义也。"

(2) 副词，竟然。如："先生不羞，乃有意欲为收责于薛乎？"

(3) 副词，才。如："先生所为文市义者，乃今日见之。"

3．所以

用来……的方式。如："乃臣所以为君市义也。"

4．耳

语气词，而已，相当于今天的"罢了"。如："狡兔有三窟，仅得免其死耳。"

5．其

句中语气词，表示委婉语气，大概，应该。如："齐其闻之矣。"

6．为 〔教材中对句中语气词、语气副词的处理没有全书统一，这里应当是语气副词。〕

(1) 读 wèi。介词。如："窃以为君市义。"

(2) 读 wéi。动词，帮助。如："寡人不足为也。"

7．因

(1) 连词，于是。如："因烧其券。"

(2) 介词，趁。如："因而贾利之。"

三、语法修辞

（一）词类活用

1．冯谖客孟尝君：名词活用作动词，做门客。

2．左右以君贱之也：形容词的意动用法，认为……低贱。

3．孟尝君客我：名词活用作动词，把……当作门客。

4．先生不羞：形容词的意动用法，认为……羞耻。

5．衣冠而见之：名词活用作动词，穿好衣服、戴好帽子。

6．子其民：名词的意动用法，把……当作自己的子女。

7．因而贾利之："贾"，名词活用作状语，用商贾之道；"利"，名词活用作动词，从……牟利。

8．高枕而卧：形容词活用作动词，把……垫高。

9．虚上位：形容词的使动用法，使……虚。

10．孟尝君怪之 / 孟尝君怪其疾也：形容词的意动用法，认为……奇怪。

（二）特殊结构

1．客何好 / 客何能：疑问代词"何"作宾语，前置。

2．为之驾：双宾句，"之"是间接宾语，"驾"是直接宾语。

3．以何市而反：疑问代词"何"作"市"的宾语，前置。介词"以"后省略宾语。

赵威后问齐使[1]《齐策》

一、课文通译

二、字词梳理

（一）古今与通假

使者不说：同"悦"，喜悦，高兴。古今字。

（二）词义详解

1.【问】（二 P579 常用词 402）

（1）提出问题，询问。《左传·曹刿论战》："公问其故。"《战国策·赵威后问齐使》："威后问齐使。"

引申为追究，责问。《左传·齐桓公伐楚》："昭王南征而不复，寡人是问。"

又为诸侯之间的一种互相访问的礼节。《战国策·赵威后问齐使》："齐王使使者问赵威后。"

（2）赠送，馈赠。《有所思》："何用问遗君。"

（3）音信，书信。曹丕《与吴质书》："书问致简。"

2.【发】（二 P570 常用词 384）

（1）把箭射出去。欧阳修《卖油翁》："见其发矢十中八九。"

引申为派遣，派出。《战国策·庄辛说楚襄王》："于是使人发驺征庄辛于赵。"《三国志·诸葛亮传》："孤当续发人众，多载资粮。"

（2）出发。《战国策·荆轲刺秦王》："今太子迟之，请辞决矣，遂发。"

引申为起用。《孟子·舜发于畎亩之中》："舜发于畎亩之中。"

（3）启封，开。《战国策·赵威后问齐使》："书未发。"

（4）开发。《诗经·噫嘻》："骏发尔私，终三十里。"

---

1. 这篇文章表现了赵威后的政治思想，同时也对齐国的政治状况有所批判。战国以前，民本思想已逐渐崛起。一些思想家、政治家都已意识到人民的作用，提出了诸如"民，神之主也""上思利民，忠也"等主张。这种思潮在战国时继续发展。孟子有"民贵君轻"一说，田子方、颜斶也有"士贵王不贵"的思想。赵威后提出的"苟无岁，何有民？苟无民，何有君"的思想与历史上这一民本思潮相一致。齐王使者问候赵威后，信函还没有拆开，威后就连续发问："年成还好吧？百姓安乐吧？齐王安康吧？"她把年成放在第一位，因为"仓廪食而知礼节""国以民为本，民以食为天"。接着她问到百姓，而把国君齐王放在末位，这明显地反映出了她的民本位思想。年成好自然百姓安乐，百姓安乐自然国君无恙，逐步推理，简明而正确，却使"使者不悦"。他诘问赵威后"先贱后尊"，而威后的回答清晰明了，层层递进，驳得使者无话可说。

3. 【哀】（一 P218 常用词 131）

悲伤。《战国策·荆轲刺秦王》："伏尸而哭，极哀。"

引申为怜悯，同情。《战国策·赵威后问齐使》："是其为人，哀鳏寡，恤孤独。"

4. 【振】（二 P509 常用词 329）

(1) 摇动，抖动。《诗经·七月》："六月莎鸡振羽。"

(2) 救济。《战国策·赵威后问齐使》："振困穷，补不足。"《孟子·许行》："使自得之，又从而振德之。"

> **知识链接："振""震"的辨析**
>
> "振"和"震"同音，本可通用，但"振"只是"摇动"，"震"则指受外力影响而颤动，义近"震惊"。

5. 【息】（一 P156 常用词 116）

(1) 气息。《庄子·北冥有鱼》："生物之以息相吹也。"

(2) 休息。《礼记·檀弓》："公叔禺人遇负杖入保者息。"《孔雀东南飞》："鸡鸣入机织，夜夜不得息。"《庄子·北冥有鱼》："去以六月息者也。"

(3) 增长，和"消"相对。《战国策·赵威后问齐使》："是助王息其民者也。"《庄子·秋水》："消息盈虚。"

(4) 儿子。《战国策·触詟说赵太后》："老臣贱息舒祺。"《陈情表》："门衰祚薄，晚有儿息。"

6. 【率】（三 P1049 常用词 648）

(1) 循，沿着。《诗经·棉》："率西水浒。"

引申为遵循，依照。林觉民《与妻书》："此吾所以敢率性就死不顾汝也。"

引申为坦率，轻率。《论语·先进》："子路率尔而对曰。"（后起义）

(2) 率领。《战国策·赵威后问齐使》："是皆率民而出于孝情者也。"

(3) 大概，一般。《吕氏春秋·察今》："率皆递有变迁。"

引申为一概，一律。苏洵《六国论》："六国互丧，率赂秦耶。"

(4) 读 lǜ。一定的标准。《史记·商君列传》："有军功者，各以其率受上爵。"

7. 【索】（四 P1571 常用词 1006）

(1) 绳子。《报任安书》："其次关木索，被箠楚受辱。"

用作动词时，表示拧成绳子。《楚辞·离骚》："索胡绳之纚纚。"

(2) 探寻，索取。《战国策·赵威后问齐使》："中不索交诸侯。"杜甫《兵车行》："县官急索租，租税从何出？"

(3) 散，独，孤独。《与元九书》："索居则以诗相慰，同处则以诗相娱。"

(4) 尽，完了，完结。《宋史·刘锜传》："逮未、申间，敌力疲气索。"

三、语法修辞

（一）词类活用

1. 岂<u>先</u>贱而<u>后</u>尊贵者乎：名词的使动用法，把……放在前面、把……放在后面。
2. 有衣者亦<u>衣</u>：名词活用作动词，给……衣服穿。
3. 何以至今不<u>业</u>也：名词活用作动词，使……成就功业。
4. <u>王</u>齐国：名词活用作动词，成为……的王。
5. <u>子</u>万民：名词的意动用法，把……当作子女。
6. 不<u>臣</u>于王：名词活用作动词，称臣。
7. 是助王<u>息</u>其民者也：动词的使动用法，使……繁衍。
8. 胡为至今不<u>朝</u>也：名词活用作动词，上朝。

（二）特殊结构

1. 何以有民／何以有君：疑问代词"何"作介词"以"的前置宾语。
2. 胡为至今不朝也：疑问代词"胡"作介词"为"的前置宾语。
3. 何为至今不杀乎：疑问代词"何"作介词"为"的前置宾语。

> **知识链接：特殊词序**
>
> 汉语词在句子中的词序比较固定，从古到今的变化都比较小。但是，古代汉语也有少数特殊的词序是现代汉语所没有的。这些特殊的词序实际上存在于先秦之前的上古汉语里，到汉代开始基本上从口语中消失了，但由于一些写文章的人习惯仿古，其在历代的古文中也常常出现。了解这些特殊词序对于学习古代汉语来说是有必要的。
>
> 在先秦古籍中，最突出的特殊词序是宾语在一定条件下要放在动词之前。这种倒装不是表达一定语气的一般倒装句，而是有一定的语法条件。具体有以下三种情况：
>
> 1. 疑问代词作宾语。
>
> 上古汉语中疑问代词"谁""何""奚""安"等作宾语时必须放在动词前。
>
> 2. 否定句中代词作宾语。
>
> 这里包括了两个条件：其一，宾语必须是代词；其二，全句必须是否定句，即必须含有否定副词"不、未、毋（无）"等，或表示否定的无定代词"莫（没有谁）"。代词宾语一般要放在动词之前和否定词之后。
>
> 3. 宾语用代词复指。
>
> 这类宾语前置的特点是在宾语前置的同时，要在宾语后面用代词"是"或"之"进行复指，"是"或"之"也要放在动词的前面。如《诗经·节南山》中的"秉国之均，四方是维"，"四方是维"就是"维（保护、保卫）四方"。

江乙對荆宣王 《楚策》

一、课文通译

二、字词梳理

词义详解

1.【果】（二 P439 常用词 307）

(1) 果实。《训俭示康》："果止于梨栗枣柿之类。"

(2) 充盈，充实。《庄子·北冥有鱼》："三飡而反，腹犹果然。"

(3) 坚决。《论语·子路》："言必信，行必果。"

(4) 形容词或副词，表示成为事实，一般用于否定。陶渊明《桃花源记》："未果，寻病终。"

(5) 副词，果然。《战国策·江乙对荆宣王》："果诚何如。"

2.【行】（一 P315 常用词 188）

(1) 读 háng。名词，道路。《诗经·七月》："遵彼微行。"《诗经·黍离》："行迈靡靡，中心摇摇。"

(2) 动词，走路，跟"止"相对。《论语·述而》："三人行，必有我师焉。"《诗经·无衣》："王于兴师，修我甲兵，与子偕行。"

(3) 副词，将，快。《归去来兮辞》："善万物之得时，感吾生之行休。"

(4) 读 xìng。名词，行为，一般指道德上的表现。《论语·公冶长》："听其言而观其行。"

(5) 读 háng。行列。《楚辞·国殇》："凌余阵兮躐余行。"

3.【走】（一 P315 常用词 189）

(1) 跑，逃跑。《乐府诗集·木兰诗》："双兔傍地走，安能辨我是雄雌？"

(2) 读 zòu。奔向。杜牧《阿房宫赋》："骊山北构而西折，直走咸阳。"

> **知识链接："行""走"的辨析**
>
> "行"和"走"都是表示位移的动词，但是现代的"走"在古代称"行"，现代的"跑"在古代称"走"。

4．【实】（二 P440 常用词 308）

（1）果实，种子。《诗经·桃夭》："桃之夭夭，有蕡其实。"

（2）充实，跟"虚"相对。《论积贮疏》："仓廪实而知礼节。"《庄子·胠箧》："夫川竭而谷虚，丘夷而渊实。"

引申为广大。《诗经·节南山》："节彼南山，有实其猗。"

引申为实际内容。《战国策·江乙对荆宣王》："其实畏王之甲兵也。"

（3）句中语气词。在叙述句中，用在动词前来加强语气。《诗经·北门》："天实为之。"

三、语法修辞

（一）词类活用

长百兽：名词活用作动词，作……的首领。

（二）特殊结构

1. 吾闻北方之畏昭奚恤也："之"放在主谓短语"北方"和"畏昭奚恤"之间，为取独用法，使整个短语作为"闻"的宾语。

2. 观百兽之见我而不敢走乎／犹百兽之畏虎也：两个"之"都是取独用法。

> **知识链接：汉语里的被动表示法**
>
> 古代汉语的被动表示法和现代汉语基本一致。所谓被动，即主语和谓语动词之间的关系是被动关系，也就是说，主语是谓语动词所表示行为的被动者、受事者。
>
> 一般而言，古代汉语有两大类表示被动的方法：
>
> 1. 无标记被动。这种被动句中无任何专门用来表示被动的词语，主语的被动性质只能从意思上去理解，并没有形成真正表示被动的句式。如《荀子·劝学》："锲而不舍，金石可镂。"
>
> 2. 被动句式表示被动。汉语的被动句式在先秦时期已经形成，但不及如今普及。汉代之后逐渐普遍。
>
> （1）"于"字句式：在先秦时期比较常见，是在动词后面用介词"于"把行为的主动者引进来。如《左传·齐晋鞌之战》："郤克伤于矢，流血及屦。"
>
> （2）"为"字句式：在动词之前用介词"为"引进行为的主动者，使主语的被动性质明显地表现出来。"为"的性质类似于现代汉语中的"被"。如《过秦论》："身死人手，为天下笑者，何也？"
>
> （3）"为……所"句式：战国末期出现，是古代汉语中最为常用的一种被动句式，并且一直沿用到如今的书面语里。
>
> （4）"见"字句式：特点是不能直接由"见"引进行为的主动者，这和"为"字句式

不同。如果需要引进行为的主动者，只能在动词后面用"于"来配合。如《庄子·百川灌河》："吾长见笑于大方之家。"

（5）"被"字句式：战国末期开始出现，汉代时使用较多。如《史记·屈原列传》："信而见疑，忠而被谤。"唐代以后，在较为口语化的文章和诗词中，"被"逐渐替代了其他被动句式，但文言文中仍多沿用其他几种被动句式。

莊辛說楚襄王 [1]（《楚策》）

一、课文通译

莊辛謂楚襄王曰："君王左州侯，右夏侯，輦從鄢陵君與壽陵君，專淫逸① 侈靡②，
庄辛对楚襄王说："君王左边有州侯，右边有夏侯，车驾随侍有鄢陵君和寿陵君，一味地放荡奢侈，
不顧國政，郢都必危矣！"襄王曰："先生老悖③乎？將以爲楚國袄祥④乎？"
不管政事，郢都肯定危险了！"襄王说："是先生年老而糊涂了？还是认为这是楚国不祥的征兆？"
莊辛曰："臣誠見其必然者也，非敢以爲國袄祥也。
庄辛说："臣确实看出你这样做的必然结果了，不敢把这些行为看作国家的不祥之兆。
君王卒幸四子者不衰，楚國必亡矣！臣請辟於趙，淹⑤留以觀之。"
君王始终宠幸这四个人而不停止，楚国一定会亡国啊！臣请求到赵国避难，长时间留在那来看楚国的变故。"

① 淫逸：行为放荡。"淫"的本义是浸润，引申为渐进，再引申为过分、过度。"逸"的本义是逃跑。兔善逃，故逸从兔。其引申为狂奔，再引申为放纵。"淫""逸"在放纵的意义上相同。

② 侈靡：生活上的浪费。侈：奢侈，浪费。《说文解字》："侈，奢也。"徐锴《说文系传》："侈，奢侈。"《韩非子·解老》："多费之谓侈。"靡：读 mí，也指浪费。《玉篇》："靡，侈靡也。"也指浪费。《墨子·节葬下》："此为辍民之事，靡民之财，不可胜计也。"

③ 悖：惑乱，糊涂。《荀子·正名》："足以喻治之所悖。"注："惑也。"

④ 袄祥：不祥的征兆。袄：同"妖"，不祥的预兆。祥：本指吉凶的预兆，特指吉兆。《周礼·春官·眡祲》："以观妖祥，辨吉凶。"贾疏："祥是善之徵，妖是恶之徵。"段玉裁《说文解字注》："凡统言则灾亦谓之祥，析言则善者谓之祥。"本文中"袄""祥"连用作偏义复词，单指"袄"。古人对凶兆是忌讳的，预言灾祸就有造谣生事的嫌疑，所以庄辛赶快声明："臣诚见其必然者也，非敢以为国袄祥也。"

⑤ 淹：从水，奄声。《说文解字》："奄，覆也。""淹"的本义是浸渍，引申为滞留。

莊辛去之趙，留五月，秦果舉鄢、郢、巫、上蔡、陳之地。
庄辛离开楚国到了赵国，在那里住了五个月，秦国果然发兵攻占了下鄢、郢、巫、上蔡、陈这些地方。
襄王流①揜②於城陽。於是使人發騎③徵④莊辛於趙。莊辛曰："諾。"
楚襄王流亡困迫在城阳。在这时候襄王才派人率骑士到赵国召请庄辛。庄辛说："好吧。"

① 流：流亡。"流"的本义是水流动。《庄子·许行》："洪水横流。"引申为随水漂流，随水漂没。因而又引申为流放，流亡。"流亡"就是离家漂泊。

② 揜：困迫。"奄""掩""揜"三字音同义通，为异字同词。《说文解字》："奄，覆也。""掩，敛也，小上曰掩。""鬵，鼎之圜掩上者。""揜，一曰覆也。""揜"本指覆盖，引申为掩盖、遮蔽、藏匿。本文解释为困迫，由藏匿引申而来。朱东润《中国历代

---

1. 从楚怀王开始，楚国国势由盛转衰，楚怀王被秦昭王扣留，客死于秦。楚襄王即位以后，不但不发愤图强，反而亲信小人，荒淫恣肆，结果遭到秦国的连年进攻，兵败地削，最终被秦兵攻破郢都，东遷于陈。本文是庄辛在楚国大败前、后的两次诤谏。

文学作品选》注为"遮蔽，这里有藏匿之意"。
③ 驺：形声字。从马，刍声。"驺"的本义为主驾车马的小吏。《左传·襄公二十三年》："孟氏之御驺。"疏："掌马之官，兼掌御事，谓之御驺。"引申为古代贵族出行时前导或后随的骑士。
④ 徵：召，征召。《尔雅·释言》："徵，召也。"《史记·五帝本纪》："于是黄帝乃徵师诸侯，与蚩尤战于涿鹿之野。"

莊辛至。襄王曰："寡人不能用先生之言，今事至於此，爲之奈何？"
庄辛到了。楚襄王说："寡人不能采用先生您的建议，现在事情到了这个地步，对此该怎么办呢？"

莊辛對曰："臣聞鄙語曰：'見兔而顧犬，未爲晚也；亡羊而補牢①，未爲遲也。'
庄辛回答说："臣知道一句俗语：'看见兔子再放出猎犬去追并不算晚，羊丢掉以后再去修补也不算迟。'

臣聞昔湯武②以百里昌，
臣听说过去商汤王和周武王依靠百里土地而使天下昌盛起来，

桀(jié)紂③以天下亡。今楚國雖小，
而夏桀王和殷纣王虽然拥有天下，但到头来终不免身死国亡。现在楚国的土地虽然狭小，

絕④長續短，猶以數千里，豈特百里哉？
然而如果截长补短，还能有数千里，岂止一百里呢？

① 牢：会意字。甲骨文字形为囗，里面是个"牛"字，外面像养牛的圈。泛指一般牲畜的栏圈。《说文解字》："牢，闲养牛马圈也。"按："牛羊豕之闲曰牢。"牢可表示古代祭祀或宴享时用的牲畜。牛羊豕各一曰太牢，羊豕各一曰少牢。《礼记·王制》："天子社稷皆太牢，诸侯社稷皆少牢。"
② 汤武：商汤王、周武王。商汤王为商代开国之君；周武王为周代开国之君。
③ 桀纣：夏桀王、殷纣王。夏桀王为夏代最后的国君；殷纣王为商代最后的国君。桀纣都是历史上有名的暴君。
④ 绝：会意。从糸，表示与线丝有关；从刀，从卩（人），表示人用刀断丝。引申为割断，切断。《韩非子·内储说上》："绝头刲服。"

"王獨①不見夫蜻蛉(líng)②乎？六足四翼，飛翔乎天地之間，俛啄蚊虻(fú)③而食之，
"大王难道没有见过蜻蜓吗？长着六只脚和四只翅膀，在天地之间飞翔，低下头来啄食蚊虫，

仰承甘露而飲之。自以爲無患，與人無爭也；不知夫五尺童子，
抬头起来喝甘美的露水。自以为没有忧患，和人没有争执；岂不知那些几岁的孩子，

方將調飴(yí)膠絲，加己乎四仞之上，而下爲螻蟻食④也。"
正在调糖稀涂在丝网上，将要抓住四仞多高处的它，而它的下场将是被蝼蛄和蚂蚁吃掉。"

① 独：副词，表示反问，相当于现代汉语中的"难道"。《史记·廉颇蔺相如列传》："相如虽驽，独畏廉将军哉。"
② 蜻蛉：蜻蜓。
③ 虻：古读"máng"。王筠《说文句读》注为"小蚊"。有书注为"蝇一类飞虫，口上有刺，喜螫牲畜"，即牛虻。
④ 为蝼蚁食：被动句。被蝼蚁吃掉。为：介词，用于引出主动者，不要错误地翻译为"成为蝼蚁的食物"。蝼蚁：蝼蛄和蚂蚁，微小的生物。蝼蛄即"土狗子"，生活在泥土中，昼伏夜出，吃农作物的嫩茎。

"夫蜻蛉其小者也，黃雀因是以。俯噣(zhuó)白粒，仰棲茂樹，鼓翅奮①翼。
蜻蜓的事是其中的小事，黄雀也是这样。它俯身啄食白米，仰身栖息茂树，鼓起翅膀抖动羽翼。

自以爲無患，與人無爭也；不知夫公子王孫，左挾②彈，右攝③丸，
自以为没有忧患，与人无争；不知道王孙公子左手把着弹弓，右手安上弹丸，
將加己乎十仞之上，以其類爲招④。晝游乎茂樹，
拉紧弓弦射向十仞高空来加害它，以它的脖子为目标。黄雀白天还在树林游荡，
夕調乎酸鹹⑤。倏忽之間，墜於公子之手。"
晚上就加上佐料作了美食。顷刻之间，射坠于公子之手。"

① 奮：会意字。金文字形为𡙸，中间是"隹"（鸟）；外面像鸟振翅欲飞之势；下面是"田"，表示空旷的田野。本义：鸟类振羽展翅。

② 挾：形声字。从手，夹声。本义：用胳膊夹住。《管子·小匡》注："右掖曰挾。"《孟子·齐桓晋文之事》："挾太山以超北海。"

③ 攝：形声字。从手，聶声。本义：牵曳、拉紧。

④ 以其類爲招：以它的脖子为目标。類："頸"的误字。招：射击的目标。王念孙《读书杂志·战国策第二》："類，当为頸，字之误也。招，的也。言以其颈为准的也。《吕氏春秋·本生篇》：'万人操弓，共射一招。'《别类篇》：'射招者、欲其中小也。'《文选·阮籍〈咏怀诗〉注》引此作'以其颈为的'。《艺文类聚·鸟部》《太平御览·羽族部》并引此云：'左挾彈，右攝丸，以加其颈。'招、的古声近也。"所谓"准的"，即箭靶。"的"是箭靶中心一小块白而有光的东西。

⑤ 調乎酸鹹：调上作料，烹为菜肴。咸淡的咸本作"鹹"。《荀子·正名》："甘苦鹹淡。"俗字作"醎"，今简化为"咸"。"酸鹹"是两种不同的味道形容词，这里活用作名词，指调味的作料。

"夫黄雀其小者也，黄鵠因是以。游於江海，淹乎大沼①，
"黄雀的事情是其中的小事情，其实黄鹄也是如此。黄鹄在江海上遨游，停留在大沼泽旁边，
俯噣鱔鯉，仰噣②蔆衡③，奮其六翮④，而凌清風，飄搖乎高翔，
低下头吞食黄鳝和鲤鱼，抬起头来吃菱角和水草，振动它的翅膀，凌驾清风，飘飘摇摇地在高空飞翔，
自以爲無患，與人無爭也；不知夫射者，方將脩其碆⑤盧⑥，治其矰⑦繳⑧，
自认为不会有祸患，与人无争，却不知那些射箭的人，已准备好箭和弓，理好系在箭尾的红绳，
將加己乎百仞之上，被礛磻⑨，引微繳，折清風而抎矣。
然后向百仞多高的空中射去来加害它，它将带着箭，拖着细细的箭绳，从清风中坠落下来。
故晝游乎江河，夕調乎鼎鼐⑩。"
黄鹄白天还在江河湖泊中游泳，晚上就加了佐料成了锅中的美味。"

① 沼：形声字。从水，召声。本义：水池，积水的洼地。上古时期，"池"和"沼"都表示水池，"塘"在中古时期才表示水池。一说圆曰池，曲曰沼。

② 噣：同"啄"，咬。《篇海类编·身体类·口部》："噣，噬也。与啄同。"《后汉书·孔融传》："至于轻弱薄劣，犹昆虫之相噣，适足还害其身。"

③ 蔆衡：菱角和水草。蔆：同"菱"，一年生水生草本植物，果实有硬壳，有角，或称"菱角"，可食。衡：荇，一种水草。叶略呈圆形，形似睡莲，浮在水面，小巧别致，鲜黄色花朵挺出水面，花多且花期长，是庭院点缀水景的佳品。

④ 六翮：翅膀，鸟翅一般有六根大羽毛。《尔雅·释器》："羽本谓之翮。"郭注："翮，鸟羽根也。""翮"的本义为"羽毛中间的茎"。这里指鸟的大羽毛。

⑤ 碆：射鸟用的石制箭头。《集韵·平声·戈韵》："碆，石也。可为矢镞。"用石制箭头系于丝弦上，射击飞鸟。《史记·楚世家》："出宝弓，碆新缴，射噣鸟于东海。"

⑥ 盧：形容词，黑色。盧弓：黑色的弓。古代诸侯有大功，则天子赐予黑色弓矢，以之象征征伐之权。

后逐渐引申为"弓"。
⑦ 矰：形声字。从矢，曾声。矢指箭。本义：古代射鸟用的拴着丝绳的箭。《史记·老子韩非列传》："走者可以为罔，游者可以为纶，飞者可以为矰。"
⑧ 缴：系在箭尾的丝绳，箭射出后便于凭此寻找猎物或回收箭枝。《孟子·弈秋》："一心以为有鸿鹄将至，思援弓缴而射之。"
⑨ 磻：同"碆"，古代射鸟用的拴在丝绳上的石箭镞。
⑩ 鼎鼐：古代烹煮的器具。鼐：大鼎。

"夫黄鹄其小者也，蔡灵侯之事因是以。南游乎高陂，北陵乎巫山，饮茹溪之流，
"黄鹄的事是其中的小事，蔡灵侯的事也是这样。他南游高陂，北登巫山，喝茹溪的水，
食湘波之鱼，左抱幼①妾，右拥嬖②(bì)女，与之驰骋乎高蔡之中，而不以国家为事；
吃湘水的鱼，左手抱着年轻的侍妾，右手搂着宠爱的美女，和她们驰骋在高蔡之中，而不管国家大事；
不知夫子发③方受命乎灵王，系己以朱丝而见之也。"
不知道那个子发正在接受灵王的命令，要用红绳把他绑上去见楚灵王。"

① 幼：会意字。从幺，从力。幺（象形初生之形 ）：小，年幼力小。"幼"的本义为幼小。《仪礼·丧服》注："谓年十五以下。"这里意译为"年轻的"。
② 嬖：形声字。从女，辟声。本义：宠爱。《说文解字》："便嬖，爱也。"《国语·郑语》注："以邪僻取爱曰嬖。"作名词表示受宠爱的人。《左传·僖公十七年》："齐侯好内，多内宠，内嬖如夫人者六人。"
③ 子发：楚大夫。依《左传》记载，受楚王之命围蔡的是公子弃疾，不是子发——蔡灵侯十二年（公元前531年），楚灵王因蔡灵侯杀害了自己的父亲蔡景侯，假装邀请蔡灵侯赴宴而将他诱骗到中城，并在宴席上埋伏带甲勇士。最终将蔡灵侯灌醉后杀死，并杀死他的士卒七十人。楚灵王派公子弃疾围困蔡国。同年十一月灭掉蔡国后，公子弃疾被任命为蔡公，负责管理蔡国。

"蔡灵侯之事其小者也，君王之事因是以。左州侯，右夏侯，辇从鄢陵君与寿陵君，
"蔡灵侯的事是其中的小事，君王的事也是这样。您左边是州侯，右边是夏侯，车后跟着鄢陵君和寿陵君，
饭封禄之粟，而载方府①之金，与之驰骋②乎云梦之中，而不以天下国家为事；
吃的是各封邑进奉来的谷物，用的是地方上贡的金银，与他们驰骋在云梦大泽，根本不把国家大事放在心上；
不知夫穰侯③方受命乎秦王，填黾④(miǎn)塞(sài)之内，而投己乎黾塞之外。"
不知道那穰侯正受命于秦王，在塞南布满军队，而把您抛在塞北。"

① 府：形声字。从广，表示与房屋有关，付声。本义：府库，府藏，即古时国家收藏文书或财物的地方。《淮南子·时则》："开府库，出币帛。"原指土地肥沃、物产丰富的地区；后专指四川。天府之国：天府，天生的仓库。国，地区。
② 驰骋：泛指车马快跑。"驰"的本义是使劲赶马，特指驱马追击敌军。又由人赶马的行为引申为马快跑，因而有"急行""传扬""流布"等意义。"骋"的本义是马奔驰。"驰骋"是同义复词。
③ 穰侯：人名。穰侯拥立秦昭王，独揽大权，一生四任秦相，曾保举白起为将，东攻城略地，击败"三晋"和强楚，战绩卓著，威震诸侯。
④ 黾：古读 méng。

襄王闻之，颜①色变作②，身体战栗。于是乃以执珪③(guī)而授之为阳陵君，
襄王听了，脸色大变，浑身发抖。于是把执圭的爵位授予庄辛且封其为阳陵君，
与淮北之地也。
用他的计策收复了淮北的土地。

① **颜**：形声字。从页，彦声，与头有关。本义：印堂。《说文解字》："颜，眉之间也。"

② **变作**：改变。本文中，"变作"是同义连用。"作"与"变"一样，也是改变的意思。"作色"就是改变脸色。《礼记·哀公问》："孔子愀然作色而对曰。"《史记·苏秦列传》："韩王勃然作色。"

③ **执珪**：春秋战国时楚国之爵名，又称上执珪，为楚国的最高爵位。

二、字词梳理

（一）古今与通假

1. 将以为楚国**袄**祥乎：同"妖"，不祥的征兆。古今字。
2. 臣请**辟**于赵：同"避"，躲避。古今字。
3. **俛**啄蚊虻而食之：同"俯"，俯身。异体字。
4. 黄雀因是**以**：通"已"，语气词。通假字。
5. 夕调乎酸**醎**：同"鹹"，咸味。异体字。
6. 折清风而**抎**矣：通"陨"，有所失。通假字。
7. **与**淮北之地也：通"举"，攻下。通假字。

（二）词义详解

1.【从】（一 P136 常用词 73）

(1) 跟随。《论语·微子》："子路从而后。"

(2) 旧读 zòng。随行，侍从。《战国策·庄辛说楚襄王》："辇从鄢陵君与寿陵君。"

(3) 旧读 zòng。次于最亲的，指堂房亲属。

(4) 介词。表示从某处、某时出发。《左传·晋灵公不君》："从台上弹人。"《长恨歌》："从此君王不早朝。"

(5) 读 cōng。从容，举止合乎礼貌的样子。《礼记·缁衣》："从容有常。"

2.【卒】（一 P61 常用词 46）

(1) 步兵。《左传·郑伯克段于鄢》："具卒乘。"

(2) 终，终结。《战国策·庄辛说楚襄王》："君王卒幸四子者不衰。"《陈情表》："庶刘侥幸保卒余年。"《诗经·七月》："何以卒岁。"

(3) 死，上古特指士大夫的死。《左传·蹇叔哭师》："冬，晋文公卒。"

(4) 通"猝"，匆忙急遽的样子。《战国策·荆轲刺秦王》："卒惶不知所为。"

(5) 完全，尽。《诗经·节南山》："国既卒斩，何用不监！"

引申为始终。《诗经·节南山》："不自为政，卒劳百姓。"

> 📖 **知识链接："军""士""卒""兵"的辨析**
>
> "军"是集体名词，"士""卒""兵"均为个体名词。"士"指在战车上的战士；"卒"指徒步的战士；"兵"指兵器。

3．【徵】（二 P569 常用词 382）

（1）召。《战国策·庄辛说楚襄王》："于是使人发驺徵庄辛于赵。"

（2）求，索取。《左传·齐桓公伐楚》："尔贡包茅不入……寡人是徵。"

（3）证明，验证。《论语·八佾》："宋不足徵也。"

（4）读 zhǐ。五音之一。

（5）相信。《庄子·北冥有鱼》："德合一君，而徵一国者。"（取得信任。）

> **知识链接："徵""辟""召"的辨析**
>
> "徵""辟""召"都有"上召唤下"的含义，但"徵"和"辟"多用于召某人来授予他官职，而"召"不仅有以上用法，还表示一般的"召"，不限制于君臣之间。

4．【顾】（三 P790 常用词 487）

（1）回头看。《战国策·庄辛说楚襄王》："见兔而顾犬，未为晚也。"

（2）关心，照看，照顾。《报任安书》："念父母，顾妻子。"《诗经·硕鼠》："三岁贯女，莫我肯顾。"

（3）连词，表示轻微的转折，相当于如今的"不过"。《战国策·荆轲刺秦王》："吾每念，常痛于骨髓，顾计不知所出耳。"

5．【绝】（三 P925 常用词 573）

（1）（绳索）断。枚乘《上书谏吴王》："系方绝，又重镇之。"

引申为一般的断。《战国策·庄辛说楚襄王》："绝长续短，犹以数千里。"

（2）形容词，到了极点的。吴均《与朱元思书》："奇山异水，天下独绝。"

（3）横渡。《荀子·劝学》："非能水也，而绝江河。"

引申为穿过。《庄子·北冥有鱼》："绝云气，负青天。"

（4）凋落。《楚辞·离骚》："虽萎绝其亦何伤兮，哀众芳之芜秽。"

6．【鼓】（四 P1474 常用词 1000）

（1）名词，鼓。《左传·齐晋鞌之战》："师之耳目，在吾旗鼓。"

（2）动词，击鼓。

引申为击鼓进军。《左传·曹刿论战》："公将鼓之。"

引申为敲击（乐器）。《史记·廉颇蔺相如列传》："秦王与赵王会饮，令赵王鼓瑟。"

又引申为一般的拍打。《楚辞·渔父》："渔父莞尔而笑，鼓枻而去。"

（3）震动，使震动。《战国策·庄辛说楚襄王》："鼓翅奋翼。"

7．【奋】（三 P1168 常用词 739）

鸟举翅奋飞。《诗经·柏舟》："静言思之，不能奋飞。"

引申为举起来。《虞初新志·口技》："奋袖出臂，两股战战。"

又为振奋，振作，发扬。《战国策·庄辛说楚襄王》："鼓翅奋翼。"

8.【淹】（四 P1579 常用词 1025）

（1）浸渍。《楚辞·怨思》："淹芳芷于腐井兮。"《战国策·庄辛说楚襄王》："游于江海，淹乎大沼。"

（2）深（特指知识方面的深度）。《新唐书·王义方传》："淹究经术。"

（3）滞留，迟延。《楚辞·离骚》："日月忽其不淹兮。"《战国策·庄辛说楚襄王》："臣请辟于赵，淹留以观之。"

9.【凌】（四 P1299 常用词 829）

犯，越。又写作"凌"。《楚辞·国殇》："诚既勇兮又以武，终刚强兮不可凌。"

引申为乘。《滕王阁序》："抚凌云而自惜。"《战国策·庄辛说楚襄王》："而凌清风，飘摇乎高翔。"

又为登。杜甫《望岳》："会当凌绝顶，一览众山小。"

又为凌驾，压倒。《滕王阁序》："气凌彭泽至尊。"

> **知识链接："凌""凌""陵"的辨析**
>
> "凌""凌""陵"同音，且在"犯、越"义上常通用，但"凌"的本义是冰，"凌"的本义是水名，"陵"的本义是大山。

10.【引】（一 P140 常用词 81）

（1）开弓。《孟子·尽心上》："君子引而不发。"

引申为延长。《三峡》："常有高猿长啸，属引凄异。"

引申为牵引。《史记·廉颇蔺相如列传》："左右欲引相如去。"《战国策·庄辛说楚襄王》："引微缴。"

又为伸长。《左传·成公十三年》："我君景公引颈西望。"

又为遥控。《滕王阁序》："控蛮荆而引瓯越。"

（2）向后退。《战国策·鲁仲连义不帝秦》："秦兵引而去。"《三国志·诸葛亮传》："操军不利，引次江北。"

11.【清】（四 P1455 常用词 950）

清洁，特指水清，跟"浊"相对。《楚辞·渔父》："沧浪之水清兮。"

引申为天气清。柳永《八声甘州》："一番洗清秋。"《战国策·庄辛说楚襄王》："奋其六翮，而凌清风，飘摇乎高翔。"

又引申为清白。《史记·屈原列传》："举世皆浊而我独清。"

又为清平，太平。《陈情表》："逮奉圣朝，沐浴清化。"

（三）虚词多义

1. 将

(1) 选择连词，还是。如："将以为楚国袄祥乎。"

(2) 副词，马上，将要。如："方将调饴膠丝。"

2. 独

副词，表反问，相当于如今的难道。如："王独不见夫蜻蛉乎？"

3. 乎

(1) 介词，于。如："飞翔乎天地之间。"

(2) 句尾语气词。如："王独不见夫蜻蛉乎？"

(3) 词尾。如："飘摇乎高翔。"

4. 夫

(1) 句首发语词。如："夫蜻蛉其小者也。"

(2) 指示代词，那。如："王独不见夫蜻蛉乎？"

5. 以

(1) 介词，凭借。如："昔汤武以百里昌。"

(2) 动词，凭借，依凭。如："犹以数千里。"

(3) 介词，把。如："不以国家为事。""不以天下国家为事。"

三、语法修辞

（一）词类活用

系己以朱丝而见之也：读 xiàn，使动用法，使……见。

（二）特殊结构

而下为蝼蚁食也：被动句，"为"是介词。

鲁仲连义不帝秦 《赵策》

一、课文通译

二、字词梳理

（一）古今与通假

1. 魏安釐王：通"僖"。通假字。
2. 弃礼仪而上首功之国也：通"尚"，崇尚。通假字。
3. 过而遂正于天下：通"政"，政事。此处用作动词，表掌管政事。通假字。
4. 周怒，赴于齐曰：同"讣"，使人奔告丧事。古今字。
5. 辨之急：通"辩"，争辩。通假字。
6. 诸侯辟舍：同"避"，避开。古今字。
7. 纳筦键：同"管"，指锁外面的管状部分。异体字。
8. 假涂于邹：通"途"，道路。通假字。

（二）词义详解

1.【间】（一 P241 常用词 187）

（1）读 jiàn。夹缝，间隙。此义后来写作"间"。《庄子·庖丁解牛》："彼节者有间，而刀刃者无厚。"

引申为置身其中。《左传·曹刿论战》："肉食者谋之，又何间焉。"

引申为抄小路。《史记·廉颇蔺相如列传》："故令人持璧归，间至赵矣。"

（2）读 jiàn。离间，挑拨。此义后来写作"间"。《史记·屈原列传》："谗人间之，可谓穷矣。"

（3）读 jiàn。副词，偷偷地。此义后来写作"间"。《战国策·鲁仲连义不帝秦》："魏王使客将军辛垣衍间入邯郸。"

（4）读 jiān。中间。此义后来写作"间"。《论语·先进》："千乘之国，摄乎大国之间。"

（5）读 xián。闲着。此义后来写作"闲"，不能写作"间"。《孟子·公孙丑上》："今国家闲暇。"

> 知识链接:"閒""间""闲"的辨析
>
> 上古无"间"字,后代写作"间"的在上古都为"閒"。"閒"的本义是门缝;"闲"的本义是栅栏,所以二者的引申义很不一样。

2.【言】(一 P40 常用词 1)

(1) 动词,说话。《论语·乡党》:"食不言,寝不语。"

引申为谈问题,对某事表达意见。《战国策·鲁仲连义不帝秦》:"胜也何敢言事？百万之众折于外,今又内围邯郸而不去。"

(2) 名词,话,言论。《论语·公冶长》:"听其言而观其行。"

引申为一句话。《论语·为政》:"诗三百,一言以蔽之,曰'思无邪'。"

引申为一个字。《论语·卫灵公》:"有一言而可以终身行之者乎？"

3.【去】(一 P136 常用词 72)

(1) 离开。《战国策·鲁仲连义不帝秦》:"今又内围邯郸而不去。"《庄子·北冥有鱼》:"去以六月息者也。"《楚辞·哀郢》:"去终古之所居兮。"

引申为距离。《五人墓碑记》:"夫五人之死,去今之墓而葬焉。"《孟子·夫子当路于齐》:"纣之去武丁未久也。"

(2) 旧读"qǔ"。除掉,去掉。柳宗元《捕蛇者说》:"去死肌,杀三虫。"

引申为罢免,黜退。《礼记·大同》:"在执者去。"《孟子·所谓故国者》:"见不可焉,然后去之。"《楚辞·哀郢》:"忽若去不信兮,至今九年而不复。"

> 知识链接:"去""往"的辨析
>
> "去"常带宾语,表示离开某地,而"往"与"反"相对,不带宾语,表示去某地。"去"的反面是"留",是"从",如"去留""何去何从"。"往"的反面是"来",如"行李之往来"。现代的"去"相当于古代的"往",同古代的"去"意义正好相反。

4.【适】(一 P317 常用词 193)

(1) 动词,到(某地)去。《孟子·许行》:"虽使五尺之童适市,莫之或欺。"《石钟山记》:"余自齐安舟行适临汝。"《诗经·硕鼠》:"逝将去女,适彼乐土。"

(2) 嫁。《孔雀东南飞》:"贫贱有此女,始适还家门。"

(3) 副词,正巧,恰在这个时候。《战国策·鲁仲连义不帝秦》:"此时鲁仲连适游赵。"

(4) 读 dí。通"嫡",正妻所生的。《左传·文公十八年》:"仲为不道,杀适立庶。"

5.【会】(一 P145 常用词 92)

(1) 动词,会合,聚会,特指盟会、宴会等。《史记·廉颇蔺相如列传》:"王许之,遂与秦王会渑池。"

又指音乐节拍。《庄子·庖丁解牛》:"合于《桑林》之舞,乃中《经首》之会。"

（2）副词,正巧（指时间）。《战国策·鲁仲连义不帝秦》:"会秦围赵。"

（3）旧读 guài（今读 kuài）。年终结账。《战国策·冯谖客孟尝君》:"谁习计会,能为文收责于薛者乎?"

6.【始】（三 P1206 常用词 817）

事情的开始,与"终"相对。《战国策·鲁仲连义不帝秦》:"始吾以君为天下之贤公子也。"《孟子·文王之囿》:"臣始至于境。"

引申为才,方才。《孔雀东南飞》:"年始十八九,便言多令才。"

7.【赴】（一 P139 常用词 78）

（1）奔向,投向。《史记·魏公子列传》:"无他端,而欲赴秦军。"

（2）同"讣",奔告丧事。《战国策·鲁仲连义不帝秦》:"周怒,赴于齐曰。"

8.【请】（一 P43 常用词 5）

请,请求。《左传·郑伯克段于鄢》:"亟请于武公。"

"请"后加动词时,表示两种意思:第一种是请你做某事。《左传·郑伯克段于鄢》:"则请除之。"第二种是请你允许我做某事。《左传·郑伯克段于鄢》:"臣请事之。"《战国策·鲁仲连义不帝秦》:"燕,则吾请以从矣。"

9.【若】（二 P603 常用词 451）

（1）动词,像。《战国策·鲁仲连义不帝秦》:"若仆耶?"《庄子·北冥有鱼》:"其翼若垂天之云。"《楚辞·山鬼》:"若有人兮山之阿。"

引申为相同,一样。《孟子·许行》:"布帛长短同,则贾相若。"

引申为及,比得上（常用于否定句与反问句中）。《战国策·鲁仲连义不帝秦》:"宁力不胜、智不若邪?"

（2）代词,表示你,你的。《史记·项羽本纪》:"若入前为寿。"

可作指示代词,表示这个,这样。《孟子·齐桓晋文之事》:"以若所为,求若所欲。"

（3）连词,表示假设。《左传·蹇叔哭师》:"若潜师以来,国可得也。"

（4）连词,表示另提一件事,相当于现在的"至于、至如"。《孟子·齐桓晋文之事》:"若民,则无恒产因无恒心。"

（5）连词,表示选择,等于现在的"或"。《汉书·食货志》:"时有军役若水旱,民不困乏。"

（6）形容词词尾,表示"……的样子"。《诗经·氓》:"桑之未落,其叶沃若。"

10.【宁】（三 P1184 常用词 771）

（1）安,安宁。《捕蛇者说》:"虽鸡狗不得宁焉。"《诗经·节南山》:"式月斯生,俾民不宁。"

（2）副词,难道,岂。《战国策·鲁仲连义不帝秦》:"宁力不胜、智不若邪?"《史记·陈涉世家》:"王侯将相,宁有种乎?"

（3）副词,宁可,宁愿。《庄子·庄子钓于濮水》:"此龟者,宁其死为留骨而贵乎?宁其生而曳尾于途中乎？"《史记·屈原列传》："宁赴常流而葬乎江鱼腹中耳。"《楚辞·离骚》："宁溘死以流亡兮，余不忍为此态也。"

11.【好】（一 P227 常用词 154）

(1) 貌美。《战国策·鲁仲连义不帝秦》："鬼侯有子而好。"

(2) 美好，良好。《春夜喜雨》："好雨知时节。"

(3) 读 hào。友好，友爱。《左传·楚归晋知罃》："两释累囚，以成其好。"

(4) 读 hào。动词，爱好，喜欢。《论语·公冶长》："敏而好学，不耻下问。"《论语·子路》："乡人皆好之，何如？"《荀子·劝学》："靖共尔位，好是正直。"《楚辞·涉江》："余幼好此奇服兮，年既老而不衰。"

12.【纳】（二 P512 常用词 339） → 上古汉语中，"纳"多写作"内"。

(1) 收，收进，跟"出"相对。《诗经·七月》："十月纳禾稼。"

又为收容。《指南录后序》："至通州，几以不纳死。"

(2) 缴纳，上缴。《战国策·鲁仲连义不帝秦》："纳筦键。"

13.【交】（二 P513 常用词 340）

(1) 纵横交错，交叉。《史记·项羽本纪》："交戟之士欲止不内。"

引申为交接，交融。《与元九书》："未有声入而不应，情交而不感者。"

引申为更迭，替换。《诗经·北门》："我入自外，室人交徧谪我。"

引申为交界。《左传·僖公五年》："其九月十月之交乎？"

又作状语，表示交叉着，交互，交相。《与朱元思书》："疏条交映。"

(2) 交往，交际，交游。《论语·学而》："与朋友交而不信乎？"

引申为结识朋友。《战国策·赵威后问齐使》："上不臣于王，下不治其家，中不索交诸侯。"

用作名词，表示友谊。《史记·廉颇蔺相如列传》："卒相与欢，为刎颈之交。"

(3) 副词，全，都。《战国策·鲁仲连义不帝秦》："交有称王之名。"

14.【忍】（二 P582 常用词 409）

(1) 忍耐。《左传·齐晋鞌之战》："岂敢言病？吾子忍之。"

(2) 狠心。《史记·项羽本纪》："君王为人不忍。"今词语"残忍"。

(3) 忍心。《战国策·鲁仲连义不帝秦》："仲连不忍为也。"《孟子·齐桓晋文之事》："闻其声，不忍食其肉。"

（三）虚词多义

1. 乃

(1) 副词，就。如："乃见平原君。"

(2) 副词，才。如："吾乃今然后知君非天下之贤公子也。"

2. 且

(1) 连词，又……又……。如："周贫且微。"

（2）副词，将。如："则且变易诸侯之大臣。"

三、语法修辞

（一）词类活用

1. 鲁仲连义不帝秦："义"，名词活用作状语，坚持正义。"帝"，名词的意动用法，尊……为帝王。

2. 方今唯秦雄天下：名词活用作动词，称雄。

3. 今又内围邯郸而不去：使动用法，使……离开。

4. 吾请为君责而归之：使动用法，使……归。

5. 胜请为绍介而见之于先生：使动用法，使……拜见。

6. 权使其士，虏使其民：名词活用作状语，用诈术，像奴隶一样。

7. 过而遂正于天下：通"政"，名词活用作动词，掌管政事。

8. 故脯鄂侯：名词的使动用法，使……制成肉干。

（二）特殊结构

1. 已而复归帝，以齐故：倒装句，正常语序为"已而以齐故复归帝"，这是为了凸显原因，所以将"以齐故"单独拎了出来。

2. 梁客辛垣衍安在：疑问句中，代词"安"作宾语，前置。

3. 曷为久居此围城之中／曷为与人俱称帝王：疑问句中，代词"曷"作宾语，前置。

4. 吾不忍为之民也：双宾句，"之"是间接宾语，"民"是直接宾语。

5. 卒为天下笑：介词"为"表被动，常组成"为……所"结构，一起表被动。

6. 亦太甚矣，先生之言也：主语为"先生之言"，谓语为"亦太甚"，这是典型的主谓结构倒装，表强调。

7. 子将何以待吾君／而将军又何以得故宠乎：疑问句中，代词"何"作宾语，前置。

8. 鲁仲连辞让者三：特殊句式。"三"作状语，表示三次，为了强调次数而将其放在谓语的位置。

9. 以千金为鲁连寿：双宾句，"鲁连"是间接宾语，"寿"是直接宾语。

> **知识链接：古汉语中的特殊词序**
>
> 古汉语里有一种如今看来少见的词序，即"数量词＋名词／动词"。
>
> 1. 数量词修饰名词有两种情况。
>
> （1）数词＋（量词）＋名词。《孟子·梁惠王下》："前以三鼎，而后以五鼎与？"
>
> （2）名词＋数词＋（量词）。《乐府诗集·木兰诗》："军书十二卷，卷卷有爷名。"
>
> 2. 动量词产生得较晚，大约在魏晋之后才有动量词，所以在上古汉语中，一般是由

数词来直接修饰动词,数词在动词前作状语,或在动词与动词短语后作谓语。

(1) 数词+动词。《左传·晋灵公不君》:"三进及溜,而后视之。"

(2) 动词/动词短语+(者)+数词:这是为了强调动作的数量。

《庄子·百川灌河》:"闻道百,以为莫己若者,我之谓也。"

《战国策·鲁仲连义不帝秦》:"鲁仲连辞让者三,终不肯受。"

觸讋説趙太后[1]《趙策》

一、课文通译

趙太后①新用事②，秦急③攻之。趙氏求救於齊④。齊曰：
赵太后刚开始掌权，秦国就加紧进攻赵国。赵国向齐国求救。齐国说：
"必⑤以長安君⑥爲⑦質⑧，兵乃出。"太后不肯，大臣强⑨諫⑩。太后明⑪謂左右⑫：
"一定要用长安君作为人质，才出兵。"赵太后不同意，大臣们极力劝谏。太后明明白白地对侍臣说：
"有復言⑬令⑭長安君爲質者，老婦必唾其面⑮。"
"有再说让长安君为人质的，我一定朝他脸上吐唾沫。"

① 太后：帝王的母亲，这里指赵孝成王的母亲赵威后。
② 新用事：刚刚掌权。用事：当权，掌管国事。公元前265年，赵惠文王死，其子孝成王继位，年幼，由赵太后摄政。秦国趁赵国政权交替之机，大举攻赵。赵国形势危急，向齐国求援。齐国一定要赵太后的小儿子长安君为人质，赵太后不肯。此故事便是发生在这期间。
③ 急：加紧。
④ 求救于齐：向齐国求救。于：向，介词。
⑤ 必：副词，一定。
⑥ 长安君：赵威后的小儿子，封于赵国的长安，封号为长安君。
⑦ 为：以……为，把……作为。
⑧ 质：人质。形声字。从贝，所声。朱骏声认为"所"是砧板。从贝，表示与财富有关。本义：抵押，以……作人质（以取得对方信任）。《说文解字》："质，以物相赘也。"按："以钱受物曰赘，以物受钱曰质。"古代两国交往时，留居对方处作为保证的世子或宗室子弟叫"质"或"质子"。
⑨ 强：竭力，极力。《礼记·教学相长》："知困然后能自强也。"注："修业不敢倦。""学习"的日语为"勉强する"。"勉强"原本指的是（为了达成目标、完成任务的）努力、刻苦、用功。欧阳修在《丰乐亭小饮》写道："人生行乐在勉强，有酒莫负琉璃锺。"这里的"勉强"则有"尽情地、尽力地"之意。
⑩ 谏：古代臣对君、下对上的直言规劝。
⑪ 明：明白地。
⑫ 左右：赵威后身边的侍臣。
⑬ 复言：再说。
⑭ 令：让，使。
⑮ 唾其面：朝他脸上吐唾沫。唾：动词，吐唾沫。

左師觸讋願見太后①，太后盛氣②而揖③之。
左师触龙对太后侍臣说希望拜见太后，太后怒气冲冲地等待他。

1.《战国策·触詟说赵太后》一文开篇就描绘了一个气氛极为紧张的局面：赵君新亡，秦兵犯赵，赵求齐助，齐要长安君作人质。爱子心切的赵太后不肯让儿子去冒这个风险，严词拒绝了大臣们的进谏，并声称"有复言令长安君为质者，老妇必唾其面"。在这样剑拔弩张的情况下，触龙的谏说显然要困难许多。他深知要能说服赵太后，就必须让她明白"父母之爱子，则为之计深远"的道理。然而，若从正面去讲道理，不但无济于事，而且会自取其辱。因此，必须顺着太后溺爱长安君的心理因势利导，巧说妙谏。

触龙的谏说自始至终未有一语提及"令长安君为质"，而太后情不自禁地说出"恣君之所使之"，同样没有直接说穿派长安君入质于齐的话，与触龙的精彩说辞彼此配合，相映成趣。双方心照不宣，达成默契，丝毫不显尴尬。文末用"于是为长安君约车百乘，质于齐，齐兵乃出"作结，使首尾圆合，结构谨严，同时也增强了故事的喜剧色彩，彰显了触龙谏说的卓著成效。

入④　而　徐　趨⑤，至而自謝⑥曰："老臣病足⑦，曾⑧不能疾走⑨，
触龙走入殿内就用快走的姿势慢步向前走，到了太后面前道歉说："老臣的脚有毛病，不能快跑，
不　得⑩见久　矣，窃⑪自　恕⑫，而恐太后玉體⑬之有所郄⑭也，故愿望见⑮太后。"
很长时间都不能来拜见您了，我私下原谅了自己，但是又怕太后的贵体有什么不适，所以想来看望您。"
太后曰："老妇恃⑯辇⑰而行。"曰："日⑱食饮得无⑲衰⑳乎？"曰：
太后说："我也是脚有毛病，全靠坐车走动。"触龙说："您每天的饮食该不会减少吧？"太后说：
"恃粥耳。"曰："老臣今者㉑殊㉒不欲食，乃自强步㉓，日三四里，
"就喝点粥罢了。"触龙说："老臣近来特别不想吃东西，就勉强自己散散步，每天走三四里路，
少㉔益㉕嗜食㉖，和㉗于身。"太后曰："老妇不能。"太后之色㉘少解㉙。
才稍微多吃了点喜欢的食物，身体也舒适些了。"太后说："我做不到像您那样。"太后的脸色稍微和缓了些。

① 左师触詟愿见太后：一作"左师触龙言愿见太后。"别本《战国策》及《史记·赵世家》皆作"左师触龙言愿见太后。"王念孙《读书杂志》："今本'龙言'二字误合为'詟'耳。太后闻触龙愿见之言，故盛气以待之，若无言字，则文义不明。"1973年长沙马王堆三号汉墓出土的帛书《战国纵横家书·触龙见赵太后章》中也作"左师触龙言愿见太后"。左师：战国时赵国无实权的高级官名。见：谒见，拜见。
② 盛气：怒气冲冲。
③ 揖：应为"胥"。《战国纵横家书·触龙见赵太后章》和《史记·赵世家》均作"胥"。胥：通"须"，等待。揖：作揖，行拱手礼。裴骃《集解》："胥犹须也。"王念孙《读书杂志》："隶书'胥（䀹）'字作'䏡（胥）'，因讹而为'揖'，后人又加手旁耳。下文言'入而徐趋'，则此时触龙尚未入，太后无缘揖之也。"
④ 入：进入殿内。
⑤ 徐趋：用快走的姿势慢步向前走。徐：慢慢地。趋：小步快走，古代的一种礼节，用于表示恭敬。古礼规定，臣见君一定要快步往前走，否则便是失礼。触龙因年老病足，不能快跑，又要做出"趋"的姿势，只好"徐趋"。《史记·萧相国世家》："赐带剑履上殿，入朝不趋。"
⑥ 自谢：主动请罪。谢：道歉。
⑦ 病足：脚有毛病。病：动词，有病。
⑧ 曾：情态副词，加强全句的否定语气，实在，确实。
⑨ 疾走：快跑。疾：快。走：跑。
⑩ 不得：不能。
⑪ 窃：私下，私意，表谦敬的副词。
⑫ 自恕：原谅自己。恕：宽恕，原谅。
⑬ 玉体：贵体，敬词。古人重玉，所以用玉来比喻太后的身体。后来，"玉体"一词常被用来形容美女的体态。玉文：对文字的美称。玉面：尊称人的容颜。玉札：对别人书信的敬称。玉声：对他人言语的敬称。
⑭ 有所郄：有什么毛病。所郄：具有名词性的"所"字结构，作"有"的宾语。郄：同"隙"，空隙，引申为毛病。
⑮ 望见：一种表敬的说法，意思是不敢走得太近，只能在远处望。
⑯ 恃：依靠，凭借。
⑰ 辇：古代用两人拉的车子，秦汉以后特指皇帝坐的车子。
⑱ 日：时间名词作状语，每日。
⑲ 得无：副词性凝固结构，常与"乎""耶"连用，表示一种测度性的疑问，该不会……吧。《晏子使楚》："今民生长于齐不盗，入楚则盗，得无楚之水土使民善盗乎？"（老百姓生长在齐国不偷东西，一到了楚国就偷东西，该不会是楚国的水土使老百姓善于偷东西吧？）
⑳ 衰：减少。
㉑ 今者：近来。者：助词，附于时间词后，使时间词由单音词变成复音词，并起提顿作用。
㉒ 殊：特别，独特。《出师表》："然侍卫之臣不懈于内，忠志之士忘身于外者，盖追先帝之殊遇，欲报之于陛下也。"殊礼：特殊的礼遇。殊遇：特殊的待遇，破格重用。
㉓ 强步：勉强散散步。步：动词，散步，步行，特指慢慢走。
㉔ 少：副词，稍微，略微。

㉕ 益：动词，增加。
㉖ 耆食：喜爱吃的食物。耆：通"嗜"，喜爱。
㉗ 和：和谐，这里是舒适的意思。
㉘ 色：脸色，指赵太后的怒色。
㉙ 少解：稍微和缓了些。

左师公①曰："老臣贱息②舒祺③，最少④，不肖⑤；而臣衰，窃爱怜⑥之，
左师公说："犬子舒祺，年龄最小，不成器；可是臣已衰老，私心又疼爱他，
愿令⑦得⑧补黑衣⑨之数，以⑩卫王宫。没死⑪以闻⑫。"太后曰："敬诺⑬！
希望您能让他补充黑衣卫士的人数，来保卫王宫。我冒着死罪来把这请求禀告给太后。"太后说："答应您！
年几何⑭矣？"对曰："十五岁矣。虽少，愿⑮及⑯未填沟壑⑰而托之⑱。"太后曰：
他年龄多大了？"触龙回答："十五岁了。虽然还小，但想趁我未死将他托付给您。"太后说：
"丈夫⑲亦爱怜其少子乎？"对曰："甚⑳于㉑妇人。"太后笑曰："妇人异㉒甚！"
"男人也疼爱小儿子吗？"触龙回答："比妇人更疼爱。"太后笑着说："妇人更厉害！"
对曰："老臣窃以为媪㉓㉔之爱燕后㉕，贤于㉖长安君。"曰："君㉗过㉘矣！
触龙回答："老臣认为您疼爱燕后超过爱长安君。"太后说："您错了！
不若长安君之甚㉙！"左师公曰："父母之爱子㉚，则为㉛之计㉜深远㉝。
不像疼爱长安君那样厉害！"左师公说："父母爱子女，就要为他们考虑得长远些。
媪之送燕后也，持其踵为之泣㉞，念悲㉟其远㊱也，亦哀之矣。
您送燕后出嫁时，她上了车您还握着她的脚后跟为她哭泣，惦念、伤心她的远嫁，也算是够悲伤了。
已行，非弗㊲思也，祭祀必祝之㊳，祝曰：'必勿使㊴反㊵！'
送走以后，您不是不想念她了，每逢祭祀一定为她祈祷，祈祷说：'千万不要被赶回来啊！'
岂非计久长㊶，有子孙㊷相继为王也哉？"太后曰："然。"
这难道不是从长远考虑，希望她有子孙相继为王吗？"太后说："是这样。"

① 公：对人的尊称。
② 贱息：卑贱的儿子。这是对别人谦称自己的儿子，与"犬子""贱子"意同。息：儿子。
③ 舒祺：触龙幼子的名字。
④ 少：年幼。
⑤ 不肖：原意是不像先辈（那样贤明），后来泛指儿子不成材、不成器。《说文解字》："肖，骨肉相似也。从肉，小声。不似其先，故曰不肖也。""肖"的本义是骨肉相似，而骨肉相似莫过于子女与父母，所以许书以"不似其先"释"不肖"。"不肖"通常指儿子不像父亲那样贤明。也泛指不贤，同"贤"对举。邹阳《狱中上梁王书》："士无贤不肖，入朝见嫉。""肖"又引申为泛指相像、类似，如"肖像""逼真逼肖""惟妙惟肖"。
⑥ 怜：怜爱。文言文里的"爱"和"怜"在"亲爱"
的意义上是同义词。
⑦ 令：让（他）。"令"后省略兼语"之"，指舒祺。
⑧ 得：能够。
⑨ 黑衣：卫士。王宫卫士穿黑衣，所以用"黑衣"借代卫士。
⑩ 以：连词，来。
⑪ 没死：冒着死罪。没：通"冒"，冒昧。
⑫ 闻：使动用法，使上级知道。这里可译为"禀告"。
⑬ 敬诺：应答之词。敬：表示客气的副词。诺：表示答应的意思。
⑭ 几何：多少。
⑮ 愿：希望。
⑯ 及：趁。
⑰ 填沟壑：死后无人埋葬，尸体被丢在山沟里。这是对自己死亡的谦虚说法。壑：山沟。

⑱ 托之：把他托付给（您）。
⑲ 丈夫：古代对成年男子的通称。十尺为"丈"。成年男子身高多为一丈左右，故曰"丈夫"。（古代的长度标准各个时期不一样。）《谷梁传·文公十二年》："男子二十而冠，冠而列丈夫。"
⑳ 甚：厉害，形容词。
㉑ 于：比，介词。
㉒ 异：特别。
㉓ 以为：认为。
㉔ 媪：对老年妇女的尊称，同今之"老太太"。
㉕ 燕后：赵太后的女儿，嫁给燕王为后。
㉖ 贤于：胜过。杨树达认为"贤之受义于坚"。贤：德才兼备。《荀子·儒效》："身不肖而诬贤，是犹伛身而好升高也。"引申泛指美善，又指胜过。
㉗ 君：您，对人的尊称。
㉘ 过：错。
㉙ 之甚：那样厉害。
㉚ 子：这里泛指子女。
㉛ 为：介词，替。

㉜ 计：打算，考虑。
㉝ 深远：长远，作动词"计"的补语。
㉞ 持其踵为之泣：燕后上了车，赵太后在车下还要握着她的脚后跟，舍不得她离去。持：握持。踵：脚后跟。为之：为她。泣：小声哭。
㉟ 念悲：惦念并伤心。
㊱ 远：形容词活用作动词，远去。
㊲ 非弗：不是不。"非"和"弗"都是副词。
㊳ 祝之：为她祈祷。祝：向神祈祷。会意字。其甲骨文字形为𥛱，象一个人跪在神前拜神、开口祈祷。从示，从儿口。"儿"是古文"人"字。"祝"的本义为男巫，即祭祀时主持祝告的人（庙祝），后引申为祈祷，向鬼神求福。
㊴ 使：让（她）。
㊵ 反：同"返"。古代诸侯的女儿嫁到别国，只有在被废或亡国的情况下才能返回本国。所以赵太后为燕后祈祷：一定别回来。
㊶ 计久长：打算得长远。
㊷ 有子孙：（希望燕后）有子孙。

左师公曰："今三世以前①，至於赵之为赵②，赵主之子孙侯者③，
左师公说："从现在算起上推三代，一直到赵氏建立赵国的时候，赵王的子孙凡被封侯的，
其继④有在者⑤乎？"曰："无有。"曰："微独⑥赵，
他们的子孙还有能继承爵位的吗？"太后说："没有。"触龙又问："不仅是赵国，
诸侯有在者乎？"曰："老妇不闻也。"
其他诸侯的被封侯的子孙的后继人有继续封侯的吗？"太后说："我没有听说过。"触龙说：
"此⑦其近者祸及身，远者及其子孙⑧。
"他们当中祸患来得早的就会降临到自己头上，祸患来得晚的就会降临到子孙头上。
岂人主⑨之子孙则⑩必不善⑪哉？位⑫尊⑬而⑭无功，奉⑮厚而无劳⑯，
难道国君的子孙就一定不好吗？根本的原因是他们地位高贵却没有功绩，俸禄优厚却没有功劳，
而挟重器⑰多也。今媪尊⑱长安君之位，而封之以膏腴之地⑲，
而且拥有的贵重宝器太多了。现在您把长安君的地位提得很高，并且把肥沃的土地封给他，
多予之重器，而不及今⑳令㉑有功於国；一旦山陵崩㉒，
还给他很多贵重的宝器，却不趁现在让他有功于国；一旦您离世之后，
长安君何以㉓自托㉔於赵？老臣以㉕媪为㉖长安君计短㉗也。故以为其爱不若㉘燕后。"
长安君凭什么在赵国立身呢？老臣认为您为长安君考虑得太短浅了。所以认为您对长安君的疼爱不如燕后。"
太后曰："诺，恣㉙君之㉚所使之㉛！"於是为长安君约车㉜百乘㉝，质㉞於齐，齐兵乃出。
太后说："您说得对，任凭您指派他吧！"于是为长安君备车一百乘，到齐国做人质，齐国才出兵。

① 今三世以前：他的曾祖父赵肃侯。今三世：从现在算起上推三代。现在第一代是赵孝成王，上推第二代是他的父亲赵惠文王，上推第三代是他的祖父赵武灵王。世（丗、卋）：指事字，金文字形为中，"止（到此为止）"上加三个圆点表示三十年。古人以三十年为一世。古礼规定，男子三十岁结婚生孩子，产生新一代。古代父子相继为"一代"。

② 赵之为赵：赵氏家族建立赵国（的时候）。前"赵"指赵氏家族，后"赵"指赵国。之：助词，变主谓句为词组，作状语。为：动词，成为，建立。赵国国君原是晋文公大臣赵衰的后代。周威烈王二十三年（公元前403年）韩、赵、魏三家分晋，赵烈侯从晋国的大夫变为诸侯，正式建立赵国。

③ 侯者：被封为侯的人。侯：名词活用作动词，封侯。

④ 继：动词活用作名词，继承人。

⑤ 在者：在侯位的人。

⑥ 微独：不仅，不但。微：否定副词，不。独：副词，仅。

⑦ 此：这，指代上面说的封侯者的子孙没有继承侯位的这件事。

⑧ 远者及其子孙：祸患来得晚的就降临到子孙头上。"及"前省略"祸"字。身："侯者"自身。

⑨ 人主：国君，诸侯。

⑩ 则：连词，就。

⑪ 善：好。

⑫ 位：地位。

⑬ 尊：尊贵，高贵。

⑭ 而：转折连词，可是。

⑮ 奉：通"俸"，俸禄，相当现在的工资待遇。

⑯ 劳：功劳。

⑰ 重器：国家的宝器。《国语·晋语九》："先主为重器也，为国家之难也。"韦昭注："重器，圭璧钟鼎之属。"用于比喻天下、政权。

⑱ 尊：形容词的使动用法，使……尊贵。

⑲ 封之以膏腴之地：把肥沃的土地封给他。封：古代帝王或诸侯把土地分给子孙或臣属作为他的食邑或领地。"以膏腴之地"是介词结构，在这里是补语，在翻译时要移到"封之"之前作状语，按"以膏腴之地封之"翻译。膏腴：比喻土地肥沃。膏：从肉，高声。从肉，表示与肉体有关。"膏"的本义为溶化的油脂、无角动物的油脂。凝者曰"脂"，释者曰"膏"。腴：形声字。从肉，臾声。"腴"的本义为腹下的肥肉，引申为肥沃，如腴田（肥沃的田地），腴沃（肥沃，富饶）。

⑳ 及今：趁现在（您在世）。

㉑ 令："令（之）"的省略，让（他）。

㉒ 山陵崩：古代用以比喻国君或王后的死，表明他们的死不同寻常，犹如山陵崩塌，这是一种委婉的说法。这里指赵太后去世。

㉓ 何以：疑问代词，凭什么。介词"以"宾语前置。

㉔ 自托：寄托自己。

㉕ 以：动词，认为。

㉖ 为：介词，替。

㉗ 计短：考虑得太短浅。

㉘ 不若：不如。

㉙ 恣：任凭。形声字。从心，次声。本义：放纵。《淮南书》："所以禁民使不得自恣也。"注："放也。"李白《赋得还山吟送沈四山人》："人生老大须恣意，看君解作一身事。"

㉚ 之：助词，不翻译。

㉛ 使之：支使他，派遣他。之：代词，代长安君。

㉜ 约车：套车。约：捆绑，套。

㉝ 乘：量词。古代一车四马叫"乘"。

㉞ 质：做人质。

子义①闻之，曰："人主之子也，骨肉之亲也，犹②不能恃无功之尊③，
子义听到这事，说："国君的孩子，可算是国君的亲骨肉了，尚且不能凭靠无功的尊位、

无劳之奉，而守金玉之重也；而况人臣乎！"
没有劳绩的俸禄来守住金玉宝器；更何况是做臣子的呢！"

① 子义：赵国贤人。

② 犹：还。

③ 尊：名词，指尊高的地位。

二、字词梳理

（一）古今与通假

1. 少益**耆**食：通"嗜"，表喜欢。通假字。
2. **没**死以闻：通"冒"，冒昧。通假字。
3. 必勿使**反**：同"返"，返回。古今字。
4. 位尊而无功，**奉**厚而无劳：通"俸"，俸禄。通假字。

（二）词义详解

1. 【质】（一 P238 常用词 179）

   (1) 抵押。《战国策·触詟说赵太后》："必以长安君为质，兵乃出。"

   (2) 本质，本体，本性。《荀子·劝学》："其质非不美也。"

   (3) 朴实，朴素，跟"文"相对。《论语·雍也》："文质彬彬，然后君子。"

   (4) 正直。《论语·颜渊》："质直而好义。"

   引申为询问，责问。《送东阳马生序》："余立侍左右，援疑质理，俯身倾耳以请。"

   (5) 砧板，斩人的刑具。《史记·廉颇蔺相如列传》："君不如肉袒伏斧质请罪。"

   (6) 箭靶。《庄子·运斤成风》："虽然，臣之质死久矣。" →这里引申为对象。

2. 【强】（一 P152 常用词 107）

   (1) 有力，强盛，跟"弱"相对。《荀子·劝学》："蚓无爪牙之利，筋骨之强。"

   引申为有余，超过。用于数目的后面。后起义。《乐府诗集·木兰诗》："赏赐百千强。"

   (2) 读 qiǎng。竭力，勉力。《战国策·触詟说赵太后》："太后不肯，大臣强谏。"

   引申为强迫，勉强。袁枚《黄生借书说》："非夫人之物而强假焉，必虑人逼取。"

3. 【趋】（一 P139 常用词 77）

   快步走。《论语·微子》："趋而辟之，不得与之言。"

   又特指礼貌性的快走。《战国策·触詟说赵太后》："入而徐趋。"

   引申为向往，归向，如"趋炎附势""大势所趋"等。

4. 【曾】（二 P600 常用词 445）

   (1) 读 zēng。祖之父为"曾祖"，孙之子为"曾孙"。

   (2) 读 céng。副词（用来加强语气），常与否定词一起出现，相当于竟然。《战国策·触詟说赵太后》："老臣病足，曾不能疾走。"

   (3) 读 céng。副词，曾经。《史记·孟尝君列传》："孟尝君曾待客夜食。"

5. 【疾】（一 P146 常用词 94）

   (1) 病。《韩非子·扁鹊见蔡桓公》："君有疾在腠（còu）里，不治将恐深。"

   (2) 痛恨。《史记·屈原列传》："屈平疾王听之不聪也。"

   (3) 快，速，跟"徐"相对。《战国策·触詟说赵太后》："老臣病足，曾不能疾走。"

6.【步】(四 P1298 常用词 825)

(1) 走路,特指慢慢地走。《战国策·触詟说赵太后》:"乃自强步。"

又表示名词,步伐。《孔雀东南飞》:"纤纤作细步,精妙世无双。"

(2) 量词。《荀子·劝学》:"故不积跬步,无以至千里。"

7.【解】(一 P143 常用词 86)

(1) 分解,指分解食物。《庄子·庖丁解牛》:"庖丁为文惠君解牛。"

引申为把纠结着的东西解开(解下,溶解,排解,消解等)。《墨子·公输》:"子墨子解带为城。"袁宏道《满井游记》:"于时冰皮始解,波色乍明。"《战国策·触詟说赵太后》:"太后之色少解。"

引申为对道理的解释。韩愈《师说》:"句读之不知,惑之不解。"

引申为懂得,晓得。杜甫《月夜》:"遥怜小儿女,未解忆长安。"

(2) 读 xiè。松懈,松弛。后来写作"懈"。《诗经·烝民》:"夙夜匪解。"

8.【衰】(一 P148 常用词 98)

(1) 力量减退,跟"盛"相对。《左传·曹刿论战》:"一鼓作气,再而衰,三而竭。"

引申为衰老。《战国策·触詟说赵太后》:"而臣衰,窃爱怜之。"

又为减少。《战国策·触詟说赵太后》:"日食饮得无衰乎?"

又为衰弱,衰微。《陈情表》:"门衰祚薄,晚有儿息。"

(2) 读 cuī。等差,递减。《左传·桓公二年》:"各有分亲,皆有等衰。"

(3) 读 cuī。丧服名。《左传·秦晋殽之战》:"子墨衰绖。"

9.【崩】(一 P149 常用词 99)

山塌下来。《左传·成公五年》:"梁山崩。"

又表示抽象的崩溃。《左传·郑伯克段于鄢》:"不义不暱,厚将崩。"

引申为死,特指天子死。《战国策·鲁仲连义不帝秦》:"周烈王崩。""天崩地坼,天子下席。"《战国策·触詟说赵太后》:"一旦山陵崩。"

> **知识链接:表示"死亡"的诸多说法**
>
> 古人较为委婉,对于"死亡"有很多说法,如:
> 1. 天子之死曰"崩";诸侯、重臣、太子等之死曰"薨";大夫之死曰"卒";士之死曰"不禄";庶人之死曰"死"。"殁"泛指死,上古一般写作"没"。
> 2. 普通青年死亡偶尔用"死",或称"去世""谢世""逝世"。
> 3. 老人正常死亡叫"终",或称"长逝""作古""百年""寿终正寝"。
> 4. 为了某些理想和大义而死一般称"殉",或称"殉道""殉职""就义"。
> 5. 因为灾害和突发意外而死一般称"难",如"遇难""遇害"(被人杀死)。
> 6. 未成年者死亡一般叫"夭""夭折"等。

> 7. 形容父亲死亡叫"失怙",形容母亲死亡叫"失恃"。父母都死亡叫"弃养",意思是自己不能再赡养父母了。
>
> 8. "殇"也表示死亡,根据年龄段不同,分为"长殇""中殇""下殇""无服之殇"。"殇"有时也指战死在外的人,如为国捐躯叫"国殇"。

10.【讬】(一 P135 常用词 69)

(1) 寄托。《战国策·触詟说赵太后》:"长安君何以自讬于赵。"

(2) 委托。《战国策·触詟说赵太后》:"愿及未填沟壑而讬之。"

(3) 假托,借故推托。《后汉语·姜肱传》:"肱讬以他辞。"

(三) 虚词多义

1. 乃

(1) 副词,表转折,却。如:"乃自强步。"

(2) 副词,才。如:"兵乃出。"

2. 以

(1) 动词,认为。如:"老臣以媪为长安君计短也。"

(2) 介词,凭借。如:"长安君何以自讬于赵。"

三、语法修辞

(一) 词类活用

1. 日食饮得无衰乎:名词活用作状语,每天。

2. 没死以闻:使动用法,使……听到,即禀告。

3. 赵主之子孙侯者:名词活用作动词,封侯。

4. 其继有在者乎:动词活用作名词,继承者。

5. 今媪尊长安君之位:形容词的使动用法,使……尊贵。

6. 质于齐:名词活用作动词,做人质。

(二) 特殊结构

1. 多予之重器:双宾句,直接宾语是"重器",间接宾语是"之"。

2. 长安君何以自讬于赵:疑问句中,代词"何"作宾语,前置。

3. 老臣窃以为媪之爱燕后,贤于长安君:"以为"作谓语中心,宾语是"媪之爱燕后,贤于长安君",这个宾语由主谓词组充当。这个主谓词组中,主语是一个主谓短语"媪之爱燕后",里面的"之"字放在小主语"媪"和小谓语"爱燕后"之间,起到取消句子独立性的作用。

（三）修辞

1. 愿令得补黑衣之数：用"黑衣"借代王宫卫队。
2. 愿及未填沟壑而讬之：用"填沟壑"委婉指代去世。
3. 一旦山陵崩：用"山陵崩"指代帝王去世，这里比喻赵太后，是对她的敬辞。

知识链接：古汉语里特殊的动宾关系

1．使动关系。

（1）名词活用为使动词，表示"使宾语成为或拥有名词所代表的人或事物"。

《战国策·鲁仲连义不帝秦》："故脯鄂侯。""脯"，名词的使动用法，使……制成肉干。

（2）形容词活用为使动词，表示"使宾语具有形容词所描写的性质、状态或特点"。

《诗经·节南山》："不宜空我师。""空"，形容词的使动用法，使……穷困。

（3）不及物动词活用为使动词，带宾语。

《诗经·节南山》："卒劳百姓。""劳"，不及物动词的使动用法，使……劳苦。

《庄子·不龟手之药》："宋人有善为不龟手之药者。""龟"，不及物动词的使动用法，使……龟裂。"不龟手"即使手不龟裂。

2．意动关系。

（1）名词活用为意动词，表示"把宾语当作名词所代表的人或事物"。

《战国策·赵威后问齐使》："子万民。""子"，名词的意动用法，把……当作子女。

（2）形容词活用为意动词，表示"认为宾语具有形容词所描写的性质、状态或特点"。

《战国策·邹忌讽齐王纳谏》："吾妻之美我者，私我也。""美"，形容词的意动用活，认为……美。

3．为动关系。

（1）不及物动词活用为使动词带宾语，表示"主语替宾语、主语向宾语、主语因为宾语，发出某种动作或行为"。

《左传·齐晋鞌之战》："邴夏御齐侯。""御"，动词的为动用法，为……驾车。

（2）形容词或名词活用为动词。

《雨霖铃》："多情自古伤离别。""伤"，形容词活用作动词，为……伤心。

单元习题

一、选择题

1. "谢"的本义为（　　）。
   A．道歉　　　　B．感谢　　　　C．辞去
2. "约"的本义为（　　）。
   A．绳索　　　　B．束缚　　　　C．约束
3. "引"的本义为（　　）。
   A．开弓　　　　B．延长　　　　C．牵引
4. "侈"的本义为（　　）。
   A．过多　　　　B．放肆　　　　C．自多以陵人
5. "息"的本义为（　　）。
   A．喘息　　　　B．儿子　　　　C．休息
6. "崩"的特指义为（　　）。
   A．山塌下来　　B．崩溃　　　　C．天子死

二、翻译粗体字

1. 于是乘其车，**揭**其剑，**过**其友曰："孟尝君**客**我。"
2. 先生不**羞**，乃有意欲为收**责**于薛乎？
3. 今君有区区之薛，不拊爱**子**其民，因而**贾**利之。
4. 于是梁王**虚**上位，以故相为上将军。
5. 齐王闻之，君臣恐惧。遣太傅**赍**黄金千斤，文车二驷，**服**剑一。
6. 书未**发**，威后问使者曰："**岁**亦无恙耶？……"
7. 有粮者亦**食**，无粮者亦食；有衣者亦**衣**，无衣者亦衣。
8. 是助王**息**其民者也，何以至今不**业**也？
9. 是其为人，哀鳏寡，恤孤**独**，振困穷，补不足。
10. 此二士弗业，一女不朝，何以**王**齐国、**子**万民乎？
11. "吾闻北方之畏昭奚恤也，**果诚**何如？"群臣莫对。
12. 天帝使我**长**百兽……子以我为不**信**……
13. 今王之**地方**五千里，带甲百万，而**专**属之昭奚恤。
14. 襄王流**揜**於城阳。於是使人发**驺徵**庄辛於赵。

15. 方将调**饴胶**丝，加己乎四仞之上，而下为蝼蚁食也。
16. 将加己乎百仞之上，被**磻**磻，引微**缴**，折清风而抎矣。
17. 左州侯，右夏侯，辇**从**鄢陵君与寿陵君，饭封禄之**粟**，而载方**府**之金。
18. 左师触詟愿见太后，太后盛气而**揖**之。入而徐**趋**，至而自**谢**。
19. 老臣病足，**曾**不能疾走，不得见久矣，窃自**恕**，而恐太后玉体之有所**郄**也，故愿望见太后。
20. 老臣窃以为媪之爱燕后，**贤**于长安君。
21. 已行，非弗思也，祭祀必**祝**之。

三、说明下列字的用法

1. 为

(1) 谁习计会，能**为**文收责于薛者乎？

(2) 寡人不足**为**也。

2. 乃

(1) 左右曰："**乃**歌夫'长铗归来'者也。"

(2) 先生不羞，**乃**有意欲为收责于薛乎？

3. 因

(1) 券徧合，起，矫命以责赐诸民，**因**烧其券。民称万岁。

(2) 今君有区区之薛，不拊爱子其民，**因**而贾利之。

4. 悖

(1) 勤而无所，必有**悖**心。

(2) 先生老**悖**乎？将以为楚国祅祥乎？

5. 其

(1) 臣诚见**其**必然者也，非敢以为国祅祥也。

(2) 夫黄雀**其**小者也，黄鹄因是以。

6. 尊

(1) 今媪**尊**长安君之位。

(2) 人主之子也，骨肉之亲也，犹不能恃无功之**尊**。

(3) 此时鲁仲连适游赵，会秦围赵，闻魏将欲令赵**尊**秦为帝。

7. 使

(1) 衍，人臣也，**使**事有职，吾不愿见鲁连先生也。

(2) 是**使**三晋之大臣，不如邹鲁之仆妾也。

(3) 太后曰："诺，恣君之所**使**之。"

四、翻译文段

1. 封书谢孟尝君曰："寡人不祥，被于宗庙之祟，沉于谄谀之臣，开罪于君。寡人不足为也；愿君顾先王之宗庙，姑反国统万人乎！"

2. 把下面这段短文翻译成现代汉语。（浙江大学 2020）

孟嘗君怪之，曰："此誰也？"左右曰："乃歌夫'長鋏歸來'者也。"孟嘗君笑曰："客果有能也！吾負之，未嘗見也。"請而見之，謝曰："文倦於事，憒於憂，而性懧愚，沉於國家之事，開罪於先生。先生不羞，乃有意欲爲收責於薛乎？"馮諼曰："願之。"於是約車治裝，載券契而行，辭曰："責畢收，以何市而反？"孟嘗君曰："視吾家所寡有者。"

驅而之薛，使吏召諸民當償者，悉來合券。券徧合，起，矯命以責賜諸民，因燒其券。民稱萬歲。長驅到齊，晨而求見。孟嘗君怪其疾也，衣冠而見之，曰："責畢收乎？來何疾也！"曰："收畢矣。""以何市而反？"馮諼曰："君云'視吾家所寡有者'，臣竊計君宫中積珍寶，狗馬實外廄，美人充下陳，君家所寡有者以義耳。竊以爲君市義。"孟嘗君曰："市義奈何？"曰："今君有區區之薛，不拊愛子其民，因而賈利之。臣竊矯君命，以責賜諸民，因燒其券，民稱萬歲，乃臣所以爲君市義也。"孟嘗君不说，曰："諾。先生休矣！"

3. 彼秦者，弃礼义而上首功之国也，权使其士，虏使其民。

4. 文王闻之，喟然而叹，故拘之于牖里之库百日，而欲令之死。

五、辨析下列各组词（武汉大学 2023）

1. 完，备
2. 一，壹

六、简答题

1. 文中鲁仲连的"义"体现在哪些方面？请简要概括。
2. 谈谈下面几个汉字在六书上的形体结构特点。（南京大学 2020）

(1) 行 (2) 徒 (3) 役 (4) 街
(5) 衍 (6) 徕 (7) 微

3. 什么是异体字？异体字形体上的分歧有哪几种情况？（要求举例说明）（中南大学 2020）

七、指出下列汉字的结构属于六书中的哪一类（武汉大学 2023）

1. 来   2. 刃   3. 令   4. 解
5. 诗   6. 约   7. 责   8. 都
9. 三   10. 山   11. 泉   12. 甘
13. 自   14. 弄   15. 把   16. 朱
17. 祭   18. 祝   19. 杲   20. 第

单元习题参考答案

一、选择题

1. C【解析】谢：形声字。从言，射声。本义：辞去，拒绝。
2. A【解析】约：形声字。从糸(mì)，勺声。糸是细丝，有缠束作用。本义：绳索。
3. A【解析】引：会意字。从弓，从丨，丨表示箭。箭在弦上，即将射发。本义：拉开弓。
4. C【解析】侈：形声字。从人，多声。本义：自高自大，盛气凌人。《说文解字》："侈，掩胁也。"段注："掩者，掩盖其上；胁者，胁制其旁。凡自多以陵人曰侈。此侈之本义也。"
5. A【解析】息：会意兼形声字。从心，从自，自亦声。自，鼻子。古人认为气是从心里通过鼻子呼吸的。本义：喘息，呼吸。
6. C【解析】崩：山塌下来。特指天子之死，如"山陵崩"。

二、翻译粗体字

1. (1) 揭：高举。(2) 过：拜访。(3) 客：名词的意动用法，把……当作门客。
2. (1) 羞：形容词的意动用法，认为……是羞耻的。(2) 责：同"债"，表示债务。
3. (1) 子：名词的意动用法，把……当作子女。(2) 贾：名词活用作状语，按照商贾之道。(3) 利：名词活用作动词，向……牟利。
4. 虚：形容词的使动用法，使……空虚。
5. (1) 赍：拿东西送人。(2) 服：佩戴。
6. (1) 发：启封。(2) 岁：年成，收成。
7. (1) 食(sì)：名词活用作动词，拿食物给人吃。(2) 衣(yì)：名词活用作动词，给人衣服穿。
8. (1) 息：繁育。(2) 业：名词活用作动词，使……成就功业。
9. (1) 鳏：老而无妻。(2) 独：老而无子。
10. (1) 王(wàng)：名词活用作动词，统治。(2) 子：名词的意动用法，以……为子，意谓为民父母。
11. (1) 果诚："果"与"诚"是同义词，都是真正的意思。(2) 莫：否定性无定代词，相当于现在的"没有谁"或"没有人"。
12. (1) 长：名词活用作动词，作……首领。(2) 信：言语真实。"不信"指说谎。
13. (1) 地方：见方，即纵横之长。(2) 专：专一，单独。
14. (1) 捭：躲藏。(2) 骑：骑士。(3) 徵：召，征召。

15. (1) 饧：糖浆。(2) 胶：粘住。
16. (1) 剡：锋利的。(2) 缴：系在箭上的丝绳。
17. (1) 从：跟从。(2) 粟：粮食，谷物。(3) 府：仓库，国库。
18. (1) 揖：应为"胥"，通"须"，等待。(2) 趋：小步快走。(3) 谢：道歉。
19. (1) 曾：副词，实在，确实。(2) 恕：宽恕，原谅。(3) 郄：同"隙"，空隙，引申为毛病。
20. 贤：胜过，超过。
21. 祝：向神祈祷。

三、说明下列字的用法

1. 为：(1) 介词，替。(2) 动词，帮助。
2. 乃：(1) 副词，就是。(2) 副词，却，竟然。
3. 因：(1) 连词，于是。(2) 介词，趁。
4. 悖：(1) 动词，悖逆，反叛。(2) 形容词，惑乱，糊涂。
5. 其：(1) 代词，这件事情的。(2) 代词，其中的。
6. 尊：(1) 形容词的使动用法，使……尊贵。(2) 名词，尊贵的地位。(3) 动词，尊奉，拥戴。
7. 使：(1) 名词，使臣。(2) 动词，使得，让。(3) 动词，使用，使唤。

四、翻译文段

1. 齐王还封好书信向孟尝君道歉说："我是糊涂的，遭受了祖宗降下的灾祸，又被那些逢迎讨好的臣下所迷惑，得罪了您。我是不值得您帮助的；希望您能顾念先王的宗庙，暂且回来统率万民吧！"

2. 孟尝君感到很奇怪，问："这是谁呀？"侍从们回答说："就是唱那'长铗归来'的人。"孟尝君笑道："这位客人果真有才能！我亏待了他，还没见过面呢。"他立即派人请冯谖来相见，当面赔礼道歉说："我被琐事搞得精疲力竭，被忧虑搅得心烦意乱，加之我懦弱无能，沉溺于国家大事之中，以致怠慢了您。您却并不见怪，竟愿意为我前往薛地去收债吗？"冯谖回答道："我愿意去。"于是套好车马，整治行装，带上契约票据动身了。辞行的时候冯谖问："债收完了，买什么东西回来？"孟尝君说："您就看我家里缺什么吧。"

冯谖赶着车到了薛地，派官吏把该还债务的百姓找来核验契据。核验完毕后，他站起来，假托孟尝君的命令把所有的债款赏赐给欠债人，并当场把债券烧掉。百姓都高呼"万岁"。冯谖赶着车，马不停蹄，直奔齐都，清晨就求见孟尝君。孟尝君对冯谖回得如此迅速感到很奇怪，立即穿好衣、戴好帽去见他，问："债都收完了吗？怎么回得这么快？"冯谖说："都收了。""买什么回来了？"孟尝君问。冯谖回答道："您曾说'看我家缺什么'，我私下考虑您宫中积满珍珠宝贝,外面马房多的是猎狗、骏马,后庭多的是美女。您家里所缺的只不过是'仁义'罢了!所以我用债款为您买了'仁义'。"孟尝君道:"买仁义是怎么回事?"冯谖道:"现在您不过有块小小的薛地,如果不抚爱百姓,视民如子,而用商贾之道向人民图利,这怎么行呢?因此我擅自假造您的命令,把债款赏赐给百姓,顺便烧掉了契据,以至百姓欢呼'万岁',这就是我用来为您买义的方式啊。"孟尝君听后很不快地说:"嗯,先生还是算了吧!"

3. 那秦国,是个抛弃了仁义礼制而崇尚杀敌斩首之功的国家,它靠着权诈来驾驭各级官僚士人,像使唤奴隶一样使唤它的黎民百姓。

4. 文王听说后,长声叹息,纣王就因此把文王囚禁在牖里的牢房里一百天,想置他于死地。

五、辨析下列各组词

1. 完,备。二者都含"全"的意思,但侧重点不同。"备"着重数量上的齐全,有"什么都有"的意思,所以"求全责备"不能改为"求全责完"。"完"着重完整性,所以"完卵""完裙"不能改为"备卵""备裙"。

2. 一,壹。"一"的意义比"壹"广得多。"壹"一般只用于"专一"的意义。可用"壹"的地方一般可用"一",如《荀子·劝学》:"用心一也。"但该用"一"的地方一般不用"壹"。

六、简答题

1. (1) 为正义而救赵;(2) 宁死不做秦民(宁可蹈东海而死);(3) 不受封,不取利(不受利益)。

2. (1) 行:象形字。甲骨文为"𧘇",本义是道路。
(2) 徒:形声字。从辵(chuò),土声。本义是步行。
(3) 役:会意字。从人,从殳(shū)。本义是服兵役,戍守边疆。
(4) 街:形声字。从行,圭声。本义是四路相通的大道。
(5) 衍:会意字。从水,从行。本义是水流入海。
(6) 徕:形声字。从彳(chì),来声。本义是到来,与"往"相对。
(7) 微:形声字。从彳(chì),攴(pū)省声。本义是隐蔽,隐匿,后引申为微小。

3. (1) 异体字在《说文解字》中被称为"重文",是指读音、意义相同,但字形不同的汉字。
(2) 异体字在形体上的分歧:
①会意字与形声字之差,如"泪"与"淚"。
②改换意义相近的意符,如"嘆"与"歎"。
③改换声音相近的声符,如"綫"与"線"。
④有的变换声符和意符的位置,如"和"与"咊";有的改变声符或意符的写法,如"花"与"芲"。

七、指出下列汉字的结构属于六书中的哪一类

1. 象形字。【解析】"来"的甲骨文字形为🌾，象麦子形。本义：麦。

2. 指事字。【解析】"刃"的小篆字形为刃，在刀上加一点，表示刀锋所在。本义：刀口，刀锋。

3. 会意字。【解析】"令"的甲骨文字形为👤，上面是集聚的"集"，下面是"人"，象跪在那里听命。"令"从集，从人，表示集聚众人，发布命令。本义：发布命令。

4. 会意字。【解析】"解"从刀，从牛，从角，表示用刀把牛角剖开。本义：分解牛，后泛指剖开。

5. 形声字。【解析】"诗"从言，寺声。本义：诗歌。

6. 形声字。【解析】"约"从糸（mì），勺声。糸是细丝，有缠束作用。本义：绳索。

7. 形声字。【解析】"责"的小篆字形为責，从贝，朿（cì）声。本义：债款，债务。从"贝"的字一般都跟金钱有关，如"账、贿、赂、赎"等。

8. 形声字。【解析】"都"从邑，者声。从"邑"表示与城市有关。本义：建有宗庙的城邑。

9. 指事字。【解析】"三"为二加一的和。本义：数目。

10. 象形字。【解析】"山"的甲骨文和金文字形为⛰，象山峰并立之形。"山"是汉字的部首之一。本义：地面上由土石构成的隆起部分。

11. 象形字。【解析】"泉"的甲骨文字形为泉，象水从山崖泉穴中流出之形。本义：泉水。

12. 会意兼指事字。【解析】"甘"的小篆字形为甘，从口，中间的一横象口中含的食物形，能含在口中的食物往往是甜的、美的。"甘"是汉字部首之一，从"甘"的字往往与"甜""美味"有关。本义：味美。

13. 象形字。【解析】"自"的甲骨文字形为自，象鼻形。"自"是汉字的部首之一。本义：鼻子。

14. 会意字。【解析】"弄"的甲骨文字形为弄，上为"玉"，下为"廾"（即廾，gǒng），指双手玩赏玉器。本义：用手把玩，玩弄。

15. 形声字。【解析】"把"从手，巴声。本义：握持，执。

16. 指事字。【解析】"朱"的金文字形为朱，从木，一在其中指出这种木是红心的。本义：赤心木。

17. 会意字。【解析】"祭"的金文字形为祭，左边是牲肉，左边是"又"（手），中间象祭桌形，表示以手持肉祭祀神灵。古人杀牲，除自己吃外，常把牲肉放在祭台上。"祭"字就是有酒肉的祭祀，即牲祭。本义：祭祀。

18. 会意字。【解析】"祝"的甲骨文字形为祝，象一个人跪在神前拜神、开口祈祷。从示，从儿口。"儿"是古文"人"字。本义：男巫，祭祀时主持祝告的人，即庙祝。

19. 会意兼形声字。【解析】"粜"从出，从糶（tiào），糶亦声。糶：谷。本义：卖出谷物。

20. 形声字。【解析】"第"从竹，弟声，本写作"弟"。本义：次第，次序。

第三单元

《论语》

一、基本概况

《论语》是中国古代儒家经典之一，传统上认为由孔子的弟子及再传弟子编写而成，主要记录了孔子及其弟子的言行，集中体现了孔子的政治主张、伦理思想、道德观念及教育原则等。

"论"是"论纂"的意思，"语"是"话语、经典语句"的意思，"论语"即把孔子的言行记录下来，汇编成书。其成书于战国前期，但具体年代已不可考。

二、主要特点

语录体：《论语》采用语录体的形式，每一条语录都是独立的，没有连贯的故事情节，但各条语录之间又有着内在的逻辑联系。

言简意赅：《论语》的语言简练而深刻，往往用寥寥数语就能表达出深刻的道理。

注重实践：《论语》强调实践的重要性，认为只有通过实践才能真正理解并应用孔子的思想。

三、主要思想

仁：孔子思想的核心，强调人与人之间的亲爱关系，主张以仁爱之心待人接物。

礼：孔子认为礼是维护社会秩序和人际关系的重要工具，主张恢复周礼，以礼治国。

中庸：强调适度、平衡和和谐，认为过犹不及，主张在处理问题时保持中立和客观。

教育：孔子重视教育，认为教育是培养人的品德和才能的重要途径，主张因材施教、循循善诱。

四、价值与影响

历史价值：《论语》是研究孔子及其学派思想的重要资料，对了解中国古代社会和文化具有重要意义。

文化价值：《论语》中的思想和观念对中国传统文化产生了深远的影响，成为中国古代文化的基石之一。

现实价值：《论语》中的许多思想和观念在当今社会仍然具有现实意义，如仁爱、诚信、尊重他人等，对指导人们的言行举止和道德修养具有积极作用。

《礼记》

一、基本概况

《礼记》据传为孔子的七十二弟子及其学生们所作,由西汉礼学家戴圣编纂。戴圣,字次君,生卒年不详,祖籍梁国甾县(今河南省商丘市民权县东北),生于梁国睢阳县(今河南省商丘市睢阳区),是西汉时期官员、学者、礼学家、汉代今文经学的开创者。后世称其为"小戴"。《汉书》记载其成书于汉建初七年(80年)。

《礼记》共包含四十九篇文章,但考虑到《曲礼》《檀弓》《杂记》均分为上下两篇,所以实际上《礼记》可视为由四十六篇独立文章构成。另有戴德选编的八十五篇本叫《大戴礼记》,到唐代只剩下了三十九篇。

二、内容概述

《礼记》详尽记录了周王朝及秦汉之前的政治典制、各类名物制度,涵盖了冠礼、婚礼、丧礼、祭礼、宴饮、交际、朝拜、聘问等诸多礼仪。同时,它还深入而详尽地探讨了儒家的社会政治理念、天道与人伦的观念、心性修养的方法和准则等,充分展现了儒家思想的核心精髓及价值观。

《礼记》阐述的思想包括社会、政治、伦理、哲学、宗教等各个方面,其中《大学》《中庸》《礼运》等篇有较丰富的汉族哲学思想。

學而、爲政、里仁、公冶長、雍也、述而、泰伯、子罕、鄉黨

一、课文通译

學而

爲政

1. 子曰："温 故 而 知 新，可 以 爲 師 矣。"
孔子说："温习学过的知识，可以从中获得新的理解与体会，凭借这一点就可以去做老师了。"

2. 子曰："學 而 不 思 則 罔①，
孔子说："只是学习却不思考就会感到迷茫而无所适从，
思 而 不 學 則 殆②。"
只是思考却不学习就会心中充满疑惑而无定见。"

① 罔：形声字，从网，亡声。其本义是渔猎用的网。通"惘"，迷惑，意思是感到迷茫而无所适从。张衡《东京赋》："罔然若醒，朝罢夕倦。"
② 殆：疑惑。

3. 子曰："由①，誨② 女③ 知 之④ 乎⑤！知之爲知之，不 知 爲 不 知，
孔子说："仲由啊，让为师教导你对待知与不知的态度吧！知道就是知道，不知道就是不知道，
是 知⑥ 也。"
这才是智慧呀。"

① 由：仲由（公元前542—前480年），字子路，春秋时期鲁国卞（今山东泗水县泉林镇卞桥村）人，是孔子的得意门生，以政事见称。
② 誨：形声字，从言，每声。其本义是教导、教，传授。《说文解字》："誨，说教也。"
③ 女：古今字，同"汝"，你。
④ 之：代孔子教的东西。
⑤ 乎：语音助词。（"誨女知之乎"或译为"我教授给你的，你明白了吗？"）
⑥ 知：通假字，通"智"，聪明，智慧，是"智"的本字。

4. 子曰："人而①無信②，不知其可也。大車③無輗④，
孔子说："一个人如果不讲信誉，真不知他怎么办。就像牛车的横木两头没有活键，
小車⑤無軏⑥，其何以行之哉？"
马车的横木两头少了关扣一样，怎么能行驶呢？"

① 而：如果。
② 信：信誉。
③ 大车：牛车。
④ 輗：连接牛车辕前端与横木的关键。
⑤ 小车：马车。
⑥ 軏：连接马车辕前端与横木的关键。

里仁

公冶長

1. 宰予晝寢，子曰："朽木不可雕也，糞土之牆，不可杇①也。
宰予白天睡觉，孔子说："腐朽的木头不能雕刻，粪土一样的墙壁，不能粉刷。
於予與②何誅③！"子曰："始吾於人也，聽其言而信其行；
对于宰予这样的人，不值得责备呀！"孔子又说："以前，我对待别人，听了他的话便相信他的行为；
今吾於人也，聽其言而觀其行。於予與改是。"
现在，我对待别人，听了他的话还要观察他的行为。我是因宰予的表现而改变了对人的态度。"

① 杇：同"圬"，涂饰，粉刷。
② 与：语气词。
③ 诛：责备，批评。

2. 子貢問曰："孔文子①何以謂之文也？"子曰："敏②而好學，
子贡问："为什么给孔文子一个文的谥号呢？"孔子说："他为人聪敏且爱好学习，
不恥下③問，是以謂之文也。"
不以向比他地位卑下的人请教为耻，所以给他起谥号为文。"

① 孔文子：春秋时期卫国大夫孔圉（yǔ），辅佐卫灵公。"文"是他的谥号，"子"是对他的尊称。
② 敏：形声字，从攴（pū），每声。甲骨文字形为𡝠，象用手整理头发形。其本义是动作快，敏捷，后引申为聪敏，勤勉，在此句中使用其引申义。
③ 下：地位比自己卑下的人。

3. 季文子①三思而後行，子聞之曰："再，斯②可矣。"
季文子每做一件事都要考虑多次，孔子听到了说："考虑两次也就行了。"

① 季文子：季孙行父，鲁成公、鲁襄公时任正卿，"文"是他的谥号。
② 斯：就。

4. 顔淵季路侍①。子曰："盍②各言爾志。"子路曰：
顔渊、子路两人侍立在孔子身边。孔子说："你们何不各自说说自己的志向？"子路说：
"願車馬衣輕裘，與朋友共，敝之而無憾。"顔淵曰：
"我愿意拿出自己的车马、衣服、皮袍，同我的朋友共同使用，用坏了也不抱怨。"颜渊说：
"願無伐③善，無施勞④。"子路曰："願聞子之志。"子曰：
"我愿意不夸耀自己的长处，不表白自己的功劳。"子路向孔子说："我愿意听听您的志向。"孔子说：
"老者安之，朋友信之，少者懷之⑤。"
"（我的志向是）让年老的安心，让朋友们信任我，让年轻的子弟们得到关怀。"

① 侍：服侍，站在旁边陪着尊贵者叫"侍"。《孝经》："曾子侍。"郑注："卑在尊者之侧为侍也。"
② 盍："何不"的合音字。《玉篇》："盍，何不也。"《左传·桓公十一年》："盍请济师于王？"
③ 伐：夸耀。《史记·淮阴侯列传》："不伐己功，不矜己能。"
④ 施勞：表白自己的功劳。施：表白。劳：功劳。
⑤ 少者懷之：让年少者得到关怀。

雍也、述而、泰伯、子罕、鄉黨

二、字词梳理

（一）古今与通假

1. 不亦说乎：同"悦"，喜悦，高兴。古今字。
2. 食无求饱，居无求安：通"毋"，不要。通假字。
3. 可谓好学也已：通"矣"，句尾语气词。通假字。
4. 学而不思则罔：通"惘"，昏而无得。通假字。
5. 诲女知之乎：同"汝"，第二人称代词。古今字。
6. 粪土之墙不可杇也：同"圬"，涂墙，粉刷。异体字。
7. 今也则亡：通"无"，没有。通假字。
8. 德之不脩：通"修"，学问品行方面的学习、锻炼。通假字。
9. 岁寒，然后知松柏之后彫也：通"凋"，凋谢，凋零。通假字。

（二）词义详解

1．【省】（二 P580 常用词 405）

（1）读 xǐng。视察，查看。《史记·秦始皇本纪》："皇帝春游，览省远方。"

引申为看望父母、尊长。魏禧《大铁椎传》："北平陈子灿省兄河南，与遇宋将军家。"

引申为检查，反省。《论语·学而》："吾日三省吾身。"《荀子·劝学》："君子博学而日参省乎己。"

（2）读 shěng。减少。《韩非子·用人》："循天则用力寡而功立，顺人则刑罚省而令行。"

（3）读 shěng。天子所居之地，宫禁。后来用称中央一级的官署。如"三省六部制"的"三省"，即尚书省、中书省和门下省。

2．【就】（一 P139 常用词 76）

（1）走近，靠近，接近，亲近，趋向，走向，走上。《战国策·冯谖客孟尝君》："孟尝君就国于薛。未至百里。"《战国策·鲁仲连义不帝秦》："曷为与人俱称帝王，卒就脯醢之地也？"《论语·学而》："就有道而正焉。"《孟子·齐桓晋文之事》："若无罪而就死地。"

（2）成功，达到目的。《战国策·冯谖客孟尝君》："三窟已就，君姑高枕为乐矣。"

3．【殆】（二 P589 常用词 423）

（1）危险。《论语·微子》："今之从政者殆而。"《庄子·百川灌河》："吾非至于子之门，则殆矣。"《孙子兵法·谋攻》："知己知彼，百战不殆。"《诗经·节南山》："式夷式已，无小人殆。"

（2）副词，表示推测或不肯定，大概，恐怕，也许。《石钟山记》："郦元之所见闻，殆与余同。"《孟子·齐桓晋文之事》："殆有甚焉。"《诗经·七月》："女心伤悲，殆及公子同归。"

（3）疑惑。《论语·为政》："思而不学则殆。"

4．【而】（二 P602 常用词 450）

（1）连词，连接两种性质或两种行为。《论语·为政》："温故而知新。"《战国策·触詟说赵太后》："位尊而无功，奉厚而无劳。"

（2）连词，表示结果或目的。《荀子·劝学》："是故质的张而弓矢至焉。"

（3）连词，表示假设。《论语·为政》："人而无信，不知其可也。"

（4）连词，连接状语和动词。《荀子·劝学》："吾尝终日而思矣。"

（5）代词，你，你的。《史记·项羽本纪》："必欲烹而翁。"

（6）语气词。《论语·微子》："已而！已而！今之从政者殆而！"

5．【喻】（一 P324 常用词 210）

（1）晓得，了解。《论语·里仁》："君子喻于义，小人喻于利。"《孟子·舜发于畎亩之中》："征于色，发于声，而后喻。"《兰亭集序》："未尝不临文嗟悼，不能喻之于怀。"

（2）天子告臣民，上告下，也写作"谕"。《史记·司马相如列传》："因谕告巴蜀民以非上意。"

（3）比喻。《孟子·寡人之于国也》："王好战，请以战喻。"

6.【尔】(二 P604 常用词 452)

(1) 代词，你，你的。《左传·齐桓公伐楚》："尔贡包茅不入，王祭不共。"《左传·蹇叔哭师》："必死是间，余收尔骨焉。"《论语·公冶长》："盍各言尔志。"

(2) 指示代词，这，这样。《出师表》："受任于败军之际，奉命于危难之间，尔来二十有一年矣。"

(3) 形容词性或副词性词尾。柳宗元《小石潭记》："俶尔远逝，往来翕忽。"

(4) 语气词，通"耳"。《战国策·唐雎不辱使命》："布衣之怒，亦免冠徒跣，以头抢地尔。"《卖油翁》："无他，但手熟尔。"

7.【伐】(二 P511 常用词 335)

(1) 砍伐。《诗经·伐檀》："坎坎伐檀兮，寘之河之干兮。"

(2) 进攻，征伐。《左传·郑伯克段于鄢》："段入于鄢。公伐诸鄢。"《左传·齐桓公伐楚》："蔡溃，遂伐楚。"《左传·宫之奇谏假道》："晋侯复假道于虞以伐虢。"《左传·曹刿论战》："十年春，齐师伐我。"

(3) 夸耀。《论语·公冶长》："愿无伐善，无施劳。"

> **知识链接："征""伐"的辨析**
>
> "征"是褒义词，用于天子或上对下，或有道的进攻无道的。
>
> "伐"是中性词，用于诸侯国之间，不限于上对下，也不限于有道对无道。但至少有个理由，且进军的时候肯定有钟鼓。

8.【识】(一 P214 常用词 124)

(1) 知道，认识，能辨别。《左传·齐晋鞌之战》："自始合，苟有险，余必下推车。子岂识之？"

(2) 读 zhì。记住。《论语·述而》："默而识之。"《礼记·苛政猛于虎》："小子识之，苛政猛于虎也。"

> **知识链接："知""识""记"的辨析**
>
> "知"是一般的知道。"识"是比较深刻的认识。
>
> "识"为记住，"记"为记得，"记"是"识"的结果。

9.【讲】(一 P222 常用词 145)

(1) 讲和，和解。《史记·甘茂列传》："樗里子与魏讲，罢兵。"

(2) 谋划。《左传·襄公五年》："讲事不令。"

又为商讨，研究。《论语·述而》："德之不修，学之不讲。"

引申为讲究，重视。《礼记·大同》："讲信脩睦。"

10.【饭】(二 P593 常用词 431)

(1) 动词,吃(饭)。《论语·述而》:"饭疏食,饮水。"

把米放在死人口中。《战国策·鲁仲连义不帝秦》:"生则不得事养,死则不得饭含。"

(2) 名词,米饭,食物。

11.【夺】(三 P795 常用词 498)

夺取。《战国策·鲁仲连义不帝秦》:"彼将夺其所谓不肖而予其所谓贤,夺其所憎而与其所爱。"《战国策·鲁仲连义不帝秦》:"适会魏公子无忌夺晋鄙军以救赵击秦。"《史记·陈涉世家》:"广起,夺而杀尉。"

常用于一种抽象的意义,表示强迫的行为。《孟子·齐桓晋文之事》:"百亩之田,勿夺其时。"

(三)虚词多义

焉:代词兼语气词,意思同"于是"。《论语·里仁》:"见贤思齐焉。"《论语·述而》:"三人行,必有我师焉。"

三、语法修辞

(一)词类活用

1. 学而**时**习之:名词活用作状语,在合适的时机。
2. 吾**日**三省吾身:名词活用作状语,每天。
3. **传**不习乎:动词活用作名词,老师传授的知识。
4. 不**耻**下问:名词的意动用法,以……为耻。
5. 一瓢**饮**:动词活用作名词,水。《左传·齐晋鞌之战》:"丑父使公下,如华泉取饮。"
6. **中道**而废:名词活用作状语,半路上。
7. **曲**肱而**枕**之:"曲",使动用法,使……弯曲。"枕",名词活用作动词,把……当作枕头。

(二)特殊结构

1. 吾道一以贯之:"一"作介词"以"的宾语,前置。
2. 于予与何诛:疑问代词"何"作动词"诛"的宾语,前置。
3. 何以谓之文/是以谓之文:疑问代词"何"与"是"作宾语,前置。"谓之文"是结构最简单的双宾句。
4. 何有于我哉:疑问代词"何"作宾语,前置。
5. 德之不修,学之不讲:"之"皆为取独用法。
6. 仁以为己任:"仁"作介词"以"的宾语,前置。介词"以"的宾语可以无条件提前。

先進、顏淵、子路、憲問

一、课文通译

先進

1. 子貢問："師 與 商 也 孰 賢？"子 曰："師 也 過，
   子贡问："颛孙师（即子张）与卜商（即子夏）谁更优秀？"孔子说："颛孙师有些过分，
   商 也 不 及。"曰："然 則 師 愈 與？"子 曰："過 猶 不 及。"
   卜商有些赶不上。"子贡说："这么说颛孙师更强一些吗？"孔子说："过分与赶不上同样不好。"

2. 季 氏 富 於 周 公①，而 求 也 爲 之 聚 斂② 而 附 益 之。子 曰：
   季氏比周天子左右的卿士还富有，可是冉求还为他搜刮钱财，增加他的财富。孔子说：
   "非 吾 徒 也！小 子 鳴 鼓 而 攻 之 可 也！"
   "冉求不是我的学生！你们可以大张旗鼓地去攻击他！"

   ① 周公：泛指周天子左右的卿士。一说周公旦。　② 聚斂：积聚和收集钱财，即搜刮钱财。

3. 子路問："聞 斯 行 諸？"子 曰："有 父 兄 在，如 之 何 其 聞 斯 行 之！"
   子路问："一听到义就行动吗？"孔子说："父亲和兄长都在，怎么能听到就行动呢！"
   冉有問："聞 斯 行 諸？"子 曰："聞 斯 行 之。"公西華曰："由也問'聞 斯 行 諸'，
   冉有问："一听到义就行动吗？"孔子说："一听到就行动。"公西华说："仲由问'一听到义就行动吗'，
   子曰'有 父 兄 在'；求也問'聞 斯 行 諸'，子曰'聞 斯 行 之'。赤 也 惑，
   您说'父亲和兄长都在'；冉求问'一听到义就行动吗'，您说'一听到就行动'。我有些糊涂了，
   敢 問。"子 曰："求 也 退①，故 進 之；由 也 兼 人②，故 退 之。"
   想斗胆问问老师。"孔子说："冉求平日做事退缩，所以我激励他；仲由喜欢胜过别人，所以我要压压他。"

   ① 求也退：冉有性格懦弱，遇事退缩不前。　② 由也兼人：子路喜欢胜过别人。

4. 子路、曾皙①、冉有、公 西 華 侍 坐。子 曰："以② 吾一日長乎爾③，
   子路、曾皙、冉有、公西华四人陪同孔子坐着。孔子说："我比你们年龄都大，
   毋 吾 以 也。居④ 則 曰：'不 吾 知 也。'如 或 知 爾，
   你们不要因为我在这里就不敢尽情说话。你们平时总说：'没有人了解自己的才能。'如果有人了解你们，
   則 何 以 哉？"
   那么你们会怎么办呢？"

① 曾皙：名点，字子皙，曾参的父亲，孔子的学生。
② 以：因为。
③ 尔：你们。
④ 居：平日，平素家居。

子路率爾①而對曰："千乘之國，攝②乎大國之間，加之以師旅，
子路轻率而急切地回答说："如果有一个千乘之国，夹在几个大国之间，外面有军队侵犯它，
因③之以饑饉jǐn④。由也爲之，比及⑤三年，可使有勇，且知方也。"
国内又连年灾荒。我去治理它，等到三年之后，就可以使那里人人有勇气，个个懂道义。"
夫子哂shěn⑥之。
孔子听后微微一笑。

① 率尔：轻率、急切的样子。
② 摄：迫近。
③ 因：仍，继。
④ 饥馑：饥荒。《说文解字》："谷不熟为饥，蔬不熟曰馑。"
⑤ 比及：等到。
⑥ 哂：讥讽的微笑。

"求，爾何如？"對曰："方六七十，如①五六十，求也爲之，
孔子又问："冉求，你会怎么样？"冉求回答说："方圆六七十里或五六十里的小国家，我去治理它，
比及三年，可使足民。如其禮樂，以俟君子。"
等到三年之后，可以使人民富足。至于礼乐方面，只有等待君子来施行了。"

① 如：或者。

"赤，爾何如？"對曰："非曰能之，願學焉。
孔子又问："公西赤，你会怎么样？"公西赤回答说："不敢说我有能力，只是愿意学习罢了。
宗廟之事，如會同，端①章甫②，願爲小相③xiàng焉。"
在宗庙行祭祀之事，或者各国会盟和朝见天子时，我愿意穿着礼服，戴着礼帽，做一个小傧相。"

① 端：玄端，古代礼服的名称。《周礼·司服》："其齐服，有玄端素端。"
② 章甫：古代礼帽的名称。
③ 相：傧相，祭祀和会盟时主持赞礼和司仪的官。相有卿、大夫、士三级，小相是最低的士一级。

"點，爾何如？"鼓瑟希①，鏗爾，舍瑟而作②，
孔子接着问："曾点，你会怎么样？"曾皙弹瑟的节奏逐渐稀疏，"铿"的一声放下瑟站起来，
對曰："異乎③三子者之撰④。"子曰："何傷乎？亦各言其志也！"
回答道："我和他们三位所说的不一样。"孔子说："那有什么妨碍呢？也不过是各人谈谈志愿罢了！"
曰："莫mù春⑤者，春服既成，冠者五六人，童子六七人，
曾皙说："三月的时候，春天的衣服都穿在身上了，我和五六位成年人，还有六七位少年一起，
浴乎沂yí⑥，風⑦乎舞雩yú⑧，詠而歸。"夫子喟kuì然⑨歎曰："吾與⑩點也。"
在沂水岸边洗澡，在舞雩台上吹风纳凉，唱着歌儿走回来。"孔子长叹一声说："我赞成曾点的主张。"

① 希：弹瑟的速度放慢，节奏逐渐稀疏。
② 作：站起来。
③ 异乎：不同于。
④ 撰：具，述。从手，巽（xùn）声，本义是写作，纂集成整体。《送东阳马生序》："撰长书以为贽。"
⑤ 莫春：夏历三月。莫：同"暮"。
⑥ 沂：水名，发源于山东南部，流经江苏北部入海。
⑦ 风：迎风纳凉。
⑧ 舞雩：古时祭天求雨的地方，在今山东省曲阜市。
⑨ 喟然：长叹的样子。
⑩ 与：赞成，同意。

三子者出，曾皙后。曾皙曰："夫三子者之言何如？"
子路、冉有、公西华三个人都出来了，曾皙后走。曾皙问孔子："他们三人的话怎么样？"

子曰："亦各言其志也已矣！"曰："夫子何哂由也？"曰："爲國以禮，
孔子说："也不过是各人谈谈自己的志愿罢了！"曾皙说："您为什么笑仲由呢？"孔子说："治理国家应该注意礼仪，

其言不讓，是故哂之。唯① 求則非邦也與？
他的话一点也不谦逊，所以笑他。难道冉求所讲的不是有关治理国家的事吗？

安見方六七十如五六十而非邦也者？唯赤則非邦也與？
怎么见得方圆六七十里或五六十里的地方就算不上一个国家呢？难道公西赤讲的就不是有关治理国家的事吗？

宗廟會同，非諸侯而何？赤也爲之② 小，
宗庙祭祀、国家之间的会盟、共同朝见周天子，不是国家的事情是什么？公西华只能做小傧相，

孰能爲之大？"
谁能做大傧相呢？"

① 唯：句首语气词，没有什么意义。
② 之：相当于"其"。

颜渊

1. 司馬牛問君子，子曰："君子不憂不懼。"曰："不憂不懼，
司马牛问怎样才算是君子，孔子说："君子不忧愁，不恐惧。"司马牛说："不忧愁，不恐惧，

斯謂之君子已乎？"子曰："内省不疚①，夫何憂何懼？"
这就叫君子了吗？"孔子说："内心反省而不内疚，那还有什么可忧虑和恐惧的呢？"

① 疚：内心痛苦，惭愧。

2. 司馬牛憂曰："人皆有兄弟，我獨亡。"子夏曰："商聞之矣，'死生有命，
司马牛忧愁地说："别人都有兄弟，唯独我没有。"子夏说："我听说过，'死生由命运决定，

富貴在天'。君子敬而無失，與人恭而有禮，四海之内皆兄弟也。
富贵在于上天的安排'。君子认真谨慎地做事，不出差错，对人恭敬而有礼貌，四海之内的人就都是兄弟。

君子何患乎無兄弟也？"
君子何必担忧没有兄弟呢？"

3. 子貢問政。子曰："足食，足兵①，民信之矣。"子貢曰：
子贡问怎样治理政事。孔子说："粮食充足，军备充足，民众信任朝廷。"子贡说：
"必不得已而去，於斯三者何先？"曰："去兵。"子貢曰：
"如果迫不得已要去掉一项，那么三项中先去掉哪一项呢？"孔子说："去掉军备。"子贡说：
"必不得已而去，於斯二者何先？"曰："去食。——
"如果迫不得已还要去掉一项，那么剩下的两项中先去掉哪一项呢？"孔子说："去掉粮食。——
自古皆有死，民無信不立。"
自古以来人都会死，但如果没有民众的信任，国家就立不住了。"

① 兵：武器，指军备。

4. 棘子成①曰："君子質②而已矣，何以文③爲？"子貢曰："惜乎！
棘子成说："君子有好本质就行了，要文采做什么呢？"子贡说："可惜呀！
夫子之説④君子也，駟(sì)不及舌⑤！文猶質也，質猶文也，
夫子您这样谈论君子，一言既出，驷马难追！文采如同本质，本质也如同文采，
虎豹之鞟(kuò)⑥，猶犬羊之鞟。"
假如去掉虎豹和犬羊的"有文采"的皮毛，那这两样皮革就没有多大的区别了。"

① 棘子成：卫国大夫。古代大夫被尊称为"夫子"，故子贡以此称之。
② 質：质地，指思想品德。
③ 文：文采，指礼节仪式。
④ 説：谈论。
⑤ 駟不及舌：话一出口，四匹马也追不回来，即"一言既出，驷马难追"。駟：古代同驾一辆车的四匹马，或套着四匹马的车。
⑥ 鞟：去毛的兽皮。

5. 哀公問於有若曰："年饑，用不足，如之何？"有若對曰：
鲁哀公问有若说："年成歉收，国家备用不足，怎么办呢？"有若回答说：
"盍徹乎①？"曰："二，吾猶不足，如之何其徹也？"對曰：
"何不实行十分抽一的税率呢？"哀公说："十分抽二，尚且不够用，怎么能实行十分抽一呢？"有若回答说：
"百姓足，君孰與②不足？百姓不足，君孰與足？"
"如果百姓的用度足了，国君的用度怎么会不足呢？如果百姓的用度不足，国君的用度又怎么会足呢？"

① 盍徹乎：何不实行十分抽一的税率呢？盍：何不。徹：西周时流行于诸侯国的一种田税制度。旧注曰："什一而税谓之彻。"
② 孰與：与谁，同谁。

6. 子曰："聽訟，吾猶人也。必也，使無訟乎！"
孔子说："审理诉讼案件，我同别人一样（没有什么高明之处）。必须使诉讼的案件不发生啊！"

7. 季康子患①盜②，問於孔子。孔子對曰："苟③子之不欲④，
季康子忧虑鲁国盗贼太多，向孔子请教此事。孔子回答说："如果你没有贪欲，

147

雖⑤賞之不竊⑥。"
即使奖赏他们，他们也不愿意偷窃。"

① 患：担忧，忧虑。
② 盗：盗贼。《说文解字》："盗，私利物也。"潘维城《论语古注集笺》："凡存私利物之心者，皆得谓之盗。"
③ 苟：如果。
④ 欲：贪欲。在上者有贪欲，务于钱财，则百姓从而效仿之，追逐金钱，贪欲肆行则盗窃乱贼横生。另，上有贪欲，势必厚敛于民，不堪之民为了自保也将被迫为盗。《孟子·滕文公上》："上有好者，下必有甚焉者。"
⑤ 雖：即使，纵使。
⑥ 不竊：在上者不贪，行正道，下民化之，且有羞耻心，不愿为盗。

子路

1. 子路曰："衞君待子而爲政，子將奚先？"子曰："必也，正名乎？"
子路说："卫国国君要您去治理国家，您打算先从哪些事情做起呢？"孔子说："必须要先正名分吧？"

子路曰："有是哉，子之迂也！奚其正？"子曰："野哉由也！
子路说："您真是太迂腐了，有这样做的吗！为什么要正名呢？"孔子说："仲由，真粗野啊！

君子於其所不知，蓋闕如①也。名不正，則言不順。
君子对于他所不知道的事情，总是采取存疑的态度。名分不正，说起话来就不顺当合理。

言不順，則事不成。事不成，則禮樂不興。禮樂不興，則刑罰不中②(zhòng)。
说话不顺当合理，事情就办不成。事情办不成，礼乐也就不能兴盛。礼乐不能兴盛，刑罚的执行就不会得当。

刑罰不中，則民無所措手足。故君子名之必可言也，言之必可行也。
刑罚不得当，百姓就不知怎么办好。所以君子对于名分必须要能够说得明白，说出来的话一定要能够行得通。

君子於其言，無所苟③而已矣。"
君子对于自己的言行，是从不马虎对待的。"

① 闕如：缺而不言，存疑。闕：通"缺"。
② 中：得当。
③ 苟：随便，马虎。《诗经·抑》："无易由言，无曰苟矣。"（不要随口把话吐，莫道"说话可马虎"。)

2. 子曰："其身正，不令而行；
孔子说："如果统治者自身行为端正，不用发布命令，事情就能推行得通；

其身不正，雖令不從。"
如果统治者本身行为不端正，就算发布了命令，百姓也不会听从。"

3. 子適①衞，冉有僕②。子曰："庶③矣哉！"冉有曰："既庶矣，
孔子到卫国去，冉有为他驾车。孔子说："人真多啊！"冉有说："人口已经如此多了，

又何加④焉？"曰："富之。"曰："既富矣，又何加焉？"
又该再做些什么呢？"孔子说："使他们富裕起来。"冉有说："已经富裕了，还该做些什么呢？"

曰："教 之。"

孔子说："教育他们。"

① 适：往，到……去。
② 仆：动词，驾驭车马；亦作名词，指驾车的人。
③ 庶：众，指人多。
④ 加：再，增加。

4. 子夏爲莒父(jǔ)①宰，問政。子曰："無欲速，無見小利。

子夏做了莒父的地方官，问怎样治理政事。孔子说："不要急于求成，不要贪图小利。

欲速則不達，見小利則大事不成。"

急于求成反而达不到目的，贪图小利则办不成大事。"

① 莒父：鲁国的一个城邑，在今山东省莒县。

5. 子貢問曰："鄉人皆好之，何如？"子曰："未可也。""鄉人皆惡之，

子贡问道："乡里人都喜欢他，这个人怎么样？"孔子说："还不行。"子贡接着问："乡里人都厌恶他，

何如？"子曰："未可也。不如鄉人之善者好之，其不善者惡之。"

这个人怎么样？"孔子说："还不行。最好是乡里的好人都喜欢他，乡里的坏人都厌恶他。"

憲問

1. 子曰："爲命①，裨諶(pí chén)②草創之，世叔③討論之，行人④子羽⑤修飾之，

孔子说："郑国制定外交文件，由裨谌起草，世叔提出意见，外交官子羽修改，

東里⑥子產潤色之。"

东里的子产做加工润色。"

① 命：外交辞令。
② 裨谌：郑国大夫。
③ 世叔：子太叔，名游吉，郑国大夫。子产死后，其继子产为郑国宰相。
④ 行人：官名，掌管朝觐聘问事务，即外交事务。
⑤ 子羽：公孙羽，郑国大夫。
⑥ 东里：子产所居之地，在今河南省郑州市。

2. 子路曰："桓公殺公子糾①，召忽死之，管仲不死。"曰："未仁乎？"

子路说："齐桓公杀了公子纠，召忽自杀以殉，但管仲没有死。"接着又说："管仲是不仁吧？"

子曰："桓公九合諸侯②，不以兵車，管仲之力也。如③其仁，如其仁！"

孔子说："齐桓公多次召集各诸侯国会盟，不凭借武力，都是管仲出的力。这就是他的仁德，这就是他的仁德！"

① 公子纠：齐桓公的哥哥。齐桓公曾与其争位，杀掉了他。
② 九合诸侯：齐桓公多次召集诸侯会盟。
③ 如：乃，就。

3. 子貢曰："管仲非仁者與? 桓公殺公子糾，不能死，又相之!"

子贡说："管仲不是仁人吧? 齐桓公杀了公子纠，他不能以死相殉，反而去辅佐齐桓公!"

子曰："管仲相桓公，霸諸侯，一匡天下，民到于今受其賜。微①管仲，

孔子说："管仲辅佐齐桓公，称霸诸侯，匡正天下的一切，人民到现在还受到他的好处。如果没有管仲，

吾其被髮左衽②矣! 豈若匹夫匹婦之爲諒③也，

我们大概都会披散着头发且衣襟左掩了! 难道他要像普通男女那样守着信用小节，

自經④於溝瀆⑤而莫之知也!"

在山沟中上吊自杀而没有人知道吗!"

① 微：如果没有，用于和既成事实相反的假设句的句首。
② 被发左衽：当时少数民族的打扮，这里指沦为夷狄。被：通"披"。衽：衣襟。
③ 谅：道义上的固执。形声字，从言，京声。其本义是诚实，信实。《论语·季氏》："友直友谅。"
④ 自经：自缢。
⑤ 渎：小沟。

4. 子曰："其言之不怍①，則爲之也難。"

孔子说："说话大言不惭，实行这些话就很难。"

① 怍：惭愧。

5. 子曰："君子道者三，我無能焉——仁者不憂，知者不惑，

孔子说："君子所循的道有三个方面，我都没能做到——仁德的人不忧愁，智慧的人不迷惑，

勇者不懼。"子貢曰："夫子自道也。"

勇敢的人不惧怕。"子贡说："老师是对自己的描述。"

6. 子曰："不患人之不己知，患其不能也。"

孔子说："不担心别人不知道自己，只担心自己没有能力。"

7. 子路宿於石門①，晨門②曰："奚自?"子路曰："自孔氏。"

子路在石门住了一宿，早上守城门的人说："从哪儿来?"子路说："从孔子家来。"

曰："是知其不可而爲之者與?"

门人说："就是那位知道做不成却还要做的人吗?"

① 石门：地名，鲁国都城的外门。
② 晨门：早上看守城门的人。

二、字词梳理

(一) 古今与通假

1. 鼓瑟希：同"稀"，稀少。古今字。
2. 舍瑟而作：同"捨"，舍弃，放下。古今字。
3. 莫春者：同"暮"，时间接近末尾。古今字。

4. 人皆有兄弟，我独亡：通"无"，没有。通假字。

5. 君子于其所不知，盖阙如也：通"缺"，缺少。通假字。

6. 吾其被发左衽矣：读 pī，通"披"，披着。通假字。

（二）词义详解

1.【愈】（三 P1068 常用词 693）

(1) 病好了。方苞《狱中杂记》："伤肤，兼旬愈。"

(2) 胜过。《论语·公冶长》："女与回也孰愈？"《论语·先进》："然则师愈与？"《礼记·有子之言似夫子》："死不如速朽之愈也。"

(3) 副词，更加，越发。《送东阳马生序》："或遇其叱咄，色愈恭，礼愈至。"

2.【犹】（三 P804 常用词 517）

(1) 同，如同。《论语·先进》："过犹不及。"

(2) 副词，尚且，还。《左传·郑伯克段于鄢》："蔓草犹不可除，况君之宠弟乎？"《左传·烛之武退秦师》："臣之壮也，犹不如人；今老矣，无能为也已。"《左传·晋灵公不君》："犹不改。宣子骤谏。"《论语·微子》："往者不可谏，来者犹可追。"

(3) [犹豫] 迟疑不决的样子。

3.【徒】（一 P339 常用词 250）

(1) 步行。《论语·先进》："不可徒行也。"

(2) 徒党。有时指手下的人。《左传·晋灵公不君》："既而与为公介，倒戟以御公徒，而免之。"有时指同一集团、学派、政治主张的人。《论语·先进》："非吾徒也。"《孟子·齐桓晋文之事》："仲尼之徒，无道桓文之事者。"

引申为门徒，徒弟。

(3) 形容词，空。《乐府诗集·长歌行》："少壮不努力，老大徒伤悲。"

引申为徒然，没有效果。《楚辞·山鬼》："风飒飒兮木萧萧，思公子兮徒离忧。"

(4) 副词，只，但，仅仅。《史记·廉颇蔺相如列传》："强秦之所以不敢加兵于赵者，徒以吾两人在也。"

4.【斯】（二 P511 常用词 334）

(1) 砍伐。《诗经·墓门》："墓门有棘，斧以斯之。"

(2) 代词，这，这个，这样。《兰亭集序》："后之览者，亦将有感于斯文。"《诗经·公刘》："弓矢斯张，干戈戚扬。"

(3) 连词，那么，这样……就……。《孟子·寡人之于国也》："王无罪岁，斯天下之民至焉。"《孟子·攘鸡》："斯速已矣，何待来年？"

(4) 副词，就，马上。《论语·先进》："闻斯行诸。"

5.【退】（一 P318 常用词 195）

(1) 向后走，后退，跟"进"相对。《周易·乾卦》："知进而不知退。"

引申为撤退。《左传·齐桓公伐楚》:"师退,次于召陵。"《左传·烛之武退秦师》:"国危矣!若使烛之武见秦君,师必退。"

又指从朝廷、老师、父亲处回来。《战国策·鲁仲连义不帝秦》:"天子已食,退而听朝也。"《左传·晋灵公不君》:"问其名居,不告而退。"《左传·子产不毁乡校》:"夫人朝夕退而游焉。"

引申为不在朝廷任职。《陈情表》:"臣之进退,实为狼狈。"

(2) 不与人竞争。《史记·外戚世家》:"由此为退让君子。"

引申为退缩。《论语·先进》:"求也退,故进之。"

6.【摄】

(1) 夹处,逼近。《论语·先进》:"千乘之国,摄乎大国之间。"

(2) 提起,撩起。《战国策·鲁仲连义不帝秦》:"纳笄键,摄衽抱几,视膳于堂下。"《庄子·胠箧》:"则必摄缄滕,固扃鐍。" →这里指勒紧。

(3) 执,持。《战国策·庄辛说楚襄王》:"不知夫公子王孙,左挟弹,右摄丸。"

(4) 代理。《左传·齐晋鞌之战》:"敢告不敏,摄官承乏。"

7.【方】(三 P933 常用词 593)

(1) 两船平行。《诗经·谷风》:"就其深矣,方之舟之。"

(2) 方,跟"圆"相对。《孟子·离娄上》:"不以规矩,不能成方员。" →通"圆"。

引申为正直。《史记·屈原列传》:"方正之不容也。"《论语·先进》:"可使有勇,且知方也。"

[方……里] 计算面积的术语。《战国策·江乙对荆宣王》:"今王之地方五千里,带甲百万。"

(3) 一边或一面。《战国策·江乙对荆宣王》:"吾闻北方之畏昭奚恤也。"

(4) 方式,方法。《三国志·诸葛亮传》:"以鲁肃为赞军校尉,助画方略。"

(5) 动词,当在(……的时候)。《战国策·鲁仲连义不帝秦》:"方今唯秦雄天下。"

开始。《诗经·公刘》:"弓矢斯张,干戈戚扬,爰方启行。"

副词,表示事情正在进行。《战国策·庄辛说楚襄王》:"不知夫五尺童子,方将调饴胶丝,加己乎四仞之上。"《楚辞·哀郢》:"民离散而相失兮,方仲春而东迁。"

8.【冠】(一 P337 常用词 245)

(1) 古代帽子的总称。《楚辞·渔父》:"新沐者必弹冠。"

又动词,戴帽子。《战国策·冯谖客孟尝君》:"孟尝君怪其疾也,衣冠而见之。"《孟子·许行》:"曰'奚冠?'曰:'冠素。'"

(2) 读 guàn。古代男子的一种成人礼。《论语·先进》:"冠者五六人。"

(3) 读 guàn。超出常人的,居第一位的。如"勇冠三军"。

9.【与】(三 P794 常用词 497)

(1) 给,跟"取"相对,又和"夺"相对。《左传·郑伯克段于鄢》:"若弗与,则请除之。"

(2) 协同,结交,亲附。《左传·烛之武退秦师》:"失其所与,不知;以乱易整,不武。"

（3）读 yù。参加，参与。《左传·蹇叔哭师》："蹇叔之子与师。"《左传·晋灵公不君》："既而与为公介，倒戟以御公徒。"《左传·楚归晋知罃》："二国有好，臣不与及，其谁敢德？"

（4）连词，和。《战国策·赵威后问齐使》："今不问王而先问岁与民。"

又介词，跟，同。《战国策·鲁仲连义不帝秦》："曷为与人俱称帝王。"《战国策·江乙对荆宣王》："虎以为然，故遂与之行。"

（5）读 yú。语气词，表疑问。《论语·宪问》："管仲非仁者与？"《孟子·齐桓晋文之事》："王之所大欲，可得闻与？"《论语·季氏》："虎兕出于柙，龟玉毁于椟中，是谁之过与？"

（6）通"举"，攻下。《战国策·庄辛说楚襄王》："于是乃以执珪而授之为阳陵君，与淮北之地也。"

（7）等待。《楚辞·离骚》："恐年岁之不吾与。"

10.【让】（一 P132 常用词 64）

（1）责备。《左传·僖公二十四年》："寺人披请见，公使让之，且辞焉。"

（2）退让，不跟别人争夺权利，跟"争"相对。《战国策·鲁仲连义不帝秦》："鲁仲连辞让者三，终不肯受。"

引申为谦让。《论语·先进》："其言不让。"

（3）把权益和职位让给别人。《论语·泰伯》："三以天下让。"

引申为先人后己，避让。如"让座，让路"。

11.【失】（二 P574 常用词 391）

（1）丧失，失掉，跟"得"相对。《左传·烛之武退秦师》："失其所与，不知。"

引申为错过。《孟子·寡人之于国也》："鸡豚狗彘之畜，无失其时。"

（2）动词，做错了事情。

又名词，与"得"相对。《史记·淮阴侯列传》："智者千虑，必有一失。"

12.【必】（二 P431 常用词 292）

（1）副词，一定。《左传·蹇叔哭师》："必死是间，余收尔骨焉。"《左传·烛之武退秦师》："若使烛之武见秦君，师必退。"《左传·宫之奇谏假道》："吾享祀丰絜，神必据我。"《论语·颜渊》："必也，使无讼乎！"

（2）用作动词或形容词，表示必行。又表示坚信。 →这两个义项在我们常见的古文中很少见到。

13.【盗】（一 P233 常用词 168）

（1）动词，偷。《史记·魏公子列传》："如姬果盗兵符与公子。"

（2）名词，偷东西的人。《论语·颜渊》："季康子患盗。"《韩非子·说难》："不筑，必将有盗。"

14.【赏】（四 P1572 常用词 1008）

（1）奖励有功的。《史记·项羽本纪》："未有封侯之赏。"《论语·颜渊》："苟子之不欲，虽赏之不窃。"

（2）嘉许，赏识。《世说新语·文学》："因此相要，大相赏得。"

引申为喜爱，欣赏。陶渊明《移居》："奇文共欣赏，疑义相与析。"

15. 【苟】（一 P228 常用词 159）

(1) 苟且，不严肃，跟"敬"相对。《论语·子路》："无所苟而已矣。"

(2) 如果。《论语·颜渊》："苟子之不欲，虽赏之不窃。"《战国策·赵威后问齐使》："不然。苟无岁，何以有民？苟无民，何以有君？"《左传·齐晋鞌之战》："苟有险，余必下推车。子岂识之？"

(3) 尚，表示希望。《诗经·君子于役》："君子于役，苟无饥渴！"

16. 【敬】（一 P228 常用词 157）

(1) 严肃。《论语·子路》："居处恭，执事敬，与人忠。"《左传·晋灵公不君》："不忘恭敬，民之主也。"

(2) 动词，尊敬，尊重。《论语·先进》："门人不敬子路。"

知识链接："恭""敬"的辨析

二者大体上为同义词。但是，"恭"着重在外貌方面，而"敬"着重在内心方面。"敬"的意义比"恭"的意义更广泛，往往指一种内心的修养，严肃对待自己。

17. 【野】（一 P334 常用词 238）

(1) 郊外，田野。《捕蛇者说》："永州之野产异蛇。"

又形容词，不是家中养的。欧阳修《醉翁亭记》："野芳发而幽香。"

(2) 粗野，不文。《论语·雍也》："质胜文则野。"

18. 【相】（一 P230 常用词 162）

(1) 读 xiàng，仔细看，审查。《论衡·订鬼》："伯乐学相马。"《楚辞·离骚》："悔相道之不察兮。"今词语"相面"。《诗经·相鼠》："相鼠有皮，人而无仪。"《诗经·节南山》："方茂尔恶，相尔矛矣。"

(2) 助。《游褒禅山记》："至于幽暗昏惑而无物以相之，亦不能至也。"

特指扶助盲人。《论语·卫灵公》："固相师之道也。"

又名词，扶助盲人的人。《论语·季氏》："危而不持，颠而不扶，则将焉用彼相矣？"

引申为扶助君主的人，略等于后代所谓的宰相。《战国策·冯谖客孟尝君》："孟尝君为相数十年，无纤介之祸者，冯谖之计也。"《庄子·惠子相梁》："惠子相梁，庄子往见之。""欲代子相。" →名词活用作动词,指做宰相。   名词活用作动词,指做宰相。

辅佐。《论语·宪问》："桓公杀公子纠，不能死，又相之。"《论语·季氏》："今由与求也，相夫子。"

(3) 赞礼者。《论语·先进》："宗庙之事，如会同，端章甫，愿为小相焉。"

(4) 互相。《左传·郑伯克段于鄢》："不及黄泉，无相见也。"

引申为共同。《孟子·离娄下》："而相泣于中庭。"

又指单方面对另一方面。《孔雀东南飞》："便可白公姥，及时相遣归。"

三、语法修辞

（一）词类活用

1. 小子**鸣**鼓而攻之可也：动词的使动用法，使……鸣。
2. 故**进**之／故**退**之：动词的使动用法，使……进／使……退。
3. 可使**足**民／**足**食，**足**兵：形容词的使动用法，使……富足。
4. **风**乎舞雩：名词活用作动词，吹风，乘凉。
5. 盍**彻**乎／**二**，吾犹不足：名词活用作动词，实行十分抽一的税率／实行十分抽二的税率。
6. 必也，**正**名乎：动词的使动用法，使……正。
7. **富**之：形容词的使动用法，使……富有。
8. **教**之：动词的使动用法，使……接受教育。
9. **端章甫**：名词活用作动词，穿着玄端，戴着章甫。
10. 于斯三者何**先**：形容词活用作动词，"何"作宾语，把……放在前面，先做。
11. 吾其被发**左**衽矣：名词活用作动词，左掩。

（二）特殊结构

1. 为之小／为之大：给诸侯做小傧相／给诸侯做大傧相，双宾句。
2. 惜乎！夫子之说君子也：主谓倒装，主语是"夫子之说君子也"，谓语是"惜乎"。
3. 不吾知也：否定句，人称代词"吾"作宾语，前置。
4. 斯谓之君子已乎：双宾句，直接宾语是"君子"，间接宾语是"之"。
5. 君孰与不足：疑问代词"孰"作介词"与"的宾语，前置。
6. 苟子之不欲："之"放在主语"子"和谓语"不欲"之间，取独。
7. 有是哉，子之迂也：主谓倒装，主语是"子之迂也"，谓语是"有是哉"。
8. 野哉由也：主谓倒装，主语是"由也"，谓语是"野哉"。
9. 既庶矣，又何加焉：疑问代词"何"作动词"加"的宾语，前置。
10. 岂若匹夫匹妇之为谅也："之"，取独。"匹夫匹妇之为谅"作"若"的宾语。
11. 自经于沟渎而莫之知也：代词"之"作"知"的宾语，前置。
12. 不患人之不己知："之"，用于主谓短语"人之不己知"之间，取独，"人之不己知"作"患"的宾语。

（三）修辞

1. 驷不及舌：借代，用"舌"代指说出的话。
2. 桓公九合诸侯，不以兵车：借代，用"兵车"代指武力。
3. 吾其被发左衽矣：借代，用外族的服饰打扮委婉表示中原地区被侵占。

衛靈公、季氏、陽貨、微子、子張

一、课文通译

衛靈公

季氏

季氏將伐顓臾(zhuān yú)①。冉有季路見於②孔子，曰："季氏將有事於顓臾。"
季孙氏将要讨伐颛臾。冉有、季路拜见孔子，说："季孙氏准备对颛臾采取军事行动。"
孔子曰："求，無乃③爾是過④與。夫顓臾，昔者先王以爲東蒙主⑤，
孔子说："冉求，我恐怕要责备你了。那颛臾，从前先王把它当作主持祭祀东蒙山的人，
且在邦域之中矣。是社稷之臣也，何以伐爲⑥？"
而且它地处鲁国境内。这是鲁国的臣属，为什么要讨伐它呢？"

① 颛臾：鲁国的附属国，在今山东省费县西北。
② 见于：拜见。
③ 无乃：岂不是。
④ 尔是过：责备你。过：作动词，表示责备。
⑤ 东蒙主：主持祭祀东蒙山神的人。东蒙：蒙山。主：主持祭祀的人。
⑥ 为：句尾语气词，这里表诘问语气。

冉有曰："夫子欲之；吾二臣者，皆不欲也。"
冉有说："是季孙氏要这么干；我们两个做臣下的都不愿意。"
孔子曰："求，周任①有言曰，'陳力就列，不能者止'。
孔子说："冉求，周任有句话说，'能施展才能就担任那职位，不能这样做则不担任那职务'。
危而不持，顛而不扶，則將焉用彼相②矣？且爾言過矣。
盲人站不稳却不去护持，将要跌倒却不去搀扶，那何必要用那个来辅助的人呢？况且你的话错了。
虎兕③出於柙，龜④玉毀於櫝中，是誰之過與？"
老虎和犀牛从笼子里跑出，龟甲和玉器在匣子里被毁坏，这是谁的过错呢？"

① 周任：人名，周代史官。
② 相：搀扶盲人的人，这里是"辅助"的意思。
③ 兕：雌性犀牛。甲骨文字形为 ，《说文解字》：
"兕，如野牛而青，象形。"
④ 龟：此处王力版教材写作"龜"，由于字体受限，暂用"龜"来代替。二者除字形不同外使用情况相同。

冉有曰："今夫顓臾，固而近於費①，今不取，後世必爲子孫憂。"
冉有说："如今的颛臾，城墙坚固而且靠近费城，现在不夺取，后世一定会成为子孙的忧虑。"

① 费：季氏的私邑，在今山东省费县，现普遍读fèi。

孔子曰："求！君子疾夫舍曰欲之而必爲之辭。
孔子说："冉求！君子厌恶那种不说自己想去做却偏要编造借口（来搪塞）的人。
丘也聞有國有家者，不患寡而患不均，不患貧而患不安①。
我听说统治国家的诸候或统治封地的大夫，他们都不怕财富不多而怕分配不均匀，不怕民众不多而怕不安定。
蓋均無貧，和無寡，安無傾。
财物分配公平合理，就没有贫穷；上下和睦，就不必担心人少；社会安定，国家就没有倾覆的危险。
夫如是，故遠人不服，則脩文德以來之。既來之，
如果这样做了，远方的人还是不归服，就发扬文治教化来使他归服。当他来了之后，
則安之。今由與求也，相夫子，遠人不服而不能來也，
就要使他安定下来。如今由与求两人辅佐季孙氏，远方的人不归服且不能使他们来，
邦分崩離析而不能守也，而謀動干戈於邦内，吾恐季孫之憂不在顓臾，
国家四分五裂而不能保全它，反而谋划在国家内部兴起干戈，我恐怕季孙氏的忧患不在颛臾，
而在蕭牆②之内也。"
而在鲁国内部。"

① 不患寡而患不均，不患贫而患不安：据俞樾《群经平议》，此处应为"不患贫而患不均，不患寡而患不安"。
② 萧墙：照壁屏风，面对国君宫门的小墙。一名"塞门"，又称"屏"。臣至此屏，便会肃然起敬。萧：通"肃"，比喻内部，指宫廷之内。

陽貨

1. 陽貨①欲見②孔子，孔子不見。歸孔子豚③。
阳货想使孔子拜见自己，孔子不去见他。于是，阳货赠给孔子一只熟小猪。
孔子時其亡④也而往拜之。遇諸塗⑤。
孔子就等阳货外出的时候前去回拜他。在路上遇上了阳货。

① 阳货：又叫阳虎，季氏的家臣。季氏几世把持鲁国政权，阳货是季氏家臣中最有权势的人。
② 欲见：想使……拜见。见：谒见，拜见，这里为使动用法。
③ 归孔子豚：赠给孔子一只熟小猪。归：通"馈"，赠送。豚：小猪，这里指做熟了的小猪。
④ 时其亡：等他外出的时候。时：伺机，窥探。
⑤ 遇诸涂：在路上遇到了他。涂：通"途"，道路。诸："之于"的合音字。

謂孔子曰:"來! 予與爾言。曰: 懷其寶①而迷其邦②, 可謂仁乎?
阳货对孔子说:"来！我有话要跟你说。 怀揣着才能却不用而听任国家迷乱，这可以叫作仁爱吗？

曰: 不可。好從事③而亟④失時, 可謂知乎? 曰: 不可。——日月逝矣,
不可以。喜欢参与政事而又屡次错过机会，这可以说是聪明吗？ 不可以。—— 时间一天天过去了，

歲不我與⑤。"孔子曰:"諾! 吾將仕矣。"
岁月是不等待我们的。"孔子说："好吧！我将去做官。"

① 怀其宝：怀揣着自己的宝物，喻孔子有政治才能却不想施展。
② 迷其邦：听任国家迷乱。
③ 从事：从政。事：政事。
④ 亟：屡次。
⑤ 岁不我与：岁月是不等待我们的。不我与：不同我们在一起，指不等待我们。与：动词，参与，这里是"在一起，等待"的意思。

2. 子曰:"鄉原①, 德之賊②也。"
孔子说："是非不分的好好先生，是道德的败坏者。"

① 乡原：乡里的多数人认为他是忠厚之人。这种人貌似好人，实为与流俗合污以取媚于世的伪善者。原：通"愿"，谨慎忠厚。
② 贼：毁坏，败坏。从戈，则声。刀毁贝，见于西周金文。其本义是残害，伤害。《左传·文公十八年》："毁则为贼。"杜预注："毁则，坏法也。"《左传·昭公十四年》："杀人不忌为贼。"

微子

1. 齊人歸①女樂, 季桓子②受之, 三日不朝。孔子行。
齐国人赠送鲁国一批歌女乐师，季桓子接受了，好几天不上朝。孔子就离开了鲁国。

① 归：通"馈"，赠送。
② 季桓子：季孙斯，鲁国的执政上卿。

2. 楚狂接輿①歌而過孔子曰:"鳳兮! 鳳兮! 何德之衰?
楚国的狂人接舆唱着歌经过孔子的车子说："凤凰啊！凤凰啊！为什么德行如此衰微？

往者不可諫, 來者猶可追。已而! 已而! 今之從政者殆而!"
过去的已经不能挽回，未来的还来得及改正。算了吧！算了吧！现在那些从政的人危险呀！"

孔子下, 欲與之言。趨而辟之, 不得與之言。
孔子下车，想要同他说话。接舆快走几步避开了孔子，孔子没能同他交谈。

① 接舆：楚国的隐士。一说他姓接名舆，一说因他接孔子之车而歌，所以称他为接舆。

3. 長沮桀溺①耦而耕②。孔子過之, 使子路問津③焉。長沮曰:
长沮和桀溺并肩耕地。孔子从他们那里经过，让子路去打听渡口在哪儿。长沮说：

158

"夫執輿④者爲誰？"子路曰："爲孔丘。" 曰："是魯孔丘與？" 曰："是也。"
"那个驾车的人是谁？"子路说："是孔丘。"长沮又问："是鲁国的孔丘吗？"子路说："是的。"

曰："是知津矣⑤！"問於桀溺。桀溺曰："子爲誰？" 曰："爲仲由。"
长沮说："他应该知道渡口在哪儿！"子路又向桀溺打听。桀溺说："你是谁？"子路说："我是仲由。"

曰："是魯孔丘之徒與？"對曰："然。"曰："滔滔者，天下皆是也，
桀溺说："是鲁国孔丘的学生吗？"子路回答说："是的。"桀溺就说："普天之下到处都像滔滔洪水一样混乱，

而誰以易之⑥？且而⑦與其從辟⑧人之士也，豈若從辟世之士哉？"
他们和谁去改变它呢？况且你与其跟着孔丘那样避人的人，是不是还不如跟着我们避世隐居的人呢？"

耰⑨而不輟。
桀溺说完就不停地用土覆盖播下去的种子。

① 长沮、桀溺：两位隐士，真实姓名和身世不详。
② 耦而耕：两个人合力耕作。
③ 津：渡口。会意字。金文字形为𣶃，从舟，从淮。"淮"表示淮水，泛指一般的河流。船停泊在河旁，用来渡河。其本义为渡口。
④ 執輿：在车上执辔（搅着缰绳）。这本是子路的任务，因为子路下车去问渡口，暂时由孔子代替。
⑤ 是知津矣：这话是认为孔子周游列国，应该熟悉道路。
⑥ 谁以易之：你们和谁去改变它呢？以：与。
⑦ 而：同"尔"，你，指子路。
⑧ 辟：通"避"。
⑨ 耰：播下种子后，用土覆盖上，再用耙将土弄平，使种子深入土里，鸟不能啄。

子路行以告。夫子憮然①，曰："鳥獸不可與同羣。
子路回来告诉了孔子。孔子怅然若失，说："人是不能和鸟兽合群共处的。

吾非斯人之徒與而誰與？天下有道，丘不與易也。"
我不和世人在一起又能和谁在一起呢？如果天下有道，我就不和你们一起来改变它了。"

① 憮然：失意的样子。

4. 子路從而後，遇丈人，以杖荷蓧①。子路問曰：
子路跟随孔子而落在后面，遇到一位老人，用手杖挑着除草用的工具。子路问道：

"子見夫子乎？"丈人曰："四體不勤，五穀②不分，孰爲夫子？"
"您看见我的老师了吗？"老人说："四肢不劳动，五谷分不清，谁是你的老师呢？"

植其杖而芸③。子路拱而立。止子路宿，
老人说完就把手杖插在地上开始锄草。子路拱着手站在一边。老人便留子路到他家中住宿，

殺雞爲黍而食之，見其二子焉④。明日，子路行。以告。
杀鸡做黄米饭给子路吃，还叫他的两个儿子出来相见。第二天，子路继续赶路。子路赶上孔子后把这事告诉他。

子曰："隱者也。"使子路反見之。至則行矣。子曰：
孔子说："这是个隐士。"孔子叫子路返回去拜见那位老人。子路到了那里，老人已经出门了。子路说：

"不 仕 無 義。長 幼 之 節，不 可 廢 也；君 臣 之 義，如 之 何 其 廢 之？
"不出来做官是不义的。长幼之间的礼节，不可以废弃；君臣之间的道义，又怎么可以废弃呢？
欲 潔 其 身 而 亂 大 倫！君 子 之 仕 也，行 其 義 也。道 之 不 行，
想使自己身体干净，却乱君臣之义！君子出来做官，是为了实行君臣之义。至于我们的政治主张行不通，
已 知 之 矣。"
是早就知道的了。"

① 蓧：古代在田中除草的工具。
② 五谷：古书中有不同的说法，最普遍的一种是指稻、黍、稷、麦、菽。稻麦是主要粮食作物；黍是黄米；稷是粟，一说高粱；菽是豆类作物。
③ 芸：通"耘"，除草。
④ 见其二子焉：使其二子出来见客。

子張

1. 子夏之門人問交於子張。子張曰："子 夏 云 何？"對 曰："子夏曰，
   子夏的门人向子张请教交友之道。子张说："子夏说了什么呢？"子夏的门人回答说："子 夏 说，
   '可 者 與①之，其 不 可 者 拒 之'。"子張曰："異 乎 吾 所 聞。
   '可以交往的就和他交往，不可以交往的就拒绝他'。"子张说："这和我所听到的不一样。
   君 子 尊 賢 而 容 衆，嘉 善 而 矜 不 能。我 之 大 賢 與，
   君子尊敬贤人而容纳众人，称赞好人而怜悯无能的人。如果我是个很贤明的人，
   於 人 何 所 不 容？我 之 不 賢 與，人 將 拒 我，如 之 何 其 拒 人 也？"
   对别人有什么不能容纳的呢？如果我不贤明，别人将会拒绝我，我怎么能去拒绝别人呢？"

   ① 与：这里是"相与交往"的意思，后文两个"与"字是语气词。

2. 子貢①曰："君子之過也，如日月之食焉。過 也，人 皆 見 之；更② 也，
   子贡说："君子的过错，如同日食和月食。他犯了过错，人们都看得见；他改正了错误，
   人 皆 仰 之。"
   人们都敬仰他。"

   ① 子贡：孔子的学生，姓端木，名赐。
   ② 更：变更，更改。

3. 衛公孫朝①問於子貢，曰："仲 尼 焉② 學？"子貢曰："文 武 之 道，
   卫国的公孙朝向子贡问道："仲尼的学问是从哪里学的？"子 贡 说："周文王和周武王之道，
   未 墜 於 地，在 人。賢 者 識③ 其 大 者，不 賢 者 識 其 小 者。
   并没有失传，人们还有能记得的。贤能的人记住了其中的重要部分，不贤能的人只记住了其中的细枝末节。
   莫 不 有 文 武 之 道 焉。夫 子 焉 不 學，而 亦 何 常 師 之 有？"
   周文王和周武王之道是无处不在的。老师在哪里不能学，又何必有固定的老师呢？"

① 公孙朝：卫国大夫。当时鲁、郑、楚三国也都有公孙朝，所以此处指明卫公孙朝。
② 焉：何处，哪里。
③ 识：记住。

二、字词梳理

（一）古今与通假

1. 归孔子豚：通"馈"，赠送。通假字。
2. 遇诸涂：通"途"，道路。通假字。
3. 好从事而亟失时，可谓知乎：同"智"，智慧。古今字。
4. 乡原，德之贼也：通"愿"，谨慎，忠厚。通假字。
5. 以杖荷蓧：通"何"，担负，扛。通假字。
6. 植其杖而芸：通"耘"，除草。通假字。

（二）词义详解

1.【害】（一 P323 常用词 208）

（1）损害，伤害。《左传·烛之武退秦师》："共其乏困，君亦无所害。"《论语·卫灵公》："志士仁人，无求生以害仁。"《左传·宫之奇谏假道》："晋，吾宗也，岂害我哉？"

引申为嫉妒。《史记·屈原列传》："上官大夫与之同列，争宠而心害其能。"

引申为妨碍。《柳毅传》："无惧，固无害。"

（2）名词，祸害，害处。《左传·郑伯克段于鄢》："姜氏欲之，焉辟害？"

（3）通"曷"，何不。

2.【当】（三 P1178 常用词 757）

（1）读 dāng。对着，面对。

用于抽象意义。《论语·卫灵公》："当仁，不让于师。"《孟子·夫子当路于齐》："夫子当路于齐，管仲晏子之功，可复许乎？"《孟子·夫子当路于齐》："文王何可当也？"《楚辞·哀郢》："当陵阳之焉至兮？淼南渡之焉如？"

引申为挡住，阻挡。《项脊轩志》"垣墙周庭，以当南日。"

又为抵挡，抵御。《三国志·诸葛亮传》："非刘豫州莫可以当曹操者。"

（2）处在某个地方。《左传·齐晋鞌之战》："下臣不幸，属当戎行，无所逃隐。"

又指某个时间。《战国策·鲁仲连义不帝秦》："当是时，邹君死，闵王欲入吊。"

（3）读 dāng。应当，必定。《望岳》："会当凌绝顶，一览众山小。"《战国策·冯谖客孟尝君》："驱而之薛，使吏召诸民当偿者，悉来合券。"

（4）读 dāng。判罪，判决。《史记·李将军列传》："吏当广所失亡多，为虏所生得，……赎为庶人。"

（5）读 dàng。合适，适宜。《楚辞·涉江》："阴阳易位，时不当兮。"

161

3. 【陈】（二 P427 常用词 284）

(1) 陈列。《论语·季氏》："陈力就列。"《老子》："虽有甲兵，无所陈之。"

[下陈] 宾主相见陈列礼品之处。《战国策·冯谖客孟尝君》："狗马实外厩，美人充下陈。"

(2) 陈述。《战国策·荆轲刺秦王》："恐惧不敢自陈。"

(3) 阵。《论语·卫灵公》："卫灵公问陈于孔子。"《左传·齐晋鞌之战》："癸酉，师陈于鞌。"

(4) 旧，与"新"相对。《兰亭集序》："向之所欣，俯仰之间，已为陈迹。"

4. 【列】（四 P1312 常用词 857）

(1) 分裂。《梦游天姥吟留别》："列缺霹雳，丘峦崩摧。"

(2) 行列。《史记·屈原列传》："上官大夫与之同列。"

又特指朝廷的行列。《论语·季氏》："陈力就列。"

5. 【颠】（三 P1047 常用词 646）

(1) 头顶。《诗经·车邻》："有车邻邻，有马白颠。"

(2) 跌倒。《论语·季氏》："危而不持，颠而不扶。"

(3) 精神错乱。→后起义。张籍《罗道士》："持花歌咏似狂颠。"

6. 【时】（二 P435 常用词 299）

(1) 季节。《论语·阳货》："天何言哉？四时行焉，百物生焉！"

(2) 时候。《战国策·鲁仲连义不帝秦》："当是时，邹君死，闵王欲入弔。"

引申为时机，机会。《论语·阳货》："好从事而亟失时。"

引申为伺机，窥探。《论语·阳货》："孔子时其亡也而往拜之。"

副词，按时。《庄子·百川灌河》："秋水时至。"《论语·学而》："学而时习之。"

7. 【亟】（二 P522 常用词 363）

(1) 读 qì。屡次，频频。《左传·郑伯克段于鄢》："亟请于武公。"《论语·阳货》："好从事而亟失时。"

(2) 读 jí。赶快。《诗经·七月》："亟其乘屋。"

8. 【贼】（一 P233 常用词 169）

(1) 毁，害。《论语·先进》："贼夫人之子。"

特指杀害。《左传·晋灵公不君》："公患之，使鉏麑贼之。"

名词，败坏者。《论语·阳货》："乡原，德之贼也。"

引申为凶狠，狠毒。高启《书博鸡者事》："以仇一言之憾，固贼戾之士哉！"

(2) 违法乱纪、犯上作乱的人。《三国志·诸葛亮传》："操虽托名汉相，其实汉贼也。"

> **知识链接："盗""贼"的辨析**
>
> 作动词时，"盗"字指偷窃，"贼"字指毁害。
>
> 作名词时，"盗"字指偷窃者，"贼"字指乱臣。

9. 【嘉】（三 P1067 常用词 689）

好，美好的。《诗经·鹿鸣》："我有嘉宾，鼓瑟吹笙。"《楚辞·离骚》："肇锡余以嘉名。"

引申为赞美，赞许。《论语·子张》："嘉善而矜不能。"

10. 【矜】（一 P218 常用词 130）

(1) 矛柄。《过秦论》："锄櫌棘矜，非铦于钩戟长铩也。"

(2) 自夸。《史记·项羽本纪》："自矜功伐，奋其私智而不师古。"

(3) 怜悯，同情。《论语·子张》："嘉善而矜不能。"《陈情表》："凡在故老，犹蒙矜育。"

(4) 读 guān。通"鳏"，《诗经·烝民》："不侮矜寡，不畏强御。"

11. 【容】（四 P1324 常用词 880）

(1) 容纳，容得下。《史记·屈原列传》："方正之不容也。"

用于抽象的意义，表示包容、宽容。《论语·子张》："君子尊贤而容众。"

(2) 容貌。《楚辞·渔父》："颜色憔悴，形容枯槁。"

(3) [容与] 双声联绵词，从容逍遥的样子。《楚辞·离骚》："遵赤水而容与。"

三、语法修辞

（一）词类活用

1. 则脩文德以**来**之 / 既**来**之 / 则**安**之：动词的使动用法，使……来 / 使……来 / 使……安。
2. **怀**其宝而**迷**其邦："怀"，名词活用作动词，藏在怀里；"迷"，动词的使动用法，使……迷乱。
3. 长沮桀溺**耦**而耕：名词作状语，用耦耕的方法。
4. 欲**洁**其身而乱大伦：形容词的使动用法，使……洁净。

（二）特殊结构

1. 无乃尔是过与：宾语前置，代词"是"复指宾语"尔"。
2. 为之辞：双宾句。
3. 岁不我与：否定句，人称代词"我"作宾语，前置。
4. 而谁以易之：疑问句，疑问代词"谁"作介词"以"的宾语，前置。
5. 吾非斯人之徒与而谁与："斯人之徒"作第一个"与"的宾语，前置；"谁"作第二个"与"的宾语，前置。
6. 于人何所不容：主谓倒装，正常语序应该是"于人所不容者何也"。
7. 而亦何常师之有："常师"作动词"有"的宾语，前置，再用"之"来复指。

（三）修辞

1. 吾恐季孙之忧不在颛臾，而在萧墙之内也：借代，用"萧墙"代指宫廷。
2. 凤兮！凤兮！何德之衰：比喻，用"凤"比喻孔子。
3. 滔滔者，天下皆是也：比喻，用洪水弥漫比喻社会混乱。
4. 君子之过也，如日月之食焉：比喻。

有子之言似夫子、戰于郎、苛政猛於虎、大同、教學相長、博學、誠意

一、课文通译

有子之言似夫子[1]《檀弓上》

有子①問於曾子曰:"問② 喪③ 於 夫 子 乎?" 曰:"聞 之 矣,
有子问曾子道:"在先生(孔子)那里听说过丢官罢职的事情吗?"(曾子)说:"听他说的是,

'喪 欲 速 貧,死 欲 速 朽'。"有子曰:"是 非 君 子 之 言 也。"曾子曰:
'希望丢官后赶快贫穷,希望死后赶快腐烂'。"有子说:"这不是君子说的话。"曾子说:

"參④ 也 聞 諸 夫 子 也。"有子又曰:"是 非 君 子 之 言 也。"曾子曰:
"我(的确是)从先生那听来的。"有子又说:"这不是君子说的话。"曾子说:

"參 也 與 子 游⑤ 聞 之。"有子曰: "然⑥。然則夫子有爲言之⑦也。"
"我是和子游一起听见这话的。"有子说:"的确(说过)。但先生这样说肯定是有原因的。"

① 有子:孔子的弟子有若,字子有,后被尊称为"有子"。他勤奋好学,能较全面、深刻地理解孔子的学说,尤其重视"孝"道。他主张藏富于民,称:"百姓足,君孰与不足?百姓不足,君孰与足?"(《论语·颜渊》)因他品学兼优,且"状似孔子",孔子死后,曾一度被孔门弟子推举为"师"。

② 問:"聞"的误字,当作"聞"。

③ 喪:会意字,小篆字形为𠷔,上面是"哭",下面是"亡",表示哭已死去的人。其本义是"丧事"。这里指失去官职(与后文联系)。

④ 參:曾子,名参,字子舆。

⑤ 子游:姓言,名偃,字子游,亦称"言游""叔氏",春秋末吴国人,与子夏、子张齐名,是"孔门十哲"之一,曾为武城宰(县令)。子游的儒学思想曾为历代人们所推崇,元代翰林学士张起岩称:"夫以周之季世,列国争雄,功私是尚,以吴人乃能独悦周公之道,北学中国,身通受业为孔门高弟。"

⑥ 然:确实,这样。

⑦ 有为言之:有所指而言,即"有所为言"。

曾子以斯①言告於子游。子游曰:"甚②哉,有子之言似夫子也!昔者,夫子居於宋,
曾子将这话告诉子游。子游说:"有子说的话很像先生啊!那时,先生住在宋国,

見桓司馬③自爲石椁(guǒ)④,三 年 而 不 成。夫子曰:'若是其靡⑤也,死 不 如 速 朽 之 愈⑥也。'
看见桓司马给自己做石椁,三年了还没有完成。先生说:'像 这 样 奢 靡,(人)不如死了腐烂得越快越好啊。'

---

1. 本文记叙的是孔子的弟子对"丧欲速贫,死欲速朽"的含义的探讨。由于思考的方法不同,弟子们对同一句话有着不同的理解。有子能够不片面、不孤立地去判断,而且和孔子的一贯言行相联系;子游能够根据孔子讲话的背景,针对问题进行分析;曾子则是句句照搬,孤立、片面地理解。文章中分析问题的方式对今人而言仍有很大的借鉴作用。

死 之 欲 速 朽，爲桓司馬言之也。南宮敬叔⁷反⁸，必 載 寶 而 朝。夫子曰：
希望（人）死了赶快腐烂，是针对桓司马说的。南 宫 敬 叔 回 国，必定带上宝物朝见鲁君。先 生 说：
'若 是 其 貨⁹也，喪 不 如 速 貧 之 愈 也。'喪 之 欲 速 貧，
'像 这 样 对 待 钱 财（行 贿），丢掉官职（以后）不如贫穷得越快越好啊。'希望丢掉官职以后迅速贫穷，
爲 敬 叔 言 之 也。"
是针对敬叔说的啊。"

① 斯：这。
② 甚：很。
③ 桓司馬：名魋（tuí），宋国贵族，任宋国主管军事行政的官——司马，掌控宋国兵权。他是宋桓公的后代，深受宋景公宠爱，其弟司马牛是孔子的弟子。桓魋作为宋国司马，威名显赫，但他没有珍惜自己的权势和荣誉，后来权势欲急剧膨胀，酿成了大祸。
④ 槨：同"椁"，套在棺材外面的大棺材。
⑤ 靡：浪费，奢侈。
⑥ 愈：较好，胜过。
⑦ 南宮敬叔：鲁国孟僖子之子仲孙阅，曾失去官职离开鲁国，返时载宝物朝见鲁君。
⑧ 反：同"返"，返回。
⑨ 貨：形声字，从贝，化声，本义是财物。《说文解字》："货，财也。"《周礼·大宰》："商贾阜通货贿。"注："金玉曰货，布帛曰贿。"引申为贿赂，行贿。《左传·僖公二十八年》："曹伯之竖侯獳货筮史。"又如：货贿（以财物贿赂官吏）；货求（谓受贿）。注：古代的"贿"字的本义仅指"财物"，不是"行贿"的意思。在古代若想表达"行贿"之意，要用"賕"。《说文解字》："賕，以财物枉法相谢也。从贝，求声。"

曾子以子游之言告於有子。有子曰："然。 吾 固 曰 非 夫 子 之 言 也。"曾子曰：
曾子将子游的话告诉有子。有子说："是啊。我就说了这不是先生的话。"曾子说：
"何 以 知 之？"有子曰："夫 子 制①於 中 都，四 寸 之 棺，五 寸 之 槨，
"你怎么知道的呢？"有子说："先生给中都制定的礼法中有棺材（板）四寸，椁（板）五寸，
以 斯 知 不 欲 速 朽 也。昔者，夫 子 失 魯 司 寇，將 之②荊，
依据这知道（先生）不希望（人死后）迅速腐烂啊。从前，先生失去鲁国司寇的官职时，打算前往楚国，
蓋 先 之 以 子 夏，又 申③之 以 冉 有，以 斯 知 不 欲 速 貧 也。"
就先让子夏去(打听)，又让冉有去陈述(自己的想法)，依据这知道(先生)不希望(在失去官职后)迅速贫穷。"

① 制：立规定，定制度。
② 之：到……去。
③ 申：陈述，说明。《楚辞·抽思》："道卓远而日忘兮，愿自申而不得。"

戰于郎¹《檀弓下》

戰 于 郎①。公 叔 禺 人②遇 負 杖③入 保④者 息⑤。 曰：
战争已经进行到城郊了。公叔禺人看到一个士兵扛着武器走进城堡休息。他感慨地说：

1.《礼记·战于郎》讲述战国时期鲁国和齐国交战之事，文章表明，任何原则和规范一旦变成僵死的教条，也就成了毫无意义的形式和空壳，它的约束也就变成了一种枷锁。只有规则同内容相结合，真正做到名实相副，表里相称时，这些原则和规范才是有意义和有生命力的。注重名实相副，表里相称，恰恰是儒家的一个重要思想。这表明，"礼"作为一种行为规范，原则上是不允许违背的，即"非礼勿视，非礼勿听"。不如此就会乱套。但是，如果拘泥于成规，只注重形式，就会把一些应享受某些礼遇的情形排除在外。

"使⑥ 之 雖 病⑦ 也，任⑧ 之 雖 重 也，君子 不 能 爲 謀⑨ 也，
虽然徭役已经使百姓很辛苦了，使百姓承担的赋税很重了，可是卿大夫不能好好谋划，
士⑩ 弗 能 死 也，不 可，我 則 既 言 矣⑪！"
担负公职的人又没有牺牲精神，这 不 行，我既然敢这么说，就得实践自己的话！
與 其 鄰 重⑫ 汪 踦⑬ 往，皆 死 焉。魯 人 欲 勿 殤⑭ 重 汪 踦，
于是，他就带着邻居的少年汪踦一起冲向敌阵，二人都战死于沙场。鲁国人想用成年人的丧礼来办汪踦的丧事，
問 於 仲 尼。仲 尼 曰："能 執 干 戈⑮，以 衞 社 稷，雖 欲 勿 殤 也，
于是请教孔子。孔子说："他既然能够拿着武器保卫国家，你们不用孩子的丧礼给他举丧，
不 亦 可 乎？"
不也是很合适吗？"

① 战于郎：鲁哀公十一年（公元前484年）春，齐国进攻鲁国，两军战于郎。"郎"与"郊"字形相近，疑传写之误。
② 公叔禺人：鲁昭公的儿子。
③ 负杖：扛着兵器。
④ 保："堡"的古字，指城堡。"堡"是形声字，从土，保声，其本义是土筑的小城。《晋书·符登载记》："据险筑堡以自固。"《庄子·盗跖》："所过之邑（城市），大国守城，小国入保。"
⑤ 息：休息。
⑥ 使：徭役。
⑦ 病：劳苦。
⑧ 任：负担，指赋税。
⑨ 谋：谋划。
⑩ 士：这里指下层官吏。
⑪ 我则既言矣：《左传·哀公十一年》作"吾既言之矣，敢不勉乎"。

⑫ 重："童"的误字，未冠之称。下同。
⑬ 汪踦：邻居少年的姓名。
⑭ 勿殇：不用儿童的丧礼，用成年人的丧礼。殇：未成年而死。《仪礼·丧服》："年十九至十六为长殇，十五至十二为中殇，十一至八岁为下殇，不满八岁以下皆为无服之殇。"殇者所行的丧礼比成年人简单。
⑮ 干戈：古代兵器，此为通称。干：象形字，甲骨文字形为丫，象叉子一类的猎具、武器，本是用于进攻的，后来用于防御。"干"的本义是盾牌，如：干羽（盾牌和雉羽，供乐舞之用）；干革（干即盾，革即甲胄类，泛指兵器）；干橹（小盾和大盾）；干戈（兵戎，通称兵器、军队）。戈：象形字，甲骨文字形为弋，象一种长柄兵器形。"戈"的本义是一种兵器。《说文解字》："戈，平头戟也。从弋、一，横之象形。"《楚辞·国殇》："操吴戈兮被犀甲，车错毂兮短兵接。"

苛政猛於虎《檀弓下》

大同《禮運》

昔 者 仲 尼① 與 於 蜡 賓，事 畢②，出 遊 於 觀之上，喟 然③ 而 歎。仲 尼 之 歎，
以前孔子参与到蜡祭陪祭者的行列，仪式结束后，出游到阙上，长声叹气。孔子叹气，

蓋歎魯也。言偃④在側曰："君子何歎？"孔子曰：
大概是叹鲁国吧。子游在旁边问："您为什么叹气呢？"孔子说：
"大道之行也，與三代之英，丘未之逮也，而有志焉。"
"大道实行的时代和夏商周三代英明的君主当政的时代，我虽然没有赶上，可是我心里向往（那样的时代）。"

① 仲尼：孔子。
② 事畢：事情结束。
③ 喟然：叹气的样子。

④ 言偃：字子游，吴郡常熟（今江苏省常熟市虞山镇）人，春秋时期思想家，是"孔门七十二贤"中唯一的南方弟子。

"大道之行也，天下爲公。選賢與能，
"大道实行的时代，天下是人们所共有的。大家推选有道德、有才能的人来治理国家，
講信脩睦。故人不獨親其親，不獨子其子，
彼此之间讲诚信并调整人与人之间的关系以达到和睦。因此人们不仅仅以自己的亲人为亲人，以自己的子女为子女，
使老有所終，壯有所用，幼有所長，矜①寡②孤③獨廢疾④者皆有所養，
使老年人能安度晚年，壮年人有工作可做，幼年人能健康成长，鳏寡孤独和残疾的人都能得到照顾，
男有分，女有歸。貨惡其棄於地也，不必藏於己；
男子有职业，女子有归宿。对于财物，人们恨它被扔在地上，但不一定要藏在自己家里；
力惡其不出於身也，不必爲己。是故謀閉而不興，
对于力气，人们恨它不从自己身上使出来，但不一定是为了自己。因此图谋之心闭塞而不会兴起，
盜竊亂賊而不作，故外戶而不閉，是謂大同。"
盗窃、造反、害人的事情不会发生，门户只须从外面带上而不须上锁，这就叫大同社会。"

① 矜：通"鳏"，无妻或丧妻的男人。
② 寡：死了丈夫的女子。
③ 孤：死去父亲或父母双亡的孩子。

④ 廢疾：有残疾而不能做事的人，如聋、哑、瞎、四肢残缺、精神失常的人，或长期患病的人。

"今大道既隱，天下爲家。各親其親，各子其子，
"现在的大同社会的准则已经消逝不见了，天下成为一家所有。人们各自亲其双亲，各自爱其子女，
貨力爲己；大人世及以爲禮，城郭溝池以爲固，
财物和劳力都为私人拥有；天子诸侯的权力变成了世袭的，并成为礼制，修建城郭沟池作为坚固的防守，
禮義以爲紀，以正君臣，以篤父子，以睦兄弟，以和夫婦，
把礼义作为纲纪，用来规范君臣关系，用来使父子关系纯厚，用来使兄弟和睦，用来使夫妇和谐，
以設制度，以立田里，以賢勇知，以功爲己。
用来设立制度，用来确立有关田地和住宅的制度，把勇敢和有智慧的人当作贤者来看待，立功做事只为了自己。
故謀用是作，而兵由此起。禹湯文武成王周公，
因此钩心斗角的事就随之而生，兵戎相见的事也由此而起。夏禹、商汤、周文王、周武王、周成王、周公，

由此其選也。此六君子者，未有不謹於禮者也。以著其義，
就是在这种情况下产生的佼佼者。这六位杰出人物，在礼义上没有不认真对待的。用礼来使正义彰显，
以考其信，著有過，刑仁講讓，
用礼来成全他们讲信用的事，用礼来揭露他们有过错的事，将合乎仁的行为定为法则并讲究礼让，
示民有常。如有不由此者，在埶者去，衆以爲殃，是謂小康。"
向百姓展示一切都是有规可循的。如有不按礼办事的，当官的要被撤职，民众都把他看作祸害，这就是小康。"

教學相長《學記》、博學《中庸》

誠意《大學》

所謂誠其意①者，毋②自欺也，如惡惡臭③，如好好色④，
所谓使自己的意念诚实，就是说不要自己欺骗自己，就像厌恶难闻的气味，喜好美色一样出自真心，
此之謂自謙⑤。故君子必慎其獨⑥也。
这样才算是满足自己的心意。所以品德高尚的人在独处的时候一定要十分谨慎。

① 誠其意：使意念诚实。诚：使动词。意：意念。
② 毋：不要。
③ 惡惡臭：厌恶难闻的气味。前一个"恶"字意为讨厌、厌恶。恶臭，指难闻的气味。
④ 好好色：喜欢美丽的女子。前一个"好"字意为喜好、喜爱。后一个"好"意为美丽的。色：女色、女子。
⑤ 謙：通"慊"，满足，惬意。
⑥ 慎其獨：在独自一个人的时候要谨慎不苟，规行矩步。

小人閒居①爲不善，無所不至，見君子而後厭然②，揜③其不善
品德低下的人在独居时做坏事，没有什么做不出的，见到君子之后便躲躲藏藏，将他们做的坏事掩藏起来，
而著④其善。人之視己，如見其肺肝然，則何益矣？
表面上装作善良、恭顺。殊不知，别人看你，就像能看清你的心肺肝脏一样，这样有什么好处呢？
此謂誠⑤於中⑥，形⑦於外，
这就是所谓的内心的真实情况，一定会显露在外表上，
故君子必慎其獨也。
所以品德高尚的人哪怕是在独处的时候也一定要十分谨慎。

① 閒居：独居，独处。
② 厭然：厌，掩藏。
③ 揜：同"掩"，掩盖，遮掩。
④ 著：显明。

⑤ 诚：实际。
⑥ 中：心中。

⑦ 形：动词用法，暴露，显露。

曾子曰："十目所视,十手所指,其① 严乎!"富润屋,
曾子说："一个人被众人注视,被众人指责,这难道不严峻吗!"富足可以使房屋华丽,
德润身②,心广体胖③。故君子必诚其意。
品德可以修养身心,心胸宽广能使身体安泰舒适。所以品德高尚的人一定要意念真诚。

① 其：通"岂"，难道不。
② 富润屋，德润身：富足可以使房屋华丽，品德可以修养身心。润：滋润，引申义为修饰，装饰。

③ 心广体胖：心胸宽广能使身体安泰舒适。胖：安泰舒适。

二、字词梳理

（一）古今与通假

1. 见桓司马自为石椁：同"椁"，外棺。异体字。
2. 南宫敬叔反：同"返"，返回。古今字。
3. 公叔禺人遇负杖入保者息：同"堡"，城堡。古今字。
4. 夫子式而听之：通"轼"，车前的横木。通假字。
5. 选贤与能：通"举"，举荐。通假字。
6. 讲信修睦：通"修"，调整。通假字。
7. 矜寡孤独废疾者皆有所养：通"鳏"，老而无妻。通假字。
8. 以贤勇知：同"智"，有智慧的人。古今字。
9. 在埶者去：同"势"，权势，势力。古今字。
10. 此之谓自谦：通"慊"，满足。通假字。
11. 揜其不善而著其善：同"掩"，掩盖，遮掩。异体字。

（二）词义详解

1.【一】（二 P432 常用词 293）

（1）基数。《左传·郑伯克段于鄢》："大都不过参国之一。"《左传·宫之奇谏假道》："一之谓甚，其可再乎？"

（2）专一。《荀子·劝学》："用心一也。"

（3）相同，一样。《吕氏春秋·察今》："古今一也。"《庄子·不龟手之药》："能不龟手一也。"

（4）全。《岳阳楼记》："而或长烟一空，皓月千里。"《诗经·北门》："王事适我，政事一埤益我。"

（5）副词，乃，竟。《战国策·齐策一》："一至于此乎！"

2.【盖】(三 P1084 常用词 727)

(1) 茅草编织物,拿来盖屋或遮蔽身体保暖的。

(2) 器物的盖子。

(3) 车盖。《列子·两小儿辩日》:"日初出大如车盖。"

(4) 遮蔽,掩盖。《乐府诗集·敕勒歌》:"天似穹庐,笼盖四野。"

(5) 副词,大概。《礼记·大同》:"仲尼之叹,盖叹鲁也。"

(6) 连词,连接上文或上一句,表示原因。《论语·季氏》:"盖均无贫,和无寡,安无倾。"《六国论》:"盖失强援,不能独完。"

引申为句首语气词,并非连接上文。《礼记·有子之言似夫子》:"盖先之以子夏,又申之以冉有。"

3.【逮】(四 P1588 常用词 1050)

(1) 及,到,达到。《礼记·大同》:"大道之行也,与三代之英,丘未之逮也,而有志焉。"《楚辞·卜居》:"数有所不逮,神有所不通。"

(2) 捉住,收捕。《五人墓碑记》:"予犹记周公之被逮,在丁卯三月之望。"

4.【能】(三 P1059 常用词 670)

(1) 动词,能够做到。《礼记·战于郎》:"能执干戈,以卫社稷,虽欲勿殇也,不亦可乎?"

(2) 名词,能力,才干。《史记·屈原列传》:"上官大夫与之同列,争宠而心害其能。"

(3) 形容词,有才能的。名词,有才能的人。《礼记·大同》:"选贤与能,讲信脩睦。"

5.【乱】(一 P57 常用词 38)

(1) 没有秩序,跟"整"相对。《左传·烛之武退秦师》:"以乱易整,不武。"《墨子·非攻》:"辩义与不义之乱也。"

特指政治上没有秩序,跟"治"相对。《史记·屈原列传》:"明于治乱,娴于辞令。"

引申为扰乱,破坏。《礼记·大同》:"是故谋闭而不兴,盗窃乱贼而不作。"

(2) 乐曲的末章。《楚辞·涉江》:"乱曰,鸾鸟凤皇,日以远兮。"

6.【作】(二 P421 常用词 271)

(1) 起来。《论语·先进》:"舍瑟而作。"

又用于抽象意义,表示兴起。《礼记·大同》:"是故谋闭而不兴,盗窃乱贼而不作。"《左传·子产不毁乡校》:"我闻忠善以损怨,不闻作威以防怨。"《老子》:"万物作焉而不辞。"《荀子·劝学》:"怠慢忘身,祸灾乃作。"

(2) 创作,制作。《论语·述而》:"述而不作。"

7.【纪】(三 P1164 常用词 732)

(1) 丝的头绪。《墨子·尚同》:"譬若丝缕之有纪。"

引申为法度,纪律,准则。《礼记·大同》:"礼义以为纪。"

(2) 记载。《进学解》:"纪事者必提其要。"

（3）十二年为一纪。韦应物《京师叛乱寄诸弟》："弱冠遭世难，二纪犹未平。"

> **知识链接："记""纪"的辨析**
>
> 　　表"记载"时，二者相通。但专有名词如"本纪""史记"等不可混淆。另外，"记"还是一种文体。

8．【笃】（三 P801 常用词 511）

（1）厚。《论语·泰伯》："君子笃于亲。"

引申为纯。《礼记·大同》："以笃父子。"

引申为忠诚。《诗经·公刘》："笃公刘。"

（2）坚定。《论语·子张》："信道不笃。"

用作状语，坚定地。《礼记·博学》："笃行之。"

又引申为非常地，十分地。《南史·文学传》："盖由时主儒雅，笃好文章。"

9．【旨】（三 P1195 常用词 791）

（1）美味，好吃的东西。《论语·阳货》："食旨不甘。"

引申为美味的。《诗经·鹿鸣》："我有旨酒。"《礼记·教学相长》："虽有嘉肴，弗食，不知其旨也。"

（2）意思。《周易·系辞下》："其旨远，其辞大。"

特指皇帝的命令。《旧唐书·刘洎传》："陛下降恩旨。"

10．【至】（三 P795 常用词 499）

（1）到。《左传·郑伯克段于鄢》："大叔又收贰以为己邑，至于廪延。"《左传·齐桓公伐楚》："东至于海，西至于河。"《战国策·冯谖客孟尝君》："未至百里。"

用于抽象意义，表示到某时。《战国策·赵威后问齐使》："何以至今不业也？""彻其环瑱，至老不嫁，以养父母。"

（2）达到极点的，最完善的，最大的。《孟子·得道多助，失道寡助》："寡助之至，亲戚畔之。"《礼记·教学相长》："虽有至道，弗学，不知其善也。"《庄子·北冥有鱼》："此亦飞之至也。"

引申为副词，极，最。《陈情表》："今臣亡国贱俘，至微至陋。"

11．【措】（一 P220 常用词 138）

放下，放。《论语·子路》："则民无所措手足。"

用于抽象意义。《礼记·博学》："有弗学，学之弗能，弗措也。"

引申为安放。《潜夫论·德化》："放之大荒之外，措之幽冥之内。"

12．【有】（一 P54 常用词 32）

（1）有。《左传·郑伯克段于鄢》："小人有母。"

特指领有，占有。《战国策·触詟说赵太后》："多予之重器，而不及今令有功于国。"《老子》："生而不有，为而不恃。"《诗经·芣苢》："采采芣苢，薄言有之。"

又特指有某种美德。《左传·祁奚荐贤》："祁奚有焉。"

（2）通"又"，一般用于称数法。《战国策·邹忌讽齐王纳谏》："邹忌修八尺有余。"

（3）名词词头。或放在形容词前。

（4）或者，要么，除非。《孟子·得道多助，失道寡助》："故君子有不战，战则必胜。"《礼记·博学》："有弗学，学之弗能，弗措也。"

13.【闲】（四 P1457 常用词 954）

（1）栅栏，养牛马的圈。贾谊《治安策》："今民卖僮者，为之绣衣丝履偏诸缘，内之闲中。"

（2）熟悉，熟练，后来写作"娴"。《战国策·燕策》："闲于兵甲，习于战攻。"

（3）安静，镇静。王维《鸟鸣涧》："人闲桂花落，夜静春山空。"

（4）清闲，安闲，跟"忙"相对。《行路难》："闲来垂钓碧溪上。"

14.【著】（一 P229 常用词 161）

（1）显露。《礼记·诚意》："揜其不善而著其善。"今词语"见微知著""显著"。

（2）写下来。《五柳先生传》："常著文章以自娱。"

（3）读 zhuó。附着。《论积贮疏》："今殴民而归之农，皆著于本。"

三、语法修辞

（一）词类活用

1. 夫子<u>制</u>于中都：名词活用作动词，制定制度。

2. 若是其<u>货</u>也：名词活用作动词，贿赂。

3. <u>任</u>之虽重也：动词的使动用法，使……承担赋税。

4. 夫子<u>式</u>而听之：名词活用作动词，扶着车轼。

5. 不独<u>亲</u>其亲，不独<u>子</u>其子：名词活用作动词，意动用法，把……看作自己的父母，把……看作自己的儿女。

6. 故<u>外</u>户而不闭：方位名词活用作动词，从外面。

7. 以<u>正</u>君臣，以<u>笃</u>父子，以<u>睦</u>兄弟，以<u>和</u>夫妇：动词的使动用法，使……正常，使……纯厚，使……和睦，使……和谐。

8. 以<u>贤</u>勇知：形容词的意动用法，把……看作贤人。

9. 以<u>著</u>其义 / <u>著</u>有过 / 揜其不善而<u>著</u>其善：动词的使动用法，使……彰显。

10.【<u>刑</u>仁讲让：名词活用作动词，把……定为法则。

11. 人<u>一</u>能之，己<u>百</u>之；人<u>十</u>能之，己<u>千</u>之：名词活用作动词，学一次，学百次，学十次，学千次。

12. 所谓<u>诚</u>其意者：名词的使动用法，使……诚实。

13. 故君子必**慎**其独也：形容词活用作动词，谨慎地对待、处置……。

14. 此谓**诚**于中，**形**于外：名词活用作动词，有真实的东西，表现出来。

15. 富**润**屋，德**润**身：形容词活用作动词，使动用法，使……有光彩。

（二）特殊结构

1. 甚哉，有子之言似夫子也：主谓倒装，主语是"有子之言似夫子也"，谓语是"甚哉"。

2. 若是其靡也／若是其货也：主谓倒装，主语是"其靡也""其货也"，谓语是"若是"。

3. 丘未之逮也：代词"之"作"逮"的宾语，前置。

4. 大人世及以为礼，城郭沟池以为固，礼义以为纪："世及""城郭沟池""礼义"都是各自小句中的介词宾语，前置。

（三）修辞

1. 所谓诚其意者，毋自欺也，如恶恶臭，如好好色：比喻。

2. 人之视己，如见其肺肝然：比喻。

3. 十目所视，十手所指：借代，用"目""手"指代外界的监督。

单元习题

一、给下列加粗字注音

1. **论**语（　　）
2. 不亦**说**乎（　　）
3. 人不知而不**愠**（　　）
4. 三**省**吾身（　　）
5. 学而不思则**罔**（　　）
6. 思而不学则**殆**（　　）
7. 一**箪**食（　　）
8. 曲**肱**而枕之（　　）
9. 博学而**笃**志（　　）

二、解释下列加粗字词的意思

1. 学而时习之，不亦**说**乎？
2. 吾日**三省**吾身。
3. 与朋友交而不**信**乎？
4. 温故而知**新**。
5. 学而不思则**罔**，思而不学则**殆**。
6. 曲**肱**而枕之。
7. **逝**者如**斯**夫。
8. 博学而**笃**志。

三、填空题

1. 《论语》是＿＿＿＿＿＿经典著作，是记录孔子及其弟子言行的＿＿＿＿＿＿（体裁）著作。它与《＿＿＿＿＿＿》《＿＿＿＿＿＿》《＿＿＿＿＿＿》合称为"四书"，共二十篇。孔子，名丘，字仲尼，＿＿＿＿＿＿鲁国人，我国古代伟大的＿＿＿＿＿＿家、＿＿＿＿＿＿家，儒家学派创始者。

2. 《论语》中认为能保持君子风格的一句话是"＿＿＿＿＿＿＿＿＿＿＿＿＿＿"。

3. 《论语》谈"学"与"思"的辩证关系的句子是"＿＿＿＿＿＿＿＿＿＿＿＿＿＿"。

4. 唐太宗有一句名言："以人为鉴，可以知得失。"由此可以联想到《论语》中孔子的话：＿＿＿＿＿＿＿＿＿＿＿＿＿＿＿＿＿＿＿＿＿＿＿＿＿＿＿＿＿＿＿＿。

四、选择题

1. "之"字的用法与其他三项不同的是（　　）。

    A. 择其善者而从之
    B. 学而时习之
    C. 下车引之
    D. 黄鹤楼送孟浩然之广陵

2. 下列句子中加点词语运用不正确的一项是（   ）。

A. 又要编杂志，又要跑发行，老李整天忙得不亦乐乎。

B. 王明的几次考试成绩都不理想，老师指出他基础不牢固，教导他学习应该温故知新。

C. 这年秋天，奶奶抱病去世，大家心里很难过，都感慨逝者如斯。

D. 遇事必详细考虑，而后与部下商议，择善而从。

3. 下列注音完全正确的一项是（   ）。

A. 自强（qiáng）　　学（xué）学半　　讲信修睦（mù）　　不知其旨（zhǐ）

B. 嘉肴（yáo）　　男有分（fēn）　　教学相长（zhǎng）　　不必为（wèi）己

C. 弗（fú）学　　有所长（zhǎng）　　选贤与（jǔ）能　　好逸恶（wù）劳

D. 兑（duì）命　　尘埃（āi）也　　天下为（wéi）公　　矜（jīn）寡孤独

4. 下列句子与原文不完全一致的一项是（   ）。

A. 力恶其不出于身也，不必为己。　　B. 是故学然后知不足，教然后知困。

C. 矜寡孤独废疾者皆有所养。　　D. 虽有至道，不学，不知其善也。

5. 下列句子翻译不正确的一项是（   ）。

A. 学然后知不足，教然后知困。

译文：学习之后才知道不足，教人之后才知道有困惑的地方。

B. 故曰教学相长也。

译文：所以说教与学是互相促进的。

C. 大道之行也，天下为公。

译文：在大道施行的时候，天下是公共的。

D. 是故谋闭而不兴，盗窃乱贼而不作。

译文：因此，奸邪之谋不会发生，作乱的窃贼就不会再盗窃。

6. 下列词语的书写完全正确的一项是（   ）。

A. 佳肴，北冥，藏于己，虽有至道　　B. 弗食，尘埃，此之谓，讲信修睦

C. 兑命，废疾，男有份，选贤举能　　D. 悠游，谋闭，学学半，鳏寡孤独

7. 下列有关课文的说法不恰当的一项是（   ）。

A. 《曲礼》《檀弓》两篇课文都选自《礼记》。《礼记》，儒家经典之一，战国至秦汉间儒家论著的汇编。

B. 《礼记·大同》是从"人人都能受到全社会的关爱""人人都能安居乐业""货尽其用，人尽其力"三个方面来说明大同社会的特征的。

C. 《礼记·教学相长》开头以"嘉肴"与"至道"做类比，指出了学习的重要性，之后推出中心观点，最后又引用《兑命》中的话加以佐证。

D. 《礼记·大同》阐明了儒家理想中的大同社会的基本特征，表达了作者对这个理想社会的向往，后来陶渊明所描绘的世外桃源则是另一番景象。

8. 下列句子中，不含通假字的一项是（　　）。

A. 虽有嘉肴，弗食，不知其旨也。　　B.《兑命》曰："学学半。"

C. 选贤与能，讲信修睦。　　D. 矜寡孤独废疾者皆有所养。

9. 下列句子中，朗读节奏划分正确的一项是（　　）。

A. 货 / 恶其弃 / 于地也。　　B. 是故 / 谋闭 / 而不兴。

C. 是故 / 学然后 / 知不足。　　D. 知困然后 / 能自强也。

五、文言文阅读

1. 阅读下面的文字，完成后面的问题。

大道之行也，天下为公。选贤与能，讲信修睦。故人不独亲其亲，不独子其子，使老有所终，壮有所用，幼有所长，矜寡孤独废疾者皆有所养，男有分，女有归。货恶其弃于地也，不必藏于己；力恶其不出于身也，不必为己。是故谋闭而不兴，盗窃乱贼而不作，故外户而不闭，是谓大同。

(1) 把下列句子译成现代汉语。

①故人不独亲其亲，不独子其子。

②男有分，女有归。

③是故谋闭而不兴，盗窃乱贼而不作。

④是谓大同。

(2) 从选文中找出一组排比句、对偶句，并指出其效果。

(3) ①本语段可分为_____层，这几层的关系是_____。

②每一层的大意：_____。

(4) 总领全文的语句是_____，照应此句的是_____。

(5) 作者所描绘的大同社会的景象是_____。

(6) 大同社会在当时能否变成现实？今天我们应当如何看待这一理想？

2. 阅读下面的文言文，完成下列小题。

【甲】虽有嘉肴，弗食，不知其旨也；虽有至道，弗学，不知其善也。是故学然后知不足，教然后知困。知不足然后能自反也，知困然后能自强也。故曰教学相长也。《兑命》曰："学学半。"其此之谓乎?（《礼记·教学相长》）

【乙】君子曰：学不可以已。青，取之于蓝而青于蓝。冰，水为之，而寒于水。木直中绳①，鞣②以为轮，其曲中规。虽有槁暴③，不复挺者，鞣使之然也。故木受绳则直，金就砺则利，君子博学而日参④省乎己，则知明而行无过矣。（《荀子·劝学》）

【注】①中（zhòng）绳：合乎拉直的墨线。②鞣（róu）：通"煣"，用火烤使木条弯曲。③暴：通"曝"，晒干。④参：通"叁"，多次。

(1) 解释下列句子中加粗的词。

①然后能自**强**也　　　②学不可以**已**　　　③**故**木受绳则直

(2) 下列句子中加点的词意义和用法相同的一项是（　　）。

A．輮使之然也 / 辍耕之垄上

B．不知其善也 / 则知明而行无过矣

C．虽有嘉肴 / 虽有槁暴

D．学而不思则罔 / 君子博学而日参省乎己

(3) 翻译下列句子。

①《兑命》曰："学学半。"其此之谓乎？

②冰，水为之，而寒于水。

3．阅读下面的文言文，完成下列小题。

【甲】虽有嘉肴，弗食，不知其旨也；虽有至道，弗学，不知其善也。是故学然后知不足，教然后知困。知不足然后能自反也，知困然后能自强也。故曰教学相长也。《兑命》曰："学学半。"其此之谓乎？（《礼记·教学相长》）

【乙】大道之行也，天下为公。选贤与能，讲信修睦。故人不独亲其亲，不独子其子，使老有所终，壮有所用，幼有所长，矜寡孤独废疾者皆有所养，男有分，女有归。货恶其弃于地也，不必藏于己；力恶其不出于身也，不必为己。是故谋闭而不兴，盗窃乱贼而不作，故外户而不闭，是谓大同。（《礼记·大同》）

(1) 解释下列加粗字在文中的意思。

①不知其**旨**　　　②讲信**修**睦　　　③不独**亲**其亲

(2) 翻译下列句子。

①是故学然后知不足，教然后知困。

②力恶其不出于身也，不必为己。

(3) 用原文中的词句填空。

①甲文的中心论点是_____。

②乙文所表述的儒家大同社会的核心是_____。

(4) 请根据甲、乙两文中的画线句简要概括两篇短文句式的共同特点。

4．阅读下面的文言文，完成下列小题。

【甲】虽有嘉肴，弗食，不知其旨也；虽有至道，弗学，不知其善也。是故学然后知不足，教然后知困。知不足然后能自反也，知困然后能自强也。故曰教学相长也。《兑命》曰："学学半。"其此之谓乎？（《礼记·教学相长》）

【乙】人之为学，不日进则日退。独学无友，则孤陋而难成。久处一方，则习染而不自觉。不幸而在穷僻之域无车马之资犹当博学审问。古人与稽，以求其是非之所在，庶几可得十之五六。若既不出户，又不读书，则是面墙之士，虽有子羔、原宪之贤，终无济于天下。子曰：

"十室之邑，必有忠信如丘者焉，不如丘之好学也。"夫以孔子之圣，犹须好学，今人可不勉乎？（顾炎武《与友人书》）

(1) 解释下列加粗的字。

①教然后知**困**　　②不日进则**日**退　　③**虽**有子羔、原宪之贤

(2) 翻译下列句子。

①十室之邑，必有忠信如丘者焉，不如丘之好学也。

②人之为学，不日进则日退。

(3) 给下列句子断句（两处）。

不幸而在穷僻之域无车马之资犹当博学审问

5．阅读下面两篇短文，回答问题。

【甲】虽有嘉肴，弗食，不知其旨也。虽有至道，弗学，不知其善也。是故学然后知不足，教然后知困。知不足然后能自反也，知困然后能自强也。故曰教学相长也。《兑命》曰："学学半。"其此之谓乎？（《礼记·教学相长》）

【乙】学者有四失，教者必知之。人之学也，或①失则②多，或失则寡，或失则易，或失则止。此四者，心之莫同也③。知其心，然后能救④其失也。教也者，长善⑤而救其失者也。（《礼记·学记》）

【注】①或：要么，有的。②则：相当于"那就在于"。③心之莫同也：心理各有不同。④救：补救。⑤长（zhǎng）善：发扬优点。

(1) 解释下列语句中加粗字的意思。

①**学**学半　　　②学者有四**失**　　　③或失则**易**

(2) 用现代汉语翻译下列句子。

①故曰教学相长也。

②教也者，长善而救其失者也。

(3) 两篇短文都节选自《礼记》，在观点上有什么异同？

单元习题参考答案

一、给下列加粗字注音

1．lún　　2．yuè　　3．yùn　　4．xǐng
5．wǎng　　6．dài　　7．dān　　8．gōng
9．dǔ

二、解释下列加粗字词的意思

1．说：同"悦"，愉快。

2．三省：多次进行自我检查。

3．信：诚信。

4．新：这里指新的理解和体会。

5．(1) 罔：通"惘"，感到迷茫而无所适从。(2) 殆：疑惑。

6．肱：胳膊。

7．(1) 逝：往，离去。(2) 斯：这，指河水。

8．笃：坚定。

三、填空题

1．儒家；语录体；大学；中庸；孟子；春秋末期；思想；教育

2．人不知而不愠，不亦君子乎

【解析】这句话的意思是，当别人不了解自己或不知道自己的知识和能力时，君子不会因此而生气或不满，而是会以宽容和谦虚的态度对待。这种态度体现了君子的修养和风范。

3．学而不思则罔，思而不学则殆

【解析】这句话的意思是，只是学习却不思考就会感到迷茫而无所适从，只是思考却不学习就会心中充满疑惑而无定见。

4．见贤思齐焉，见不贤而内自省也 / 择其善者而从之，其不善者而改之

【解析】"以人为鉴，可以知得失"的意思是，把人作为镜子，可以知道自己的得失。

四、选择题

1．D【解析】ABC 三项均为代词。D 项是动词，到。

2．C

3．C【解析】A项中，"学"读作xiào。B项中，"分"读作fèn。D项中，"兑"读作yuè，"矜"读作guān。

4．D【解析】D项中，课文原文为"弗学"。

5．D【解析】D项的正确翻译是：因此，图谋之心闭塞而不会兴起，盗窃、造反、害人的事情不会发生。

6．B【解析】A项中，"佳"应为"嘉"。C项中，"份"应为"分"，"举"应为"与"。D项中，"鳏"应为"矜"。

7．D【解析】陶渊明描绘的世外桃源是根据课文中大同社会的体制构想出来的，艺术地再现了大同社会的生活风貌。故选D。

8．A【解析】B项中，"兑"通"说"，指的是殷商时期的贤相傅说；"学"通"敩"，教导。C项中，"与"通"举"，推举，选举。D项中，"矜"通"鳏"，老而无妻的人。

9．B【解析】本题考查文言文句子朗读节奏的划分。解答此题，可结合句意、相关的文言标志词语进行分析。A项的句意：对于财货，人们憎恨把它扔在地上的行为。据此可知这句话的正确节奏为：货/恶其/弃于地也。C项的句意：因此学习以后才知道不足。据此可知这句话的正确节奏为：是故/学/然后知不足。D项的句意：知道困惑以后才能自我勉励。据此可知这句话的正确节奏为：知困/然后能自强也。

五、文言文阅读

1．(1) ①因此人们不仅仅以自己的亲人为亲人，以自己的子女为子女。

②男子有职务，女子有归宿。

③因此奸诈之心因闭塞而不会兴起，盗窃、造反、害人的事情也不会发生。

④这就叫大同社会。

【解析】本题考查对文言文句子的翻译。文言文的翻译一般有直译和意译两种方法，具体到某一句子时要注意通假字、词类活用、一词多义、特殊句式等情况，如：翻译倒装句时就要按现代语序疏通，翻译省略句时就要把省略的成分补充完整。①句的关键词：第一个"亲"，名词的意动用法，以……为亲，奉养；第一个"子"，名词的意动用法，以……为子，抚养。②句的关键词："归"，古今异义，这里指女子出嫁。③句的关键词："乱"，古今异义，这里指造反；"贼"，古今异义，这里指害人。④句的关键词："是"，古今异义，代词，这。

点睛：本题需要考生理解并翻译句子。解答时，一定要先回到语境中，根据语境读懂句子的整体意思，然后思考命题者可能设置的赋分点。具体方法：首先，找出句子中关键的实词、虚词；其次，查看有无特殊句式；最后，运用"留""删""调""换""补"的方法进行翻译，以直译为主，以意译为辅，并按现代汉语的规范，适当调整翻译过来的内容，达到句顺的目的。

（2）排比句：使老有所终，壮有所用，幼有所长。

对偶句：选贤与能，讲信修睦。

效果：结构整齐，增强语势，描绘了大同社会的美好境界。

【解析】排比是一种修辞手法，即利用意义相关或相近、结构相同或相似、语气相同的词组（主、谓、动、宾）或句子并排（三句或三句以上），段落并排（两段即可）。排比句读起来朗朗上口，有一股强大的力量，能增强文章的表达效果。

对偶是用字数相等、结构形式相同、意义对称的一对短语或句子来表达两个相对或相近意思的修辞手法。对偶句便于吟诵，易于记忆；用于诗词，有音乐美；表意凝炼，抒情酣畅。

（3）①三；总—分—总

②第一层，德才兼备的人管理大家的天下；第二层，大家互相帮助，各得其所，不谋私利；第三层，总结大同社会的景象

【解析】根据内容划分层次：第一层（第一至二句话），对大同社会的纲领性说明。第二层（第三至四句话），描述大同社会的基本特征，即人人得到社会的关爱，人人都能安居乐业，货尽其用，人尽其力。第三层（第五句话），全文的总结语，用现实社会跟大同社会做对比，指出现实社会中的诸多黑暗现象在大同社会中将不复存在，取代的将是"外户而不闭"的和平、安定的局面。本语段的结构为"总—分—总"。

（4）大道之行也，天下为公。选贤与能，讲信修睦；是谓大同

【解析】按照"总—分—总"的结构，先用"大道之行也，天下为公。选贤与能，讲信修睦"对大同社会做出纲领性说明，中间加以阐释，最后总结出理想社会，即"是谓大同"。

（5）故人不独亲其亲，不独子其子，使老有所终，壮有所用，幼有所长，矜寡孤独废疾者皆有所养，男有分，女有归。货恶其弃于地也，不必藏于己；力恶其不出于身也，不必为己。

【解析】本文段从三个方面来描绘大同社会的景象：满足生存需求——人人得到社会的关爱；满足发展需求——人人都能安居乐业；满足精神愉悦上的需求——货尽其用，人尽其力。

（6）大同社会在当时不能成为现实。在孔子时代，由于社会的历史局限性，无论他的理想多么美好，多么完整，终是不可能实现的。但两千多年来，这个理想一直激励着千千万万的进步思想家和社会改革家为之努力追求、不懈奋斗。到了今天，中国特色社会主义实行改革开放，已经取得显著成效，我们正向着构建和谐社会、共奔小康、最终实现我们的远大目标而奋斗。

【解析】回答本题需要结合当时的社会背景，由于当时的社会不具备物资条件的极大丰富，再加上统治者"皇权至上"的思想，这种理想化的社会只是孔子的一个梦想。今天，社会已经发生了翻天覆地的变化，我们正向着构建和谐社会、共同富裕、最终实现我们的远大目标而奋斗。

2．（1）①勉励；②停止；③所以，因此

【解析】本题重点考查文言文词语的意义。解答此类题目时，应先理解词语所在句子的意思，然后根据句子的翻译推断词语的意思。课外文言文的词语解释既要充分调动知识积累，回

忆该词的常用词义,也要结合上下文来判断。其中,"强"的意思是"勉励"。

(2) C 【解析】本题考查文言文中一词多义的情况。文言文中有一些词有多种含义,要确定它在句子中的意思,就要根据上下文来推断。在平时的文言文学习中,要特别重视并掌握这类一词多义的单音节词。A项中,"之"的意思分别是"代词"和"去、往";B项中,"知"的意思分别是"知道"和"通'智',智慧";C项中,"虽"都是"即使"的意思;D项中,"而"分别表示转折和递进。故选C。

(3) ①《兑命》说:"教人是学习的一半。"大概说的就是这个道理吧?
②冰是水凝结而成的,却比水还要冷。

【解析】①句中第一个"学"的意思是"教导",第二个"学"的意思是"学习"。②句中"于"的意思是"比"。

3. (1) ①味美;②培养;③以……为亲

【解析】本题考查常见文言文词语的含义。理解文言词语的含义要注意其特殊用法,如通假字、词类活用、一词多义和古今异义词等。学生平时要多积累文言词汇,要能结合具体语境,在明白句子的意思的基础上辨析推断句中字词的含义。比如本题中古今异义词,旨:味美。脩:培养。词类活用词,亲:名词作意动用法,以……为亲。

(2) ①因此学习之后才知道自己的不足,教人之后才知道自己有不懂的地方。
②对于力气,人们憎恨它不从自己身上使出来,但不一定是为了自己。

【解析】本题考查对文言文句子的翻译。翻译文言文句子是文言文阅读的必考题。直译讲究字字落实,特别是关键词语的意思必须要呈现出来。①句中,"是故"的意思是"因此","困"的意思是"不通,理解不了"。②句中,"恶"的意思是"憎恨"。

(3) ①教学相长;②天下为公

【解析】本题考查对文章主旨的理解。甲文在论述时,以"虽有嘉肴,弗食,不知其旨也"做类比,引出"虽有至道,弗学,不知其善也"的观点,进而又从教与学两个方面加以说明,最后归结到"教学相长"这个中心论点上。乙文的观点阐明了儒家理想中的大同社会的特征,即"天下为公""选贤与能""讲信脩睦",展示了一个和平、安定、祥和的理想社会,体现儒家大同社会的核心理念,即"天下为公"。

(4) 两篇短文多用整句,呈现出整齐、铺排的效果,增强了文章的气势。

【解析】甲文,语言上使用较多的对偶句,句式整齐,两两相对,读起来朗朗上口,节奏感强,给人美感。乙文,语言上多用排比句、对偶句。排比句:使老有所终,壮有所用,幼有所长。对偶句:不独亲其亲,不独子其子。这种句式在文章中普遍运用,使文章结构整齐,语势增强,有助于突出大同社会的美好境界。

4. (1) ①困惑;②每天;③即使

【解析】本题考查文言文词语的含义。解答时,要注意词语在特定语言环境中的意思及词类活用的情况。古今异义词,如"旨",古义为"味美、甘美",今义为"意义、目的"。"虽"

在古文中有两种意思：一种是"虽然"，表示事实的确是这样；另一种是"即使"，表示假设。文中面墙之士"既不出户，又不读书"，所以不会有贤能，表示假设，翻译为"即使"。

(2)①即使只有十户人家的小村子，也一定有像我这样讲忠信的人，只是不如我那样好学罢了。

②人做学问，如果不是每天进步，那就是在每天退步。

【解析】本题考查对文言文句子的翻译。①句中，"丘"是孔子的自称，孔子名丘。"十室"是指十家人，"十室之邑"是指这个地方只住了十户人家，是个小地方。忠信的人，在十户里头也能找到一个，但是不像孔子那样好学。所以有忠信的德行未必能成为圣人，而要成为圣人唯有好学。②句中，"之"用在主谓间取消句子独立性，"为学"的意思是"做学问"，"日"的意思是"每天"。

(3)不幸而在穷僻之域/无车马之资/犹当博学审问

【解析】本题考查文言文语句的句读。解答此类题目时，要在整体感知文章内容的基础上，先对句子做简单翻译，初步了解大意，然后根据句子的意思和古文句法进行句读，同时利用虚词辅助句读。句读时，要注意古汉语的语法和句式，句读不能出现"破句"的现象。本题可根据句意来句读。句意是"不幸住在穷乡僻壤，而又没有（雇用）车马的盘费，还应当广博地学习、详细地考究"。"穷僻之域""无车马之资"不可分割。

5.(1)①教导；②缺点；③简单，容易

【解析】解答此类题目时，先要大致了解文章的内容，弄清句子的意思，然后根据句意和文言文常用词来判断字的含义；同时，要根据语境辨析词义用法的变化，如本题中"困"是古今异义，在古文中一般表示"不了解"。

(2)①所以说教和学是互相促进的。

②做教师的，应该发扬他们的优点，补救他们的缺点。

【解析】本题需要学生疏通全文，在全文语境中大致了解句子的意思。翻译时要做到三点：原意不能改变，关键字词要译准确，句子要通顺。本题要解释清楚的关键词语有"故""长""善""救"，翻译后要疏通句子。

(3)①甲文侧重在教和学的关系上，强调教学相长；乙文侧重在谈论教师如何教。②甲、乙两文记述的都是儒家对"礼"的见解，都与教学有关。

【解析】本题需要学生在理解句子意思的基础上，找到两文的结论性句子。甲文以生活中品尝美味的小事起兴，引出学习的重要性。该文通过举例论证提出中心论点——"教学相长也"，阐述治学的道理。乙文中的"教也者，长善而救其失者也"说明教师的作用就在于发扬他们的优点，补救他们的过失，强调的是教师的重要性。因此可以判定两文都与教学有关。

第四单元

《孟子》

一、基本概况

《孟子》主要由战国中期的孟子及其弟子万章、公孙丑等人共同编写。该书主要记录了孟子的政治、教育、哲学、伦理等方面的思想观点和政治活动,生动地展现了孟子的思想体系和人格魅力。

二、主要思想

1. 性善论:孟子认为,人性本善,每个人生来就具有恻隐之心、羞恶之心、辞让之心和是非之心,这些是仁、义、礼、智的开端。他强调通过后天的培养和扩充,使人性中的善得以充分发展。

2. 仁政思想:孟子倡导统治者"以不忍人之心,行不忍人之政",即实行仁政。他向诸侯们阐述了一系列仁政措施,如减轻刑罚、少收赋税、保障百姓基本生活等,体现了对百姓的关怀。

3. 民本思想:孟子提出"民为贵,社稷次之,君为轻"的观点,强调百姓的重要性,认为统治者应以百姓的利益为重。

4. 道德修养论:孟子以"大丈夫"作为理想人格,主张舍生取义的义利观。他认为修养是求学的基点,但又认为人的善性是无法从外在培养的(教育只可起感化作用),最终都要凭自己的思考来达成。在修身方法上,他主张自由发展,因势利导。

三、价值与影响

1. 思想价值:《孟子》中的思想深刻影响了中国古代的哲学、伦理学、政治学等学科的发展,为后世学者提供了丰富的思想资源和研究课题。

2. 文化价值:《孟子》作为儒家经典之一,与孔子的思想共同构成了儒家思想的主体,成为中国传统文化的核心内容之一。

3. 现实价值:《孟子》中的许多思想和观念对当今社会而言仍然具有现实意义,如以人为本、关注民生、重视教育等,对现代社会的治理和发展具有积极作用。

寡人之於國也《梁惠王上》

一、课文通译

梁惠王①曰:"寡人②之於③國也,盡心焉耳矣④。河內⑤凶⑥,則移其民於河東⑦,
梁惠王说:"我对于国家,总算尽了心了。河内遇到饥荒,就把那里的百姓迁移到河东去,

移其粟⑧於河内;河東凶亦然⑨。察鄰國之政,無如⑩寡人之用心者。
把河东的粮食转移到河内;河东遇到饥荒也这样做。观察邻国的政治,没有像我这样用心的。

鄰國之民不加少⑪,寡人之民不加多,何也?"
邻国的百姓不见减少,我的百姓不见增多,这是为什么呢?"

① 梁惠王:战国时期魏国的国君,姓魏,名䓨。魏国都城为大梁,今河南省开封市西北一带,所以魏惠王又称梁惠王。
② 寡人:寡德之人。这是古代国君对自己的谦称。
③ 于:介词,对。
④ 焉耳矣:焉、耳、矣都是句尾语气词,重叠使用,加重语气。
⑤ 河内:今河南省境内黄河以北的地方。古人以中原地区为中心,所以黄河以北称河内,黄河以南称河外。
⑥ 凶:谷物收成不好,荒年。
⑦ 河东:山西省境内黄河以东的地方。黄河流经山西省,自北而南,故称山西省境内黄河以东的地区为河东。
⑧ 粟:谷子,脱壳后称为小米,也泛指谷类。
⑨ 亦然:也是这样。
⑩ 无如:没有像……的。
⑪ 加少:更少。加:副词,更、再。

孟子①對曰:"王好戰②,請③以戰喻。填④然鼓之⑤,兵刃既接⑥,
孟子回答说:"大王喜欢打仗,请允许我用战争做比喻吧。咚咚地敲响战鼓,两军开始交战,

棄甲曳(yè)兵⑦而走⑧,或⑨百步而後止,或五十步而後止。
战败的扔掉盔甲拖着武器逃跑,有的人逃了一百步然后停下来,有的人逃了五十步然后停下来。

以⑩五十步笑⑪百步,則何如?"
凭自己只跑了五十步就去嘲笑别人跑了一百步,那怎么样呢?"

① 孟子:名轲,字子舆。战国时期邹国(今山东省邹城市)人。他是战国时期著名的哲学家、思想家、政治家、教育家,是儒家学派的代表人物之一,地位仅次于孔子,与孔子并称"孔孟"。他宣扬"仁政",最早提出"民贵君轻"的思想。
② 好战:喜欢打仗。战国时期各国诸侯热衷于互相攻打和兼并对方的领土。
③ 请:请允许我。
④ 填:形容鼓声。《隋书·卷一四·音乐志中》:"设虡设业,鞉鼓填填。"
⑤ 鼓之:敲起鼓来。古人击鼓进攻,鸣锣退兵。鼓:动词,敲鼓。之:无实义的衬字。
⑥ 兵刃既接:两军的兵器已经接触,指战斗已开始。兵:兵器,武器。既:已经。接:接触,指交锋。
⑦ 弃甲曳兵:抛弃盔甲,拖着兵器。曳:拖着。
⑧ 走:跑,这里指逃跑。
⑨ 或:有的人。
⑩ 以:凭着,借口。
⑪ 笑:耻笑,讥笑。

曰："不可，直①不百步耳，是②亦走也。"
梁惠王说："不行，只不过没有跑上一百步罢了，这也是逃跑啊。"

① 直：只是，不过。
② 是：代词，这，指代上文的"五十步而后止"。

曰："王如知此，则无①望民之多於鄰國也。不違農時②，穀③不可勝食④也。數罟不入洿池⑤，魚鱉⑥不可勝食。斧斤⑦以時⑧入山林，材木不可勝用也。穀與魚鱉不可勝食，材木不可勝用，是使民養生⑨喪死⑩無憾⑪也。養生喪死無憾，王道⑫之始也。"
孟子说："大王如果懂得这个道理，就不要希望自己的百姓比邻国多了。不耽误农业生产的季节，粮食就会吃不完。密网不下到池塘里，鱼鳖之类的水产就会吃不完。按一定的时节入山伐木，木材就会用不完。粮食和水产吃不完，木材用不尽，这就能使百姓能供养活着的人、为死去的人办丧事，没有什么可遗憾的。百姓对生养死葬没有什么遗憾，这是王道的开端。"

① 无：通"毋"，不要。
② 不违农时：不耽误农业生产的季节，这里指农忙时不征调百姓服役。违：违背、违反，这里指耽误。
③ 谷：粮食的统称。
④ 不可胜食：吃不完。胜：旧读 shēng，尽。
⑤ 数罟不入洿池：密网不下到池塘里。这是为了防止破坏鱼的生长和繁殖。数：密。罟：形声字，小篆字形为罔，从网，本义为网。洿池：池塘，水塘。洿：从水，夸声，本义为水不流。
⑥ 鳖：甲鱼或团鱼。
⑦ 斤：砍树的斧子。小隶字形为斤，与斧（斧）相似，比斧小而刃横。
⑧ 时：时令。砍伐树木宜在草木凋落、生长季节过后的秋冬时节进行。
⑨ 养生：供养活着的人。
⑩ 丧死：为死去的人办丧事。
⑪ 憾：遗憾。
⑫ 王道：以仁义治天下，这是儒家的政治主张，与当时诸侯奉行的以武力统一天下的"霸道"相对。

"五畝①之宅，樹②之以桑，五十者可以衣帛③矣。雞豚④狗彘⑤之畜⑥，無失其時，七十者可以食肉矣。百畝之田⑦，勿奪⑧其時，數口之家可以無飢矣。謹⑨庠序⑩之教⑪，申⑫之以孝悌⑬之義⑭，頒白⑮者不負⑯戴⑰於道路矣。七十者衣帛食肉，黎民⑱不飢不寒，然而不王⑲者，未之有⑳也。"
"五亩大的住宅场地，种上桑树，五十岁的人就可以穿上丝织品了。鸡、猪、狗的畜养，不要耽误它们繁殖的时机，七十岁的人就可以吃上肉了。百亩大的田地，不要耽误它的耕作时节，数口之家就可以不挨饿了。认真地兴办学校教育，把孝敬父母、敬爱兄长的道理反复讲给百姓听，须发花白的老人就不用在道路上背着或顶着东西了。七十岁的人能够穿上丝织品、吃上肉，百姓不挨饿受冻，做到了这些还不能统一天下而称王的，还从未有过。"

① 五亩：先秦时的五亩约合今天的一亩二分多。
② 树：种植。
③ 衣帛：穿上丝织物制成的衣服。衣：动词，穿。
④ 豚：小猪。
⑤ 彘：猪。
⑥ 畜：畜养，饲养。

⑦ 百亩之田：古代实行井田制，一个男性劳动力可分得一百亩耕田。
⑧ 夺：失，违背。
⑨ 谨：谨慎，这里指认真从事。
⑩ 庠序：古代的乡学。《礼记·学记》："古之教者，家有塾，党有庠，术有序，国有学。"其中，"家"指"闾"，即二十五户人共住一巷。"塾"为闾中的学校。五百户为"党"。"庠"为设在党中的学校。"术"同"遂"，即一万二千五百家。"序"为设在遂中的学校。"国"指京城。"学"指大学。
⑪ 教：教化。

⑫ 申：反复陈述。
⑬ 孝悌：孝敬父母、敬爱兄长。
⑭ 义：道理。
⑮ 颁白：须发花白。颁：通"斑"。
⑯ 负：背负着东西。
⑰ 戴：头顶着东西。
⑱ 黎民：百姓。
⑲ 王：动词，为王，称王，即使天下百姓归顺。
⑳ 未之有：未有之。之：指代"七十者衣帛食肉，黎民不饥不寒，然而不王者"。

"狗彘食人食①而不知检②，涂③有饿莩(piǎo)④而不知发⑤，人死，
"猪狗吃人所吃的食物而不知道储藏，路上有饿死的人而不知道开仓赈济，百姓死了，
则曰'非我也，岁⑥也'。是何异于刺人而杀之，曰'非我也，
就说'这不是我的过错，是因为年成不好'。这种说法与拿刀把人杀死后，说'杀死人的不是我，
兵也'？王无罪⑦岁，斯⑧天下之民至焉。"
是兵器'，有什么不同？大王如果不归罪于年成，那么天下的百姓都会来归顺了。"

① 食人食：前一个"食"为动词，指吃；后一个"食"为名词，指食物。
② 检：通"敛"，收积，储藏。一说"检点，制止，约束"。
③ 涂：通"途"，道路。

④ 饿莩：饿死的人。莩：同"殍"。
⑤ 发：打开粮仓，赈济百姓。
⑥ 岁：年成。
⑦ 罪：归咎，归罪。
⑧ 斯：则，那么。

二、字词梳理

（一）古今与通假

1. 王如知此，则无望民之多于邻国也：通"毋"，不要。通假字。
2. 颁白者不负戴于道路矣：通"斑"，通假字。
3. 狗彘食人食而不知检：通"敛"，储藏。通假字。
4. 涂有饿莩而不知发：通"途"，道路。通假字。

（二）词义详解

1. 【凶】（一 P326 常用词 215）

(1) 不吉利，跟"吉"相对。《红楼梦·葫芦僧判断葫芦案》："趋吉避凶者为君子。"

(2) 饥荒。《孟子·寡人之于国也》："河内凶，则移其民于河东，移其粟于河内。"

2. 【察】（三 P790 常用词 488）

(1) 观察，审查。《孟子·寡人之于国也》："察邻国之政，无如寡人之用心者。"《吕氏春秋·察传》："夫得言不可以不察。"

引申为了解，仔细了解。《楚辞·离骚》："荃不察余之中情兮。"

(2) 昭著，明显。《礼记·中庸》："言其上下察也。"

引申为看清楚。《孟子·齐桓晋文之事》："明足以察秋毫之末，而不见舆薪。"《兰亭集序》："仰观宇宙之大，俯察品类之盛。"《楚辞·离骚》："悔相道之不察兮。"

引申为审查清楚。《左传·曹刿论战》："小大之狱，虽不能察，必以情。"

3.【加】（三 P1054 常用词 660）

(1) 把一物放在另一物的上面。《史记·项羽本纪》："加彘肩上，拔剑切而啖之。"

引申为施恩或刑于某人身上。《战国策·唐雎不辱使命》："大王加惠，以大易小，甚善。"

(2) 增加。《荀子·劝学》："登高而招，臂非加长也，而见者远。"

(3) 加以，予以。《论语·先进》："千乘之国，摄乎大国之间，加之以师旅，因之以饥馑。"

(4) 副词，更加。《孟子·寡人之于国也》："邻国之民不加少，寡人之民不加多，何也？"

4.【接】（二 P576 常用词 396）

(1) 交接，接触。《孟子·寡人之于国也》："兵刃既接。"

又用于抽象意义。嵇康《与山巨源绝交书》："久与世接。"词语"接触""接近"。

(2) 交际，招待。《孟子·万章下》："其交也以道，其接也以礼。"词语"接待"。

5.【弃】（二 P572 常用词 386）

抛弃。《六国论》："举以予人，如弃草芥。"《礼记·大同》："货恶其弃于地也，不必藏于己。"《孟子·寡人之于国也》："弃甲曳兵而走。"

引申为违背，背弃。《战国策·鲁仲连义不帝秦》："彼秦者，弃礼义而上首功之国也。"《左传·晋灵公不君》："弃君之命，不信。"

6.【直】（二 P585 常用词 415）

(1) 不弯曲。《荀子·劝学》："木直中绳。"

引申为正直。《楚辞·涉江》："苟余心之端直兮，虽僻远其何伤。"

引申为有理，正确。《指南录后序》："与贵酋处二十日，争曲直。"

(2) 当，对着。《汉书·刑法志》："魏之武卒，不可以直秦之锐士。"

(3) 物与价值相当，价值。白居易《卖炭翁》："系向牛头充炭直。"

(4) 副词，意义略同"特"，表示"只""只是""但"。《孟子·寡人之于国也》："不可，直不百步耳，是亦走也。"

(5) 副词，简直。《〈黄花岗七十二烈士事略〉序》："则斯役之价值，直可惊天地、泣鬼神。"

7.【胜】（三 P780 常用词 468）

(1) 读 shēng。动词，用于名词前，禁得起。杜甫《春望》："白头骚更短，浑欲不胜簪。"

(2) 读 shēng。副词，用于动词前，尽。《孟子·寡人之于国也》："不违农时，谷不可胜食也。数罟不入洿池，鱼鳖不可胜食也。"

(3) 打胜仗，跟"败"相对。《战国策·邹忌讽齐王纳谏》："此所谓战胜于朝廷。"

(4) 优美的，雅的，可喜可乐的。《岳阳楼记》："予观夫巴陵胜状，在洞庭一湖。"（后起义）

又作名词，表示优美的山水或古迹。陆游《过小孤山大孤山》："三面临江，倒影水中，亦占一山之胜。"

8.【岁】（一 P340 常用词 252）

(1) 木星。《国语·周语》："岁之所在，则我有周之分野也。"

(2) 年。《战国策·鲁仲连义不帝秦》："居岁余，周烈王崩，诸侯皆吊，齐后往。"

(3) 年龄。《战国策·触詟说赵太后》："十五岁矣。虽少，愿及未填沟壑而托之。"

(4) 年成，年景，收成。《孟子·寡人之于国也》："非我也，岁也。"

三、语法修辞

（一）词类活用

1. 是使民养生丧死无憾也：动词活用作名词，活的人，死的人。
2. 五十者可以衣帛矣：名词活用作动词，穿衣服。
3. 然而不王者：名词活用作动词，称王。
4. 王无罪岁：名词活用作动词，归罪。

（二）特殊结构

1. 寡人之于国也，尽心焉耳矣：小主语是"寡人"，小谓语是"于国"，"之"为取独用法。主谓短语"寡人之于国"整体作全句的句法成分。
2. 然而不王者，未之有也：否定句，代词"之"作"有"的宾语，前置。

齊桓晉文之事《梁惠王上》

一、课文通译

齊宣王①問曰："齊桓晉文②之事，可得聞(huán)乎？"孟子對曰：
齐宣王问（孟子）说："齐桓公、晋文公（称霸）的事，可以讲给我听听吗？"孟子回答说：

"仲尼③之徒，無道④桓(zhòng)文之事者，是以後世無傳焉，臣未之聞也。
"在孔子的弟子中，没有讲述有关齐桓公、晋文公的事情的人，因此后世没有流传，我没有听说过这事。

無以⑤，則王⑥(wàng)乎？"
如果您一定要我说，那我便来讲讲用王道（仁政）统一天下的道理好吗？"

① 齐宣王：姓田，名辟疆，齐国国君，公元前320年—前301年在位。
② 齐桓、晋文：齐桓公（小白）和晋文公（重耳）。春秋时期，他们先后称霸，为当时的诸侯盟主。齐宣王有志效法齐桓公、晋文公，称霸于诸侯，故以此问孟子。
③ 仲尼：孔子的字。
④ 道：述说，谈论。儒家学派称道尧舜禹汤文武等"先王之道"，不主张"霸道"，所以孟子这样说。
⑤ 无以：不得已。以：通"已"，作"止"讲，停下来。
⑥ 王：用作动词，指王天下，即用王道（仁政）统一天下。

曰："德何如，則可以王矣？"曰："保①民而王，莫之能禦②(yù)也。"
齐宣王说："要有怎样的德行，才可以称王呢？"孟子说："使百姓安宁而推行王道，就没有人能够阻挡了。"

曰："若寡人者，可以保民乎哉？"曰："可。"曰："何由知吾可也？"
齐宣王说："像我这样的人，能够使百姓安宁吗？"孟子说："可以。"齐宣王说："从哪知道我可以呢？"

曰："臣聞之胡齕③(hé)曰，王坐於堂上，有牽牛而過堂下者。王見之，
孟子说："我从胡齕那听说，您坐在大殿上，有个人牵着牛从殿下走过。您看见这个人，

曰：'牛何之④？'對曰：'將以釁鐘⑤(xìn)。'王曰：'舍之！
问道：'牛要（牵）到哪里去？'那人回答说：'准备用它的血涂在钟上来行祭。'您说：'放了它！

吾不忍其觳觫⑥(hú sù)，若⑦無罪而就⑧死地。'對曰：'然則⑨
我不忍见它恐惧战栗的样子，它没有罪过却走向死亡之地。'那人问道：'既然如此，

廢釁鐘與？'曰：'何可廢也？以羊易⑩之。'不識⑪有諸⑫？"
（需要）废弃祭钟的仪式吗？'您说：'怎么可以废除呢？用羊来换它吧。'不知道有没有这件事？"

曰："有之。"曰："是⑬心足以王矣。百姓皆以王爲愛⑭也，
齐宣王说："有这事。"孟子说："这样的心就足以称王于天下了。百姓都认为大王吝啬（一头牛），

臣固知王之不忍也。"
（但是）诚然我知道您是不忍心的。"

① 保：安。
② 莫之能御：没有人能抵挡他。御：抵御，阻挡。
③ 胡龁：人名，齐宣王的近臣。
④ 之：往，到……去。
⑤ 衅钟：古代新钟铸成时用牲畜的血涂在钟的缝隙中以祭神求福。衅：血祭。
⑥ 觳觫：恐惧颤抖的样子。
⑦ 若：等同于"其"字，是代词"它"，指牛，在这里可以译为"（牛）如此"。
⑧ 就：接近，走向。
⑨ 然则：既然如此，那么就。
⑩ 易：交换。
⑪ 识：知道。
⑫ 诸："之乎"的合音字。
⑬ 是：代词，这种。
⑭ 爱：爱惜，这里含有吝啬之意。

王曰："然。诚①有百姓者。齊國雖褊小②，吾何愛一牛？
齐宣王说："是的。的确有这样（对我误解）的百姓。齐国虽然土地狭小，我怎至于吝啬一头牛呢？
即不忍其觳觫，若無罪而就死地，故以羊易之也。"
就是因为不忍看它那恐惧战栗的样子，它没有罪过却要走向死亡之地，因此用羊去换它。"
曰："王無異③於④百姓之以王爲愛也。以小易大，
孟子说："您不要对百姓认为您是吝啬它而感到奇怪。以小（的动物）换大（的动物），
彼惡⑤知之？王若隱⑥其無罪而就死地，則牛羊何擇⑦焉？"
他们怎么知道您的想法呢？您如果痛惜它没有罪过却要走向死亡的地方，那么牛和羊又有什么区别呢？"
王笑曰："是誠何心哉？我非愛其財而易之以羊也，
齐宣王笑着说："这究竟是一种什么想法呢？我并不是因吝啬钱财才以羊换牛的，
宜⑧乎⑨百姓之⑩謂我愛也。"曰："無傷⑪也。是乃仁術⑫也，
但百姓说我吝啬也是理所应当的了。"孟子说："没有关系。这正体现了仁爱之道，
見牛未見羊也。君子之於禽獸也，見其生，不忍見其死；
（原因在于您）看到了牛而没看到羊。有道德的人对于飞禽走兽，看见它活着，便不忍心看它死；
聞其聲，不忍食其肉。是以君子遠庖廚⑬也。"
听到它（哀鸣）的声音，便不忍心吃它的肉。因此有道德的人不接近厨房。"

① 诚：的确，确实。
② 褊小：土地狭小。褊：从衣，扁声，本义为衣带或衣服狭小，引申为狭小。《左传·昭公元年》："以敝邑褊小，不足以容从者。"
③ 无异：不要感到奇怪。
④ 于：对。
⑤ 恶：怎，如何。
⑥ 隐：哀怜，恻隐之心。
⑦ 何择：有什么区别。择：从手，睪（yì）声，本义为"选取，挑选"，引申为名词，表区别。
⑧ 宜：应当。
⑨ 乎：表示感叹。
⑩ 之：助词，用在主谓之间，取消句子独立性。
⑪ 无伤：没有什么妨碍，没有关系。
⑫ 仁术：仁爱之道，实施仁政的途径。
⑬ 庖厨：厨房。

王説①，曰："詩云，'他人有心，予忖度②之'。夫子③之謂也④。
齐宣王很高兴，说："《诗经》说，'别人有什么心思，我能揣测到'。说的就是先生您这样的人啊。

夫我乃行之，反而求之，不得吾心。夫子言之，於我心有戚戚⑤焉。
我这样做了，回头再去想它，却不了解自己的想法。先生您说的这些，对我的内心真是有所触动。
此心之所以合於王者，何也？"曰："有復⑥於王者曰：'吾力足以舉百鈞⑦，
这种心理之所以符合王道，是为什么呢？"孟子说："（假如）有人报告大王说，'我的力气足以举起三千斤，
而不足以舉一羽；明⑧足以察秋毫之末⑨，而不見輿薪⑩'。
却不能够举起一根羽毛；（我的）眼力足以看清兽类秋天新生绒毛的末梢，却看不到整车的柴草'。
則王許⑪之乎？"曰："否！""今恩足以及禽獸，而功不至於百姓者，
那么大王您相信吗？"齐宣王说："不相信！"孟子说："如今您的恩德足以推及禽兽，而百姓却得不到您的恩德，
獨何與？然則一羽之不舉，爲不用力焉；輿薪之不見，爲不用明焉；
这究竟是为什么呢？这样看来，举不起一根羽毛，是不用力气的缘故；看不见整车的柴草，是不用眼力的缘故；
百姓之不見保⑫，爲不用恩焉。故王之不王⑬，不爲也，非不能也。"⑭
百姓没有被保护，是不肯布施恩德的缘故。所以大王您不能以王道统一天下，是不肯干，而不是不能干。"
曰："不爲者與不能者之形⑮，何以異⑯？"曰："挾⑰太山⑱以超⑲北海⑳，
齐宣王说："不肯干与不能干的表现，有什么区别？"孟子说："（用胳膊）挟着泰山去跳过渤海，
語人曰'我不能'。是誠不能也。爲長者折枝㉑，語人曰'我不能'。是不爲也，
告诉别人说'我做不到'。这确实是做不到。向老者折腰行鞠躬礼，告诉别人说'我做不到'。这是不肯做，
非不能也。故王之不王，非挾太山以超北海之類也；王之不王，
而不是不能做。所以大王不能统一天下，不属于（用胳膊）挟泰山去跳过渤海这一类事；大王不能统一天下，
是折枝之類也。老吾老㉒，以及人之老；幼吾幼，
属于向老者折腰行鞠躬礼一类的事。尊敬自己的老人，进而推广到尊敬别人家的老人；爱护自己的孩子，
以及人之幼：天下可運於掌㉓。
进而推广到爱护别人家的孩子：（照此理去做）统一天下如同在手掌上转动东西那么容易。
詩云：'刑于寡妻，至于兄弟，以御于家邦。'㉔
《诗经》说：'（做国君的）给自己的妻子做好榜样，推广到兄弟，进而治理好一家一国。'
言舉斯心加諸彼而已㉕。故推恩足以保四海，
这句话说的就是把这样的心推广到他人身上罢了。所以推广恩德足以安抚四海百姓，
不推恩無以保妻子㉖。古之人所以大過㉗人者，無他焉，善推其所爲而已矣。
不推广恩德连妻子儿女都安抚不了。古代圣人大大超过别人的原因，没别的，善于推广他们的好行为罢了。
今恩足以及禽獸，而功不至於百姓者，獨何與？
如今（您的）恩德足以推广到禽兽身上，百姓却得不到您的好处，这究竟是什么原因呢？
權㉘，然後知輕重；度㉙，然後知長短。物皆然，心爲甚，
用秤称，才能知道轻重；用尺量，才能知道长短。任何事物都是如此，人心更是这样，

王 請 度㉚ 之。——抑㉛ 王 興 甲 兵,危㉜ 士 臣,構怨㉝ 於 諸侯,
大王您请思量一下吧。——难道说(大王)您发动战争,使将士冒着生命危险,与各诸侯国结怨,

然後快於心與?"
这样心里才痛快吗?"

① 说:同"悦",高兴。
② 忖度:揣测。
③ 夫子:古代对男子的尊称,这里指孟子。
④ 之谓也:说的就是……
⑤ 戚戚:心动的样子,指有同感。
⑥ 复:报告。
⑦ 钧:古代三十斤为一钧。
⑧ 明:眼力。
⑨ 秋毫之末:兽类秋天生出的绒毛的尖端,比喻极细小的东西。
⑩ 舆薪:一车柴。
⑪ 许:相信,赞同。
⑫ 见保:受到保护或安抚。见:被。
⑬ 王之不王:大王不能以王道统一天下。第二个"王"是动词,指"称王"。
⑭ "今恩……"句:这是孟子的话,省去"曰"字,表示语气急促。
⑮ 形:具体的外在区别和表现。
⑯ 异:区别。
⑰ 挟:夹在腋下。
⑱ 太山:泰山。
⑲ 超:跳过。
⑳ 北海:渤海。

㉑ 枝:通"肢"。一说向老者折腰行鞠躬礼,一说替长者攀摘树枝,皆指轻而易举之事。
㉒ 老吾老:第一个"老"为动词,意动用法,尊敬;第二个"老"为名词,老人。其下句"幼吾幼"句法相同。
㉓ 运于掌:运转在手掌上,比喻称王天下很容易办到。
㉔ 刑于寡妻,至于兄弟,以御于家邦:见于《诗经·思齐》,意思是给妻子做好榜样,推及兄弟,以此德行来治理国家。刑:通"型",这里作动词,指以身作则,为他人示范。寡妻:国君的正妻。御:治理。家邦:家和国。
㉕ 言举斯心加诸彼而已:孟子总结这三句诗的意思就是把你爱自家人的心推广到爱他人罢了。
㉖ 妻子:妻子儿女。
㉗ 大过:大大超过。
㉘ 权:用作动词,指用秤称重。《广雅·释器》:"锤,谓之权。"
㉙ 度:用尺量。
㉚ 度:思量,揣度。
㉛ 抑:表示反问,相当于"难道"。
㉜ 危:使……处于险境。
㉝ 构怨:结仇。

王 曰:"否。吾 何 快 於 是?將 以 求 吾 所 大 欲 也。"
齐宣王说:"不是的。我怎么会这样做才痛快呢?我是打算用这办法求得我最想要的东西啊。"

曰:"王 之 所 大 欲,可 得 聞 與?"王 笑 而 不 言。
孟子说:"您最想要的东西,可以让我听听吗?"齐宣王只是笑却不说话。

曰:"爲 肥 甘① 不 足 於 口 與?輕 煖② 不 足 於 體 與?抑爲采③色不足視於目與?
孟子说:"是因为肥美甘甜的食物不够吃呢?又轻又暖的衣服不够穿呢?还是因为绚丽的颜色不够看呢?

聲音不足聽於耳與?便嬖④(pián bì)不足使令於前與?王 之 諸 臣,皆 足 以 供 之,
美妙的音乐不够听呢?左右受宠爱的大臣不够用呢?您的大臣们,都能充分地提供这些给大王,

而 王 豈⑤ 爲 是 哉?" 曰:"否, 吾 不 爲 是 也。" 曰:"然 則
难道大王真是为了这些吗?"齐宣王说:"不是,我不是为了这些。"孟子说:"既然如此,

王之所大欲可知已——欲辟⑥土地，朝⑦秦楚，莅⑧中國⑨，
那么大王最想得到的东西便可知道了——想开拓疆土，使秦国、楚国来朝见，统治整个中原地区，
而⑩撫⑪四夷⑫也。以⑬若⑭所爲，求若所欲，猶緣木而求魚⑮也。"
安抚四方的少数民族。（但是）以这样的做法，去谋求这样的理想，就像爬到树上却要抓鱼一样。"

① 肥甘：肥美香甜的食物。
② 輕煖：轻柔暖和的衣裳。
③ 采：同"彩"，彩色。
④ 便嬖：国王宠爱的近侍。
⑤ 豈：难道。
⑥ 辟：开辟，扩大。
⑦ 朝：使……称臣（或朝见）。
⑧ 莅：居高临下，引申为统治。
⑨ 中國：中原地带。
⑩ 而：表并列。
⑪ 撫：安抚，使……安定。
⑫ 四夷：古代华夏族对四方少数民族的统称，包括东夷、南蛮、西戎、北狄，含轻蔑之意。
⑬ 以：凭借。
⑭ 若：如此。
⑮ 緣木而求魚：爬到树上去捉鱼，比喻不可能达到目的。

王曰："若是其甚①與？"曰："殆②有③甚焉。緣木求魚，雖不得魚，
齐宣王说："真的这么严重吗？"孟子说："恐怕比这还严重。爬到树上去抓鱼，虽然抓不到鱼，
無後災；以若所爲，求若所欲，盡心力而爲之，後必有災。"
却没有什么后患；假使用这样的做法，去谋求这样的理想，尽心尽力地去干，以后必然有灾祸。"
曰："可得聞與？"曰："鄒④人與楚⑤人戰，則王以爲孰勝？"
齐宣王说："（这是什么道理）可以说给我听听吗？"孟子说："（如果）邹国和楚国打仗，那么您认为谁会胜呢？"
曰："楚人勝。"曰："然則小固不可以敵大，
齐宣王说："楚国会胜。"孟子说："既然如此，那么小国本来就不可以与大国为敌，
寡固不可以敵衆，弱固不可以敵強。海內之地，
人少的国家本来就不可以与人多的国家为敌，弱国本来就不可以与强国为敌。天下的土地，
方千里者九，齊集⑥有其一；以一服八，
有纵横千里的九倍那么大，齐国的土地合起来也只占其中的一份；以一份的力量去降服八份，
何以異於鄒敵楚哉？蓋⑦亦反其本⑧矣？今王發政施仁⑨，
这与邹国和楚国打仗有什么不同呢？为什么不回到根本上来呢？（如果）您现在发布政令，推行仁政，
使天下仕者皆欲立於王之朝，耕者皆欲耕於王之野，商賈皆欲藏於王之市，
使得天下当官的都想到您的朝廷上做官，种田的都想到您的田野中耕作，做生意的都想把货物存放在大王的集市上，
行旅皆欲出於王之塗⑩，天下之欲疾⑪其君者，皆欲赴愬⑫於王。其若是，
旅行的人都想在大王的道路上出入，各国那些憎恨他们君主的人都想跑来向您申诉。如果像这样，
孰能禦之？"
谁还能抵挡您呢？"

① 甚：厉害，严重。
② 殆：不定副词，恐怕，大概。
③ 有：同"又"。
④ 邹：与鲁相邻的小国，在今山东省邹县。
⑤ 楚：南方的大国。
⑥ 集：凑集。
⑦ 盖：通"盍"，何不。
⑧ 反其本：回到根本上来，指回到王道仁政上来。反：同"返"，返回。
⑨ 发政施仁：发布政令，推行仁政。
⑩ 涂：通"途"。
⑪ 疾：憎恨。
⑫ 赴愬：前来申诉。

王曰："吾惛①，不能进②于③是④矣。愿夫子辅吾志，明以教我。
齐宣王说："我糊涂，不能懂得这个道理。希望先生您帮助我实现我的愿望，明确地教导我。
我虽不敏⑤，请尝试之。" 曰："无恒产⑥而有恒心⑦者，惟士为能。
我虽然不聪慧，但请让我试一试。"孟子说："没有长久可以维持生活的产业而常有善心，只有有志之士才能做到。
若民，则无恒产因无恒心。苟无恒心，
至于百姓，没有固定的产业因而就没有长久不变的善心。如果没有长久不变的善心，
放辟邪侈⑧，无不为已。及陷于罪，然后从而刑之，是罔民⑨也。
就会不服从约束、犯上作乱，没有不做的了。等到犯了罪，然后用刑法去处罚他们，这样做就是陷害百姓。
焉有仁人在位，罔民而可为也！是故明君制⑩民之产，
哪有仁爱的君主掌权，却可以做这种陷害百姓的事呢！所以英明的君主规定百姓的产业，
必使仰足以事父母，俯足以畜⑪妻子，乐岁⑫终⑬身饱，凶年⑭免于死亡，
一定使他们上能赡养父母，下能养活妻子儿女，年成好时能丰衣足食，年成不好也不至于饿死，
然后驱⑮而之⑯善⑰，故民之从之也轻⑱。今也，制民之产，仰不足以事父母，
这样之后督促他们做好事，所以百姓跟随国君走就容易了。如今，规定百姓的产业，上不能赡养父母，
俯不足以畜妻子，乐岁终身苦，凶年不免于死亡。此惟救死而恐不赡⑲，
下不能养活妻子儿女，好年景也总是生活在困苦之中，坏年景免不了要饿死。这样只怕救自己免于死亡都不够，
奚⑳暇㉑治礼义哉？王欲行之，则盍㉒反其本矣？   五亩之宅，
哪里还有空闲去讲求礼义呢？大王真想施行仁政，为什么不回到根本上来呢？（给每家）五亩大的住宅，
树之以桑，五十者可以衣帛矣。鸡豚狗彘之畜，无失其时，
种上桑树，五十岁的人就可以穿上丝织品了。鸡、猪、狗的畜养，不要耽误它们繁殖的时机，
七十者可以食肉矣。百亩之田，勿夺其时，八口之家可以无饥矣。
七十岁的人就可以吃上肉了。百亩大的田地，不要耽误它的耕作时节，八口人的家庭就可以不挨饿了。
谨庠序之教，申之以孝悌之义，
认真地兴办学校教育，把孝敬父母、敬爱兄长的道理反复讲给百姓听，
颁白者不负戴于道路矣。老者衣帛食肉，黎民不饥不寒，
须发花白的老人就不用在道路上背着或顶着东西了。老年人穿上丝织品、吃上肉，百姓不挨饿受冻，

然 而 不 王 者，未 之 有 也。"

做到了这些还不能统一天下而称王的，还从未有过。"

① 惛：同"昏"，思想昏乱不清。
② 进：前进。
③ 于：在。
④ 是：这。
⑤ 敏：聪慧。
⑥ 恒产：用以维持生活的固定产业。
⑦ 恒心：长久不变的善心。
⑧ 放辟邪侈："放"和"侈"同义，都是纵逸放荡的意思。"辟"和"邪"同义，都是行为不轨的意思。
⑨ 罔民：张开罗网陷害百姓。罔：同"网"，用作动词。
⑩ 制：规定。
⑪ 畜：同"蓄"，养活，抚育。
⑫ 乐岁：丰收的年头。
⑬ 终：一辈子。
⑭ 凶年：饥荒的年头。
⑮ 驱：督促，驱使。
⑯ 之：往，到。
⑰ 善：做好事。
⑱ 轻：容易。
⑲ 赡：从贝，詹（zhān）声，本义为供给，这里引申为足够、丰富。
⑳ 奚：哪里。
㉑ 暇：空闲时间。
㉒ 盍：何不。

二、字词梳理

（一）古今与通假

1. 无**以**，则王乎：通"已"，停下来。通假字。
2. 王**说**：同"悦"，高兴，喜悦。古今字。
3. 为长者折**枝**：通"肢"，肢体。通假字。
4. **刑**于寡妻：通"型"，做榜样，示范。通假字（一说古今字）。
5. 轻**暖**不足于体与：同"暖"，暖和。异体字。
6. 抑为**采**色不足视于目与：同"彩"，彩色，颜色。古今字。
7. **盖**亦反其本矣：通"盍"，何不。通假字。
8. 盖亦**反**其本矣：同"返"，返回。古今字。
9. 皆欲赴**愬**于王：通"诉"，告诉。通假字。
10. 放**辟**邪侈：同"僻"，行为不端，做坏事。古今字。
11. 无不为**已**：通"矣"，语气词。通假字。

（二）词义详解

1. 【爱】（一P322 常用词 206）

（1）爱。《战国策·触詟说赵太后》："故以为其爱不若燕后。"《战国策·鲁仲连义不帝秦》："夺其所憎而与其所爱。"《左传·郑伯克段于鄢》："爱其母，施及庄公。"

引申为怜惜。《左传·僖公二十二年》："若爱重伤，则如勿伤。"

（2）不舍得，不愿意放弃，吝惜。《孟子·齐桓晋文之事》："百姓皆以王为爱也。"

2. 【异】（一P330 常用词 226）

（1）不同，跟"同"相对。《论语·微子》："我则异于是。"《论语·先进》："异乎三子者之撰。"《孟子·寡人之于国也》："是何异于刺人而杀之。"《战国策·触詟说赵太后》："妇人异甚！"《诗经·静女》："自牧归荑，洵美且异。"

引申为奇特。《捕蛇者说》："永州之野产异蛇。"

（2）奇怪，觉得奇怪。《孟子·齐桓晋文之事》："王无异于百姓之以王为爱也。"

3．【保】（一 P322 常用词 205）

（1）抚养。《汉书·论贵粟疏》："虽慈母不能保其子，君安能以有其民哉？"

引申为安。《孟子·齐桓晋文之事》："故推恩足以保四海，不推恩无以保妻子。"

又引申为守住。《明夷待访录·原君》："虽然，使后之为君者，果能保此产业。"

（2）通"堡"。《礼记·战于郎》："公叔禺人遇负杖入保者息。"

4．【形】（三 P1202 常用词 807）

形象，形体，形状。《孟子·齐桓晋文之事》："不为者与不能者之形，何以异？"

用作动词，表示成为某种形体。《上书谏吴王》："先其未形也。"

引申为形势。《三国志·诸葛亮传》："如此则荆、吴之势强，鼎足之形成矣。"

又引申为表现，使之形之于外。《礼记·诚意》："此谓诚于中，形于外。"《老子》："难易相成，长短相形。"成语"喜形于色"。

5．【挟】（三 P787 常用词 483）

夹在腋下。《孟子·齐桓晋文之事》："故王之不王，非挟太山以超北海之类也。"

引申为把着，夹着。《战国策·庄辛说楚襄王》："不知夫公子王孙，左挟弹，右摄丸。"

又用于抽象意义，表示有或者怀抱着。《战国策·触詟说赵太后》："位尊而无功，奉厚而无劳，而挟重器多也。"

引申为挟持，用强力逼迫别人执行某事。《三国志·隆中对》："挟天子而令诸侯。"

6．【语】（一 P41 常用词 2）

（1）动词，谈话。《论语·乡党》："食不言，寝不语。"

（2）读 yù。告诉。《左传·郑伯克段于鄢》："公语之故，且告之悔。"《孟子·齐桓晋文之事》："语人曰'我不能'。是诚不能也。"

（3）名词，言论，话。《左传·子产不毁乡校》："仲尼闻是语也。"

（4）谚语，俗话。《战国策·庄辛说楚襄王》："臣闻鄙语曰，'见兔而顾犬，未为晚也'。"

7．【抑】（三 P785 常用词 479）

（1）用手压、摁，跟"扬"相对。《老子》："高者抑之，下者举之。"

引申为控制。洪亮吉《治平篇》："禁其浮靡，抑其兼并。"

（2）[抑郁] 双声联绵词。苦闷的样子。白居易《琵琶行》："弦弦掩抑声声思，似诉平生不得志。"

（3）连词，表示轻微的转折。《孟子·齐桓晋文之事》："抑王兴甲兵，危士臣，构怨于诸侯，然后快于心与？"

又表示选择的问。《孟子·齐桓晋文之事》:"抑为采色不足视于目与?"

(4) 副词,"抑""亦"二字连用,表示委婉语气。

8.【轻】(二 P588 常用词 420)

分量小,跟"重"相对。《孟子·齐桓晋文之事》:"轻暖不足于体与?"

引申为容易,轻易。《孟子·齐桓晋文之事》:"然后驱而之善,故民之从之也轻。"

又引申为轻视。《庄子·百川灌河》:"且夫我尝闻少仲尼之闻,而轻伯夷之义者。"

9.【明】(二 P440 常用词 310)

(1) 光明,亮。《石钟山记》:"至莫夜月明,独与迈乘小舟,至绝壁下。"

引申为明白,清楚。《礼记·博学》:"果能此道矣,虽愚必明,虽柔必强。"《荀子·劝学》:"目不能两视而明。"

作副词,明白地。《孟子·齐桓晋文之事》:"愿夫子辅吾志,明以教我。"《战国策·触詟说赵太后》:"太后明谓左右。"

用在动词及其宾语后,表示某事是很明显的。《战国策·齐策一》:"此不叛寡人明矣。"

又引申为证明,显示。《五人墓碑记》:"亦以明死生之大,匹夫之有重于社稷也。"《庄子·胠箧》:"彼圣人者,天下之利器也,非所以明天下也。"

又引申为英明。《孟子·齐桓晋文之事》:"是故明君制民之产。"魏徵《谏太宗十思疏》:"臣虽下愚,知其不可,而况于明哲乎!"

(2) 眼力,视力。《孟子·齐桓晋文之事》:"明足以察秋毫之末,而不见舆薪。"《庄子·胠箧》:"胶离朱之目,而天下始人含其明矣。"

10.【奚】

(1) 代词,什么。《归去来兮辞》:"聊乘化以归尽,乐夫天命复奚疑。"

(2) 怎么,哪里,为什么。《孟子·齐桓晋文之事》:"此惟救死而恐不赡,奚暇治礼义哉?"《墨子·非攻》:"夫奚说书其不义以遗后世哉?"

三、语法修辞

(一) 词类活用

1. 是以君子远庖厨也:形容词活用作动词,使动用法,使……远离。
2. 老吾老,以及人之老 / 幼吾幼,以及人之幼:名词活用作动词,敬爱 / 爱护。
3. 抑王兴甲兵,危士臣:动词的使动用法,使……兴起,使……处于险境。
4. 为肥甘不足于口与 / 轻暖不足于体与:形容词活用作名词,肥美香甜的食物 / 轻柔暖和的衣服。
5. 朝秦楚:动词的使动用法,使……朝见。
6. 以一服八:动词的使动用法,使……降服。
7. 然后从而刑之:名词活用作动词,处罚。

8. 是罔民也：名词活用作动词，对……张开罗网。

(二) **特殊结构**

1. 臣未之闻也：否定句，代词"之"作宾语，前置。
2. 莫之能御也：否定句，代词"之"作宾语，前置。
3. 宜乎百姓之谓我爱也：主谓倒装，谓语是"宜乎"，主语是"百姓之谓我爱也"。
4. 夫子之谓也：代词"之"复指前置宾语"夫子"，调整后的句子是"谓夫子"。
5. 若是其甚与：主谓倒装，谓语"若是"前置，主语为"其甚"。

文王之囿、所謂故國者、夫子當路於齊

一、课文通译

文王之囿《《梁惠王下》》、所謂故國者《《梁惠王下》》

夫子當路於齊《《公孫丑上》》

公孫丑①問曰："夫子當路②於齊，管仲晏(yàn)子之功，可復許③乎？"
公孙丑问道："先生如果在齐国当权，管仲、晏子的功业，可以再度兴盛吗？"

① 公孙丑：孟子的学生，齐国人。
② 当路：当权，当政。
③ 许：兴盛，复兴。

孟子曰："子誠齊人也！知管仲晏子而已矣。或問乎曾西①曰：'吾子②與子路孰賢？'
孟子说："你真是个齐国人啊！只知道管仲、晏子而已。曾经有人问曾西：'您和子路相比谁更有才能？'
曾西蹵(cù)然③曰：'吾先子④之所畏也。' 曰：'然則吾子與管仲孰賢？'
曾西不安地说：'子路可是我祖父所敬畏的人啊。'那人又问：'那么您和管仲相比谁更有才能呢？'
曾西艴(fú)然⑤不悅曰：'爾何曾⑥比予於管仲！管仲得君，如彼其專也！
曾西愤怒地说：'你怎么竟拿管仲来和我相比！管仲得到国君的知遇，他是那样的信任不疑！
行乎國政，如彼其久也！功烈，如彼其卑也！爾何曾比予於是！'" 曰：
行使国家的政权，他是那样长久！而功绩，他却是那样少！你怎么竟拿他来和我相比呢！'"孟子接着说：
"管仲，曾西之所不爲也，而子爲⑦我願之乎？"
"管仲，是曾西都不愿做的人，而你以为我愿意做那样的人吗？"

① 曾西：名曾申，字子西，鲁国人，孔子学生曾参的孙子。
② 吾子：对友人的昵称，相当于"吾兄""老兄"。
③ 蹵然：不安的样子。
④ 先子：已逝世的长辈，这里指曾西的祖父曾参。
⑤ 艴然：恼怒的样子。
⑥ 曾：副词，竟然，居然。
⑦ 为：通"谓"，认为。

曰："管仲以其君霸，晏子以其君顯，管仲晏子猶不足爲與？"
公孙丑说："管仲辅佐桓公称霸天下，晏子辅佐景公名扬诸侯，难道管仲、晏子这样的人还不值得做吗？"

曰："以齊王，由①反手也！"
孟子说："以齐国的实力来用王道统一天下，易如反掌！"

① 由：通"犹"，如同。

曰："若是，則弟子之惑滋甚。且以文王之德，百年而後崩①，
公孙丑说："如果是这样，那么弟子我就更加疑惑不解了。再说以周文王的仁德，活了将近一百岁才死，
猶未洽於天下。武王、周公②繼之，然後大行。今言王若易然，
其德泽仍未浸润天上。直到周武王、周公继承他的事业，然后才统一天下。现在您说用王道统一天下易如反掌，
則文王不足法與？"
那么连周文王都不值得学习了吗？"

① 百年而后崩：相传周文王活了九十七岁。百年：泛指寿命很长。
② 周公：姓姬，名旦，周文王的儿子，武王的弟弟，辅助武王伐纣，统一天下，又辅助成王定乱，安定天下，成为鲁国的始祖。

曰："文王何可當也？由湯至於武丁，賢聖之君六七作①，
孟子说："我们怎么可以比得上周文王呢？由商汤到武丁，贤明的君主出了六七个，
天下歸殷久矣，久則難變也。武丁朝諸侯，有天下，猶運之掌也。
天下人归服殷朝已经很久了，久了就难以变动。武丁使诸侯来朝见，统治天下，就像运转它在自己的手掌心里。
紂之去武丁未久也，其故家遺俗，流風善政，
纣王离武丁并不久，武丁的勋臣世家留下的良好习俗，流传下来的良好风尚与清明的政治措施，
猶有存者，又有微子、微仲、王子比干、箕子、膠鬲，皆賢人也，相與②輔相③之，
都还有遗存，又有微子、微仲、王子比干、箕子、胶鬲，他们都是贤人，共同辅佐纣王，
故久而後失之也。尺地莫非其有也，一民莫非其臣也，
所以纣王能统治很久以后才失去政权。当时没有一尺土地不属于纣王，没有一个百姓不属于纣王，
然而文王猶方百里起，是以難也。齊人有言曰：'雖有智慧，
而文王只能从方圆百里的小地方兴起，所以是非常困难的。齐国人有句话说：'虽然有智慧，
不如乘勢；雖有鎡基④，不如待時。'今時則易然也。夏后殷周之盛，
不如趁形势；虽然有锄头，不如等农时。'现在的时势就很利于用王道统一天下。夏、商、周三代兴盛的时候，
地未有過千里者也，而齊有其地矣。雞鳴狗吠相聞，而達乎四境，
土地没有超过千里的，而现在的齐国却超过了。鸡鸣狗叫的声音处处都听得见，一直到四方边境，
而齊有其民矣。地不改辟矣，民不改聚矣，行仁政而王，莫之能禦也。
这说明齐国人口众多。国土不需要再开辟，百姓不需要再团聚，如果施行仁政来统一天下，没有谁能够阻挡。

且　王　者　之　不　作，未　有　疏　於　此　時　者　也；民　之　憔　悴　於　虐　政，
何况统一天下的贤君不出现的时间，从来没有比现在隔得久远了；百姓受暴政的压榨而变得憔悴，
未　有　甚　於　此　時　者　也。飢　者　易　爲　食，渴　者　易　爲　飲。孔子曰：'德　之　流　行，
从来没有比现在更厉害的了。饥饿的人不择食物，口渴的人不择饮料。孔子说：'道德的流行，
速　於　置　郵⑤而　傳　命。'當　今　之　時，萬　乘　之　國　行　仁　政，民　之　悦　之，
比驿站传递政令还要迅速。'现在这个时候，拥有万辆兵车的大国施行仁政，百姓对它的喜悦，
猶　解　倒　懸　也。故　事　半　古　之　人，功　必　倍　之。
就像被吊着的人得到解救一样。所以事情比古人少做了一半，而功效却比古人多一倍。
惟　此　時　爲　然。"
只有这个时候才做得到。"

① 作：兴起。
② 相与：双音副词，共同。
③ 辅相：双音动词，辅助。
④ 鎡基：农具，相当于今天的锄头。
⑤ 置邮："置""邮"都是名词，相当于后代的驿站。

二、字词梳理

（一）古今与通假

1. 非谓有乔木之谓也：通"为"，表判断，是。通假字。
2. 而子为我愿之乎：通"谓"，以为，认为。通假字。
3. 以齐王，由反手也：通"犹"，如同。通假字。
4. 然而文王犹方百里起：通"由"，从。通假字。

（二）词义详解

1.【传】

（1）读 chuán。传递，传送。《孟子·夫子当路于齐》："德之流行，速于置邮而传命。"《史记·廉颇蔺相如列传》："秦王大喜，传以示美人及左右。"

（2）传授，教授。《孟子·齐桓晋文之事》："是以后世无传焉，臣未之闻也。"《师说》："师者，所以传道授业解惑也。"

（3）文字记载。《孟子·文王之囿》："于传有之。"

又常指一种文体。《史记·太史公自序》："作七十列传。"

2.【往】（一 P135 常用词 70）

去，到某处去。《孟子·文王之囿》："刍荛者往焉，雉兔者往焉。"《战国策·鲁仲连义不帝秦》："居岁余，周烈王崩，诸侯皆吊，齐后往。"《战国策·冯谖客孟尝君》："梁使三反，孟尝君固辞不往也。"

引申为过去（指时间），从前。《归去来兮辞》："悟已往之不谏，知来者之可追。"

3.【同】(一P329 常用词224)

(1) 一样，跟"异"相对。《三国志·诸葛亮传》："今卿廓开大计，正与孤同。"

引申为副词，共同。《左传·齐桓公伐楚》："与不谷同好，如何？"《诗经·七月》："同我妇子。"

又作动词，表示共同享受。《孟子·文王之囿》："与民同之。"

又表示同属。《论语·微子》："鸟兽不可与同群。"

(2) 集中。《诗经·七月》："嗟我农夫，我稼既同，上入执宫功。"

4.【禁】(三P1051 常用词653)

(1) 禁止。《训俭示康》："居位者虽不能禁，忍助之乎？"

又作名词，禁令。《孟子·文王之囿》："臣始至于境，问国之大禁，然后敢入。"

(2) 天子所居。《史记·秦始皇本纪》："二世常居禁中。"

5.【谓】(一P42 常用词3)

(1) 对某人说。《论语·公冶长》："子谓子贡曰……"《战国策·触詟说赵太后》："太后明谓左右……"

(2) 叫，叫作，认为。《礼记·诚意》："此谓诚于中，形于外。"

(3) 评论（人物）。《论语·公冶长》："子谓子产，有君子之道四焉。"

(4) 通"为"。《左传·宫之奇谏假道》："一之谓甚，其可再乎？"

6.【亲】(三P1073 常用词702)

(1) 父母。《战国策·冯谖客孟尝君》："冯公有亲乎？"

引申为亲属，亲人。《战国策·触詟说赵太后》："人主之子也，骨肉之亲也。"

(2) 亲近，亲爱。《左传·宫之奇谏假道》："鬼神非人实亲，惟德是依。"

(3) 亲自。《江城子·密州出猎》："为报倾城随太守，亲射虎，看孙郎。"

7.【进】(一P318 常用词194)

(1) 向前走，推进，跟"退"相对。《左传·齐桓公伐楚》："师进，次于陉。"

引申为到朝廷做官。《陈情表》："臣之进退，实为狼狈。"《岳阳楼记》："是进亦忧，退亦忧。"

又为使他人到朝廷做官，任用。《孟子·所谓故国者》："国君进贤。"

又为向在上者推荐。《史记·孙子吴起列传》："于是忌进孙子于威王。"

(2) 献纳。《战国策·邹忌讽齐王纳谏》："时时而间进。"

8.【戚】(一P326 常用词217)

(1) 兵器的一种。陶渊明《读山海经》诗十三首之十："刑天舞干戚，猛志固常在。"

(2) 忧患，悲哀。《孟子·齐桓晋文之事》："夫子言之，于我心有戚戚焉。"这种意义也写作"慼"。《左传·晋灵公不君》："我之怀矣，自诒伊慼。"

(3) 亲，亲属。《孟子·所谓故国者》："将使卑逾尊，疏逾戚。"

9.【专】(三 P801 常用词 512)

专一，集中。《孟子·夫子当路于齐》："管仲得君，如彼其专也！"《战国策·庄辛说楚襄王》："专淫逸侈靡，不顾国政。"《战国策·江乙对荆宣王》："而专属之昭奚恤。"

引申为独占，独裁。《左传·曹刿论战》："衣食所安，弗敢专也，必以分人。"

10.【显】(一 P229 常用词 160)

动词，放光明。形容词，光明的。一般用于抽象意义。

引申为显贵，显贵的，在社会上层。《战国策·冯谖客孟尝君》："百乘，显使也。"《五人墓碑记》："则今之高爵显位。"

11.【朝】(一 P334 常用词 237)

(1) 读 zhāo。早晨，跟"暮""夕"相对。《论语·里仁》："朝闻道，夕死可矣。"

(2) 读 cháo。动词，朝见，臣在早晨拜见君主。《送东阳马生序》："余朝京师。"《战国策·鲁仲连义不帝秦》："周贫且微，诸侯莫朝，而齐独朝之。"

又表示使朝见。《孟子·夫子当路于齐》："武丁朝诸侯，有天下，犹运之掌也。"《孟子·齐桓晋文之事》："欲辟土地，朝秦楚，莅中国，而抚四夷也。"

(3) 读 cháo。名词，朝廷。《孟子·齐桓晋文之事》："使天下仕者皆欲立于王之朝。"

12.【势】(一 P333 常用词 235)

(1) 力量，权利。《梦游天姥吟留别》："势拔五岳掩赤城。"《过秦论》："然秦以区区之地，致万乘之势。"

(2) 形式，局面。《孟子·告子上》："是岂水之性哉？其势则然也。"

又作状语，表示由具体情况所决定。《史记·廉颇蔺相如列传》："今两虎共斗，其势不俱生。"

引申为机会。《孟子·夫子当路于齐》："虽有智慧，不如乘势；虽有镃基，不如待时。"

13.【改】(二 P421 常用词 270)

变更，更换。《论语·雍也》："回也不改其乐。"《左传·子产不毁乡校》："其所恶者，吾则改之。"《左传·晋灵公不君》："过而能改，善莫大焉。"

引申为再。《孟子·夫子当路于齐》："地不改辟矣，民不改聚矣。"

知识链接："变""更""改"的辨析

"变""更""改"都有"更改、改变"的意思。"变"侧重客观的变化。"更"偏重主观改革，含有改变以后保持事物连续性的意思。"改"偏重主观改革，重在改变原来事物的面貌。

14.【疏】(一 P326 常用词 216)

(1) 稀疏。《与朱元思书》："疏条交映。"

引申为关系远，不亲。《孟子·所谓故国者》："将使卑踰尊，疏踰戚。"

引申为时间相隔久。《孟子·夫子当路于齐》："且王者之不作，未有疏于此时者也。"

（2）疏通（江河）。《孟子·许行》："禹疏九河。"柳宗元《答韦中立论师道书》："疏之欲其通。"

（3）读 shù。分条登记或分条陈述。《滕王阁序》："敢竭鄙怀，恭疏短引。"

（4）读 shù。注解的一种。

三、语法修辞

（一）词类活用

1. 刍荛者往焉，雉兔者往焉：名词活用作动词，割牧草和砍柴，猎取野鸡和野兔。
2. 将使卑踰尊，疏踰戚：形容词活用作名词，低贱的人、尊贵的人、疏远的人、亲密的人。

（二）特殊结构

1. 若是其大乎：主谓倒装，主语是"其大"，谓语是"若是"，正常语序是"其大若是乎"。
2. 非谓有乔木之谓也，有世臣之谓也：第一个"谓"通判断动词"为"；两个"之"分别复指第二个"谓"和第三个"谓"的前置宾语"有乔木"和"有世臣"，两处的正常语序应该是"谓有乔木""谓有世臣"。
3. 如彼其专也 / 如彼其久也 / 如彼其卑也：主谓倒装，正常语序是"其专如彼也""其久如彼也""其卑如彼也"。

許行《滕文公上》

一、课文通译

有爲①神農之言②者許行③，自楚之滕④，踵門⑤而告文公⑥曰："遠方之人，
有个研究神农学说的人叫作许行，从楚国来到滕国，走到门前禀告滕文公说："我这个来自远方的人，
聞君行仁政，願受⑦一廛⑧而爲氓⑨。"文公與之處⑩。其徒數十人，
听说您实行仁政，希望得到一处住所来做您的百姓。"滕文公给了他一处住所。他的门徒有几十人，
皆衣褐，捆屨⑪織席以爲食。
都穿着粗麻布做的衣服，靠编鞋织席为生。

① 爲：治，指研究。
② 神農之言：神农的学说。战国时期的农家学派假托神农以宣扬自己的主张，故称为"神农之言"。神农：传说中的三皇之一，教民耕种。
③ 许行：战国时期农家学派的代表人物，所遗事迹不多，只在本篇中可以约略地看出他的主张。
④ 滕：春秋战国时期的小诸侯国，后为齐所灭。在今山东省滕县。
⑤ 踵门：亲自登门。

⑥ 文公：滕文公，滕定公之子。
⑦ 受：得到。
⑧ 廛：一户平民所住的房屋和宅院，泛指城邑民居。
⑨ 氓：民，偏远之民。一说指自他处归附的民众。这是许行自谦的说法。
⑩ 处：居处，指田地房舍等。
⑪ 捆屨：做麻鞋。做麻鞋时要不断敲打使之致密，故称"捆屨"。捆：敲打。

陳良①之徒陳相，與其弟辛，負耒耜②而自宋③之滕，曰：
陈良的门徒陈相，和他的弟弟陈辛，背着农具耒耜从宋国来到滕国，对滕文公说：
"聞君行聖人之政，是亦聖人也，願爲聖人氓。"
"听说您实行圣人的政治主张，这样您也算是圣人了，我们愿意做圣人的百姓。"

① 陈良：楚国大儒。
② 耒耜：一种像犁的农具，也用作农具的统称。

③ 宋：春秋战国时期的诸侯国，后为齐所灭。在今河南省商丘市。

陳相見許行而大悅，盡棄其學而學焉。陳相見孟子，道許行之言曰：
陈相见到许行后非常高兴，完全放弃了他原来所学的东西而向许行学习。陈相来见孟子，转述许行的话说道：
"滕君，則誠賢君也；雖然，未聞道也。賢者與民並耕而食，
"滕国的国君，的确是贤德的君主；虽然这样，他还是不了解治国之道。贤君应和百姓一起耕作而取得食物，
饔飧①而治②；今也，滕有倉廩③府庫④，則是厲民⑤而以自養也，
一边做饭一边治理天下；现在，滕国设有粮仓和收藏财物布帛的仓库，那么这就是使百姓困苦来供养自己，

惡⑥得賢!"
哪里算得上贤呢!"

① 饔飧：熟食，早餐为"饔"，晚餐为"飧"。在这里作动词用，做饭。
② 治：治理天下。
③ 仓廪：谷仓。谷藏曰"仓"，米藏曰"廪"。
④ 府库：贮存财物之所。
⑤ 厉民：虐待百姓。厉：同"疠"，病，虐害。
⑥ 惡：哪里。

孟子曰："許子必①種粟而後食乎？"曰："然。"
孟子问道："许子一定要自己种庄稼然后才吃饭吗？"陈相说："对。"

"許子必織布然後衣乎？"曰："否。許子衣褐。"
孟子说："许子一定要自己织布然后才穿衣服吗？"陈相说："不是。许子穿未经纺织的粗麻布衣。"

"許子冠②乎？"曰："冠。"曰："奚③冠？"曰："冠素④。"
孟子说："许子戴帽子吗？"陈相说："戴帽子。"孟子说："戴什么帽子？"陈相说："戴生绢做的帽子。"

曰："自織之與？"曰："否，以粟易之。"曰："許子奚爲不自織？"曰：
孟子说："是自己织的吗？"陈相说："不，用粮食换的。"孟子说："许子为什么不自己织呢？"陈相说：

"害⑤於耕。"曰："許子以釜甑⑥爨⑦，以鐵⑧耕乎？"曰："然。"
"对耕种有妨碍。"孟子说："许子用铁锅瓦甑做饭，用铁制农具耕种吗？"陈相说："对。"

"自爲之與？"曰："否，以粟易之。"
孟子说："是自己制造的吗？"陈相说："不，用粮食换的。"

① 必：必定，一定。
② 冠：帽子。这里用作动词，指戴帽子。
③ 奚：何，什么。
④ 素：未着色的绢。这里指用生绢做成的帽子。
⑤ 害：危害，妨碍。
⑥ 釜甑：炊具。釜：锅一类的炊具。甑：瓦制蒸器，后代用竹木做成，即蒸笼一类的炊具。
⑦ 爨：烧火煮饭。
⑧ 鐵：铁制农具。

"以粟易械器者，不爲厲陶冶①；陶冶亦以械器易粟者，
孟子说："用粮食换农具和炊具，不算损害了陶匠和铁匠；陶匠和铁匠也是用他们的农具和炊具换粮食，

豈爲②厲農夫哉？且許子何不爲陶冶，舍皆取諸其宫③中而用之？
难道能算是损害了农夫吗？再说许子为什么不自己烧陶和炼铁，放弃了一切东西都从自己家里拿来用的原则呢？

何爲紛紛然④與百工⑤交易？何許子之不憚⑥煩？"
为什么忙忙碌碌地同各种工匠进行交换呢？为什么许子这样不怕麻烦呢？"

① 陶冶：烧制陶器和冶炼铁器。这里指从事烧制陶器和冶炼铁器的手工业者。
② 为：是。
③ 宫：住所。战国时期，一般人的住处都可称为"宫"。
④ 纷纷然：杂乱的样子，这里指忙碌。
⑤ 百工：泛指各种工匠。
⑥ 憚：害怕。

曰:"百工之事,固不可耕且爲也。" "然則治天下,
陈相说:"各种工匠的活儿,本来就不可能又种地又兼着干。"孟子说:"既然如此,那么治理天下,
獨可耕且爲與?有大人之事,有小人之事①。且一人之身②而百工之所爲備③,
就可以和种地兼着干吗?有做官的人干的事,有当百姓的人干的事。况且一个人的生活要具备各种工匠制造的东西,
如必自爲而後用之,是率④天下而路⑤也。故曰:或勞心,
如果一定要自己制造然后才使用它,这是带着天下的人奔走在道路上不得安宁。所以说:有的人使用脑力,
或勞力。勞心者治人,勞力者治於人;治於人者食(sì)⑥人,
有的人使用体力。使用脑力的人统治别人,使用体力的人被人统治;被人统治的人供养别人,
治人者食(sì)於人:天下之通義也。"
统治别人的人被人供养:这是天下一般的道理。"

① 有大人之事,有小人之事:不同的人有不同的事情。《孟子》中常常以"大人"与"小人"、"君子"与"小人"对举。"大人""君子"常指在上位的人或有德者,"小人"则指民众。
② 一人之身:一个人的需要。身:自身,此指自身之需。
③ 备:具备。
④ 率:导,引导。
⑤ 路:四处奔走,疲于奔命。
⑥ 食:动词,供养。

"當堯之時,天下猶未平①。洪水橫流,氾濫於天下。草木暢茂②,禽獸繁殖,
"唐尧的时候,天下还没有平定。大水乱流,到处泛滥。草木生长茂盛,禽兽大量繁殖,
五穀不登③,禽獸偪人。獸蹄鳥迹之道,交於中國④。堯獨憂之,舉⑤舜而敷治⑥焉。
五谷都不成熟,野兽威胁着人们。鸟兽所走的道路,遍布中原地带。唐尧暗自为此担忧,选拔舜来治理。
舜使益⑦掌火⑧,益烈⑨山澤而焚⑩之,禽獸逃匿。禹疏九河⑪,
舜派益掌管火,益放大火焚烧山野沼泽地带的草木,野兽纷纷逃避躲藏。舜又派禹疏通九河,
瀹(yuè)⑫濟漯(tà)⑬,而注⑭諸⑮海;決汝漢,排淮泗,而注之江⑯;
疏导济水、漯水,让它们流入海中;掘通汝水、汉水,排除淮河、泗水的淤塞,让它们流入长江;
然後中國可得而食也。當是時也,禹八年於外,三過其門而不入,
这样一来,中原地带才能够耕种并收获粮食。在这个时候,禹在外奔波八年,多次经过家门都没有进去,
雖欲耕,得乎?"
即使想要自己耕种,行吗?"

① 平:平安,安定。
② 暢茂:繁茂。
③ 登:成熟。
④ 中国:中原地带。
⑤ 举:举拔,选拔。
⑥ 敷治:普遍治理。敷:遍。《诗经·般》:"敷天之下,裒时之对。"
⑦ 益:传说是舜时主持火政的官。
⑧ 掌火:主持火政。
⑨ 烈:火势猛烈。这里用作动词,指点燃大火。
⑩ 焚:烧。
⑪ 九河:黄河下游的九条支流。据记载,这九条河是徒骇、太史、马颊、覆釜、胡苏、简、絜、钩盘、鬲津。

⑫ 瀹：疏导。
⑬ 济漯：济水和漯水。济水故道已为黄河夺占，漯水湮没。
⑭ 注：灌注，流入。
⑮ 诸：之于。

⑯ 决汝汉，排淮泗，而注之江：极言禹疏导江、淮流域水道之功。决：开挖，加宽。汝：汝水。汉：汉水。排：疏通淤塞。淮：淮河。泗：泗水。今只有汉水入长江，其他三水都不入长江。

"后稷①教民稼穑②，树艺③五谷，五谷④熟而民人育。人之有道⑤也，
"后稷教导百姓耕种收割，种植庄稼，庄稼成熟而百姓得以生存繁殖。关于做人的道理，
饱食、暖衣、逸居⑥而无教⑦，则近于禽兽。圣人有⑧忧之，使契⑨为司徒⑩，
吃得饱、穿得暖、住得安逸却没有受到教育，便和禽兽近似了。唐尧又为此担忧，派契做司徒，
教以人伦⑪：父子有亲，君臣有义，
把人与人之间应有的关系和相处的原则教给百姓：父子之间有骨肉之亲，君臣之间有礼义之道，
夫妇有别，长幼有叙⑫，朋友有信⑬。放勋⑭曰：'劳之来之⑮，
夫妇之间有内外之别，长幼之间有等次之序，朋友之间有诚信之德。唐尧说：'慰劳百姓使他们归附，
匡之直之⑯，辅⑰之翼⑱之，使自得之，又从而振德⑲之。'
纠正他们的错误使他们正直，帮助并保护他们，使他们得到向善之心，又随着救济他们并对他们施加恩惠。'
圣人之忧民如此，而暇(xiá)耕乎？"
唐尧忧民到了这样的地步，还有空闲去耕种吗？"

① 后稷：传说中周人的始祖，名弃，曾为帝尧的农师，教人耕作，所以称"后稷"。
② 稼穑：农业生产。稼：耕种。穑：收获。
③ 树艺：种植。
④ 五谷：稻、黍、稷、麦、菽。
⑤ 人之有道：做人的道理。
⑥ 逸居：住得安逸。
⑦ 教：教化，教育。
⑧ 有：通"又"。
⑨ 契：传说中商人的祖先，帝喾之子，曾为帝尧的司徒。
⑩ 司徒：古代官名，掌人伦教化。

⑪ 人伦：人与人之间的关系和相处的原则，即下文的"父子有亲……"。伦：常。
⑫ 叙：同"序"，次序。
⑬ 信：诚信。
⑭ 放勋：传说为帝尧之号，一说帝尧之名。
⑮ 劳之来之：慰劳百姓。来：使……归附。之：代词，指民众。
⑯ 匡之直之：纠正他们的邪僻之心。匡：正。
⑰ 辅：帮助。
⑱ 翼：保护。
⑲ 振德：救助并施以恩德。振：通"赈"。

"尧以不得舜为己忧，舜以不得禹、皋陶(gāo yáo)①为己忧。
"唐尧把得不到舜作为自己的忧虑，舜把得不到禹、皋陶作为自己的忧虑。
夫以百亩之不易②为己忧者，农夫也。分人以财谓之惠，教人以善谓之忠，
把百亩之地种不好作为自己的忧虑的人，是农民。把财物分给别人叫作"惠"，把向善的道理教给别人叫作"忠"，
为天下得人③者谓之仁；是故以天下与④人易⑤，为天下得人难。孔子曰：
为天下找到贤人叫作"仁"；所以把天下让给别人容易，为天下找到贤人却很难。孔子说：

211

'大哉,尧之爲君!惟天爲大⑥,惟尧则⑦之,荡荡乎⑧,民無能名⑨焉!
'尧作为君主,真伟大啊!只有天最伟大,只有尧能效法天,他的仁慈广大辽阔啊,百姓不能用语言来形容!
君哉,舜也!巍巍乎⑩,有天下而不與⑪焉!'⑫尧舜之治天下,
舜真是个得君主之道的人啊!他的品德多么崇高啊,有天下却不事事过问!' 尧、舜治理天下,
岂無所用其心哉?亦⑬不用於耕耳。"
难道不要费心思吗?只不过不用在耕种上罢了。"

① 皋陶：人名,舜的贤臣,主管司法。
② 易：治。
③ 为天下得人：求得能治理天下的人。
④ 与：给予,传给。
⑤ 易：容易。
⑥ 大：伟大。
⑦ 则：取则,效法。

⑧ 荡荡乎：广大辽阔的样子。
⑨ 无能名：不能称说。
⑩ 巍巍乎：高大的样子。
⑪ 与：参与。
⑫ "大哉……不与焉"句：见《论语·泰伯》,但文字与孟子所引有出入。
⑬ 亦：只是。

"吾聞用夏①變夷②者,未聞變於夷者也。陳良,楚產③也,
"我只听说过用中原礼义改变夷族的风俗的,没有听说过中原的风俗被夷族改变的。陈良,是楚国人,
悦④周公⑤、仲尼之道,北學於中國;北方之學者,未能或之先⑥也。
喜爱周公、孔子的学说,由南而北来到中原学习;北方的学者中,没有人能够超过他。
彼所謂豪傑之士也。子之兄弟,事⑦之數十年,師死而遂倍⑧之。
他可以称得上是豪杰之士也。你们兄弟,跟随他学习了几十年,他一死你们就背叛了他。
昔者,孔子没,三年之外,門人治任⑨將歸,
以前,孔子死的时候,门徒们都为他守孝三年,三年以后,大家才收拾行李准备回家,
入揖⑩於子貢⑪,相嚮而哭,皆失聲,然後歸。子貢反⑫,築室於場⑬,
临走的时候都去向子贡行礼告别,相对而哭,泣不成声,然后才离开。子贡则回到孔子的墓地重新筑屋,
獨居三年,然後歸。他日,子夏、子張、子游⑭,以有若⑮似⑯聖人⑰,
独自守墓三年,然后才离开。后来,子夏、子张、子游,认为有若有点像孔子,
欲以所事孔子事之,强⑱曾子⑲。曾子曰:'不可。江漢⑳以濯㉑之,
便想用尊敬孔子的礼节来尊敬他,勉强曾子也这样做。曾子说:'不可以。就像曾经用长江和汉水的水清洗过,
秋陽㉒以暴㉓之,皓皓㉔乎不可尚㉕已!'今也,南蠻㉖鴃舌㉗之人,
又在秋天的太阳下曝晒过,他是那样洁白无瑕,任何人都不能与之相比!'如今,这个怪腔怪调的南方蛮子,
非先王之道;子倍子之師而學之,亦異於曾子矣。
诽谤先王的圣贤之道;你们却背叛自己的老师而向他学习,这也和曾子的态度恰恰相反。
吾聞出於幽谷㉘,遷於喬木㉙者,未聞下喬木而入於幽谷者。
我只听说过从幽暗的山沟飞出来迁往高大的树木的,从未听说过从高大的树木飞下来迁往幽暗的山沟的。

魯頌㉚曰：'戎狄是膺(yīng)，荊舒是懲㉛。'周公方且膺之，子是㉜之學，
《鲁颂》说：'攻击北方的戎狄，惩罚南方的荆舒。'周公尚且要攻击楚国这样的南方蛮子，你们却去向他学习，
亦爲不善變矣。"
这是不好的改变啊。"

① 夏：诸夏，指华夏族。
② 夷：华夏族对居住在东方的少数部族的称呼，也泛指外族。
③ 楚产：生于楚的人，即楚国人。
④ 悦：悦慕，喜爱。
⑤ 周公：西周初年有名的政治家，周文王子，武王弟，名旦。武王死后，其辅佐成王安定天下，建立了一整套礼仪制度，封于鲁。
⑥ 或之先：或先之，指有人能超过他。之："先"的宾语，指代陈良。
⑦ 事：侍奉，指跟从学习。
⑧ 倍：通"背"，背叛。
⑨ 治任：整理行装。任：行李。
⑩ 揖：拱手礼，古时朋友见面或分别时的常礼。
⑪ 子贡：孔子的弟子，姓端木，名赐。
⑫ 反：同"返"。
⑬ 场：墓前平地，供祭祀时用。传说子贡为孔子守孝三年后设帐蓬又守墓三年。
⑭ 子夏、子张、子游：皆是孔子的弟子。子夏：姓卜，名商。子张：姓颛孙，名师。子游：姓言，名偃。
⑮ 有若：姓有，名若，字子有。
⑯ 似：貌似。
⑰ 圣人：孔子。
⑱ 强：勉强。
⑲ 曾子：姓曾，名参（shēn），字子舆，孔子的弟子，以孝道著名。
⑳ 江汉：长江和汉水。
㉑ 濯：洗濯。
㉒ 秋阳：秋天的太阳。周正建子，夏正建寅，周之七八月为夏正五六月，正是阳光最强的时候。
㉓ 暴：同"曝"，晒。
㉔ 皜皜：光明的样子。
㉕ 尚：上。
㉖ 南蛮：对楚人的贬称，这里指许行。
㉗ 鴃舌：如同鸟叫，比喻难听的语言。鴃：伯劳鸟。
㉘ 幽谷：深谷。
㉙ 乔木：高大的树木。
㉚ 鲁颂：《诗经》中的一部分。
㉛ 戎狄是膺，荆舒是惩：引见《诗经·宫》。戎狄：我国古代北方的两个少数部族。膺：打击。荆：楚国。舒：春秋时南方的一个小国，为楚的属国。惩：惩罚。
㉜ 是：代词，此、这。

"從許子之道，則市賈①不貳，國中無僞②；
陈相说："如果顺从许子的学说，那么市价就不会不同，国都里就没有欺诈行为；
雖使五尺之童適市，莫之或欺。布帛長短同，則賈相若③；
即使让身高五尺的孩子到市集去，也没有人欺骗他。布匹和丝织品的长短相同，价钱就相同；
麻縷絲絮輕重同，則賈相若；五穀多寡同，則賈相若；屨大小同，
麻线和丝絮的轻重相同，价钱就相同；五谷粮食的数量相同，价钱就相同；鞋子的大小相同，
則賈相若。"
价钱就相同。"

① 贾：同"价"，价格。
② 伪：作伪，欺诈。
③ 相若：相同，一样。

曰："夫物之不齊①，物之情②也。或相倍③蓰④，或相什百，
孟子说："物品的价格不一致，是由物品的本性决定的。有的相差一倍、五倍，有的相差十倍、百倍，
或相千萬。子比而同之⑤，是亂天下也。
有的相差千倍、万倍。您把它们等同起来，这是使天下混乱的做法。
巨屨小屨⑥同賈，人豈爲之哉？從許子之道，
制作粗糙的鞋子和制作精细的鞋子卖同样的价钱，人们难道会去做精细的鞋子吗？按照许子的办法去做，
相率⑦而爲偽者也，惡能治國家！"
便是彼此带领着去干弄虚作假的事，哪里能治理好国家！"

① 齊：同，一样。
② 情：实情，常情。
③ 倍：一倍。
④ 蓰：五倍。
⑤ 比而同之：同等看待。比：并列。
⑥ 巨屨小屨：制作粗糙的鞋子和制作精细的鞋子。一说大小不同的鞋子。
⑦ 相率：相互引导。率：率领，引导。

二、字词梳理

（一）古今与通假

1. 则是厉民而以自养也：同"疠"，虐害。古今字。
2. 禽兽偪人：同"逼"，逼迫，威胁。古今字。
3. 圣人有忧之：通"又"。通假字。
4. 师死而遂倍之：通"背"，背叛。通假字。
5. 昔者，孔子没：通"殁"，死。通假字。
6. 则市贾不贰：同"价"，价格。古今字。

（二）词义详解

1.【负】（二 P514 常用词 344）

（1）背，载。《孟子·许行》："陈良之徒陈相，与其弟辛，负耒耜而自宋之滕。"《庄子·北冥有鱼》："且夫水之积也不厚，则其负大舟也无力。"《孟子·齐桓晋文之事》："颁白者不负戴于道路矣。"

引申为靠着。《礼记·孔子闲居》："子夏蹶然而起，负墙而立。"

引申为依靠，倚仗。《史记·廉颇蔺相如列传》："秦贪，负其强，以空言求璧。"

（2）对不起人。《战国策·冯谖客孟尝君》："客果有能也！吾负之，未尝见也。"

（3）败，跟"胜"相对。《六国论》："故不战而强弱胜负已判矣。"

2.【并】（二 P602 常用词 449）

（1）动词，平行，平列。《左传·齐晋鞌之战》："左并辔，右援枹而鼓，马逸不能止，师从之。"

（2）副词，一起，一齐。《孟子·许行》："贤者与民并耕而食，饔飧而治。"

3.【治】(一 P320 常用词 200)

(1) 治水，防御或疏导它。《孟子·告子下》："禹之治水，水之道也。"

> "治"字的这个引申义应用广泛，只要是在名词前面，就表示对此事物加以应有的治理。

引申为处理、进行某种工作。《庄子·逍遥游》："尧治天下之民，平海内之政。"《孟子·许行》："三年之外，门人治任将归。""恶能治国家！"《孟子·齐桓晋文之事》："此惟救死而恐不赡，奚暇治礼义哉？"《战国策·庄辛说楚襄王》："不知夫射者，方将脩其碆卢，治其矰缴。"

(2) 形容词，治理好了的，特指国家被治理得很好，跟"乱"相对。《史记·屈原列传》："明于治乱，娴于辞令。"

> 知识链接："治""理"的辨析
>
> 在"治理国家"这个意义上，可以叫"治国"，也可以叫"理国"，或者叫"治乱""理乱"。但上古时多说"治"，少说"理"。"治"的本义是"治水"，"理"的本义是"治玉"。

4.【厉】(四 P1300 常用词 830)

(1) 磨刀石。《史记·高祖功臣侯者年表》："泰山若厉。"

引申为磨。《左传·秦晋殽之战》："郑穆公使视客馆，则束载、厉兵、秣马矣。"

→ 这个意义后来写作"砺"。

又用于抽象意义，表示磨炼、激励。《答韦中立论师道书》："参之谷梁氏以厉其气。"《三国志·诸葛亮传》："亲秉旄钺，以厉三军。"

又为"使……困苦"。《孟子·许行》："今也，滕有仓廪府库，则是厉民而以自养也，恶得贤！"

(2) 凶恶（的灾祸）。

(3) 一种蔓延迅速而猛烈的病，瘟疫。

引申为猛烈，剧烈。《满井游记》："余寒犹厉。"

又为严厉，严肃。《五人墓碑记》："吴之民方痛心焉，于是乘其厉声以呵，则噪而相逐。"

又为厉害，甚。今成语"变本加厉"。

5.【自】

(1) 代词，自己。《礼记·诚意》："此之谓自谦。"《战国策·触詟说赵太后》："一旦山陵崩，长安君何以自托于赵？"

又为亲自，自身。《孟子·许行》："如必自为而后用之，是率天下而路也。"《庄子·百川灌河》："于是焉河伯欣然自喜。"《礼记·有子之言似夫子》："见桓司马自为石椁，三年而不成。"

(2) 介词，从。《左传·齐晋鞌之战》："自始合，苟有险，余必下推车。"《孟子·陈仲子》："兄自外至。"

6.【烦】(四 P1459 常用词 958)

(1) 烦躁，烦闷。《孔雀东南飞》："怅然心中烦。"

(2) 麻烦。《左传·烛之武退秦师》："若亡郑而有益于君，敢以烦执事。"《孟子·许行》："何许子之不惮烦？"

（3）繁多，烦琐。《尚书·说命》："礼烦则乱。"

7.【独】（三 P930 常用词 585）

（1）单独，孤独。《礼记·诚意》："此谓诚于中，形于外，故君子必慎其独也。"

又为老而无子的人。《礼记·大同》："矜寡孤独废疾者皆有所养。"

[不独]、[非独]、[微独] 表示不仅、不但。《战国策·触詟说赵太后》："微独赵，诸侯有在者乎？"

（2）语气副词，表反问。《孟子·齐桓晋文之事》："今恩足以及禽兽，而功不至于百姓者，独何与？"《战国策·鲁仲连义不帝秦》："先生独未见夫仆乎？"《战国策·庄辛说楚襄王》："王独不见夫蜻蛉乎？"

又为偏偏。《孟子·许行》："然则治天下，独可耕且为与？"

8.【备】（二 P427 常用词 283）

（1）完备，齐备。《孟子·许行》："且一人之身而百工之所为备。"《荀子·劝学》："积善成德，而神明自得，圣心备焉。"

（2）防备。《左传·蹇叔哭师》："师劳力竭，远主备之，无乃不可乎？"《庄子·胠箧》："将为胠箧、探囊、发匮之盗而为守备。"《韩非子·五蠹》："坚甲厉兵以备难。"

> 🔖 **知识链接："完""备"的辨析**
>
> "完""备"都有"全"的意思。但"完"重在完整，而"备"重在数量，有"什么都有"的意思。

9.【食】（二 P593 常用词 432）

（1）读 shí。动词，吃。《孟子·陈仲子》："所食之粟，伯夷之所树与？"

（2）读 shí。名词，吃的东西（泛指一切能吃的东西）。《老子》："甘其食，美其服，安其居，乐其俗。"

（3）读 sì。动词，给……吃。《孟子·许行》："治于人者食人，治人者食于人。"《诗经·七月》："采荼薪樗，食我农夫。"

（4）读 sì。名词，饭。《论语·述而》："饭疏食，饮水。"《论语·雍也》："一箪食，一瓢饮。"

10.【平】（二 P430 常用词 289）

（1）平坦。《桃花源记》："土地平旷，屋舍俨然。"《楚辞·哀郢》："哀州土之平乐兮，悲江介之遗风。"

引申为公平，公正。《出师表》："宜付有司论其刑赏，以昭陛下平明之理。"

（2）平定。《孟子·许行》："当尧之时，天下犹未平。"《庄子·胠箧》："天下平而无故矣。"

11．【登】（二 P417 常用词 259）

（1）从低处走上高处。《左传·晋灵公不君》："其右提弥明知之，趋登曰……"《荀子·劝学》："吾尝跂而望矣，不如登高之博见也。"《左传·曹刿论战》："登轼而望之。"

（2）成，特指庄稼成熟。《孟子·许行》："五谷不登，禽兽偪人。"

12．【偪】（一 P319 常用词 198）

侵逼，逼近。《左传·宫之奇谏假道》："亲以宠偪，犹尚害之，况以国乎？"《孟子·许行》："五谷不登，禽兽偪人。"→后代多写作"逼"。

13．【艺】（一 P321 常用词 202）

（1）种植。《孟子·许行》："树艺五谷，五谷熟而民人育。"《诗经·鸨羽》："不能艺黍稷。"

（2）才能，技能，本领。《清稗类钞·冯婉贞》："以三保勇而多艺，推为长。"

14．【则】（三 P1201 常用词 803）

（1）准则，模范。《诗经·伐柯》："伐柯伐柯，其则不远。"《楚辞·离骚》："虽不周于今之人兮，愿依彭咸之遗则。"

引申为效法。《孟子·许行》："惟天为大，惟尧则之，荡荡乎，民无能名焉！"

（2）连词，表示两件事在时间上的相承，往往表示条件或因果关系。《孟子·寡人之于国也》："河内凶，则移其民于河东。"

表示一种发现，发现在某事之前另一事已经发生。《左传·秦晋殽之战》："郑穆公使视客馆，则束载、厉兵、秣马矣。"

15．【濯】（四 P1584 常用词 1038）

洗。《孟子·许行》："江汉以濯之，秋阳以暴之。"《楚辞·渔父》："沧浪之水清兮，可以濯吾缨。"

三、语法修辞

（一）词类活用

1. 踵门而告文公曰：名词活用作动词，脚踩到。
2. 饔飧而治：名词活用作动词，做早饭，做晚饭。
3. 许子冠乎：名词活用作动词，戴帽子。
4. 以粟易械器者，不为厉陶冶：动词活用作名词，陶匠、冶铁匠。
5. 是率天下而路也：名词活用作动词，四处奔走，疲于奔命。
6. 益烈山泽而焚之：形容词活用作动词，用大火烧。
7. 劳之来之，匡之直之：动词的使动用法，使……归附，使……正直。
8. 又从而振德之：名词活用作动词，对……施加恩德。
9. 惟尧则之：名词活用作动词，效法。

（二）特殊结构

1. 文公与之处：双宾句，间接宾语是"之"，直接宾语是"处"。

2. 大哉，尧之为君：主谓倒装，常规语序是"尧之为君，大哉"。

3. 北方之学者，未能或之先也：否定句，代词"之"作"先"的宾语，前置。

4. 江汉以濯之，秋阳以暴之："江汉""秋阳"都是"以"的宾语，前置。

5. 戎狄是膺，荆舒是惩：代词"是"复指"戎狄""荆舒"这两个前置宾语。

6. 子是之学：代词"之"复指前置的宾语"是"。

7. 莫之或欺：否定句，代词"之"作"欺"的宾语，前置。

（三）修辞

1. 冠素：借代。用"素"指代用生丝做的帽子。

2. 以铁耕乎：借代。用原料金属"铁"指代用铁做的农具。

3. 今也，南蛮鴃舌之人，非先王之道：比喻。用伯劳鸟的舌头比喻许行讲话不中听。

4. 吾闻出于幽谷，迁于乔木者，未闻下乔木而入于幽谷者：比喻。"出于幽谷，迁于乔木"原指鸟，孟子用来比喻人改邪归正。

攘雞、陳仲子、弈秋、舜發於畎畝之中

一、课文通译

攘雞 《滕文公下》

戴盈之①曰:"什一②,去③關市④之征⑤,今兹⑥未能;請輕之⑦,
戴盈之说:"税率十分抽一,免除市场的赋税,今年还办不到;先减轻一些,
以待來年⑧然後已⑨。何如?"孟子曰:"今有人日攘其鄰之雞⑩者。或告之⑪曰:
等到明年然后彻底废除。怎么样?"孟子说:"现在有个每天偷邻居一只鸡的人。有人告诉他说:
'是非君子之道⑫。' 曰:'請損⑬之,月攘一雞,以待來年然後已。'
'这不是君子的行为。'他便说:'预备减少一些,先每个月偷一只,等到明年然后停止偷。'
如知其非義,斯⑭速⑮已矣,何待來年?"
如果知道这种行为不正当,就应赶快停下来,为什么要等到明年呢?"

① 戴盈之:宋国大夫。
② 什一:孟子所主张的古代田赋法,即征收农产品的十分之一作为政府税收。
③ 去:去除。
④ 关市:位于交通要道的集市。
⑤ 征:赋税。
⑥ 今兹:今年。兹:年。
⑦ 轻之:使田赋和关市之征减轻些。轻:减少。之:指代上文的"什一"和"关市之征"。
⑧ 来年:明年。
⑨ 已:停止,指完全废除。
⑩ 日攘其邻之鸡:每天偷邻居一只鸡。这是假设之辞。日:每天。攘:本指扣留自己跑来的家禽牲畜,和"偷"有些不同,但在本文中就是"偷"的意思。
⑪ 或告之:有人告诉他。或:有人。之:指代"日攘其邻之鸡者"。
⑫ 道:行为。
⑬ 损:减少。
⑭ 斯:就,则。
⑮ 速:立即,马上。

陳仲子 《滕文公下》

匡章①曰:"陳仲子②,豈不誠廉士哉!居於陵③,三日不食,耳無聞,
匡章说:"陈仲子,难道不真是一个廉洁的人吗!他住在於陵,三天没有进食,耳朵听不见,
目無見也。井上有李,螬④食實者過半矣,匍匐往將⑤食之,三咽,
眼睛看不见。水井上有个李子,金龟子的幼虫已吃掉了大半个,他爬过去取来吃了,咽了三口,
然後耳有聞,目有見。"
耳朵才恢复听觉,眼睛才恢复视觉。"

① 匡章：人名，战国时期齐国人。他曾为齐威王将，率兵克秦。齐宣王时，他又曾率兵攻破燕国。其言行散见于《战国策·齐策》《战国策·燕策》《吕氏春秋·不屈》等篇中。
② 陈仲子：人名，齐国人，又称"田仲""于陵仲子""陈仲"。《淮南子·氾论训》："季襄、陈仲子立节抗行，不入洿君之朝，不食乱世之食，遂饿而死。"高诱注为孟子弟子，不足为信。
③ 於陵：古地名，主要在今山东省淄博市周村区及邹平市东南。一说借指陈仲子，因其居於陵。何逊《聊作百一体》："灵輀困桑下，於陵舍李蟥。"
④ 蟥：蛴螬，俗称"地蚕"，即金龟子的幼虫，专吃农作物的根茎。
⑤ 将：持，取。

孟子曰："於齊國之士①，吾必以仲子爲巨擘(bò)②焉。雖然，仲子惡能廉！
孟子说："在齐国的士人中，我确实把陈仲子看作出类拔萃的人物。然而，仲子怎么算得上是廉洁呢！
充仲子之操，則蚓而後可者也。夫蚓，上食槁壤③，
要推广仲子的所作所为，只有把人都变成蚯蚓以后才做得到。蚯蚓，吃地面上的干土，
下飲黃泉。仲子所居之室，伯夷④之所築與？
吮吸地底的黄泉。而仲子所住的房屋，是像伯夷那样的廉洁之士建造的呢？
抑亦盜跖⑤之所築與？所食之粟，伯夷之所樹⑥與？
还是像盗跖那样的不法之徒建造的呢？仲子所吃的粮食，是像伯夷那样的廉洁之士种植的呢？
抑亦盜跖之所樹與？是未可知也。"
还是像盗跖那样的不法之徒种植的呢？这些都没法弄清楚呀。"

① 士：有一定社会地位的人。
② 巨擘：大拇指。这里指出类拔萃的、第一流的人物。
③ 槁壤：干土。
④ 伯夷：商孤竹君之子。相传武王灭商后，他与其弟叔齐耻食周粟，逃到首阳山，采薇而食，饿死在山中。
⑤ 盗跖：春秋末期的大盗，名柳下跖。一说姓展，名跖。有关他的记载，见《庄子·盗跖》。
⑥ 树：种。

曰："是何傷哉？彼身織屨，妻辟纑(pì lú)①，以易之也。"
匡章说："那有什么关系呢？他亲自编织草鞋，他的妻子绩麻、练麻，用这些去换取吃的和住的。"

① 辟纑：绩麻、练麻。辟：把麻析成缕连接起来。纑：把麻丝煮得柔软洁白。赵岐注："绩绩其麻曰辟，练其麻曰纑。"

曰："仲子，齊之世家也。兄戴，蓋(gě)①禄萬鐘②。
孟子说："仲子，他出自齐国的世家大族。他的哥哥陈戴，在盖邑享有的俸禄高达万钟。
以兄之禄爲不義之禄而不食也，以兄之室爲不義之室而不居也。避兄離母，
他认为哥哥的俸禄是不义之禄而不肯食用，认为哥哥的房屋是不义之屋而不肯居住。他回避哥哥并远离母亲，
處於於陵。他日歸，則有餽其兄生鵝者。己頻顣(cù)③曰：
独自住在於陵。有一天他回家，碰见有人送给他哥哥一只活鹅。他皱着眉头不高兴地说：
'惡用是鶂鶂(yì)④者爲哉！'他日，其母殺是鵝也，與之食之。兄自外至，
'要这种嘎嘎叫唤的东西干什么用！'过了几天，他母亲把这只鹅杀了，给他吃。(碰巧)他哥哥从外面回来，

曰：'是鶂鶂之肉也！'出而哇之。以母則不食，
说：'（你吃的）就是那嘎嘎叫唤的东西的肉啊！'他便跑出门把肉呕了出来。因为是母亲的东西就不吃，
以妻則食之；以兄之室則弗居，以於陵則居之。是尚爲能充其類也乎？
却可以吃妻子的东西；因为是哥哥的房屋就不住，却可以住於陵的房屋。这还能称得上是处处遵守自己的原则吗？
若仲子者，蚓而後充其操者也。"
像仲子那样的人，只有先变成蚯蚓才能遵守自己的原则。"

① 盖：地名，是陈戴的采邑。
② 万钟：丰富的俸禄。钟：古代量器名，六斛四斗为一钟。
③ 频颦：皱眉蹙额，生气、不愉快的样子。朱熹注："频与颦同，颦与蹙同。"
④ 鶂鶂：鹅叫声。

弈秋《〈告子上〉》、舜發於畎畝之中《〈告子下〉》

二、字词梳理

（一）古今与通假

1. 己**频**颦曰：通"颦"，皱眉。通假字。

2. 无**或**乎王之不智也：通"惑"，迷惑，想不通。通假字。

3. 一日**暴**之：同"曝"，晒。古今字。

4. **为**是其智弗若与：通"谓"，认为，以为。通假字。

5. **曾**益其所不能：通"增"，增加。通假字。

6. 困于心，**衡**于虑，而后作：通"横"，梗塞，不顺利。通假字。

7. 入则无法家**拂**士：通"弼"，匡正过失。通假字。

（二）词义详解

1.【损】（三 P1055 常用词 661）

(1) 减少，跟"益"相对。《孟子·攘鸡》："请损之，月攘一鸡。"《左传·子产不毁乡校》："我闻忠善以损怨，不闻作威以防怨。"《老子》："有余者损之。"

(2) 损害，也跟"益"相对。《尚书·大禹谟》："满招损，谦受益。"

2.【廉】（二 P587 常用词 419）

(1) 堂的边。《仪礼·乡饮酒》："设席于堂廉东上。"

(2) 在财物的取与上对自己要求严格，不贪，跟"贪"相对。《孟子·陈仲子》："陈仲子，岂不诚廉士哉？"

引申为清白高洁，洁身自爱，有节操。《楚辞·卜居》："宁廉洁正直以自清乎？"

（3）价格低。（后起义）王禹偁（chēng）《黄冈竹楼记》："以其价廉而工省也。"

3.【操】（二 P510 常用词 331）

（1）拿住，握在手里。《楚辞·国殇》："操吴戈兮被犀甲。"

（2）操守，坚持自己认为正确的行为。《孟子·陈仲子》："充仲子之操，则蚓而后可者也。"

引申为品行，品德。《韩非子·五蠹》："其带剑者，聚徒属立节操以显其名。"

4.【树】（一 P320 常用词 201）

（1）动词，种植，栽种。《孟子·齐桓晋文之事》："五亩之宅，树之以桑，五十者可以衣帛矣。"《孟子·许行》："树艺五谷，五谷熟而民人育。"《孟子·陈仲子》："所食之粟，伯夷之所树与？"《庄子·不龟手之药》："我树之成，而实五石。"

引申为树立。《庄子·北冥有鱼》："虽然，犹有未树也。"

（2）名词，树木。《战国策·庄辛说楚襄王》："昼遊乎茂树，夕调乎酸鹹。"

> 📖 知识链接："树""木"的辨析
>
> "树""木"都有"植物"义。但"树"有动词义，不可当木材讲，而"木"无动词义，可当木材讲。

5.【身】（二 P526 常用词 377）

（1）躯干。《楚辞·国殇》："首身离兮心不惩。"

又指全身。蒲松龄《狼》："身已半入，止露尻尾。"《战国策·庄辛说楚襄王》："襄王闻之，颜色变作，身体战栗。"《孟子·舜发于畎亩之中》："空乏其身，行拂乱其所为。"

又指生命。《五人墓碑记》："一旦抵罪，或脱身以逃。"《孟子·齐桓晋文之事》："乐岁终身苦，凶年不免于死亡。"

又指自身。《师说》："于其身也，则耻师焉。"《孟子·陈仲子》："是何伤哉？彼身织屦，妻辟纑，以易之也。"

又用于抽象意义，表示本人的德行。《论语·学而》："吾日三省吾身。"

（2）副词，亲自。《三国志·隆中对》："将军身率益州之众出于秦川。"

6.【类】（三 P1079 常用词 717）

种类。《孟子·齐桓晋文之事》："王之不王，是折枝之类也。"

引申为同类（的事物）。《孟子·陈仲子》："是尚为能充其类也乎？"《左传·祁奚荐贤》："夫唯善，故能举其类。"《左传·郑伯克段于鄢》："孝子不匮，永锡尔类。"

又为类似，像。《吕氏春秋·察传》："辞多类非而是，多类是而非。"

7.【数】（一 P333 常用词 236）

（1）数目，数量。《战国策·触詟说赵太后》："愿令得补黑衣之数，以卫王宫。"《三国志·诸葛亮传》:"众数虽多,甚未足畏。"

(2) 技艺,特指博弈之类的技艺。《孟子·弈秋》:"今夫弈之为数,小数也。"

(3) 占卜。《楚辞·卜居》:"数有所不逮,神有所不通。"

(4) 几（表示不确定的数目）。《战国策·冯谖客孟尝君》:"孟尝君为相数十年,无纤介之祸者,冯谖之计也。"《孟子·寡人之于国也》:"百亩之田,勿夺其时,数口之家可以无饥矣。"

(5) 读 shǔ。计算。《周礼·大司徒》:"礼、乐、射、御、书、数。"

(6) 读 shuò。时间相隔很短,跟"疏"相对。

(7) 读 cù。密,跟"疏"相对。《孟子·寡人之于国也》:"数罟不入洿池,鱼鳖不可胜食也。"

(8) 读 shuò。屡次。《楚辞·离骚》:"伤灵修之数化。"

8.【通】（三 P1170 常用词 742）

(1) 通,通到。《庄子·秋水》:"舟车之所通。"

(2) 搞不正当的男女关系。

(3) 形容词,四通八达的,往来无阻的。《论积贮疏》:"政治未必通也,远方之能疑者,并举而争起矣。"

(4) 形容词,共同的。《孟子·许行》:"天下之通义也。"

引申为全（形容词、副词）。《孟子·弈秋》:"通国之善弈者也。"《虞初新志·核舟记》:"通计一舟,为人五,为窗八。"《师说》:"六艺经传皆通习之。"

9.【任】（二 P514 常用词 343）

(1) 读 rén。负担。《诗经·生民》:"恒之糜芑,是任是负。"

又表示使担负。《礼记·战于郎》:"使之虽病也,任之虽重也。"

引申为担当。《左传·齐晋鞌之战》:"自今无有代其君任患者。"《左传·楚归晋知罃》:"臣不任受怨,君亦不任受德。"

(2) 读 rèn。名词,负担。《孟子·许行》:"门人治任将归,入揖于子贡。"

引申为责任,职务。《孟子·舜发于畎亩之中》:"故天将降大任于是人也。"

又为动词,任用,使用。《谏太宗十思疏》:"简能而任之,择善而从之。"

10.【拂】（四 P1584 常用词 1039）

(1) 违背,不顺。《孟子·舜发于畎亩之中》:"空乏其身,行拂乱其所为。"

(2) 读 bì。通"弼",辅佐。《孟子·舜发于畎亩之中》:"入则无法家拂士,出则无敌国外患者,国恒亡。"

三、语法修辞

（一）词类活用

1. 请轻之：形容词的使动用法,使……减轻。

2. 耳无闻，目无见也：动词活用作名词，听觉、视觉。

3. 一日暴之，十日寒之：形容词的使动用法，使……受寒。

4. 必先苦其心志，劳其筋骨，饿其体肤，空乏其身，行拂乱其所为，所以动心忍性，曾益其所不能：使动用法，使……苦恼、使……劳累、使……饥饿、使……穷困、使……颠倒错乱、使……惊动、使……坚韧。

5. 入则无法家拂士，出则无敌国外患者：动词活用作状语，在国内、在国外。

（二）特殊结构

惟弈秋之为听：代词"之"复指"听"的前置宾语"弈秋"，即我们今天仍在使用的句式"惟……是听"。

单元习题

一、选择题

1. 下列句子中，加点字的解释不正确的一项是（　　）。
   A. 王无罪岁　　　　　　　　罪：归咎，归罪
   B. 兵刃既接，弃甲曳兵而走　兵：兵器，武器
   C. 数罟不入洿池　　　　　　数：多次
   D. 涂有饿莩而不知发　　　　发：打开粮仓，赈济百姓

2. 下列句子中，加点字的意义和用法完全相同的一组是（　　）。
   A. ①河东凶亦然　　　　　　②填然鼓之，兵刃既接
   B. ①涂有饿莩而不知发　　　②是何异于刺人而杀之
   C. ①邻国之民不加少　　　　②数口之家可以无饥矣
   D. ①西丧地于秦七百里　　　②寡人之于国也

3. 下列有关《孟子·寡人之于国也》的文意的解说，不正确的一项是（　　）。
   A. 梁惠王认为自己在治理国家方面已经尽心尽力了，因为他在灾年能迁徙灾民，调运粮食，及时救荒。
   B. 孟子通过"五十步笑百步"的故事使梁惠王认识到他只是做了一些救灾的举措而已，本质上与邻国并没有区别。
   C. 孟子反对诸侯间无休无止地相互征战，一句"王好战，请以战喻"充分表露了该思想。
   D. 在梁惠王明白自己做法的基础上，孟子提出了自己关于"民本"的终极理想，即"使民养生丧死无憾也"。

4. 对下列句子中加点字的解释，不正确的一项是（　　）。
   A. 汤放桀，武王伐纣　　　　放：释放
   B. 贼仁者谓之贼　　　　　　贼：戕害
   C. 五旬而举之　　　　　　　举：攻克
   D. 诛其君而吊其民　　　　　吊：慰问

5. 下列各组句子中，加点字的意义和用法相同的一组是（　　）。
   A. ①今日不知其亡也　　　　②吾其还也
   B. ①吾何以识其不才而舍之　②久之，能以足音辨认
   C. ①武王伐纣，有诸　　　　②投诸渤海之尾，隐士之北
   D. ①今又倍地而不行仁政　　②劳苦而功高如此

6. 下列选项中，直接体现孟子的"民本"思想的是（　　）。

①所谓故国者，非谓有乔木之谓也

②国人皆曰贤，然后察之，见贤焉，然后用之

③人力不至于此，不取，必有天殃

④以七十里为政于天下

⑤使市者不止，耕者不变

⑥谋于燕众，置君而后去之

A. ①③⑤　　　B. ③④⑥　　　C. ①②④　　　D. ②⑤⑥

7. 下列各句中，与"弈秋，通国之善弈者也"句式不同的一项是（　　）。

A. 夫战，勇气也　　　　　　B. 此则岳阳楼之大观也

C. 甚矣，汝之不惠　　　　　D. 莲，花之君子者也

8. 下列加点字的解释不正确的一项是（　　）。

A. 傅说举于版筑之间　　　　举：被举用，被选拔

B. 饿其体肤　　　　　　　　饿：饥饿

C. 故天将降大任于是人也　　任：责任，担子

D. 曾益其所不能　　　　　　曾：通"增"，增加

二、将下列文言文句子翻译成现代汉语

1. 谷与鱼鳖不可胜食，材木不可胜用，是使民养生丧死无憾也。

2. 谨庠序之教，申之以孝悌之义，颁白者不负戴于道路矣。

3. 国君进贤，如不得已，将使卑踰尊，疏踰戚，可不慎与？

4. 诸侯将谋伐寡人者，何以待之？

5. 民以为将拯己于水火之中也，箪食壶浆以迎王师。

6. 故事半古之人，功必倍之。惟此时为然。

7. 其徒数十人，皆衣褐，捆屦织席以为食。

8. 闻君行圣人之政，是亦圣人也，愿为圣人氓。

9. 陈相见许行而大悦，尽弃其学而学焉。

10. 滕有仓廪府库，则是厉民而自养也，恶得贤！

11. 曰："奚冠？"曰："冠素。"

12. 以粟易械器者，不为厉陶冶；陶冶亦以械器易粟者，岂为厉农夫哉？

13. 且许子何不为陶冶，舍皆取诸其宫中而用之？

14. 何为纷纷然与百工交易？

15. 然则治天下，独可耕且为与？

16. 且一人之身而百工之所为备，如必自为而后用之，是率天下而路也。

17. 劳心者治人，劳力者治于人；治于人者食人，治人者食于人：天下之通义也。（重点句子）
18. 兽蹄鸟迹之道，交于中国。尧独忧之，举舜而敷治焉。
19. 当是时也，禹八年于外，三过其门而不入，虽欲耕，得乎？
20. 后稷教民稼穑，树艺五谷，五谷熟而民人育。
21. 放勋曰："劳之来之，匡之直之，辅之翼之，使自得之，又从而振德之。"
22. 是故以天下与人易，为天下得人难。
23. 是非君子之道。
24. 惟弈秋之为听。
25. 所以动心忍性。
26. 然后知生于忧患，而死于安乐也！

三、写出下列加粗的通假字所通之字并解释

1. **颁**白者不负戴于道路矣
2. 为长者折**枝**
3. **刑**于寡妻
4. **盖**亦反其本矣
5. 行旅皆欲出于王之**涂**

四、解释下列语句中加粗的字

1. 今有人**日**攘其邻之鸡者
2. **或**告之曰
3. 请损**之**
4. 以待来年然后**已**
5. 使弈秋**诲**二人弈
6. 思**援**弓缴而射之
7. 为是其**智**弗若与
8. 非**然**也
9. **度**，然后知长短。
10. 悦周公、仲尼之**道**。
11. 百姓皆以王为**爱**也。
12. 布帛长短同，则贾相**若**。
13. 之子**于**归，宜其室家。

五、古今异义：写出下列加粗字词的古义

1. 王无异于百姓之以王为**爱**也
   (1) 古义：
   (2) 今义：对人或事物有很深的感情；喜欢；爱惜，爱护；常常发生某种行为，容易发生某种变化（通常是说话人主观上不愿发生的）。

2. 莅**中国**，而抚四夷也
   (1) 古义：
   (2) 今义：中华人民共和国的简称。

六、词类活用：指出下列加粗字词的活用类型并解释

1. 然后从而**刑**之
2. 五亩之宅，**树**之以桑
3. 五十者可以**衣**帛矣
4. 然而不**王**者，未之有也
5. **危**士臣
6. **朝**秦楚
7. 是以君子**远**庖厨也
8. 王无**异**于百姓之以王为爱也
9. **老**吾老，以及人之老
10. **幼**吾幼，以及人之幼
11. 为**肥甘**不足于口与
12. **轻暖**不足于体与
13. **小**固不可以敌**大**
14. **寡**固不可以敌**众**
15. **弱**固不可以敌**强**
16. 挟太山以超北海，**语**人曰"我不能"
17. **刑**于寡妻
18. 是**罔**民也
19. **谨**庠序之教

七、特殊句式：指出下列句子在句式上的特殊之处并翻译

1. 臣未之闻也。
2. 莫之能御也。
3. 何由知吾可也？
4. 牛何之？
5. 不为者与不能者之形，何以异？
6. 未之有也。
7. 王坐于堂上。
8. 构怨于诸侯。
9. 使天下仕者皆欲立于王之朝。
10. 申之以孝悌之义。
11. 颁白者不负戴于道路矣。
12. 将以衅钟。
13. 宜乎百姓之谓我爱也。
14. 百姓之不见保。

八、文化常识：判断下列古代文化常识的正误

1. 寡人，即寡德之人，意为"在道德方面做得不足的人"，是古代君主、诸侯对自己的谦称。古代诸侯夫人也有自称寡人的。自唐以后，少有自称寡人者。（　　）

2. "谨庠序之教"中的"庠""序"都是学校，商代叫"序"，周代叫"庠"。汉武帝始设"太学"，后世又设"国子监"。（　　）

3. "海内"指国境之内，即全国。在古代传说中，我国四面环海，所以称国境之内为"海内"或"四海之内"。（　　）

九、为下列文选加注标点（首都师范大学 2023）

舜发于畎亩之中傅说举于版筑之间胶鬲举于鱼盐之中管夷吾举于士孙叔敖举于海百里奚举于市故天将降大任于是人也必先苦其心志劳其筋骨饿其体肤空乏其身行拂乱其所为所以动心忍性曾益其所不能人恒过然后能改困于心衡于虑而后作征于色发于声而后喻入则无法家拂士出则

无敌国外患者国恒亡然后知生于忧患而死于安乐也

十、名词解释

1. 使动用法（北京语言大学 2020）
2. 意动用法（首都师范大学 2021，武汉大学 2021）

十一、简答题

1. 孟子认为周文王难以推翻纣王的原因有哪些？
2. 举例说明古汉语宾语前置的结构类型。（南京大学 2020）

十二、说明加粗的虚词在句子中的意义或作用（中国传媒大学 2022）

1. 武**以**始元六年春至京师。（《汉书·苏武传》）
2. 项王曰："赐之彘肩。"**则**与之一生彘肩。（《史记·项羽本纪》）
3. 楚国方城**以**为城，汉水以为池。（《左传·僖公四年》）
4. 王曰："善哉！**虽然**，公输盘为我为云梯，必取宋。"（《墨子·公输》）
5. 子岂识之？**然**子病矣。（《左传·齐晋鞌之战》）
6. 王如知此，则无望民之多**于**邻国也。（《孟子·寡人之于国也》）
7. 曹操之众'远来疲乏'……且北方**之**人不习水战。（《资治通鉴·汉纪五十七》）

单元习题参考答案

一、选择题

1. C【解析】C项中,"数"是"密"的意思。

2. C【解析】A项中,①表示"这样",②为词尾;B项中,①表转折关系,②表递进关系;C项中,①和②均为结构助词"的";D项中,①表示"给",②表示"对于"。

3. D【解析】D项中,"终极理想"的说法是错误的。文章中的"使民养生丧死无憾"是"王道之始也"。

4. A【解析】A项中,"放"表示"流放、放逐"。

5. B【解析】A项中,①为代词,他们;②为语气词,表商量语气。B项中,"以"均为介词,凭,相当于"还是"。C项中,①为兼词,相当于"之乎";②为兼词,相当于"之于"。D项中,①为连词,表转折;②为连词,表并列。

6. D【解析】①是对"何谓故国"的评论。③是齐宣王想假托顺应天意而吞并燕国的表现。④是表述商汤如何统一天下的。

7. C【解析】ABD三项同题干一样是判断句,"也"表判断语气。C项为主谓倒装。

8. B【解析】B项为使动用法,使……饥饿。

二、将下列文言文句子翻译成现代汉语

1. 粮食与鱼鳖之类的水产吃不完,木材用不尽,这就能使百姓供养活着的人、为死去的人办丧事而没有什么可遗憾的了。

2. 认真地兴办学校教育,把孝敬父母、敬爱兄长的道理反复讲给百姓听,须发花白的老人就不用在道路上背着或顶着东西了。

3. 国君选拔贤臣,如果是迫不得已,将要使地位低的人的官职超过地位高的人,使疏远者的官职超过亲近者,怎能够不慎重对待呢?

4. 很多诸侯谋划讨伐我,(我)用什么办法来对付他们呢?

5. 百姓都以为会把他们从水深火热中拯救出来,所以用箪装着饭食、用壶盛着浆汤来迎接大王的军队。

6. 所以事情比古人少做了一半,而功效却比古人多一倍。只有这个时候才能做到吧。

7. 他的门徒有几十人,都穿着粗麻布做的衣服,靠编鞋织席为生。

8. 听说您实行圣人的政治主张,这样您也算是圣人了,我们愿意做圣人的百姓。

9. 陈相见到许行后非常高兴,完全放弃了他原来所学的东西而向许行学习。

10．滕国设有粮仓和收藏财物布帛的仓库，那么这就是使百姓困苦来供养自己，哪里算得上贤呢！

11．孟子问："戴什么帽子？"陈相说："戴生绢做的帽子。"

12．用粮食换农具和炊具，不算损害了陶匠和铁匠；陶匠和铁匠也是用他们的农具和炊具换粮食，难道能算是损害了农夫吗？

13．再说许子为什么不自己烧陶和炼铁，放弃了一切东西都是从自己家里拿来用的原则呢？

14．为什么忙忙碌碌地同各种工匠进行交换呢？

15．既然如此，那么治理天下就可以和种地兼着干吗？

16．况且一个人的生活要具备各种工匠制造的东西，如果一定要自己制造然后才使用它，这是带着天下的人奔走在道路上不得安宁。

17．使用脑力的人统治别人，使用体力的人被人统治；被人统治的人供养别人，统治别人的人被人供养：这是天下一般的道理。

18．鸟兽所走的道路，遍布在中原地带。唐尧暗自为此担忧，选拔舜来治理。

19．在这个时候，禹在外奔波八年，多次经过家门都没有进去，即使想要自己耕种，行吗？

20．后稷教导百姓耕种收割，种植庄稼，庄稼成熟而百姓得以生存繁殖。

21．唐尧说："慰劳百姓使他们归附，纠正他们的错误使他们正直，帮助并保护他们，使他们得到向善之心，又随着救济他们并对他们施加恩惠。"

22．所以把天下让给别人容易，为天下找到贤人却很难。

23．这不是君子的行为。

24．只听弈秋的教导。

25．通过这些途径使他的心灵受到震撼并使他的性格坚韧起来。

26．这样就知道常处忧愁祸患之中可以使人生存，常处安逸快乐之中可以使人死亡的道理了！（这样人们才会明白忧患激励人奋起，使人生存、发展，而安逸享乐使人萎靡，必将导致灭亡！）

三、写出下列加粗的通假字所通之字并解释

1．通"斑"。"颁白"指须发花白。
2．通"肢"，肢体。
3．通"型"，典范，榜样，这里作动词，做榜样。
4．通"盍"，何不。
5．通"途"，道路。

四、解释下列语句中加粗的字

1. 每天
2. 有的人
3. 指代偷鸡的次数
4. 停止
5. 教导
6. 引，拉
7. 聪明才智
8. 这样
9. 丈量
10. 学说
11. 吝惜
12. 同，相当
13. 虚词，无实义

五、古今异义：写出下列加粗字词的古义

1. 吝惜，舍不得。
2. 中原地带。

六、词类活用：指出下列加粗字词的活用类型并解释

1. 名词活用作动词，处罚。
2. 名词活用作动词，种植。
3. 名词活用作动词，穿衣服。
4. 名词活用作动词，称王。
5. 使动用法，使……处于险境。
6. 使动用法，使……朝见。
7. 形容词活用作动词，使动用法，使……远离。
8. 意动用法，对……感到奇怪。
9. 名词活用作动词，敬爱。
10. 名词活用作动词，爱护。
11. 形容词活用作名词，肥美香甜的食物。
12. 形容词活用作名词，轻柔暖和的衣服。
13. 形容词活用作名词，小的国家、大的国家。
14. 形容词活用作名词，人少的国家、人多的国家。
15. 形容词活用作名词，弱小的国家、强大的国家。
16. 名词活用作动词，告诉。
17. 名词活用作动词，做榜样。
18. 名词活用作动词，张网捕捉。
19. 形容词活用作动词，认真从事。

七、特殊句式：指出下列句子在句式上的特殊之处并翻译

1. (1) 句式：宾语前置句，应为"臣未闻之也"。
   (2) 译文：我没有听说过这事。
2. (1) 句式：宾语前置句，应为"莫能御之也"。
   (2) 译文：没有人能够阻挡他。
3. (1) 句式：宾语前置句，应为"由何知吾可也"。
   (2) 译文：从哪里知道我可以呢？
4. (1) 句式：宾语前置句，应为"牛之何"。
   (2) 译文：牛要牵到哪里去？
5. (1) 句式：宾语前置句，应为"不为者与不能者之形，以何异"。

(2) 译文：不肯干和不能干的表现，有什么区别？

6．(1) 句式：宾语前置句，应为"未有之也"。

(2) 译文：没有这样的事情。

7．(1) 句式：状语后置句，应为"王于堂上坐"。

(2) 译文：大王在殿堂上坐着。

8．(1) 句式：状语后置句，应为"于诸侯构怨"。

(2) 译文：与各诸侯国结怨。

9．(1) 句式：状语后置句，应为"使天下仕者皆欲于王之朝立"。

(2) 译文：使天下当官的人都想在大王的朝堂上做官。

10．(1) 句式：状语后置句，应为"以孝悌之义申之"。

(2) 译文：把孝敬父母、敬爱兄长的道理反复讲给百姓听。

11．(1) 句式：状语后置句，应为"颁白者不于道路负戴矣"。

(2) 译文：须发花白的老人就不用在路上背着或顶着东西了。

12．(1) 句式：省略句，应为"将以（之）衅钟"。

(2) 译文：准备用牛的血涂在钟上来行祭。

13．(1) 句式：主谓倒装句，应为"百姓之谓我爱也宜乎"。

(2) 译文：百姓说我吝啬也是理所当然的了。

14．(1) 句式：被动句，"见"表被动。

(2) 译文：百姓没有被保护。

八、文化常识：判断下列古代文化常识的正误

1．√   2．√   3．√

九、为下列文选加注标点

舜发于畎亩之中，傅说举于版筑之间，胶鬲举于鱼盐之中，管夷吾举于士，孙叔敖举于海，百里奚举于市。故天将降大任于是人也，必先苦其心志，劳其筋骨，饿其体肤，空乏其身，行拂乱其所为，所以动心忍性，曾益其所不能。人恒过，然后能改；困于心，衡于虑，而后作；征于色，发于声，而后喻。入则无法家拂士，出则无敌国外患者，国恒亡。然后知生于忧患，而死于安乐也！

十、名词解释

1．使动用法是古代汉语中动词、形容词、名词的特殊用法，具体如下：

(1) 动词的使动用法，是主语所代表的人物并不施行这个动词所表示的动作，而使宾语所

代表的人或事物施行这个动作。如"庄公寤生，惊姜氏"，并不是说庄公本人吃惊，而是说庄公使姜氏吃惊。

（2）形容词的使动用法，表示使宾语所代表的人或事物具有这个形容词所表示的性质或状态。如"君子正其衣冠"，"正"为使动用法，意思是"使……正"。

（3）名词的使动用法。这一情况非常少见。如"文王以百里之壤而臣诸侯"，"臣"为使动用法，意为"使……称臣"。

2．意动用法是古代汉语中形容词和名词活用作动词的特殊用法。

（1）形容词的意动用法，是指主观上认为宾语所代表的人或事物具有这种性质或状态，形容词用如意动时，它后面的成分就是它的宾语。如"美其服"，就是认为他的衣服美。

（2）名词的意动用法，是指把宾语所代表的人或事物看成这个名词所表示的人或事物。如"夫人之，我可以不夫人之乎？"

十一、简答题

1．（1）纣王执政时，武丁当政时的好风俗、好传统、好政策都还有遗存，影响仍然存在。

（2）纣王执政时，有微子、微仲等优秀的贤人来共同辅佐。

（3）当时的土地和百姓几乎都属于纣王，而周文王只能从一个纵横百里的小诸侯国中发展起来。

2．古汉语宾语前置主要有三种结构类型：

（1）疑问代词"谁、何、奚、安"等作宾语时，宾语必须放在动词前。如果动词前面有助动词，宾语一般也要放在助动词前。如"臣实不才，又谁敢怨"，"怨"是动词，"敢"是助动词。

（2）否定句中代词作宾语时，宾语需要前置。这种结构类型有两个必备条件：①宾语必须是代词；②必须含有否定副词"不、未、毋（无）"等，或表示否定的无定代词"莫"。如"我无尔诈，尔无我虞"。

（3）宾语用代词复指。这一类宾语前置的特点是在宾语前置的同时，还要在宾语后面用代词"是"或"之"进行复指，"是"或"之"也要放在动词前。如"秉国之钧，四方是维"。

十二、说明加粗的虚词在句子中的意义或作用

1．时间介词，相当于"在……的时候"。

2．连词，表顺承，于是。

3．介词，相当于"把"。

4．转折连词，虽然，虽然这样。

5．转折连词，然而，但是。

6．介词，相当于现代的"比"，一般用于描写句。

7．助词，表示修饰关系，的。

第五单元

《庄子》[1]

一、基本概况

《庄子》，又名《南华经》，是战国中后期庄子及其后学所著道家学说汇总，共三十三篇，分为"内篇""外篇""杂篇"三个部分。一般认为，"内篇"（七篇）是庄子亲笔所著，反映了庄子最核心的思想；"外篇"（十五篇）是庄子的弟子们所写，或者说是庄子与他的弟子一起合作写成的；"杂篇"（十一篇）的情形较为复杂，可能是庄子学派或后来的学者所写。

二、主要思想

道：庄子的"道"指的是宇宙万物的本源，是一种无形、无名、无极的原则。它既是宇宙万事万物的根本原因，又是一种超越世俗的智慧和境界。庄子认为，道是超然的、不可言说的，只能用心境体悟。

自然与无为：庄子强调顺应自然，主张无为而治。他认为人类应该像大自然一样，不刻意追求名利地位，顺应自然法则，以达到和谐、平衡的生活状态。

逍遥：庄子哲学的一个重要目标，意指达到心灵上的自由与解脱。庄子认为要达到逍遥就要顺应道、顺应自然，充分体现无为的生活态度。

相对主义：庄子认为，事物的是非、好坏都是人们主观判断的结果，没有绝对的标准。这一观点在他的寓言故事中得到了充分体现。

三、文学成就

想象丰富：庄子的文章想象奇幻，构思巧妙，具有浪漫主义的艺术风格。

寓言故事：庄子善于用寓言、故事、对话、比喻来说明道理，将深刻的哲理寓于生动的艺术形象之中，如"庄周梦蝶""邯郸学步""朝三暮四"等寓言故事都广为流传。

讽刺手法：庄子善于用讽刺的手法、幽默的笔触去揭露黑暗，抨击邪恶，尤其是讥刺当权者的虚伪与卑下者的趋炎附势。

四、历史地位与影响

《庄子》是道家学派的重要经典著作之一，与《老子》《周易》合称"三玄"。《庄子》不仅对中国古代哲学、文学、艺术产生了深远影响，还对后世浪漫主义文学产生了巨大影响，其思想精髓至今仍具有现实意义。

---

1. 本单元选文来源不一，其中比较重要的是《庄子》一书。

非攻《墨子》

一、课文通译

二、字词梳理

（一）古今与通假

1. 其不仁**兹**甚：通"滋"，程度副词，更加。通假字。
2. **拖**其衣裘：同"拖"，拽下来。异体字。
3. 少**尝**苦曰苦，多**尝**苦曰甘：同"嚐"，辨别滋味。异体字。
4. 则以此人不知白黑之**辩**矣：通"辨"，辨别。通假字。

（二）词义详解

1.【非】（三 P1058 常用词 669）

（1）不对的，不合理的。《归去来兮辞》："实迷途其未远，觉今是而昨非。"

又用作动词，表示以为不对。《答韦中立论师道书》："天下不以非郑尹而快孙子。"《庄子·北冥有鱼》："举世而非之而不加沮。"

（2）否定副词，用于判断句，以否定谓语。《孟子·许行》："今也南蛮鴂舌之人，非先王之道。"《孟子·攘鸡》："是非君子之道。"

又用于复合句的从属子句，表示撇开。《论语·雍也》："非不说子之道，力不足也。"

2.【甚】（三 P1070 常用词 696）

（1）形容词，厉害，达到了很厉害的程度。《战国策·鲁仲连义不帝秦》："嘻！亦太甚矣，先生之言也！"《左传·宫之奇谏假道》："一之谓甚，其可再乎？"《墨子·非攻》："苟亏人愈多，其不仁兹甚矣，罪益厚。"

[甚于] 表示超过。《孟子·夫子当路于齐》："未有甚于此时者也。"

（2）副词，很。《庄子·庖丁解牛》："动刀甚微，謋然已解，如土委地。"

（3）疑问代词，什么。《水浒传·鲁提辖拳打镇关西》："官人，吃甚下饭？"

引申为副词，为什么。辛弃疾《满江红》："甚当年，寂寞贾长沙。"

3.【誉】（二 P416 常用词 256）

称赞。《墨子·非攻》："从而誉之，谓之义。"《庄子·北冥有鱼》："且举而世誉之而不加劝，举世而非之而不加沮。"

引申为好名声。《韩非子·五蠹》："誉辅其赏，毁随其罚。"

4．【情】（三 P947 常用词 628）

(1) 感情，情感，情绪。《战国策·赵威后问齐使》："是皆率民而出于孝情者也。"
引申为事物的本性。《孟子·许行》："夫物之不齐，物之情也。"

(2) 副词，实在。《墨子·非攻》："情不知其不义也，故书其言以遗后世。"

5．【辩】（三 P915 常用词 549）

(1) 辩论。《列子·两小儿辩日》："孔子东游，见两小儿辩斗。"

(2) 形容词，动听。《韩非子·五蠹》："子言非不辩也。"

(3) 通"辨"，辨别。《墨子·非攻》："则以此人不知白黑之辩矣。"《庄子·北冥有鱼》："此小大之辩也。"《庄子·百川灌河》："两涘渚崖之间，不辩牛马。"

6．【书】（一 P158 常用词 120）

(1) 动词，写，写字。《史记·陈涉世家》："乃丹书帛曰'陈胜王'。"《墨子·非攻》："情不知其不义也，故书其言以遗后世。"

(2) 信。《春望》："烽火连三月，家书抵万金。"

(3)《尚书》的专称。引申为一般的书籍。《论语·先进》："何必读书，然后为学。"

三、语法修辞

（一）词类活用

以**亏**人自利也：使动用法，使……受损。

（二）修辞

"以亏人愈多，其不仁兹甚，罪益厚"："变文同义"手法。变文同义是古汉语中常用的修辞方法，主要用于避免重复而在相邻的句子中采用同义词来表达相同的意义。该方法增加了语言的丰富性和变化，使得行文更加生动和富有节奏感。

老子

一、课文通译

(一)

天下皆知美之爲美，斯惡已①；皆知善之爲善，斯不善已。
天下人都知道美之所以为美，就知道什么是丑了；都知道善之所以为善，就知道什么是不善了。
故有無相生，難易相成，長短相形，高下相傾，音聲②相和，
所以有和无相互依存，难和易相互成就，长和短相互比较，高和下相互依靠，音和声相互应和，
前後相隨。是以③聖人④處無爲之事，行不言之教，
前和后相互跟随。因此圣人以无为的原则处理世事，用不言的方式进行教化，
萬物作焉而不辭⑤，生而不有，爲而不恃⑥，
圣人听任万物自然兴起而不拒绝（不加干涉），万物生长而不据为己有，对万物有所施为而不依赖它们，
功成而弗居。夫唯不居，是以不去。
事情成功而不自居有功。正由于圣人这样不居功骄傲，所以他的功绩永远不会失去。

① 已：通"矣"，语气词，可译为"了"。
② 音声：古代音和声是有区别的。复杂的、有节奏的叫"音"，单调的、无节奏的叫"声"。
③ 是以：疑为后人所加。本章的前八句是老子的相对论，后八句是老子的政治论，文意不相连。
④ 圣人：老子理想中的"与道同体"的人物，他与儒家圣人有很大不同，是"有道的人"。
⑤ 辞：拒绝。
⑥ 恃：依赖，依靠。

(二)

三十輻①共一轂②，當其無③，有車之用。
三十根辐条穿在车头上，正因为它的空处，才能装上车轴而有了车的作用。
埏埴④以爲器，當其無，有器之用。鑿户牖⑤以爲室，
将水和陶土糅和成泥坯制作陶器，正因为它的空处，才有了器皿盛放物品的作用。凿出门窗建造房屋，
當其無，有室之用。故有之以爲利，無之以爲用。
正因为它是空的，房屋才能有居住的作用。所以"有"提供了实际利益，"无"发挥了它的作用。

① 辐：车轮上的直棍，有如自行车的钢丝。三十辐，是一个车轮直棍的数目。
② 毂：车轮中心穿车轴的圆木，北方叫它"车头"。
③ 无：这一章三个"无"，均作"空虚"解。
④ 埏埴：用水和陶土抟作可制饮食用的器皿的泥坯。埏：借为"抟"，抟土。埴：陶土。
⑤ 牖：窗户。

（三）

天之道,其猶張弓與?高者抑之,下者舉之;
自然的规律,不是很像张弓射箭吗?弦位高了就把它压低一些,低了就把它举高一些;

有餘者損之,不足者補之。天之道損有餘而補不足,
弓弦拉得过满了就把它放松一些,拉得不足了就要把它拉满一些。所以自然的规律是减少多余的而补给不足的,

人之道則不然:損不足以奉有餘。孰能有餘以奉天下?
可是社会的法则却不是这样:它要剥夺不足的用来奉养有余的人。那么谁能够把有余的拿来供奉天下呢?

唯有道者。是以聖人爲而不恃,功成而不處①。
只有有道的人才可以做到。因此有道的人有所作为而不依靠它,有所成就而不居功自傲。

其不欲見②賢邪!
这大概是不愿表现出自己的贤能吧!

① 处：居，有"占有"的意思。
② 见：同"现"，表现。

（四）

小國寡民①。使有什伯之器②而不用,使民重死③而不遠徙④。
要使国家地小人少。使人民有各种各样的器具而不用,使人民爱惜生命而不迁徙出国。

雖有舟輿⑤,無所乘⑥之;雖有甲兵,無所陳⑦之;
虽然有车有船,却没有乘坐它们的必要;虽然有坚固锐利的武器,却没有陈放它们的地方;

使民復結繩⑧而用之。甘其食,美其服,安其居,
使人民重新使用结绳记事。人民认为他们的食物是美味的,他们的衣服是漂亮的,他们的住所是舒适的,

樂其俗。鄰國相望,雞犬之聲相聞,民至老死不相往來。
他们的生活是安乐的。邻国可以相互望见,鸡狗的叫声可以相互听见,各国百姓直到老死也不相互往来。

① 小国寡民：使国家地小人少。小：使……小。寡：使……寡。
② 什伯之器：各种各样的器具。
③ 重死：重视死亡，即爱惜生命。
④ 徙：迁徙，指出国。
⑤ 舟舆：船和车。
⑥ 乘：乘坐。
⑦ 陈：陈放。
⑧ 结绳：结绳记事，指记事方式。

二、字词梳理

（一）古今与通假

1. 斯恶已：通"矣"，句尾语气词，约等于"了"。通假字。

2. 三十辐共一毂：同"拱"，环绕，凑集。古今字。

3. 其不欲见贤邪：同"现"，表现，显现。古今字。

4. 使有什伯之器而不用：通"佰"，百倍。通假字。

（二）词义详解

1. 【生】（四 P1578 常用词 1023）

（1）植物长出来，生出来。曹操《观沧海》："树木丛生，百草丰茂。"

又为生长。《孟子·弈秋》："虽有天下易生之物也，一日暴之，十日寒之。"

引申为生育（子女）。《左传·郑伯克段于鄢》："生庄公及共叔段。"

又为发生，产生。《左传·郑伯克段于鄢》："若弗与，则请除之。无生民心。"

又为存。《老子》："故有无相生，难易相成。"

（2）活着，生存。《战国策·鲁仲连义不帝秦》："故生则朝周，死则叱之，诚不忍其求也。"

形容词，活的。《孟子·陈仲子》："他日归，则有馈其兄生鹅者。"《庄子·北冥有鱼》："野马也，尘埃也，生物之以息相吹也。"

引申为生命，性命。《孟子·寡人之于国也》："是使民养生丧死无憾也。"《孟子·鱼我所欲也》："生，亦我所欲也。"

引申为一生，一辈子。

（3）不熟的。《史记·项羽本纪》："则与一生彘肩。"

（4）有学识者或儒家门徒的通称。引申为读书人或青年男子的通称。《送东阳马生序》："今诸生学于太学，县官日有廪稍之供。"

（5）弟子，学生。

2. 【和】（四 P1315 常用词 863）

（1）（音乐）调和，和谐。《老子》："高下相倾，音声相和，前后相随。"

引申为和睦，不争。《左传·宫之奇谏假道》："如是，则非德民不和，神不享矣。"《论语·季氏》："盖均无贫，和无寡，安无倾。"

引申为舒服，舒适。《战国策·触詟说赵太后》："日三四里，少益耆食，和于身。"

（2）混合，合在一起。《长恨歌》："回看血泪相和流。"

副词，表示连。杜荀鹤《山中寡妇》："时挑野菜和根煮。"

（3）读 hè。动词，（声音）相应，特指和着唱，帮腔。

又指与乐器相和。《赤壁赋》："倚歌而和之。"

又指和诗。白居易《初冬早起寄梦得》："诗成遣谁和？"

3. 【恃】（三 P1052 常用词 655）

依赖，依靠。《论积贮疏》："故其畜积足恃。"《老子》："生而不有，为而不恃。"《韩非子·五蠹》："富国以农，距敌恃卒。"

引申为仗着，指心理上的依赖。《唐书·程千里传》："千里恃勇，开县门。" [后起义]

4.【利】(二 P426 常用词 281)

(1) 锐利，快。一般指兵器或工具的锐利，跟"钝"相对。《荀子·劝学》："金就砺则利。"

(2) 名词，利益，跟"害"相对。《捕蛇者说》："有蒋氏者，专其利三世矣。"

动词，使获利，牟利。《左传·烛之武退秦师》："阙秦以利晋，唯君图之。"《墨子·非攻》："此何也？以亏人自利也。"《战国策·冯谖客孟尝君》："今君有区区之薛，不拊爱子其民，因而贾利之。"

形容词。《左传·烛之武退秦师》："然郑亡，子亦有不利焉！"

5.【重】(二 P588 常用词 421)

(1) 读 zhòng。分量大，跟"轻"相对。《孟子·许行》："麻缕丝絮轻重同，则贾相若。"《孟子·齐桓晋文之事》："权，然后知轻重。"

引申为重要。《孟子·告子下》："色与礼孰重。"

又引申为看重，重视。《老子》："使民重死而不远徙。"

又引申为庄重，不轻率。《论语·学而》："君子不重则不威。"

又引申为隆重。《左传·楚归晋知罃》："重为之礼而归之。"

又引申为贵重。《战国策·触詟说赵太后》："而封之以膏腴之地，多予之重器。""而守金玉之重也。"

(2) 读 chóng。形容词，重叠的，重复的。《礼记·苛政猛于虎》："子之哭也，壹似重有忧者？"

名词，表示"层"。王安石《泊船瓜洲》："京口瓜洲一水间，钟山只隔数重山。"

读 zhòng。动词，表示增加，加上。《楚辞·离骚》："纷吾既有此内美兮，又重之以脩能。"

6.【复】(一 P45 常用词 12)

(1) 动词，回来，回去。《左传·齐桓公伐楚》："昭王南征而不复，寡人是问。"《左传·晋灵公不君》："宣子未出山而复。"

引申为回复，报复。《孟子·齐桓晋文之事》："有复于王者曰……"

又为还原，重新。《老子》："使民复结绳而用之。"

(2) 副词，再，又。《战国策·鲁仲连义不帝秦》："遂辞平原君而去，终身不复见。"《战国策·触詟说赵太后》："有复言令长安君为质者，老妇必唾其面。"《孟子·夫子当路于齐》："管仲晏子之功，可复许乎？"

(三) 虚词多义

以

(1) 连词，来。如："损不足以奉有余。""天之道损有余而补不足。"

(2) 介词，用，凭借。如："孰能有余以奉天下？"

(3) 介词，因为。如："是以圣人为而不恃。"

三、语法修辞

（一）词类活用

1. 小国寡民：形容词的使动用法，使……小，使……少。

2. 使民重死而不远徙：形容词的意动用法，认为……重，即看重，重视。

3. 甘其食，美其服，安其居，乐其俗：形容词的意动用法，认为……甘甜，认为……美丽，认为……舒适，认为……安乐。

（二）特殊结构

1. 天下皆知美之为美，斯恶已；皆知善之为善，斯不善已："美之为美""善之为善"整体作前后两个"知"的宾语。"之"在其中为取独用法。

2. 故有之以为利，无之以为用：两个"之"都是指示代词，复指前置的两个宾语"有""无"。常规语序应该是"以有为利""以无为用"。

3. 孰能有余以奉天下：介词"以"的宾语"有余"前置，常规语序应该是"孰能以有余奉天下"。

4. 是以圣人为而不恃：介词"以"的宾语"是"前置，常规语序应该为"以是圣人为而不恃"。

北冥有魚 《逍遙遊》

一、课文通译

北冥^①有魚,其名爲鯤^②(kūn)。鯤之^③大,不知其^④幾千里也。化而爲鳥,
北方的大海里有一条鱼,它的名字叫鲲。鲲非常大,不知道它身长有几千里。鲲变化成为鸟,

其名爲鵬^⑤。鵬之背,不知其幾千里也;怒^⑥而飛,
它的名字就叫作鹏。鹏的脊背,也不知道有几千里长;当它振动翅膀奋起直飞的时候,

其翼若垂^⑦天之雲。是鳥也,海運^⑧則將徙^⑨(xǐ)於南冥。
它的翅膀就好像挂在天边的云彩。这只鸟,在大风吹动海水的时候就要迁徙到南方的大海去了。

南冥者,天池^⑩也。齊諧^⑪者,志怪^⑫者也。諧之言曰:
南方的大海,是一个天然的水池。《齐谐》这本书,是记载一些怪异事情的书。书上记载:

"鵬之徙於南冥也,水擊^⑬三千里,摶^⑭(tuán)扶搖^⑮而上者九^⑯萬里,
"鹏往南方的大海迁徙的时候,翅膀拍打水面能激起三千里的浪涛,环绕着旋风向上飞到九万里的高空中,

去以六月息者也^⑰。"野馬^⑱也,塵埃^⑲也,
离开北方的大海后飞行了六个月到达南方的大海休息。"像野马奔腾的游气一样,飘飘扬扬的尘埃,

生物^⑳之以息^㉑相^㉒吹^㉓也。天之蒼蒼,其正色邪^㉔(yé)?
都是大自然里各种生物相互吹拂气息所致。天的深蓝色,是它真正的颜色呢?

其遠而無所至極^㉖邪?其視下^㉗也,亦^㉘若是^㉙則已^㉚矣。
还是因为它太遥远而没法看到它的尽头呢?鹏往下看的时候,看见的应该也是这个样子。

且夫水之積也不厚,則其負大舟也無力。覆^㉛杯水於坳(ào)堂^㉜之上,
如果聚集的水不深,那么它就没有负载一艘大船的力量了。在堂前低洼的地方倒上一杯水,

則芥^㉝(jiè)爲之舟。置杯焉則膠^㉞,水淺而舟大也。
一棵小草能被用来当作一艘船。放一个杯子在上面就会被粘住而搁浅,这是因为水浅而船却大。

風之積也不厚,則其負大翼也無力。故九萬里
如果聚集的风不够强大的话,那么也就没有力量负载一个巨大的翅膀了。因此鹏在九万里的高空飞行时,

則風斯^㉟在下矣,而後乃今^㊱培^㊲風;背負青天而莫之夭閼^㊳(yāo è)者,而後乃今將圖南^㊴。
风就在它的身下了,然后凭借着风力飞行;背负着青天毫无阻挡,然后才开始计划着朝南飞。

---

① 北冥:北边的大海。传说其无边无际,水深而黑。冥:同"溟",指海色深黑。下文"南冥",指南边的大海。

② 鯤:传说中的大鱼,生活在北边幽深的大海——北冥。

③ 之:用于主谓之间来取消句子独立性。

④ 其：指示代词。
⑤ 鹏：本为古"凤"字，这里指传说中的大鸟。
⑥ 怒：振奋，这里指鼓起翅膀。
⑦ 垂：同"陲"，边际。
⑧ 海运：海水运动。古有"六月海动"之说。海运之时必有大风，因此大鹏可以乘风南行。
⑨ 徙：迁移。
⑩ 天池：天然形成的水池。
⑪ 齐谐：书名。出于齐国，多载诙谐怪异之事，故名"齐谐"。一说人名。
⑫ 志怪：记载怪异的事物。志：记载。
⑬ 水击：鹏鸟的翅膀拍打水面。击：拍打。
⑭ 抟：鸟类向高空盘旋飞翔。一作"搏"（bó），拍。
⑮ 扶摇：一种旋风，又名飙，为由地面急剧盘旋而上的暴风。
⑯ 九：表虚数，不是实指。
⑰ 去以六月息者也：大鹏飞行六个月才止息于南冥。一说息为大风，大鹏乘着六月间的大风飞往南冥。去：离，这里指离开北海。以：凭借。息：休息。
⑱ 野马：游动的雾气。古人认为，春天万物生机萌发，大地之上游气奔涌如野马一般。
⑲ 尘埃：扬在空中的土叫"尘"，细碎的尘粒叫"埃"。
⑳ 生物：概指各种有生命的东西。

㉑ 息：有生命的东西呼吸所产生的气息。
㉒ 相：互相。
㉓ 吹：吹拂。
㉔ 苍苍：深蓝色。
㉕ 其正色邪：或许是上天真正的颜色？其：抑，或许。正色：真正的颜色。邪：通"耶"，疑问语气词。
㉖ 极：尽。
㉗ 下：向下。
㉘ 亦：也。
㉙ 是：这样。
㉚ 已：罢了。
㉛ 覆：倾倒。
㉜ 坳堂：堂中低凹处。坳：凹陷不平。
㉝ 芥：小草。
㉞ 置杯焉则胶：将杯子放于其中就会被粘住而搁浅。置：放。焉：于此。胶：粘住，指不能动。
㉟ 斯：于是。
㊱ 而后乃今：倒装句，应为"今而后乃"，意为"这样，然后才……"。
㊲ 培：凭。
㊳ 莫之夭阏：倒装句，应为"莫夭阏之"，意为无所滞碍。夭：挫折。阏：遏制，阻止。
㊴ 图南：计划向南飞。

蜩①与学鸠②笑之曰："我决③起而飞，抢④榆枋⑤，时则不至，而控⑥於地而已矣，
蝉和学鸠讥笑鹏说："我们奋力而飞，碰到榆树和檀树，有时飞不上去，落在地上就是了，
奚以之九万里而南爲⑦？"適⑧莽蒼⑨者，三飡⑩而反⑪，腹猶果然⑬；
哪里用得着飞九万里到南边的大海去呢？"去往近郊的人，只带当天吃的三餐粮食，回来肚子还是饱饱的；
適百里者，宿舂粮⑭；適千里者，三月聚糧。
到百里外的人，要用一整夜时间舂米来准备干粮；到千里外的人，要提前三个月来准备粮食。
之⑮二蟲⑯又何知？
蝉和学鸠这两只小动物又知道什么呢？

① 蜩：蝉。
② 学鸠：小鸟名。
③ 决：疾速的样子。
④ 抢：触，碰，着落。一作"枪"。
⑤ 榆枋：两种树名。榆：榆树。枋：檀树。
⑥ 控：投，这里指落下。
⑦ 奚以之九万里而南为：哪里用得着飞九万里到南边的大海去呢？奚以：哪里用得着。之：到……去。为：句尾语气助词。奚以……为：哪里用得着……呢。
⑧ 適：去，往。
⑨ 莽蒼：色彩朦胧，遥远不可辨析，本指郊野的颜色，这里引申为近郊。
⑩ 三飡：三餐，即一日之粮。
⑪ 反：同"返"，返回。
⑫ 犹：还。

⑬ 果然：吃饱的样子。
⑭ 宿舂粮：舂捣一宿的粮食，即舂宿粮。宿：一夜。
⑮ 之：此，这。
⑯ 二虫：蜩与学鸠。虫：有动物之意，可译为小动物。

小 知① 不 及 大 知，小 年 不 及 大 年。奚 以 知 其 然 也？
小智慧比不上大智慧，短命比不上长寿。怎么知道是这样的呢？
朝 菌② 不 知 晦③ 朔④，蟪 蛄⑤ 不 知 春 秋：
朝生暮死的菌草不知道一个月那么长的时间，春生夏死、夏生秋死的寒蝉不知道一年的时光：
此 小 年 也。楚 之 南 有 冥 灵⑥ 者，以 五 百 歲 爲 春，五 百 歲 爲 秋；
这就是短命。楚国的南方有一种大树叫作冥灵，它把五百年当作一个春季，五百年当作一个秋季；
上 古 有 大 椿⑦ 者，以 八 千 歲 爲 春，八 千 歲 爲 秋。
上古时代有一种树叫作大椿，它把八千年当作一个春季，八千年当作一个秋季。
而 彭 祖⑧ 乃 今⑨ 以⑩ 久 特⑪ 聞⑫，衆 人⑬ 匹⑭ 之，不 亦 悲 乎？
而活了八百岁的彭祖如今还因长寿而闻名于世，一般人谈到长寿就同彭祖相比，岂不可悲？

① 知：同"智"，智慧。
② 朝菌：一种大芝，朝生暮死的菌类植物。
③ 晦：农历每月的最后一天。一说月末。
④ 朔：农历每月的第一天。一说月初。
⑤ 蟪蛄：寒蝉，其春生夏死或夏生秋死。
⑥ 冥灵：大树名。一说为大龟名。
⑦ 大椿：传说中的大树名。一说为巨大的香椿。
⑧ 彭祖：传说中尧的臣子，名铿，封于彭，活了约八百岁。
⑨ 乃今：而今，如今。
⑩ 以：凭。
⑪ 特：独。
⑫ 聞：闻名于世。
⑬ 众人：一般人。
⑭ 匹：配，比。

湯① 之 問 棘② 也 是 已③："窮 髮④ 之 北，有 冥 海 者，天 池 也。
商汤问棘的话也是这样说："在草木不生的极远的北方，有个很深的大海，那就是天然的水池。
有 魚 焉，其 廣 數 千 里，未 有 知 其 修⑤ 者，其 名 爲 鯤。有 鳥 焉，其 名 爲 鵬，
里面有条鱼，它的身子有几千里宽，没有人知道它有多长，它的名字叫作鲲。有一只鸟，它的名字叫作鹏，
背 若 太 山⑥，翼 若 垂 天 之 雲；搏 扶 摇 羊 角⑦ 而 上 者 九 萬 里，絕⑧ 雲 氣，負 青 天，
鹏的背像泰山，翅膀像天边的云；借着旋风盘旋而上九万里，超越云层，背负青天，
然 後 圖 南，且⑨ 適 南 冥 也。斥 鴳⑩ 笑 之 曰：'彼 且 奚 適 也？
然后计划着向南飞翔，将要飞到南边的大海去。小泽里的小雀讥笑鹏说：'它将要飞到哪里去呢？
我 騰 躍 而 上，不 過 數 仞⑪ 而 下，翺 翔 蓬 蒿 之 間，此 亦 飛 之 至⑫ 也。
我一跳就飞起来，不过数丈高就落下来，在蓬蒿丛中盘旋，这也是极好的飞行了。
而 彼 且 奚 適 也？'"——此 小 大 之 辯⑬ 也。
而它将要飞到哪里去呢？'"——这就是小和大的区别。

① 汤：商汤。
② 棘：汤时的贤大夫。《列子·汤问》篇作"夏革（jí）"。
③ 已：矣。
④ 穷发：传说中极荒远的不生草木之地。发：草木植被。
⑤ 修：长。
⑥ 太山：泰山，在今山东省泰安市北。
⑦ 羊角：一种旋风，向上回旋如羊角状。
⑧ 绝：穿过。
⑨ 且：将要。
⑩ 斥鴳：池沼中的小雀。斥：池，小泽。
⑪ 仞：古代长度单位，周制为八尺，汉制为七尺。这里应从周制。
⑫ 至：极点。
⑬ 小大之辩：小和大的区别。辩，通"辨"，分辨，分别。

故夫知效①一官②，行③比④一乡，德合⑤一君，
所以那些才智能胜任一官的职守，行为能够合乎一乡百姓的心意，德行能使一个君王满意，
而能⑥征⑦一國者，其自視也亦若此矣。而宋榮子⑧猶然⑨笑之。
能力能够取得全国信任的人，他们看待自己也像上面说的那只小雀一样。而宋荣子嘲笑这种人。
且舉⑩世而譽之而不加勸⑪，
宋荣子这个人，世上所有的人都称赞他，但他并不因此就更加勤勉，
舉世而非⑫之而不加沮⑬，定⑭乎內外⑮之分，辯乎榮辱之境⑯，
世上所有的人都责难他，他也并不因此就感到沮丧，他认定了自己和外物的分别，分辨清楚荣辱的界限，
斯已矣。彼，其於世，未數數然⑰也。雖然，猶有未樹也。
就觉得不过如此罢了。他对待人世间的一切，都没有拼命地去追求。即使如此，他还是有未达到的境界。
夫列子⑱御⑲風而行，泠然⑳善㉑也，旬㉒有㉓五日而後反。彼於致福㉔者，
列子乘风而行，姿态轻妙飘然且美好，十五天以后才返回。他对于求福的事，
未數數然也。此雖㉕免乎行，猶有所待㉖者也。若夫乘㉗天地㉘之正㉙，
没有拼命地去追求。这样虽然免了步行，还是有所依靠的东西。倘若顺应天地万物的本性，
而御六氣之辯㉚，以遊無窮者，彼㉛且惡㉜乎待哉？故曰：至人㉝無己㉞，
驾驭着六气的变化，遨游于无穷的境地，他将要依靠什么呢？所以说：修养最高的人能顺应自然而忘掉自己，
神人㉟無功㊱，聖人㊲無名㊳。
修养达到神化境界的人无意于求取功利，有道德学问的圣人无意于求取名誉。

① 效：功效，这里指胜任。
② 官：官职。
③ 行：品行。
④ 比：合。
⑤ 合：使……满意。
⑥ 而：通"能"，能力。
⑦ 征：取信。
⑧ 宋荣子：一说宋钘（jiān），宋国人，战国时期的思想家。
⑨ 犹然：喜笑的样子。犹：通"繇"，喜。
⑩ 举：全。
⑪ 劝：勤勉，努力。
⑫ 非：非议，责难。
⑬ 沮：沮丧。
⑭ 定：确定。
⑮ 内外：自身和身外之物。在庄子看来，自主的精神是内在的，荣誉和责难都是外在的，而只有自主的精神才是重要的、可贵的。

⑯ 境：界限。
⑰ 数数然：汲汲然，指急迫用世、谋求名利、拼命追求的样子。
⑱ 列子：郑国人，名叫列御寇，战国时代思想家。
⑲ 御：驾驭。
⑳ 泠然：轻妙飘然的样子。
㉑ 善：美好的。
㉒ 旬：十天。
㉓ 有：通"又"，用于连接整数与零数。
㉔ 致福：求福。
㉕ 虽：虽然。
㉖ 待：凭借，依靠。
㉗ 乘：遵循，凭借。

㉘ 天地：万物，即整个自然界。
㉙ 正：本，这里指自然的本性。
㉚ 御六气之辩：驾驭六气的变化。六气：阴、阳、风、雨、晦、明。辩：通"变"，变化。
㉛ 彼：他。
㉜ 恶：何，什么。
㉝ 至人：庄子认为的修养最高的人。
㉞ 无己：清除外物与自我的界限，达到忘掉自己的境界，即物我不分。
㉟ 神人：精神世界完全能超脱物外的人。
㊱ 无功：无作为，故无功利。
㊲ 圣人：思想修养臻于完美的人。
㊳ 无名：不追求名誉地位，不立名。

二、字词梳理

（一）古今与通假

1. 北**冥**有鱼：同"溟"，大海。古今字。
2. **志**怪者也：同"誌"，记载。古今字。
3. 其正色**邪**：通"耶"，句尾语气词。通假字。
4. 而后乃今**培**风：通"冯"，凭借。通假字。
5. 三**飡**而反：同"餐"，吃。异体字。
6. 旬有五日而后**反**：同"返"，返回。古今字。
7. 小**知**不及大知：同"智"，智慧。古今字。
8. 此小大之**辩**也：通"辨"，分辨。通假字。
9. 旬**有**五日而后反：通"又"，连接整数与零数。通假字。
10. 而御六气之**辩**：通"变"，变化。通假字。

（二）词义详解

1.【击】（一 P140 常用词 80）

打，敲打。《左传·齐晋鞌之战》："蛇出于其下，以肱击之。"《庄子·北冥有鱼》："鹏之徙于南冥也，水击三千里。"

引申为攻打，进攻。《左传·蹇叔哭师》："击之，必大捷焉。"《战国策·鲁仲连义不帝秦》："适会魏公子无忌夺晋鄙军以救赵击秦。"《左传·烛之武退秦师》："子犯请击之。"

2.【邪】（一 P226 常用词 152）

(1) 斜的。《诗经·采菽》："邪幅在下。"

(2) 不正直，邪曲。《孟子·齐桓晋文之事》："苟无恒心，放辟邪侈，无不为已。"

(3) 读 yé。疑问语气词，略等于"与"。又写作"耶"。《庄子·北冥有鱼》："其远而无所至极邪？"《战国策·鲁仲连义不帝秦》："十人而从一人者，宁力不胜、智不若邪？"

3.【正】（一 P225 常用词 151）

(1) 不偏，跟"偏"相对。不斜，跟"斜""邪"相对。

引申为正当，合适。《论语·子路》："名不正则言不顺。"

用作动词，表示使正，纠正。《论语·尧曰》："君子正其衣冠。"《礼记·大同》："以正君臣，以笃父子。"《诗经·节南山》："不惩其心，覆怨其正。"

(2) 主管人，长。《左传·晋灵公不君》："子为正卿，亡不越竟，反不讨贼，非子而谁？"

(3) 副词，恰好。《孔雀东南飞》："便利此月内，六合正相应。"

(4) 读 zhēng，如"正月"。

4.【极】（三 P1069 常用词 695）

(1) 名词，房屋的脊檩。引申为房梁。《狱中杂记》："牖其前以通明，屋极有窗以达气。"

(2) 名词，极点，最高限度。《报任安书》："立名者，行之极也。"

引申为动词，达到极点。《阿房宫赋》："尽态极妍。"

引申为形容词，最高的，达到极点的。《报任安书》："是以就极刑而无愠色。"

引申为副词，非常，极其。《桃花源记》："初极狭，才通人。"

(3) 至。引申为终止，尽头。《庄子·北冥有鱼》："天之苍苍，其正色邪？其远而无所至极邪？"《诗经·鸨羽》："悠悠苍天，曷其有极？"

5.【控】（四 P1441 常用词 910）

(1) 拉弓。岑参《白雪歌送武判官归京》："将军角弓不得控。"

(2) 勒马。谢灵运《东山观海》："策马步兰皋，緤控息椒丘。"

引申为控制。《滕王阁序》："控蛮荆而引瓯越。"

又指"投"。《庄子·北冥有鱼》："时则不至，而控于地而已矣。"

6.【年】（一 P340 常用词 251）

(1) 年成，收成。《孟子·齐桓晋文之事》："乐岁终身苦，凶年不免于死亡。"

(2) 年。《庄子·庖丁解牛》："三年之后，未尝见全牛也。"

(3) 年龄。《陈情表》："行年四岁，舅夺母志。"

引申为寿命。《庄子·北冥有鱼》："小年不及大年。"

7.【积】（三 P919 常用词 558）

(1) 积聚谷物。《诗经·公刘》："迺积迺仓。"

引申为一般的积聚。《庄子·北冥有鱼》："且夫水之积也不厚，则其负大舟也无力。"《荀子·劝学》："故不积跬步，无以至千里。"《庄子·胠箧》："不乃为大盗积者也？"

(2) 储蓄。《论积贮疏》："故其畜积足恃。"

8.【图】（一 P53 常用词 28）

(1) 考虑，反复考虑。《左传·烛之武退秦师》："阙秦以利晋，唯君图之。"《左传·楚归晋知萤》："二国图其社稷，而求纾其民。"

引申为设法对付。《左传·郑伯克段于鄢》："无使滋蔓，蔓难图也。"

引申为计划。《庄子·北冥有鱼》："绝云气，负青天，然后图南。"

（2）图画。引申为地图，图表。《战国策·荆轲刺秦王》："图穷匕首见。"

9.【特】（三 P930 常用词 586）

（1）公牛。《诗经·正月》："瞻彼阪田，有菀（wǎn）其特。"

（2）三岁的兽。《诗经·伐檀》："不狩不猎，胡瞻尔庭有县特兮？"

（3）特别。《庄子·北冥有鱼》："而彭祖乃今以久特闻。"《陈情表》："诏书特下，拜臣郎中。"

（4）副词，只，仅，不过。《战国策·庄辛说楚襄王》："犹以数千里，岂特百里哉？"

（5）配偶。《诗经·柏舟》："髧彼两髦，实维我特。"

10.【闻】（三 P1175 常用词 751）

（1）听见。《庄子·庖丁解牛》："善哉！吾闻庖丁之言，得养生焉。"《老子》："邻国相望，鸡犬之声相闻，民至老死不相往来。"《孟子·陈仲子》："然后耳有闻，目有见。"

又为听说，知道。《墨子·非攻》："众闻则非之。"《孟子·许行》："远方之人，闻君行仁政。"

又特指使皇帝闻，即禀告。《战国策·触詟说赵太后》："愿令得补黑衣之数，以卫王宫。没死以闻。"

又引申为名词，知识，见闻。《史记·屈原列传》："博闻强志，明于治乱。"

又为传说，事迹。《报任安书》："网罗天下放失旧闻。"

（2）读 wèn。名声，声望。《论语·子罕》："四十、五十而无闻焉，斯亦不足畏也已。"

又指闻名于世。《庄子·北冥有鱼》："而彭祖乃今以久特闻，众人匹之，不亦悲乎？"

11.【效】（三 P777 常用词 462）

（1）致，呈献。《韩非子·五蠹》："事大未必有实，则举图而委，效玺而请兵矣。"

引申为交出，授予。《左传·文公八年》："效节于府人。"

用于抽象意义，表示贡献，献出。《谏太宗十思疏》："仁者播其惠，信者效其忠。"

（2）结果，后果。《报任安书》："苟合取容，无所短长之效。"

引申为有效（动词）或效果（名词）。《出师表》："受命以来，夙夜忧叹，恐托付不效。"《六国论》："是故燕虽小国而后亡，斯用兵之效也。"

又引申为胜任。《庄子·北冥有鱼》："故夫知效一官，行比一乡。"

（3）模仿，效仿。马援《诫兄子严敦书》："吾爱之重之，愿汝曹效之。"

12.【定】（四 P1575 常用词 1016）

（1）安定，安静。《出师表》："今南方已定。"

引申为停止。《左传·齐晋鞌之战》："韩厥俛定其右。"杜甫《茅屋为秋风所破歌》："俄顷风定云墨色。"《诗经·节南山》："不弔昊天，乱靡有定。"

又为平定，使安定。《出师表》："当奖率三军，北定中原。"陆游《示儿》："王师北定中原日，家祭毋忘告乃翁。"

引申为决定，确定。《庄子·北冥有鱼》："定乎内外之分，辩乎荣辱之境。"《史记·廉颇蔺相如列传》："计未定，求人可使报秦者，未得。"

（2）副词，到底，究竟。(后起义) 李白《答族侄僧中孚赠玉泉仙人掌茶》："举世未见之，其名定谁传。"

（3）副词，一定。关汉卿《窦娥冤》："定要感的六出冰花滚似绵。"

三、语法修辞

（一）词类活用

1. 奚以之九万里而**南**为：方位名词活用作动词，向南飞行。
2. 故夫知**效**一官：名词活用作动词，胜任。

（二）特殊结构

1. 覆杯水于坳堂之上，则芥为之舟：双宾句，谓语中心是"为"，直接宾语是"舟"，间接宾语是"之"，指代水。
2. 之二虫又何知：疑问句中，代词"何"作"知"的宾语，前置。
3. 汤之问棘也是已："汤问棘"是一个完整的主谓短语，"之"在其中起取独的作用，整体作句子的主语，句子的大谓语是"是已"。
4. 彼且奚适也：疑问句中，代词"奚"作动词"适"的宾语，前置。
5. 彼且恶乎待哉：疑问句中，代词"恶"作动词"待"的宾语，前置。

不龜手之藥 《逍遙遊》

一、课文通译

惠子①謂莊子曰："魏王②貽③我大瓠之種，我樹④之成，而實⑤五石⑥。
惠子对庄子说："魏王赠送我大葫芦的种子，我将它培植成熟后，结出的果实容得下五石。

以盛水漿，其堅不能自舉⑦也。剖之以爲瓢，則瓠落⑧无所容。
用大葫芦去盛水浆，它的坚固程度太脆弱而无法举起来。把它剖开做瓢，却因太大而没有适于它容纳的东西。

非不呺然⑨大也，吾爲⑩其无用而掊⑪之。"莊子曰："夫子固⑫拙於用大矣。
这个葫芦并非容量不大呀，我因为它没有什么用处而砸烂了它。"庄子说："先生实在是不善于使用大东西啊。

宋人有善爲不龜⑬手之藥者，世世以洴⑭澼⑮絖⑯爲事。客聞之，
宋国有一善于调制不皲手药物的人家，世世代代以漂洗丝絮为职业。有个游客听说了这件事，

請買其方⑰百金。聚族而謀曰：'我世世爲洴澼絖，
愿意用百金的高价收买他的药方。全家人聚集在一起商量：'我们世世代代在河水里漂洗丝絮，

不過數金，今一朝而鬻⑱技百金，請與之。'客得之，以説⑲吴王。
所得不过数金，如今一下子就可卖得百金，还是把药方卖给他吧。'游客得到药方，用它来游说吴王。

越有難⑳，吴王使之將㉑，冬，與越人水戰，大敗越人。裂㉒地而封之。
越国发兵入侵吴国，吴王派他统率部队，冬天，跟越军在水上交战，大败越军。吴王划割土地封赏他。

能不龜手一㉓也，或㉔以㉕封，或不免於洴澼絖，
能使手不皲裂的药方是相同的，有的人用它来获得封赏，有的人却只能靠它在水中漂洗丝絮，

則所用之異也。今子有五石之瓠，何不慮㉖以爲大樽㉗，而浮乎江湖，
这是使用的方法不同。现在您有可容五石东西的大葫芦，为什么不把它系在身上作为腰舟，从而浮游于江湖，

而憂其瓠落无所容？則夫子猶有蓬之心㉘也夫！"
却担忧它大而无东西可容纳？可见你的心地过于浅陋狭隘了！"

① 惠子：宋国人，姓惠名施，做过梁惠王的宰相。惠施本是庄子的朋友，为先秦名家代表，但《庄子》中的惠施与庄子的故事，多为寓言性质，并不真正反映惠施的思想。
② 魏王：梁惠王，又称魏惠王。
③ 貽：赠送。
④ 樹：种植，培育。
⑤ 實：果实。
⑥ 石：容积单位。
⑦ 舉：拿起来。
⑧ 瓠落：很大的样子。一作"廓落"。
⑨ 呺然：庞大而又中空的样子。
⑩ 为：因为。
⑪ 掊：砸破。
⑫ 固：实在，确实。
⑬ 龜：通"皸"，皮肤受冻开裂。
⑭ 洴：浮。
⑮ 澼：在水中漂洗。

⑯ 絖：同"纩"，丝絮。
⑰ 方：药方。
⑱ 鬻：卖，出售。
⑲ 说：说服，劝说别人，使他听从自己的意见。
⑳ 难：乱事，这里指越国对吴国有军事行动。
㉑ 将：统率部队。
㉒ 裂：划分出。

㉓ 一：同一，一样。
㉔ 或：无定代词，这里指有的人。
㉕ 以：凭借，其后省去宾语"不龟手之药"。
㉖ 虑：系缚。
㉗ 樽：腰舟，可以捆在腰间从而漂浮在水上。
㉘ 蓬之心：心有茅塞，比喻不能通达，见识浅薄。
　　 蓬：一种茎叶不直的草。

二、字词梳理

（一）古今与通假

1. 不**龟**乎之药：通"皲"，皮肤冻裂。通假字。

2. 非不**呺**然大也：通"枵"，空虚巨大。通假字。

3. 世世以洴澼**絖**为事：同"纩"，丝絮。异体字。

（二）词义详解

1.【贻（诒）】（二 P517 常用词 348）

赠送，送给。《庄子·不龟手之药》："魏王贻我大瓠之种。"

引申为遗留，留给。《左传·晋灵公不君》："我之怀矣，自诒伊慼。"

2.【事】（一 P321 常用词 203）

(1) 事情。《战国策·庄辛说楚襄王》："蔡灵侯之事其小者也，君王之事因是以。"

引申为职业。《庄子·不龟手之药》："世世以洴澼絖为事。"

引申为战事。《论语·季氏》："季氏将有事于颛臾。"

(2) 动词，侍奉，指为君主或父母服务。《孟子·许行》："欲以所事孔子事之。"《孟子·齐桓晋文之事》："仰不足以事父母，俯不足以畜妻子。"

(3) 动词，从事于。《新婚别》："勿为新婚念，努力事戎行。"

3.【鬻】（二 P419 常用词 264）

读 yù。卖。《庄子·不龟手之药》："今一朝而鬻技百金，请与之。"

4.【说】（二 P414 常用词 253）

(1) 说明，解释。《论语·八佾》："成事不说。"《墨子·非攻》："夫奚说书其不义以遗后世哉？""若以此说往，杀十人，十重不义。"

(2) 学说，主张，说法。《孟子·滕文公下》："我亦欲正人心，息邪说。"

(3) 读 shuì。说服。《庄子·不龟手之药》："客得之，以说吴王。"

(4) 读 yuè。喜悦。《孟子·齐桓晋文之事》："王说，曰……"《战国策·赵威后问齐使》："使者不说。"

5.【将】（三 P787 常用词 484）

(1) 奉，承。引申为休养，休息。李清照《声声慢·寻寻觅觅》："乍暖还寒时候，最难将息。"

(2) 扶。《乐府诗集·木兰诗》:"爷娘闻女来,出郭相扶将。"

引申为携带,牵拉。刘安《塞翁失马》:"居数月,其马将胡骏马而归。"

引申为拿。《水浒传·林教头风雪山神庙》:"果品酒馔只顾将来。"

(3) 读jiàng。领,率领。《庄子·不龟手之药》:"越有难,吴王使之将。"

(4) 读jiàng。将帅,将领。《史记·廉颇蔺相如列传》:"廉颇者,赵之良将也。"

(5) 副词,将要,快要。《庄子·北冥有鱼》:"背负青天而莫之夭阏者,而后乃今将图南。"《孟子·舜发于畎亩之中》:"故天将降大任于是人也。"

(6) 连词,表示选择问,与"抑"略同。李白《月下独酌》:"暂伴月将影,行乐须及春。"

(7) 读qiāng。愿。《诗经·氓》:"将子无怒,秋以为期。"

三、语法修辞

(一) 词类活用

1. 宋人有善为不**龟**手之药者:动词的使动用法,使……开裂。
2. 大**败**越人:动词的使动用法,使……失败。

(二) 特殊结构

1. 魏王贻我大瓠之种:双宾句,直接宾语是"大瓠之种",间接宾语是"我"。
2. 我树之成:兼语句,"之"一方面作"树"的宾语,另一方面作"成"的主语。
3. 以盛水浆/以说吴王:介词"以(表凭借、用)"后省略了宾语"之",即"以之(瓠)盛水浆/以之(药方)说吴王"。也可不理解为省略,此时介词"以"就理解为表目的,译为来。
4. 请买其方百金:"百金"前省略了介词"以(表凭借、用)"。
5. 或以封:介词"以"后省略了宾语"之",指代不龟手之药的药方,即"或以之封"。

庖丁解牛 《養生主》

一、课文通译

庖丁①爲文惠君②解牛③。手之所觸，肩之所倚，足之所履，膝之所踦④，
庖丁给梁惠王表演解剖一整个牛。手接触的地方，肩膀倚靠的地方，脚踩的地方，膝盖顶的地方，
砉然⑤嚮⑥然⑦。奏⑧刀騞然⑨，莫不中音：合於桑林⑩之舞，
哗哗作响。进刀时发出霍霍的声音，没有哪一种声音不合乎音律：合乎《桑林》舞乐的节拍，
乃中經首⑪之會⑫。
又合乎《经首》乐曲的节奏。

① 庖丁：名丁的厨工。先秦古书往往将职业放在人名前，如"匠石"是名石的匠人。
② 文惠君：梁惠王，也称魏惠王。
③ 解牛：宰牛。这里指把整个牛体开剥分割。
④ 踦：支撑，接触。这里指用一条腿的膝盖顶牛。
⑤ 砉然：皮骨相离的声音。砉：象声词。然：……的样子。
⑥ 嚮：通"响"。
⑦ 然：据考察不该出现，应是衍文（因缮写、刻版、排版错误而多出来的字句），要与脱文（书籍刊写时遗漏的字句）区分开。
⑧ 奏：进。《说文解字》："奏，进也。"
⑨ 騞然：象声词，形容比砉然更大的进刀解牛声。
⑩ 桑林：传说中商汤时的乐曲名。
⑪ 经首：传说中尧时的乐曲《咸池》中的一章。
⑫ 会：节奏，节拍。《说文解字》："会，合也。"

文惠君曰："譆①，善哉！技蓋②至此乎？"
梁惠王说："嘻，好啊！你解牛的技术怎会高超到这种程度呢？"

① 譆：同"嘻"，赞叹声。根据上古拟音，"嘻"处于晓[x]母之[ə]部，按照现在的读音可能为 [xə]，也就是"he（嗬）"。
② 蓋：通"盍"，何，怎样。

庖丁釋刀對曰："臣之所好者，道也；進①乎技矣。
庖丁放下刀回答说："臣下所注重探究的，是解牛的规律；这已经超出技术层面了。
始臣之解牛之時，所見无非牛者；三年之後，未嘗見全牛也。
起初我宰牛的时候，所看见的没有不是一头完整的牛的；几年以后，再未见过完整的牛了。
方今之時，臣以神遇而不以目視，官知②止而神欲③行。依乎天理④，
现在，我凭精神和牛接触而不用眼睛去看，感官停止了而精神还在活动。依照牛生理上的天然结构，
批大郤⑤，導大窾⑥，因⑦其固然⑧，
砍入牛体筋骨相接的缝隙，顺着骨节间的空处进刀，依照牛体本来的构造，
技經肯綮⑨之未嘗，而況大軱⑩乎！良庖歲更刀，
不曾拿刀碰到过筋脉经络相连的地方和筋骨结合的地方，更何况大骨呢！技术好的厨师每年更换一把刀，

割⑪　　　　　也；族⑫庖月更刀，折⑬　　　也。
是割断筋肉而将刀割坏的；技术一般的厨师每月就得更换一把刀，是砍断骨头而将刀砍坏的。

今臣之刀十九年矣，所解数千牛矣，而刀刃若新發⑭於硎⑮。
如今我的刀用了十九年，解剖的牛有几千头了，但刀刃锋利得就像刚在磨刀石上磨好的一样。

彼節⑯者有閒⑰，而刀刃者无厚；以无厚入有閒，
那牛的骨节有间隙，而刀刃很薄；用很薄的刀刃切入有空隙的骨节，

恢恢乎⑱其於遊刃必有餘地矣！是以十九年而刀刃若新發於硎。
宽宽绰绰的，那么刀刃的运转必然是有余地的啊！因此用了十九年而刀刃还像刚从磨刀石上磨出来的一样。

雖然，每至於族⑲，吾見其難爲，怵然⑳爲戒，視爲止，
即使这样，每当碰到筋骨交错聚结的地方，我看到那里很难下刀，就小心翼翼地提高警惕，视力集中在这里，

行爲遲。動刀甚微，謋㉑然已解，如土委地㉒。
动作缓慢下来。动起刀来非常轻，豁啦一声将牛的骨和肉一下子解开，就像泥土散落在地上一样。

提刀而立，爲之四顧，爲之躊躇滿志；善㉓刀而藏之。"
我提着刀站立起来，为此举目四望，为此悠然自得且心满意足；然后把刀揩拭干净并收藏起来。"

① 进：超过。
② 官知：视觉。西方心理学中有一个学派叫作"官能心理学"，主要内容就是人的感官的不同功能。
③ 神欲：精神活动。
④ 天理：牛生理上的天然结构。
⑤ 批大郤：击入大的缝隙。批：击，劈。郤：空隙。
⑥ 导大窾：顺着（骨节间的）空处进刀。
⑦ 因：顺着。
⑧ 固然：牛体本来的结构。
⑨ 技经肯綮：筋脉经络相连的地方和筋骨结合的地方。技经：犹言经络。技：据清俞樾考证，当是"枝"字之误，指支脉。王力版本教材中的"技"是技巧的意思，但目前不同的教材给的注释不一样。经：经过。肯：紧附在骨上的肉。綮：筋肉聚结处。
⑩ 軱：股部的大骨。
⑪ 割：生割硬砍。
⑫ 族：众，指一般的。
⑬ 折：用刀折骨。
⑭ 发：出。
⑮ 硎：磨刀石。此处可联系《荀子·劝学》里的"砺"。
⑯ 节：骨节。
⑰ 间：间隙。
⑱ 恢恢乎：宽绰的样子。
⑲ 族：筋骨交错聚结处。
⑳ 怵然：小心翼翼的样子。
㉑ 謋：象声词，指骨肉解开的声音。
㉒ 委地：堆积、散落在地上。
㉓ 善：揩拭。

文惠君曰："善哉！吾聞庖丁之言，得養生①焉。"
梁惠王说："好啊！我听了庖丁的这番话，悟出了养生的道理了。"

① 养生：养生之道，即顺应自然，物我合一。

二、字词梳理

（一）古今与通假

1. 砉然向然：通"响"，响声。通假字。
2. 譆，善哉：同"嘻"，赞叹声。古今字。
3. 技盖至此乎：通"盍"，何，怎样。通假字。
4. 批大郤：通"隙"，空隙。通假字。

（二）词义详解

1.【倚】（四 P1576 常用词 1020）

（1）斜靠着。《战国策·冯谖客孟尝君》："居有顷，倚柱弹其剑。"《梦游天姥吟留别》："迷花倚石忽已暝。"《庄子·庖丁解牛》："手之所触，肩之所倚。"

又用于抽象意义，表示依靠，凭恃。

（2）随着，合着（指音乐）。《赤壁赋》："客有吹洞箫者，倚歌而和之。"

> 📌 知识链接："依""倚"的辨析
>
> "依"和"倚"都有依靠的意思。但"依"指的是靠近某物，意义轻，所以引申出"依傍""依照"等含义；而"倚"的意义重，所以引申出"偏斜""倚仗"等含义。

2.【奏】（三 P792 常用词 491）

（1）进。《庄子·庖丁解牛》："奏刀騞然，莫不中音。"

（2）进言或上书。梁启超《谭嗣同传》："君密奏请皇上结以恩遇。"

引申为名词，所上之书。《狱中杂记》："俟封奏时潜易之而已。"

引申为进献。《史记·廉颇蔺相如列传》："相如奉璧奏秦王。"

（3）奏（乐）。《滕王阁序》："钟期既遇，奏流水以何惭？"

3.【遇】（二 P576 常用词 395）

（1）碰见。《礼记·战于郎》："公叔禺人遇负杖入保者息。"《左传·楚归晋知罃》："虽遇执事，其弗敢违。"

又用于抽象意义。《庄子·庖丁解牛》："方今之时，臣以神遇而不以目视。"

（2）对待，待遇。《史记·项羽本纪》："不如因善遇之。"

（3）被君主信任，得行其道，叫作遇。《战国策·秦策》："王何不与寡人遇。"

4.【依】（四 P1576 常用词 1019）

傍着，紧靠着。《古诗十九首》："胡马依北风。"

引申为依托。曹操《短歌行》："绕树三匝，何枝可依？"《左传·宫之奇谏假道》："神所冯依，将在德矣。"

引申为安居。《诗经·公刘》:"笃公刘!于京斯依。"

又为依照,按照。《庄子·庖丁解牛》:"依乎天理,批大郤。"

5.【更】(二 P601 常用词 446)

(1) 读 gēng。改变。《论语·子张》:"君子之过也,如日月之食焉。过也,人皆见之;更也,人皆仰之。"

引申为换。《庄子·庖丁解牛》:"良庖岁更刀,割也;族庖月更刀,折也。"

(2) 读 gèng。副词,重新,另外。《左传·宫之奇谏假道》:"虞不腊矣。在此行也,晋不更举矣。"

6.【戒】(三 P1051 常用词 654)

(1) 警戒,防备。《孟子·公孙丑下》:"当在薛也,予有戒心。"

引申为留神,当心。《庄子·庖丁解牛》:"吾见其难为,怵然为戒。"

(2) 戒除,革除不良的习惯。《谏太宗十思疏》:"不念居安思危,戒奢以俭。"

又作名词。《论语·季氏》:"君子有三戒。"

(3) 警告,劝人警惕。《孔雀东南飞》:"多谢后世人,戒之慎勿忘。"

(4) 斋戒。《史记·廉颇蔺相如列传》:"于是赵王乃斋戒五日。"

7.【止】(三 P796 常用词 500)

(1) 站住,不走了,跟"行"相对。《孟子·寡人之于国也》:"或百步而后止。"

又用于使动意义,表示阻止。《列子·愚公移山》:"河曲智叟笑而止之曰……"

又表示留住。《论语·微子》:"止子路宿,杀鸡为黍而食之。"

又表示停留。《诗经·黄鸟》:"交交黄鸟,止于棘。"《庄子·惠子相梁》:"非梧桐不止,非练实不食。"

又为停止。《庄子·胠箧》:"圣人不死,大盗不止。"

又比喻不做官。《孟子·公孙丑上》:"可以仕则仕,可以止则止。"

(2) 副词,仅。→后起义。柳宗元《黔之驴》:"技止此耳!"

(3) 语气词。《诗经·南山》:"既曰归止,曷又怀止?"

(4) 容止,即守礼法的行为。《诗经·相鼠》:"相鼠有齿,人而无止。"

8.【族】(一 P64 常用词 52)

(1) 亲属。一般指同姓的亲属。《庄子·不龟手之药》:"聚族而谋曰……"《左传·宫之奇谏假道》:"宫之奇以其族行。"《过秦论》:"山东豪俊,遂并起而亡秦族矣。"

用作动词,表示灭族。《阿房宫赋》:"族秦者,秦也,非天下也。"

引申为种类。《师说》:"士大夫之族,曰师曰弟子云者。"

(2) 聚结。《庄子·庖丁解牛》:"虽然,每至于族,吾见其难为。"

引申为众,一般。《庄子·庖丁解牛》:"良庖岁更刀,割也;族庖月更刀,折也。"

9.【委】(三 P792 常用词 493)

(1) 堆积（在地）。《庄子·庖丁解牛》："如土委地。"
引申为连结，聚积。扬雄《甘泉赋》："委如山。"

(2) 舍弃，放弃。《孟子·得道多助，失道寡助》："委而之，是地利不如人和也。"
又为抛弃。《长恨歌》："花钿委地无人收。"

(3) 任，托付。《韩非子·五蠹》："事大未必有实，则举图而委。"
引申为任凭，听任。《归去来兮辞》："曷不委心任去留？"

三、语法修辞

(一) 词类活用

良庖岁更刀 / 族庖月更刀：时间名词活用作状语，每年 / 每月。

(二) 特殊结构

技经肯綮之未尝：宾语前置，正确语序为"未尝技经肯綮"。

(三) 修辞

合于桑林之舞，乃中经首之会：互文见义，即"乃合于桑林、经首之舞之会"。

胠箧

一、课文通译

將爲^①胠箧^②、探囊^③、發匱^④之盗而爲^⑤守備，則必攝^⑥緘縢^⑦，固扃鐍^⑧，
为了应对撬箱子、掏口袋、开柜子的小偷而做防范准备，必定要收紧绳结，加固插闩和锁钥，
此世俗之所謂知也。然而巨盗至，則負匱、揭^⑨箧、擔囊而趨，
这是一般人所说的聪明做法。可是大强盗来了，就背着柜子、扛着箱子、挑着口袋而跑，
唯恐緘縢扃鐍之不固也。然則鄉^⑩之所謂知者，不乃爲大盗積者也？
唯恐绳结、插闩与锁钥不够牢固。既然如此，那么先前所谓的聪明做法，不就是给大盗积聚东西了吗？

① 爲：为了。
② 胠箧：撬箱子。胠：从旁打开。箧：箱子一类盛物器具。
③ 探囊：掏口袋。探：掏。囊：口袋。
④ 发匱：开柜子。发：打开。匱：柜子，后代写作"櫃"，今简化为"柜"。
⑤ 爲：做。
⑥ 攝：打结，收紧。
⑦ 緘、縢：均为绳索。
⑧ 扃、鐍：插闩、锁钥。
⑨ 揭：举，扛着。
⑩ 鄉：通"向"，先前。

夫川竭^①而谷虚^②，丘夷^③而淵^④實^⑤；聖人已死，
山间的川水流尽了，作为水道的峡谷就空了，土丘被夷为平地了，旁边的深沟就被填满了；圣人死了，
則大盗不起，天下平而无故^⑥矣。聖人不死，大盗不止。雖重聖人^⑦而治天下，
那么大盗就不会再出现，天下就太平而没有变故了。圣人不死，大盗就不会中止。即使重用圣人之法来治理天下，
則是重利盗跖^⑧也。爲之^⑨斗斛^⑩以量之^⑪，則並與斗斛而竊之；
那么这也是让盗跖获得最大的好处。给天下人制定斗、斛来计量物品的多少，那么就连同斗、斛一道偷走；
爲之權^⑫衡^⑬以稱之，則並與權衡而竊之；爲之符璽^⑭以信^⑮之，
给天下人制定秤锤、秤杆来计量物品的轻重，那么就连同秤锤、秤杆一道偷走；给天下人制定符、玺来取信于人，
則並與符璽而竊之；爲之仁義以矯^⑯之，則並與仁義而竊之。
那么就连同符、玺一道偷走；给天下人制定仁义来规范人们的道德和行为，那么就连同仁义一道偷走。

① 竭：干涸。
② 虚：空旷。
③ 夷：平。
④ 淵：深潭。
⑤ 實：满。
⑥ 故：事故，变故。
⑦ 重聖人：使圣人之法得到重视。
⑧ 重利盗跖：使盗跖获得厚利。
⑨ 之：指代天下人。
⑩ 斗斛：古代的两种量器，十斗为一斛。
⑪ 之：借代斗斛所量之物。
⑫ 權：秤锤。
⑬ 衡：秤杆。
⑭ 符璽：古代用作凭证的信物。符：由两半组成，合

⑮ 信：取信。在一起以验明真伪。玺：印。　　⑯ 矫：纠正。

何以知其然邪？彼窃钩①者诛②，窃国者爲诸侯。
怎么知道它是这样的呢？那些偷窃腰带环钩之类小东西的人被处死，而窃夺了国家的人却成为诸侯。
诸侯之门，而仁义存焉。则是非窃仁义圣知邪？故逐③於大盗、揭诸侯④、
在诸侯的家中，方才存在仁义。这不就是盗窃了仁义和圣智吗？所以那些追随大盗，高居诸侯之位，
窃仁义并斗斛权衡符玺之利者，虽有轩冕⑤之赏弗能劝⑥，
窃夺了仁义以及斗斛、秤具、符玺之利的人，即使有高官厚禄的赏赐也不可能劝勉，
斧钺⑦之威弗能禁。此重利盗跖而使不可禁者，是乃圣人之过也。
即使有行刑杀戮的威严也不可能禁止。这些大大有利于盗跖而不能使他们禁止的情况，都是圣人的过错啊。
故曰："鱼不可脱於渊，国之利器不可以示⑧人。"彼圣人者，天下之利器也，
因此说："鱼儿不能脱离深潭，治国的利器不能随便拿给人看。"那些所谓的圣人，就是治理天下的利器，
非所以明⑨天下也。
是不可以用来明示给天下的。

① 钩：同"钩"，本指腰带钩，这里泛指各种细小的不值钱的东西。
② 诛：刑戮，杀害。
③ 逐：竞逐，追随。
④ 揭诸侯：高居于诸侯之位。揭：举。
⑤ 轩、冕：二字连用代指高官厚禄。轩：古代大夫以上的人所乘坐的车子。冕：古代大夫或诸侯所戴的礼帽。
⑥ 劝：劝勉，鼓励。
⑦ 斧、钺：均为刑具，二字连用代指行刑。钺：大斧。
⑧ 示：显露。
⑨ 明：显示，使人明白的意思。

故绝圣弃知，大盗乃止；擿①（zhì）玉毁珠，小盗不起；
所以断绝圣人、摒弃智慧，大盗就能中止；弃掷玉器、毁坏珠宝，小的盗贼就会消失；
焚符破玺，而民朴②鄙③；掊④（pǒu）斗折衡，而民不争；殚⑤残⑥天下之圣法，
焚烧符记、破毁玺印，百姓就会朴实浑厚；打破斗斛、折断秤杆，百姓就会没有争斗；毁尽天下的圣人之法，
而民始可与论议。擢⑦（zhuó）乱六律，铄⑧绝⑨（shuò）竽瑟⑩，塞瞽旷⑪之耳，
百姓方可谈论是非曲直。搅乱六律，毁折各种乐器，并且堵住师旷的耳朵，
而天下始人含⑫其聪矣；灭文章⑬，散五采⑭，胶离朱之目，
天下人方能保全他们原本的听觉；消除纹饰，离散五彩，粘住离朱的眼睛，
而天下始人含其明矣；毁绝钩绳，而弃规矩，攦⑮（lì）工倕⑯（chuí）之指，
天下人方能保全他们的视觉；毁坏钩弧和墨线，抛弃圆规和角尺，弄断工倕的手指，
而天下始人有⑰其巧矣。故曰：大巧若拙。削曾史之行，
天下人方能保有他们原本的智巧。因此说：最大的智巧就好像是笨拙一样。削除曾参、史鰌的忠孝，

钳杨墨之口，攘⑱弃仁义，而天下之德始玄同⑲矣。

钳住杨朱、墨翟善辩的嘴巴，摒弃仁义，天下人的德行方才能混同而齐一。

① 擿：通"掷"，投掷。
② 朴：敦厚朴实。
③ 鄙：固陋无知。
④ 掊：打破，打碎。
⑤ 殚：耗尽。
⑥ 残：毁坏。
⑦ 擢：拔掉。
⑧ 铄：销毁。
⑨ 绝：折断。
⑩ 竽瑟：两种古乐器之名，这里泛指乐器。
⑪ 瞽旷：师旷。因其是盲人，所以又叫他"瞽旷"。
⑫ 含：保全。
⑬ 文章：文彩，花纹。
⑭ 五采：五色。
⑮ 擿：折断。
⑯ 工倕：传说中的能工巧匠。
⑰ 有：保有。此处"有"字很可能是"含"字之误。
⑱ 攘：推开，排除。
⑲ 玄同：混同。玄：黑，幽暗。

彼人含其明，则天下不铄矣；人含其聪，则天下不累①矣；

人人都保有他们的视觉，那么天下就不会出现毁坏了；人人都保有他们的听觉，那么天下就不会出现忧患了；

人含其知，则天下不惑矣；人含其德，则天下不僻矣。

人人都保有他们的智巧，那么天下就不会出现迷惑了；人人都保有他们的秉性，那么天下就不会出现邪恶了。

彼曾史杨墨师旷工倕离朱，皆外立②其德，而以爚(yuè)乱③天下者也，

那曾参、史䲡、杨朱、墨翟、师旷、工倕和离朱，都外露并炫耀自己的德行，而且用这些来迷乱天下之人，

法④之所无用也。

这就是圣智之法没有用的原因。

① 累：忧患。
② 外立：在外表上树立，即对人炫耀。
③ 爚乱：迷乱。爚：炫耀。
④ 法：圣智之法。一说大道。

二、字词梳理

（一）古今与通假

1. 将为胠箧、探囊、发<u>匮</u>之盗而为守备：同"柜"，柜子，后来兼表"匮乏"义。古今字。
2. 则必摄缄縢，固扃<u>鐍</u>：同"鐍"，插闩的地方。异体字。
3. 此世俗之所谓<u>知</u>也：同"智"，智慧。古今字。
4. 然则<u>乡</u>之所谓知者：通"向"，先前，"嚮"今简化为"向"。古今字。
5. <u>擿</u>玉毁珠，小盗不起：同"掷"，投掷。古今字。
6. 焚符破玺，而民<u>朴</u>鄙：通"樸"，朴实。通假字。

（二）词义详解

1. 【揭】

（1）高举，举起。《过秦论》："斩木为兵，揭竿而起。"《庄子·胠箧》："故逐于大盗、揭诸

侯、窃仁义并斗斛权衡符玺之利者。"《战国策·冯谖客孟尝君》:"于是乘其车，揭其剑。"

引申为负戴。《庄子·胠箧》:"则负匮、揭箧、担囊而趋。"

(2) 显露；显现。《战国策·韩策》:"唇揭者甚齿寒。"

2.【权】(二 P438 常用词 305)

(1) 秤，秤锤。《庄子·胠箧》:"为之权衡以称之，则并与权衡而窃之。" 名词活用作状语，用权诈。

引申为动词，衡量。《孟子·齐桓晋文之事》:"权，然后知轻重；度，然后知长短。"

(2) 权利，权势，职权。《战国策·鲁仲连义不帝秦》:"彼秦者，弃礼义而上首功之国也，权使其士，虏使其民。"

(3) 权变，变通，灵活性。《孙子兵法·谋攻》:"不知三军之权而同三军之任，则军士疑矣。"

(4) 副词，姑且，暂且。《水浒传·林教头风雪山神庙》:"权在营前开了个茶酒店。"

3.【衡】(二 P439 常用词 306)

(1) 驾车用的工具，车上的横木。《论语·卫灵公》:"在舆则见其倚于衡也。"

(2) 称重量的工具，秤，天平。《庄子·胠箧》:"为之权衡以称之。"

引申为动词，衡量。《淮南子·主术训》:"衡之于左右。"

(3) 通"横"。《过秦论》:"外连衡而斗诸侯。"《孟子·舜发于畎亩之中》:"困于心，衡于虑，而后作。"

4.【矫】(三 P777 常用词 461)

(1) 揉曲使直。《汉书·诸侯王表》:"可谓矫枉而过其正矣。"今词语"矫正"。

又用于比喻(抽象意义)。《庄子·胠箧》:"为之仁义以矫之，则并与仁义而窃之。"

(2) 强的样子。如"矫健"。

(3) 假传(命令)。《战国策·冯谖客孟尝君》:"臣窃矫君命，以责赐诸民，因烧其券，民称万岁。"

(4) 举。《归去来兮辞》:"时矫首而暇观。"《楚辞·离骚》:"矫菌桂以纫蕙兮。"

5.【破】(三 P782 常用词 471)

(1) 及物动词，打破。《庄子·胠箧》:"焚符破玺，而民朴鄙。"

引申为不及物动词，残破。《琵琶行》:"银瓶乍破水浆迸。"《春望》:"国破山河在，城春草木深。"

(2) 打败(敌军)，攻破(城池)。《史记·项羽本纪》:"今沛公先破秦入咸阳。"《六国论》:"六国破灭，非兵不利，战不善，弊在赂秦。"

6.【擢】(三 P787 常用词 482)

(1) 拔。《庄子·胠箧》:"擢乱六律，铄绝竽瑟。"

(2) 提拔，提升。《陈情表》:"过蒙拔擢。"

> **知识链接："拔""擢"的辨析**
>
> "拔"和"擢"属于同义词，只有细微差别。不同在于表示提拔时，"拔"指提拔本来无官之人，"擢"指提升官职。
>
> "擢"可专指提拔的动作，而不指提拔的结果，故有"擢而拔之"。其不可表示"占领、攻取"义。

7.【故】（二 P427 常用词 285）

（1）原因。《左传·郑伯克段于鄢》："公语之故，且告之悔。"《左传·齐桓公伐楚》："不虞君之涉吾地也，何故？"《左传·晋灵公不君》："赵盾、士季见其手，问其故而患之。"

又作连词，表示所以，因此。《左传·齐晋鞌之战》："伤而匿之，故不能推车而及。"《左传·祁奚荐贤》："夫唯善，故能举其类。"《战国策·江乙对荆宣王》："故北方之畏昭奚恤也，其实畏王之甲兵也。"

（2）事变，事故。《庄子·胠箧》："天下平而无故矣。"

（3）旧的，历史久的。《论语·学而》："温故而知新。"《战国策·冯谖客孟尝君》："于是梁王虚上位，以故相为上将军。"

（4）故意。《史记·陈涉世家》："将尉醉，广故数言欲亡，忿恚尉。"

8.【夷】（二 P430 常用词 288）

（1）平，平坦。《庄子·胠箧》："夫川竭而谷虚，丘夷而渊实。"《虞初新志·核舟记》："其船背稍夷。"《游褒禅山记》："夫夷以近，则游者众。"

（2）铲除。《三国志·诸葛亮传》："今操芟夷大难，略已平矣。"

（3）我国古代东部地区的种族名。《楚辞·涉江》："哀南夷之莫吾知兮，旦余济乎江湘。"

又泛指汉族以外的民族，与"夏"相对。《孟子·齐桓晋文之事》："欲辟土地，朝秦楚，莅中国，而抚四夷也。"《孟子·许行》："吾闻用夏变夷者，未闻变于夷者也。"

（4）表心情舒畅义。《诗经·风雨》："既见君子，云胡不夷？"《诗经·节南山》："既夷既怿，如相醻矣。"

9.【攘】（四 P1311 常用词 855）

（1）排斥，打退。《出师表》："庶竭驽钝，攘除奸凶。"《庄子·胠箧》："攘弃仁义，而天下之德始玄同矣。"

（2）偷盗，窃取。《孟子·攘鸡》："今有人日攘其邻之鸡者。"《墨子·非攻》："其不仁义又甚攘人犬豕鸡豚。"《楚辞·离骚》："屈心而抑志兮，忍尤而攘诟。"

10.【玄】（三 P932 常用词 590）

（1）黑中带赤。《诗经·七月》："八月载绩，载玄载黄。"《清稗类钞·冯婉贞》："皆衣白刃玄。"

（2）不显露的。《尚书·舜典》："玄德升闻。"

引申为幽远，深奥。《庄子·胠箧》："攘弃仁义，而天下之德始玄同矣。"《老子》："玄之又玄，众妙之门。"

引申为玄妙，特指道家的道理或清谈。

11.【累】（三 P922 常用词 567）

（1）读 léi。大绳子，特指用来绑人的。《庄子·外物》："夫揭竿累。"

引申为捆绑。《左传·楚归晋知罃》："以君之灵，累臣得归骨于晋。""两释累囚以成其好。"

（2）读 lěi。堆叠。《三国志·诸葛亮传》："累官故不失州郡也。"

（3）读 lèi。带累，因牵连而受到损害。袁枚《祭妹文》："然而累汝至此者，未尝非予之过也。"《庄子·庄子钓于濮水》："愿以境内累矣！"

引申为忧患。《庄子·胠箧》："彼人含其聪，则天下不累矣。"

三、语法修辞

（一）词类活用

1. 则必摄缄縢，固扃鐍：形容词的使动用法，使……牢固。

2. 虽重圣人而治天下：形容词的使动用法，使……重要起来。

3. 则是重利盗跖也：名词的使动用法，使……得到利益。这句中的"重"是形容词，指丰厚的。

4. 殚残天下之圣法：不及物动词的使动用法，使……残缺/残余。

（二）特殊结构

1. 唯恐缄縢扃鐍之不固也：主谓短语"缄縢扃鐍之不固也"中的"之"字起取独作用，整体作"恐"的宾语。

2. 为之斗斛/为之权衡/为之符玺/为之仁义：双宾句，间接宾语为"之"，直接宾语为"斗斛/权衡/符玺/仁义"。

百川灌河、莊子釣於濮水、惠子相梁、運斤成風、曹商使秦

一、课文通译

百川灌河《秋水》

秋水時①至，百川灌②河③。涇流④之大，兩涘⑤渚崖⑥之間，
秋季的霖雨如期而至，千百条小河注入黄河。水流宽阔，两岸和水中洲岛之间，

不辯⑦牛馬。於是焉⑧河伯⑨欣然自喜，以天下之美爲盡在己。
连牛马都分辨不清。于是乎河伯洋洋自得，认为天下的美景都集中在自己这里。

順流而東行，至於北海；東面⑩而視，不見水端⑪。於是焉河伯始旋其面目⑫，
顺着流水向东方行走，一直到达北海；面向东看去，看不到水的尽头。这时河伯转变了自己的脸色，

望洋⑬向若⑭而歎曰："野語⑮有之曰'聞道百，以爲莫己若'者，
抬头仰视着海神若叹息说："俗话所说的'知道的道理很多了，便认为没有谁能比得上自己'，

我之謂也。且夫我嘗聞少⑯仲尼之聞⑰，而輕⑱伯夷⑲之義者，
这正是说我呀。再说我曾经听说有人认为仲尼的学识少，伯夷的义行不值得看重，

始吾弗信，今我睹子⑳之難窮㉑也，吾非至於子之門，
开始我还不敢相信，现在我亲眼目睹了大海您大到难以穷尽，如果我没有来到您的身边，

則殆㉒矣。吾長㉓見㉔笑於大方之家㉕。"
那就很危险了。我将会永远被明白大道理的人嘲笑。"

① 时：按季节。
② 灌：注入。
③ 河：黄河。
④ 泾流：水流。
⑤ 两涘：河的两岸。涘：水边。
⑥ 渚崖：水洲岸边。渚：水中洲岛。
⑦ 辩：通"辨"，分辨。
⑧ 焉：乎，语气助词。
⑨ 河伯：黄河之神。伯：长者之称。
⑩ 东面：脸朝东。
⑪ 端：边，尽头。
⑫ 旋其面目：改变他（欣然自喜）的面容。旋：转，转变。
⑬ 望洋：仰视的样子，也作"望羊""望阳"，解作望

见海洋亦通。
⑭ 若：海神的名字。
⑮ 野语：俗语，谚语。
⑯ 少：作动词，认为……少。
⑰ 闻：学识，学问。
⑱ 轻：作动词，认为……轻。
⑲ 伯夷：商代诸侯孤竹君的长子，历来被看作义士的典型。
⑳ 子：您。本指海神，这里借指海。
㉑ 难穷：难以穷尽。穷：尽。
㉒ 殆：危险。
㉓ 长：长久，永远。
㉔ 见：表被动。
㉕ 大方之家：明白大道理的人。大方：大道。

莊子釣於濮水《《秋水》》、惠子相梁《《秋水》》

運斤成風《《徐无鬼》》

莊子送葬，過惠子之墓。顧謂從者曰："郢①人堊②慢③其鼻端，
庄子去送葬，经过惠子的墓地。回过头来对跟随的人说："有个楚国人刷墙时，有白泥落在其鼻尖上，
若蠅翼。使匠石斲④之。匠石運⑤斤⑥成風，
好像苍蝇的翅膀那么薄。让一个叫'石'的匠人用斧子砍掉这一小白点。匠人石挥动斧子好像疾风一样掠过，
聽而斲之，盡堊而鼻不傷。郢人立不失容。
那个楚国人听任他砍削白点，鼻尖上的白泥完全除去而鼻子一点没受伤。那个楚国人站在那里面不改色。
宋元君⑦聞之，召匠石曰：'嘗試爲寡人爲之。'匠石曰：'臣則嘗能斲之，
宋元君知道了这件事，召见匠人石说：'你也为我这么试试。'匠人石说：'我确实曾经能够砍掉鼻尖上的小白点，
雖然，臣之質⑧死久矣！'自夫子之死也，吾无以爲質矣！
虽然这样，但我的搭档已经死去很久了！'自从惠子死后，我没有可以匹敌的对手了！
吾无與言之矣！"
我没有可以与之论辩的人了！"

① 郢：楚国的国都。
② 堊：白灰泥。白垩纪因欧洲西部该年代的地层主要为白垩沉积而得名。
③ 慢：涂。
④ 斲：砍削。
⑤ 运：挥动。
⑥ 斤：斧。
⑦ 宋元君：宋国的国君。
⑧ 质：对象。

曹商使秦《《列禦寇》》

宋人有曹商者，爲①宋王使②秦。其往也，得車數乘；王說③之，
宋国有个叫曹商的人，替宋王出使秦国。他去的时候，得了几辆马车；秦王喜欢他，
益車百乘。反於宋，見莊子曰："夫處窮閭④阨巷⑤，
加赐了他百辆马车。他回到宋国后，拜见庄子（炫耀）道："住在偏僻窄小的巷中，
困窘織屨，槁⑥項黄馘⑦者，商之所短也；
贫穷潦倒需要靠编织草鞋谋生，脖颈干枯、脸色发黄，这都是我曹商所缺乏的；

一⁸悟⁹萬乘之主而從⁰車百乘者，商之所長也。"莊子曰：
一下子使拥有万辆马车的国君明悟而得到百辆马车，这才是我曹商所擅长的。"庄子说：
"秦王有病召醫，破癰_{yōng}潰痤_{cuó}⑪者，得車一乘；舐痔者，得車五乘。——
"秦王生病请大夫，使痈疖痤疮破溃的，得马车一辆；舔尝痔疮的，得马车五辆。——
所治愈下，得車愈多。子豈治其痔邪？何得車之多也？
所治疗的部位越低下，得到的马车就越多。您难道是治疗了他的痔疮吗？为什么能获得这么多车辆呢？
子行矣！"
你还是走吧！"

① 为：介词，替。
② 使：动词，出使。
③ 说：同"悦"。
④ 穷闾：陋巷，偏僻的里巷。
⑤ 阨巷：狭小的闾巷。阨：通"隘"，窄，小。
⑥ 槁：枯干。
⑦ 颡：脸，脸面。
⑧ 一：一旦，一下子。
⑨ 悟：动词的使动用法，使……醒悟。
⑩ 从：动词的使动用法，使……随从。
⑪ 破痈溃痤：使痈疖痤疮破溃。"破""溃"皆为形容词的使动用法。痤：痤疮。

二、字词梳理

（一）古今与通假

1. 两涘渚崖之**间**：同"间"，中间。古今字。
2. 不**辩**牛马：通"辨"，分辨，辨别。通假字。
3. 郢人垩**慢**其鼻端：通"墁"，涂抹。通假字。
4. 王**说**之，益车百乘：同"悦"，喜爱。古今字。
5. **反**于宋：同"返"，返回。古今字。
6. 夫处穷闾**阨**巷：通"隘"，狭窄。通假字。

（二）词义详解

1.【端】（三 P949 常用词 633）

(1) 端正，正直。《虞初新志·核舟记》："其人视端容寂。"

(2) 事物的两头。《虞初新志·核舟记》："东坡右手执卷端，左手抚鲁直背。"

引申为尽头。《庄子·百川灌河》："顺流而东行，至于北海，东面而视，不见水端。"《庄子·运斤成风》："郢人垩慢其鼻端，若蝇翼。"

又为开头，开始。《孟子·公孙丑上》："恻隐之心，仁之端也。" → 古人用整幅布做的礼服。

(3) 量词，布帛单位。《论语·先进》："宗庙之事，如会同，端章甫，愿为小相焉。"

2.【尽】（四 P1587 常用词 1046）

(1) 不及物动词，无余，没有了。《赤壁赋》："肴核既尽，杯盘狼藉。"《庄子·运斤成风》："听而斲之，尽垩而鼻不伤。" → 不及物动词的使动用法，使……没有。

引申为副词，全，都，皆。《庄子·百川灌河》："以天下之美为尽在己。"《孟子·许行》："陈相见许行而大悦，尽弃其学而学焉。"

（2）及物动词，用完，用尽。《孟子·齐桓晋文之事》："以若所为，求若所欲，尽心力而为之，后必有灾。"《孟子·寡人之于国也》："寡人之于国也，尽心焉耳矣。"《左传·楚归晋知罃》："其竭力致死，无有二心，以尽臣礼。"

（3）副词，放在形容词前，表示到了顶点。《论语·八佾》："子谓韶尽美矣，又尽善也。"

（4）形容词，整，全。→后起义。

3.【穷】（二 P428 常用词 286）

（1）阻塞不通，跟"通""达"相对。《庄子·曹商使秦》："夫处穷闾陋巷，困窘织屦。"
引申为动词，到尽头。《桃花源记》："欲穷其林。"

（2）极，尽。《庄子·百川灌河》："今我睹子之难穷也。"《庄子·北冥有鱼》："以游无穷者，彼且恶乎待哉？"

（3）生活困难，没有依靠。《战国策·赵威后问齐使》："哀鳏寡，恤孤独，振困穷，补不足。"

（4）不得仕进，不能显贵，跟"通""达"相对。《孟子·尽心上》："穷则独善其身，达则兼济天下。"

4.【涂】（一 P335 常用词 239）

（1）路。这个意义又写作"途"。《孟子·齐桓晋文之事》："行旅皆欲出于王之涂。"《孟子·寡人之于国也》："狗彘食人食而不知检，涂有饿莩而不知发。"《战国策·鲁仲连义不帝秦》："将之薛，假涂于邹。"

（2）泥。《庄子·庄子钓于濮水》："宁其生而曳尾于涂中乎？"
引申为涂抹，涂饰。→后起义。《论衡·幸偶》："均之地也，或基殿堂，或涂轩户。"

5.【听】（二 P415 常用词 254）

（1）读 tīng，又读 tìng。听。《礼记·苛政猛于虎》："夫子式而听之。"《孟子·弈秋》："一人虽听之，一心以为有鸿鹄将至。"《孟子·齐桓晋文之事》："声音不足听于耳与？"
引申为察。《荀子·劝学》："神之听之，介尔景福。"

（2）读 tīng。听从。《礼记·曲礼下》："三谏而不听，则逃之。"

（3）读 tīng。治理，判断。《论语·颜渊》："听讼，吾犹人也。"

（4）读 tìng。任由，放任。《庄子·运斤成风》："听而斲之，尽垩而鼻不伤。"

6.【益】（二 P425 常用词 278）

（1）水漫出来，涨。这个意义后来都写作"溢"。《吕氏春秋·察今》："澭水暴益。"
引申为多或者富裕。《吕氏春秋·贵当》："其家必日益。"

（2）增加，跟"损"相对。《孟子·舜发于畎亩之中》："所以动心忍性，曾益其所不能。"《庄子·曹商使秦》："王说之，益车百乘。"

(3)副词，更加。《墨子·非攻》："苟亏人愈多，其不仁兹甚矣，罪益厚。"《滕王阁序》："穷且益坚，不坠青云之志。"《战国策·触詟说赵太后》："日三四里，少益耆食，和于身。"

(4)利益，好处，跟"损"相对。《五代史·伶官传序》："满招损，谦得益。"《礼记·诚意》："人之视己，如见其肺肝然，则何益矣？"

三、语法修辞

（一）词类活用

1. 东面而视：方位名词的使动用法，使……朝东。
2. 且夫我尝闻少仲尼之闻，而轻伯夷之义者：形容词的意动用法，认为……少，认为……轻，即小看、轻视的意思。
3. 王巾笥而藏之庙堂之上：名词活用作动词，用巾包着、用笥装着。
4. 惠子相梁/欲代子相：名词活用作动词，做辅佐君王的人，即做宰相。
5. 今子欲以子之梁国而吓我邪：拟声词活用作动词，发出"吓"的声音。
6. 尽垩而鼻不伤：动词的使动用法，使……没有。
7. 一悟万乘之主而从车百乘者："悟"，动词的使动用法，使……醒悟。"从"，动词的使动用法，使……跟着。
8. 破痈溃痤：动词的使动用法，使……破，使……溃。

（二）特殊结构

1. 闻道百，以为莫己若：不定代词"莫"作主语的否定句，人称代词"己"作"若"的宾语，前置，常规语序即"莫若己"。
2. 我之谓也：代词"之"复指"谓"的宾语"我"，"我"前置。常规语序即"谓我"。
3. 今我睹子之难穷也：主谓短语"子之难穷"整体作"睹"的宾语，"之"在其中为取独用法。
4. 吾长见笑于大方之家：被动句，"见"为表被动的助动词，介词"于"引进动作行为的主体，即"我将会永远被明白大道理的人嘲笑"。

勸學

一、课文通译

君子①曰：學不可以已②。青③，取之於④藍⑤而青於⑥藍；
君子说：学习是不可以停止的。靛青，从蓝草里提取而比蓝草的颜色更深；
冰，水爲之而寒於水。木直中繩⑦，輮⑧以⑨爲⑩輪，
冰，水凝结而成却比水更寒冷。木材直得符合拉直的墨线，用煣的工艺把它制成车轮，
其曲中規⑪，雖有⑫槁⑬暴⑭，不復挺⑮者，輮使之然也。
那么木材的弯度就合乎圆的标准了，即使又经过风吹日晒变得干枯了，木材也不会再挺直，是加工使它成为这样的。
故木受繩⑯則直，金⑰就礪⑱則利，
所以木材用墨线量过再经斧锯加工就能取直，刀剑在磨刀石上磨过就能变得锋利，
君子博學⑲而日⑳參㉑省㉒乎㉓己，則知㉔明㉕而行無過㉖矣。故不登高山，
君子广博地学习并且每天检验反省自己，那么就会智慧明达且行为没有过失了。因此不登上高山，
不知天之高也；不臨深谿，不知地之厚也；不聞先王之遺言㉗，不知學問之大也。
就不知天多么高；不面临深涧，就不知道地多么厚；不懂得先代帝王的遗教，就不知道学问的博大。
干㉘越夷㉙貉㉚之子，生而同聲，長而異俗，教使之然也。
干、越、夷、貉的孩子，刚生下来啼哭的声音是一样的，而长大后的风俗习性却不相同，是教育使之如此。

① 君子：有学问有修养的人。
② 已：停止。
③ 青：靛青，一种染料。
④ 于：从。
⑤ 蓝：蓼（liǎo）蓝。一年生草本植物，茎红紫色。花淡红色，穗状花序，结瘦果，黑褐色。叶子长椭圆形，干时暗蓝色，含蓝汁，可以做蓝色染料。
⑥ 于：比。
⑦ 中绳：（木材）合乎拉直的墨线。木工用拉直的墨线来取直。
⑧ 輮：通"煣"，用火烤使木条弯曲（一种手工艺）。
⑨ 以：把。
⑩ 为：当作。
⑪ 规：圆规，取圆的工具。
⑫ 有：通"又"。
⑬ 槁：枯。
⑭ 暴：通"曝"，晒干。
⑮ 挺：直。
⑯ 受绳：用墨线量过。
⑰ 金：金属制的刀剑等。
⑱ 就砺：拿到磨刀石上去磨。就：动词，接近，靠近。砺：磨刀石。
⑲ 博学：广泛地学习。
⑳ 日：每天。
㉑ 参：检验，检查。一说同"叁"，多次。
㉒ 省：省察。
㉓ 乎：介词，于。
㉔ 知：同"智"，智慧。
㉕ 明：明达。
㉖ 行无过：行动没有过错。
㉗ 遗言：犹古训。
㉘ 干：同"邗"，古国名，今江苏省扬州市东北，春秋时被吴国所灭而成为吴邑，此指代吴国。
㉙ 夷：中国古代居住在东部的民族。
㉚ 貉：同"貊"，中国古代居住在东北部的民族。

詩曰:"嗟爾君子,無恒安息,靖①共②爾位,好是正直。
《诗经》上说:"你们这些君子啊,不要总是贪图安逸,恭谨对待你的本职,爱好正直的德行。
神之聽之,介③爾景④福。"神莫大於化道,
神明听到这一切,就会赐给你们洪福祥瑞。"精神修养的变化没有比在圣贤之道上变化更大的了,
福莫長於無禍。
福分没有比无灾无祸更大的了。

① 靖:通"静",安。
② 共:同"供"。
③ 介:给予。
④ 景:大。

吾嘗終日而思矣,不如須臾①之所學也;吾嘗跂②而望矣,不如登高之博見③也。
我曾经整整天思索,却不如片刻学到的知识多;我曾经踮脚远望,却不如登到高处看得广阔。
登高而招,臂非加長也,而見者遠;順風而呼,聲非加疾④也,
登到高处招手,胳膊没有加长,可是别人在远处也能看见;顺着风呼叫,声音没有变得洪亮,
而聞者彰⑤;假⑥輿⑦馬者,非利足⑧也,而致千里;
可是别人在远处也能听得很清楚;借助车马的人,并不是善于走路,却可以达到千里之外;
假舟檝者,非能水⑨也,而絕⑩江河。君子生⑪非異也,
借助舟船的人,并不是善于游泳,却可以横渡江河。君子的资质秉性跟一般人没有不同,
善假於物也。
只是君子善于借助外物罢了。

① 须臾:片刻,一会儿。
② 跂:提起脚后跟。
③ 博见:看见的范围广。
④ 疾:快,速。这里引申为"洪亮"。
⑤ 彰:明显,清楚。这里指听得更清楚。
⑥ 假:凭借,利用。
⑦ 舆:车厢。这里指车。
⑧ 利足:善于走路。
⑨ 水:游泳。
⑩ 绝:横渡。
⑪ 生:通"性",天赋,资质。

南方有鳥焉,名曰蒙鳩①,以羽爲巢,而編之以髮,繫之葦苕②。
南方有一种鸟,名叫"蒙鸠",用羽毛做窝,还用毛发把窝编结起来,把窝系在嫩芦苇的花穗上。
風至苕折,卵破子死。巢非不完也,所繫者然也。
风一吹苇穗折断了,鸟窝坠落且其中的鸟蛋全部摔烂了。不是窝没编好,而是不该系在芦苇上面。
西方有木焉,名曰射干③,莖長四寸,生於高山之上,而臨百仞之淵。木莖非能長也,
西方有种草,名叫"射干",茎长四寸,生长在高山之上,俯瞰百刃深渊。不是草能长高,
所立者然也。蓬④生麻⑤中,不扶而直;白沙在涅⑥,與之俱黑。
而是因为它长在了高山之巅。蓬草长在麻地里,不用扶持也能挺立住;白沙混进了黑土,就和其一起变黑。

蘭槐⑦之根是爲芷，其漸⑧之滫⑨，君子不近，庶人不服⑩。其質非不美也，
兰槐的根叫芷，如果将其浸入臭水里，君子不会接近它，一般人也不会佩戴它。不是芷本身不香，
所漸者然⑪也。故君子居必擇鄉，遊必就士，
而是被浸泡臭了。所以君子居住要选择好的环境，出游必定要接近有学问品行的人，
所以防邪僻⑫而近中正⑬也。
这样才能够防微杜渐保其中庸正直。

① 蒙鸠：鹪鹩，俗称黄脰鸟，又称巧妇鸟，全身灰色，有斑，常取茅苇一毛一羲为巢。
② 苕：芦苇的花穗。
③ 射干：又名乌扇，一种草本植物，根可入药，茎细长，多生于山崖之间，形似树木，所以荀子称它为"木"，其实是一种草。一说"木"为"草"字之误。
④ 蓬：蓬草。
⑤ 麻：麻丛。
⑥ 涅：可制黑色染料的黑土。
⑦ 兰槐：香草名，又叫白芷，开白花，味香。古人称其苗为"兰"，称其根为"芷"。
⑧ 漸：浸。
⑨ 滫：泔水，已酸臭的淘米水。此引为脏水、臭水。
⑩ 服：穿戴。
⑪ 然：这样。
⑫ 邪僻：品行不端的人。
⑬ 中正：正直之士。

物類之起，必有所始；榮辱之來，必象其德。肉腐出蟲，魚枯生蠹①；
万物的兴起，必定是有起因的；荣辱的降临，必定与德行相应。肉腐了生蛆，鱼枯死了生虫；
怠慢忘身，禍災乃作。強自取柱②，柔自取束；
懈怠疏忽忘记了做人的准则，灾祸就会发生。太坚硬的物体易断裂，太柔弱的东西又易被束缚；
邪穢在身，怨之所構③。施薪若一，火就燥也；平地若一，
邪恶污秽的东西留在身上，怨恨就会集结过来。柴是一样的，但火总是往干燥的方向走；地是平的，
水就溼也。草木疇④生，禽獸羣焉，物各從其類也。是故質⑤的⑥張而弓矢至焉，
但水总往有湿气的地方走。草木丛生，野兽成群，万物皆以类聚。所以靶子设置好了就会射来弓箭，
林木茂而斧斤⑦至焉，樹成蔭而衆鳥息焉，醯⑧酸而蜹⑨聚焉。
树长成了森林就会引来斧头砍伐，树林繁茂荫凉众鸟就会来投宿，醋变酸了就会惹来蚊虫。
故言有召禍也，行有招辱也。君子慎其所立乎！
所以言语可能招来灾祸，行为可能招来耻辱。君子为人处世不能不保持谨慎啊！

① 蠹：蛀蚀器物的虫子。
② 柱：通"祝"（王引之说），折断。《大戴礼记·劝学》作"折"。
③ 构：集结，造成。
④ 疇：通"俦"，同类。
⑤ 质：箭靶。
⑥ 的：箭靶的中心。
⑦ 斤：斧子。
⑧ 醯：醋。
⑨ 蜹：飞虫名，属蚊类。

積土成山，風雨興焉①；積水成淵，蛟龍生焉；積善成德，
堆积土石成了高山，风雨便从这里兴起；汇积水流成为深渊，蛟龙便从这儿产生；积累善行养成高尚的道德，

而神明自得，圣心备焉。故不积跬②步③，无以至千里；
精神便得到提升，圣人的心境也由此具备。所以不积累半步、一步的行程，就没有办法达到千里之外；
不积小流，无以成江海。骐骥④一跃，不能十步；驽马⑤十驾⑥，
不积累细小的流水，就没有办法汇成江河大海。骏马一跨跃，也不足十步远；劣马连走十天，
功在不舍⑦。锲⑧而舍之，朽木不折；锲而不舍，
它的成功在于不停止。如果刻几下就停下来了，那么腐朽的木头也刻不断；如果不停地刻下去，
金石可镂⑨。蚓无爪牙之利，筋骨之强，上食埃土，
那么金石也能雕镂。蚯蚓没有锐利的爪子和牙齿，没有强健的筋骨，却能向上吃到泥土，
下饮黄泉，用心一也。蟹六跪⑩而二螯⑪，非蛇鳝之穴无可寄托者，
向下喝到地下的泉水，这是由于它用心专一。蟹有六条腿和两个蟹钳，但是没有蛇、鳝的洞穴它就无处藏身，
用心躁也。是故无冥冥⑫之志者，无昭昭⑬之明；无惛惛之事者，
这是因为它用心浮躁。因此没有刻苦钻研的心志，学习上就不会有显著成绩；没有埋头苦干的实践，
无赫赫之功。行衢qú道者不至，事两君者不容。
事业上就不会有巨大成就。在歧路上行走达不到目的地，同时事奉两个君主的人不会被双方容忍。
目不能两视而明，耳不能两听而聪。螣蛇⑭无足而飞，
眼睛不能同时看两样东西而看得清楚，耳朵不能同时听两种声音而听得清楚。螣蛇没有脚但能飞，
梧鼠五技而穷⑮。诗曰："尸鸠在桑，其子七兮。淑人君子，
鼫鼠有五种本领却还是感到困穷。《诗经》上说："布谷鸟筑巢在桑树上，它的幼鸟有七只。善良的君子们，
其仪⑯一兮。其仪一兮，心如结⑰兮。"故君子结於一也。
态度要专一不偏邪。态度专一不偏邪，意志才会如磐石坚。"所以君子为学或做事都要意志坚定专一。

① 焉：兼词，于此，在这里。
② 跬：行走时两脚之间的距离，等于现在所说的一步、古人所说的半步。
③ 步：左右脚都向前迈一次的距离。古人所说的一步等于现在的两步。
④ 骐骥：骏马，千里马。
⑤ 驽马：劣马。
⑥ 十驾：十天的行程。驾：古代马拉车时，早晨套一上车，晚上卸去。套车叫"驾"，所以这里用"驾"指代马车一天的行程。十驾就是套十次车。
⑦ 不舍：这里指不放弃行路。舍：舍弃。
⑧ 锲：用刀雕刻。
⑨ 镂：原指在金属上雕刻，泛指雕刻。

⑩ 蟹六跪：蟹有六条腿。"六"应是"八"字之误。
⑪ 螯：螃蟹等节肢动物身前的大爪，形如钳。
⑫ 冥冥：昏暗不明的样子，形容专心致志、埋头苦干。下文"惛惛"与此同义。
⑬ 昭昭：明白的样子。
⑭ 螣蛇：古代传说中的一种能飞的神蛇。
⑮ 梧鼠五技而穷：依据《大戴礼记·劝学》，"梧鼠"应当作"鼫鼠"。穷：窘困。鼫鼠能飞但不能飞上屋面，能爬树但不能爬到树梢，能游泳但不能渡过山谷，能挖洞但不能藏身，能奔跑但不能追过人，所以说它"五技而穷"。
⑯ 仪：仪表，态度。
⑰ 结：结聚不散开，比喻专心一志，坚定不移。

二、字词梳理

（一）古今与通假

1. 輮以为轮：通"煣"，用火烤使之弯曲。通假字。
2. 虽有槁暴：通"曝"，晒干。通假字。
3. 则知明而行无过矣：同"智"，智慧。古今字。
4. 干越夷貉之子：同"貊"，北方少数民族。异体字。
5. 无恒安息：通"毋"，不要。通假字。
6. 靖共尔位：通"静"，安静。通假字。
7. 靖共尔位：同"供"，供职。古今字。
8. 吾尝跂而望矣：通"企"，踮起脚后跟。通假字。
9. 假舟楫者：同"楫"，船桨。异体字。
10. 强自取柱：通"祝（屬）"，折断。通假字。
11. 草木畴生：通"俦"，同类。通假字。
12. 故不积跬步：同"跬"，半步。异体字。
13. 螾无爪牙之利：同"蚓"，蚯蚓。异体字。
14. 非蛇蟺之穴无可寄托者：通"鳝"，黄鳝。通假字。
15. 非蛇蟺之穴无可寄讬者：同"托"，寄托。古今字。

（二）词义详解

1.【已】（二 P431 常用词 291）

（1）动词，停止。《庄子·北冥有鱼》："定乎内外之分，辩乎荣辱之境，斯已矣。"《老子》："皆知善之为善，斯不善已。"《孟子·攘鸡》："如知其非义，斯速已矣，何待来年？"

引申为制止。《诗经·节南山》："式夷式已，无小人殆。"

[而已]、[而已矣] 相当于"罢了"。《孟子·齐桓晋文之事》："言举斯心加诸彼而已。"《孟子·夫子当路于齐》："子诚齐人也，知管仲晏子而已矣。"《庄子·北冥有鱼》："时则不至，而控于地而已矣。"

（2）副词，已经。《庄子·胠箧》："圣人已死，则大盗不起。"《庄子·庄子钓于濮水》："吾闻楚有神龟，死已三千岁矣。"

（3）语气词，通"矣"。《庄子·北冥有鱼》："汤之问棘也是已。"《孟子·齐桓晋文之事》："然则王之所大欲可知已。"

2.【中】（二 P442 常用词 314）

（1）内部，中间，中心。《论语·季氏》："龟玉毁于椟中，是谁之过与？"《礼记·诚意》："此谓诚于中，形于外。"

引申为中等。《左传·郑伯克段于鄢》："大都不过参国之一，中五之一，小九之一。"

(2) 读 zhòng。射中。《卖油翁》："见其发矢十中八九。"

引申为符合，适合。《庄子·庖丁解牛》："奏刀騞然，莫不中音。"《荀子·劝学》："木直中绳，輮以为轮，其曲中规。"

3.【景】（三 P936 常用词 598）

(1) 日光。《归去来兮辞》："景翳翳以将入，抚孤松而盘桓。"《岳阳楼记》："至若春和景明。"

(2) 日影，像影子一样。《过秦论》："天下云集响应，赢粮而景从。"

(3) 形容词，大。《谏太宗十思疏》："凡百元首，承天景命。"《荀子·劝学》："神之听之，介尔景福。"

4.【博】（三 P1181 常用词 763）

(1) 宽广，广阔。《荀子·劝学》："吾尝跂而望矣，不如登高之博见也。"

引申为广泛，普遍，如"旁征博引"。

又特指学识、技艺的广博。《荀子·劝学》："君子博学而日参省乎己。"《礼记·博学》："博学之，审问之，慎思之，明辨之，笃行之。"

(2) 古代一种赌输赢的游戏。《史记·游使列传》："剧孟行大类朱家，而好博。"

5.【致】（二 P424 常用词 276）

(1) 给予，送给，献出。杜甫《石壕吏》："听妇前致词，三男邺城戍。"

(2) 使至，导致。《左传·楚归晋知罃》："其竭力致死，无有二心。"《孟子·弈秋》："其一人专心致志，惟弈秋之为听。"《庄子·北冥有鱼》："彼于致福者，未数数然也。"《荀子·劝学》："假舆马者，非利足也，而致千里。"

6.【完】（二 P426 常用词 282）

(1) 完整，完善，没有损坏。《荀子·劝学》："巢非不完也，所系者然也。"《石壕吏》："出入无完裙。"

(2) 修缮，修葺。《左传·郑伯克段于鄢》："大叔完聚，缮甲兵，具卒乘。"

7.【服】（二 P593 常用词 433）

(1) 事，特指政务。《诗经·荡》："曾是在位，曾是在服。"

又用作动词，表示从事。《诗经·噫嘻》："亦服尔耕，十千维耦。"今词语"服役""服务"。

(2) 信服，服从。《左传·齐桓公伐楚》："君若以德绥诸侯，谁敢不服？"《论语·季氏》："远人不服而不能来也。"

又为使信服，使服从。《孟子·齐桓晋文之事》："以一服八，何以异于邹敌楚哉？"

(3) 衣服。《论语·先进》："春服既成，冠者五六人。"《老子》："甘其食，美其服。"

又用作动词，表示穿、戴。《荀子·劝学》："君子不近，庶人不服。"《战国策·冯谖客孟尝君》："文车二驷，服剑一。"《楚辞·离骚》："謇吾法夫前脩兮，非世俗之所服。"

(4) 吃（药）。《红楼梦·林黛玉进贾府》："常服何药？"

(5) 思念。《诗经·关雎》："求之不得，寤寐思服。"

8. 【立】(一 P223 常用词 147)

(1) 站着。《庄子·庖丁解牛》："提刀而立，为之四顾。"《庄子·运斤成风》："郢人立不失容。"《陈情表》："茕茕孑立，形影相吊。"《荀子·劝学》："君子慎其所立乎！"→立身行事。

引申为建立，设立，树立。《庄子·胠箧》："皆外立其德，而爓乱天下者也。"《礼记·大同》："以设制度，以立田里。"

(2) 登上帝王或诸侯的位置。《史记·陈涉世家》："陈涉乃立为王，号为张楚。"

(3) 副词，立刻，马上。《史记·项羽本纪》："沛公至军，立诛杀曹无伤。"

9. 【功】(二 P441 常用词 311)

工作，包括农事、武事、文事、劳役等。《诗经·七月》："二之日其同，载缵武功。"今词语"功亏一篑"。

引申为成绩，成就。《孟子·夫子当路于齐》："故事半古之人，功必倍之。"《荀子·劝学》："驽马十驾，功在不舍。"《孟子·齐桓晋文之事》："今恩足以及禽兽，而功不至于百姓者，独何与？"

引申为功业，事业。《孟子·夫子当路于齐》："管仲晏子之功，可复许乎？"《庄子·北冥有鱼》："至人无己，神人无功，圣人无名。"

10. 【聪】(二 P440 常用词 309)

耳力好，听觉敏锐，跟"聋"相对。《庄子·胠箧》："塞瞽旷之耳，而天下始人含其聪矣。"

引申为听得清楚。《荀子·劝学》："目不能两视而明，耳不能两听而聪。"

引申为明智。《礼记·中庸》："唯天下至圣，为能聪明睿智。"

11. 【仪】(四 P1324 常用词 879)

(1) 仪容。《荀子·劝学》："淑人君子，其仪一兮。其仪一兮，心如结兮。"

(2) 饮食起居进退动作的准则，特指行礼的仪式。《左传·昭公二十五年》："是仪也，非礼也。"

引申为法度。《三国志·诸葛亮传》："抚百姓，示仪轨。"

(3) 配偶。《诗经·柏舟》："髧彼两髦，实维我仪。"

三、语法修辞

(一) 词类活用

假舟楫者，非能水也：名词活用作动词，泅水。

(二) 特殊结构

1. 事两君者不容：无标记的被动句，"不容"，不被宽容。
2. 兰槐之根是为芷：指示代词"是"复指宾语"根"，"根"前置于动词"为芷"。

察傳 《吕氏春秋》

一、课文通译

夫得言不可以不察，數傳而白爲黑，黑爲白。故狗似玃，玃似母猴，
传闻不可以不审察，辗转相传后白的成了黑的，黑的成了白的。所以狗似玃，玃似猕猴，
母猴似人，人之與狗則遠矣。此愚者之所以大過也。
猕猴似人，但人和狗的差别就很远了。这是愚蠢的人会犯大错误的原因。

聞而審，則爲福矣；聞而不審，不若不聞矣。
如果听到传闻而加以审察，就会有好处；如果听到传闻而不加审察，不如不听。
齊桓公聞管子於鮑叔，楚莊聞孫叔敖於沈尹筮，審之也，故國霸諸侯也。
齐桓公从鲍叔那里得知管仲，楚庄王从沈尹筮那里得知孙叔敖，审察他们后才相信，因此国家称霸于诸侯。
吴王聞越王勾踐於太宰嚭，智伯聞趙襄子於張武，不審也，
吴王从太宰嚭那里听信了越王勾践的话，智伯从张武那里听信了赵襄子的事，没有经过审察便相信了，
故國亡身死也。
因此国家灭亡且自己也送了命。

凡聞言必熟論，其於人必驗之以理。魯哀公問於孔子曰：
听到传闻都必须深透地审察，对于人都必须用理进行检验。鲁哀公问孔子说：
"樂正夔一足，信乎？"孔子曰："昔者舜欲以樂傳教於天下，
"听说乐正夔只有一只脚，可信吗？"孔子说："从前舜想用音乐来向天下百姓传播教化，
乃令重黎舉夔於草莽之中而進之，舜以爲樂正。夔於是正六律，和五聲，
就让重黎从民间举荐了夔并且起用了他，舜任命他做乐正。于是夔校正六律，谐和五声，
以通八風，而天下大服。重黎又欲益求人，舜曰：'夫樂，天地之精也，
用来调和阴阳之气，因而天下归顺。重黎还想多找些像夔这样的人，舜说：'音乐是天地间的精华，
得失之節也。故唯聖人爲能和樂之本也。夔能和之，以平天下，
国家治乱的关键。因此只有圣人才能做到和谐，而和谐是音乐的根本。夔能调和音律，从而使天下安定，
若夔者一而足矣。'故曰'夔一足'，非'一足'也。"宋之丁氏家無井，
像夔这样的人一个就够了。'所以说'夔一足'，不是'只有一只脚'。"宋国有个姓丁的人家家里没有水井，
而出溉汲①，常一人居外。及②其家穿井，告人曰：
需要出门去打水，经常派一人在外专管打水。等到他家打了水井，他告诉别人说：

278

"吾穿井得一人。"有聞而傳之者曰："丁氏穿井得一人。"國人道之③，
"我家打水井得到一个人力。"有人听了就去传播："丁家挖井挖到了一个人力。"都城的人纷纷传说这件事，
聞之於宋君④。宋君令人問之於⑤丁氏，丁氏對曰：
被宋君听到了。宋君派人向丁家人问明情况，丁家人答道：
"得一人之使⑥，非得一人於井中也。"求聞之若此，不若無聞也。子夏之晉，
"是得到一个劳动力，并不是在井中挖到一个人。"像这样听信传闻，不如不听。子夏到晋国去，
過衛，有讀史記者曰："晉師三豕(shǐ)涉河。"子夏曰："非也，是己亥也。
经过卫国，有个读史书的人说："晋军三豕过黄河。"子夏说："不对，是己亥日过黄河。
夫己與三相近，豕與亥(hài)相似。"至於晉而問之，則曰，
古文'己'字与'三'字字形相近，'豕'字和'亥'字相似。"到了晋国探问此事，人家说，
晉師己亥涉河也。
晋国军队在己亥那天渡过了黄河。

① 溉汲：从井里打水浇地。溉：浇灌。汲：从井里打水。
② 及：等到。
③ 国人道之：都城的人谈论这件事。国：国都。
④ 闻之于宋君：这件事被宋君听到了。之：代词，指"丁氏穿井得一人"一事，是"闻"的宾语。于：介词，当"被"讲，引进主动者。宋君：宋国国君。
⑤ 于：介词，当"向"讲。
⑥ 使：使用，指劳动力。

辭多類非而是，多類是而非，是非之經，不可不分，
言辞有很多似非而是，有很多似是而非，是非的界限，不可不分辨清楚，
此聖人之所慎也。然則何以慎？
这是圣人需要特别慎重对待的问题。既然这样，那么靠什么方法才能做到慎重呢？
緣物之情及人之情，以爲所聞，則得之矣。
遵循着事物的规律和人的情理，用这种方法来审察所听到的传闻，就可以得到真实的情况了。

二、字词梳理

（一）古今与通假

而出溉汲：通"摡"，浇灌。通假字。

（二）词义详解

1.【审】（二 P581 常用词 406）

(1) 详细，详尽。《礼记·博学》："博学之，审问之。"

引申为明白，清楚，确实。《报任安书》："由此言之，勇怯，势也；强弱，形也，审矣，何足怪乎！"

(2) 观察，审查。《吕氏春秋·察传》："闻而审，则为福矣；闻而不审，不若不闻矣。"

2.【熟】

(1) 煮到可以食用的程度。《答韦中立论师道书》："炊不暇熟，又挈挈而东。"

(2) 动词，熟悉，熟练。《卖油翁》："无他，但手熟尔。"

(3) 动词，成熟。《孟子·许行》："树艺五谷，五谷熟而民人育。"

(4) 形容词，深透。《吕氏春秋·察传》："凡闻言必熟论，其于人必验之以理。"

3.【经】（三 P1188 常用词 779）

(1) 织布纵线为经，跟"纬"（横线）相对。常用作比喻。

(2) 经典，指传统的具有权威性的著作。《师说》："六艺经传皆通习之。"

(3) 经历，经过。《庄子·庖丁解牛》："批大郤，导大窾，因其固然，技经肯綮之未尝，而况大軱乎！"

(4) 分界，界线。《吕氏春秋·察传》："辞多类非而是，多类是而非，是非之经，不可不分。"

4.【缘】（四 P1445 常用词 921）

(1) 衣边饰，古代的一种花边。

(2) 攀援。《孟子·齐桓晋文之事》："缘木求鱼，虽不得鱼，无后灾。"

(3) 循，靠着。《吕氏春秋·察传》："缘物之情及人之情，以为所闻，则得之矣。"

引申为因为。杜甫《客至》："花径不曾缘客扫。"苏轼《题西林壁》："不识庐山真面目，只缘身在此山中。"

(4) 机缘，缘分。《孔雀东南飞》："虽与府吏要，渠会永无缘。"

三、语法修辞

词类活用

1. 此愚者之所以大过也：名词活用作动词，犯错误。
2. 夔能和之，以平天下：形容词的使动用法，使……平定。
3. 闻之于宋君：动词的使动用法，使……听说。

五蠹 《韓非子》

一、课文通译

儒以文亂法，俠以武犯禁，而人主兼禮之，此所以亂也。
儒生利用文献扰乱法纪，游侠使用武力违犯禁令，而君主却都要加以礼待，这就是国家混乱的根源。
夫離法①者罪，而諸先生以文學取；犯禁者誅，
扰乱法纪的本该判罪，而那些儒生却靠着文章与学说得到任用；违犯禁令的本该诛杀，
而羣俠以私劍②養③。故法之所非，君之所取；吏之所誅，上之所養也。
而那些游侠却靠着充当刺客得到豢养。所以法令反对的人，成了君主重用的；官吏诛杀的人，成了权贵豢养的。
法趣上下，四相反也，而無所定。
法令反对和君主重用，官吏诛杀和权贵豢养，四者互相矛盾，而没有确立一定的标准。
雖有十黃帝，不能治也。故行仁義者非所譽，
即使有十个黄帝，也不能治理好天下。因此那些施行仁义的人不是应当称誉的人，
譽之則害功；工文學者非所用，用之則亂法。
称誉他们会妨害耕战之事；从事文章与学说的人不是应当加以任用的人，任用他们会破坏法治。
楚之有直躬，其父竊羊而謁之吏。令尹曰："殺之。"
楚国有个品行正直的人，他的父亲偷了人家的羊，他便到令尹那儿揭发。令尹说："杀掉他。"
以爲直於君而曲於父，報而罪之。以是觀之，夫君之直臣，父之暴子也。
认为他对君主虽算正直但对父亲却属不孝，结果判了他死罪。由此看来，君主的忠臣，正是父亲的逆子。
魯人從君戰，三戰三北，仲尼問其故，對曰："吾有老父，
鲁国有个人跟随国君去打仗，屡战屡逃，孔子向他询问原因，他说："我家中有年老的父亲，
身死莫之養也。"仲尼以爲孝，舉而上之。以是觀之，夫父之孝子，君之背臣也。
我死后就没人养活他了。"孔子认为这是孝子，便推举他升了官。由此看来，父亲的孝子，正是君主的叛臣。
故令尹誅而楚姦不上聞，仲尼賞而魯民易降北，
所以令尹杀了那个人而楚国的坏人坏事就没有人向上告发了，孔子举荐逃兵做官则鲁国人作战就要轻易地投降逃跑了，
上下之利，若是其異也。而人主兼舉匹夫之行，而求致社稷之福，
君臣之间的利害得失是如此不同。而君主却既赞成谋求私利的行为，又想求得国家的繁荣富强，
必不幾④矣。
这是肯定没指望的。

① 离法：犯法。离：通"罹"。
② 私剑：因为私仇而用剑杀人，指刺客。
③ 养：被收养。
④ 几：通"冀"，希望。

古者蒼頡之作書也，自環者謂之"私"，背私謂之"公"。
古时候仓颉创造文字，把围着自己绕圈子的叫作"私"，与"私"相悖的叫作"公"。

公私之相背也，乃蒼頡固以知之矣。今以爲同利者，不察之患也。
公和私相反的道理，是仓颉就已经知道了的。现在还有人认为公私利益相同，这是犯了没有仔细考察的错误。

然則爲匹夫計者，莫如脩行義而習文學。行義脩則見信，
那么为个人打算的话，没有什么比修好仁义、熟悉文章与学说的办法更好了。修好仁义就会得到君主信任，

見信則受事；文學習則爲明師，爲明師則顯榮。
得到君主信任就可以做官；熟悉文章与学说就可以成为高明的老师，成了高明的老师就会显贵荣耀。

此匹夫之美也。然則無功而受事，無爵而顯榮，有政如此，
对一般人来说这是最美的事了。然而没有功劳就能做官，没有爵位就能显贵荣耀，形成这样的政治局面，

則國必亂，主必危矣。故不相容之事，不兩立也。
国家一定会陷入混乱，君主一定会面临危险。所以互不相容的事情，是不能并存的。

斬敵者受賞，而高慈惠之行；拔城者受爵祿，而信廉愛之説；
杀敌有功的人受到奖赏，却又崇尚仁爱慈惠的行为；攻城大功的人得到爵位俸禄，却又信奉兼爱的学说；

堅甲厲兵以備難，而美薦紳之飾；富國以農，距敵恃卒，
加固铠甲、磨炼兵器来防备战乱，却以宽袍大带的服饰为美；国家富足靠农民，打击敌人靠士兵，

而貴文學之士；廢敬上畏法之民，而養游俠私劍之屬：
却又看重以文章与学说为业的儒生；不用那些尊君守法的人，而去收养游侠刺客之类的人：

舉行如此，治強不可得也。國平養儒俠，
如此理政，要想使国家太平、强盛是不可能的。国家太平的时候收养儒生和游侠，

難至用介士，所利非所用，
危难来临的时候要用披坚执锐的士兵，国家给予利益的人并不是国家所要用的人，

所用非所利。是故服事者簡其業，
而国家所要用的人又得不到任何好处。结果从事耕战的人荒废了自己的事业，

而游學者日衆，是世之所以亂也。
而到处漫游讲学的儒生却一天天多了起来，这就是社会陷入混乱的原因所在。

今境内之民皆言治，藏商管①之法者家有之，而國愈貧，
现在全国的民众都在谈论如何治国，每家每户都藏有商鞅和管仲的法典，国家却越来越穷，

言耕者衆，執耒者寡也。境内皆言兵，
原因就在于空谈耕作的人太多，而真正拿起农具种地的人太少。全国的民众都在谈论如何打仗，

藏孫吳②之書者家有之，而兵愈弱，言戰者多，
每家每户都藏有孙子和吴起的兵书，国家的兵力却越来越弱，原因就在于空谈打仗的人太多，
被甲者少也。故明主用其力，不聽其言；賞其功，
而真正穿起铠甲上阵的人太少。所以明君只使用民众的力量，不听信高谈阔论；奖赏人们的功劳，
必禁無用。故民盡死力以從其上。夫耕之用力也勞，
坚决禁止那些无用的言行。这样民众就会拼命为君主出力。耕种是需要花费气力、吃苦耐劳的事情，
而民爲之者，曰：可得以富也。戰之爲事也危，而民爲之者，
而民众中从事耕种的人，说：可以凭此得到富足。打仗是十分危险的事情，而民众中当兵的人，
曰：可得以貴也。今修文學，習言談，則無耕之勞而有富之實，
说：可以凭此获得显贵。如今只要擅长文章与学说，能说会道，无须耕种的劳苦就可以获得富足的实惠，
無戰之危而有貴之尊，則人孰不爲也？
无须冒打仗的危险便可以得到尊贵的官爵，那么谁不乐意这样干呢？
是以百人事智而一人用力。事智者衆，
结果就出现了一百个人从事智力活动却只有一个人致力于耕战事业的情况。从事智力活动的人多了，
則法敗；用力者寡，則國貧。此世之所以亂也。
法治就要遭到破坏；致力于耕战事业的人少了，国家就会变得贫穷。这就是社会混乱的原因。
故明主之國，無書簡之文，以法爲教；無先王之語，以吏爲師；
因此在明君的国家里，不用有关学说的文献典籍，而以法令为教本；禁绝先王的言论，而以官吏为老师；
無私劍之捍，以斬首爲勇。是境內之民，其言談者必軌於法，
没有游侠刺客的凶悍，而以杀敌立功为勇敢。这样国内民众的一切言论都必须遵循法令，
動作③者歸之於功④，爲勇者盡之於軍。是故無事則國富，有事則兵強，
让劳动人民去做农耕之事，让勇士们全部到军队中服役。因此太平时期国家富足，战争时期兵力强盛，
此之謂王資。既畜王資而承敵國之釁，
这便奠定了称王天下的资本。已经拥有称王天下的资本而乘机利用敌国的弱点，
超五帝侔三王者，必此法也。
要建立超过五帝、等同三王的功业，一定得采用这种办法。

① 商管：战国时秦国的商鞅和春秋时齐国的管仲，都是著名的政治家，使秦、齐富强。
② 孙吴：春秋时吴国的孙武和战国时卫人吴起，都是著名的兵法家。
③ 动作：劳作。
④ 功：农耕。

今則不然。士民縱恣於內，言談者爲勢於外。外內稱惡，
现在却不是这样。儒生、游侠在国内恣意妄为，纵横家在国外大造声势。内外形势尽行恶化，
以待強敵，不亦殆乎？故羣臣之言外事者，非有分於從衡之黨，
就这样来对付强敌，不是太危险了吗？所以那些谈论外交问题的臣子们，不是属于合纵或连横一派，

则有仇雠(chóu)之患，而借力於國也。從者，合衆弱以攻一强也；
就是怀有借国家力量来报私仇的隐衷。所谓合纵，就是联合众多弱国去攻打一个强国；

而衡者，事一强以攻衆弱也。皆非所以持國也。
所谓连横，就是依附于一个强国去攻打其他弱国。这都不是保全国家的好办法。

今人臣之言衡者，皆曰："不事大，則遇敵受禍矣！"事大未必有實，
现在那些主张连横的臣子，都说："不侍奉大国，一遇强敌就得遭殃！"侍奉大国不一定有什么实际效应，

則舉圖而委，效璽而請兵矣。獻圖則地削，
倒必须先献出本国地图，呈上政府玺印，这样才得以请求军事援助。献出地图则本国的版域就缩小了，

效璽則名卑。地削則國削，名卑則政亂矣。
呈上玺印则君主的声望就降低了。版域缩小，国家就削弱了，声望降低，政治就混乱了。

事大爲衡，未見其利也，而亡地亂政矣。
侍奉大国而实行连横，未曾看到有什么好处，却已丧失了国土且搞乱了政治。

人臣之言從者，皆曰："不救小而伐大，則失天下，失天下則國危，
那些主张合纵的臣子，都说："不救援小国去进攻大国，就失去了各国的信任，失去了各国的信任则国家就面临危险，

國危而主卑。"救小未必有實，則起兵而敵大矣。
国家面临危险则君主地位就降低了。"援救小国不一定有什么实惠可言，倒要起兵去和大国为敌。

救小未必能存，而交大未必不有疏，有疏則爲强國制矣。
援救小国未必能使它保存下来，而进攻大国未必就不会有失误，有失误就要被大国控制了。

出兵則軍敗，退守則城拔。救小爲從，未見其利，
出兵则军队要吃败仗，退守则城池会被攻破。援救小国实行合纵，未曾看到有什么好处，

而亡地敗軍矣。
却已使国土被侵吞、军队被打败。

是故事强，則以外權士官於内；救小，
所以侍奉强国，只能使那些主张连横的人凭借外国势力在国内捞取高官；援救小国，

則以内重求利於外，國利未立，
只能使那些主张合纵的人凭借国内势力从国外得到好处，国家利益尚未确立，

封土厚禄至矣；主上雖卑，人臣尊矣；國地雖削，
臣下却先把封地和厚禄都弄到手了；君主的地位降低了，臣下的地位却抬高了；国家的土地削减了，

私家富矣。事成則以權長重，事敗則以富退處。
私家却变富了。事情成功则纵横家就会依仗权势长期受到重用，事情失败则纵横家就会凭借财富退避隐居。

人主之聽説於其臣，事未成而爵禄已尊矣，事敗而弗誅，
君主如果听信臣下的游说，事情还没办成便让他们获得了很高的爵位俸禄，事情失败后他们也得不到处罚，

则游说之士，孰不爲用矰缴之说，而徼倖其後？
那么那些游说之士，谁不用虚言浮辞来猎取功名富贵，而希望事败之后能侥幸地免祸呢？
故破国亡主，以听言谈者之浮说。此其故何也？
所以国破君亡局面的出现，都是因为听信了纵横家的花言巧语。他们这样做是什么缘故呢？
是人君不明乎公私之利，不察當否之言，而诛罚不必其後也。皆曰：
这是因为君主分不清公私利益，不考察言论是否正确，且事败之后也没有坚决地实行处罚。纵横家都说：
"外事，大可以王，小可以安。"夫王者，能攻人者也，
"进行外交活动，收效大的可以统一天下，收效小的也可以保证安全。"所谓统一天下，指的是能够打败别国，
而安则不可攻也。强则能攻人者也，治则不可攻也。
而保证安全指的是本国不受侵犯。兵强就能打败别国，国家安定就不可能被人侵犯。
治强不可责於外，内政之有也。今不行法术於内，
而国家的强盛和安定不能通过外交活动取得，只能从内政中获得。现在不在国内推行法术，
而事智於外，则不至於治强矣。
而一心在外交上动脑筋，就必然达不到国家安定富强的目的了。

夫明王治国之政，使其商工游食之民少而名卑，
明君治理国家的政策，总是要使工商业者和游手好闲的人尽量减少且名位卑下，
以寡趣本务而趋末作。今近习之请行，
以免从事农耕的人少而致力于工商业的人多。现在社会上向君主亲近的侍臣行贿托情的风气很流行，
则官爵可买；官爵可买，则商工不卑也矣。
这样官爵就可以用钱买到；官爵可以用钱买到，那么工商业者的地位就不会低贱了。
姦财货贾得用於市，则商人不少矣。
投机取巧、非法获利的活动可以在市场上通行，那么商人就不会少了。
聚敛倍农，而致尊过耕战之士，
他们搜刮到的财富比农民收入多一倍，而且他们获得的尊贵地位也远远超过从事耕战的人，
则耿介之士寡，而高价之民多矣。
结果就是刚正不阿的人就越来越少，而经营商业的人越来越多。

是故乱国之俗：其学者，则称先王之道以籍仁义，
因此造成国家混乱的风气是：那些著书立说的人，称引先王之道来宣扬仁义道德，
盛容服而饰辩说，以疑当世之法，而贰人主之心。其言古者，
讲究仪容服饰而文饰巧辩言辞，用以扰乱当今的法令，从而使君主的决心不专一。那些纵横家们，
爲设诈称，借於外力，以成其私，而遗社稷之利。其带剑者，
弄虚作假，招摇撞骗，借助于国外势力来达到私人利益，而丢掉了国家利益。那些游侠刺客，

聚徒屬立節操以顯其名，而犯五官之禁。其患御者，積　於　私　門，
聚集党徒、标榜气节以图显身扬名，而触犯了国家禁令。那些国君的近臣，大批投靠在权臣贵族门下，
盡貨賂，而用重人①之謁②，退　汗　馬　之　勞。其商工之民，修治苦窳之器③，
肆意行贿，而借助于重臣的请托，逃避从军作战的劳苦。那些工商业者，制造粗劣的器具，
聚沸靡之財，蓄　積　待　時，而侔④農夫之利。——此五者，邦之蠹也。
积累奢侈的财物，囤积居奇而等待时机出售，从而在农民身上牟取暴利。——这五种人，都是国家的蛀虫。
人　主　不　除　此　五　蠹⑤之　民，不　養　耿　介　之　士，則　海　內　雖　有　破　亡　之　國，
君主如果不除掉这五种像蛀虫一样的人，不广罗刚直不阿的人，那么天下纵使出现破败沦亡的国家，
削　滅　之　朝，亦　勿　怪　矣。
被削地除名的朝廷，也不足为怪了。

① 重人：有权势的人。
② 謁：请托。
③ 苦窳之器：粗恶之物，或指无用的奢侈品。
④ 侔：通"牟"，求取。
⑤ 五蠹：指代当时社会上的五种人，即学者、言古者、带剑者、患御者、工商之民。

二、字词梳理

（一）古今与通假

1. 夫离法者罪：通"罹"，触犯。通假字。
2. 而群侠以私剑养：同"剑"，刀剑。异体字。
3. 法趣上下：通"取"，取得。通假字。
4. 而人主兼举匹夫之行：通"誉"，赞赏。通假字。
5. 必不幾矣：通"冀"，希望。通假字。
6. 坚甲厉兵以备难：同"砺"，磨砺。古今字。
7. 而美荐绅之饰：通"搢"，插。通假字。
8. 据敌恃卒：通"拒"，抗拒。通假字。
9. 被甲者少也：同"披"，披上。古今字。
10. 无私剑之捍：通"悍"，勇猛、强悍。通假字。
11. 既畜王资而承敌国之釁：同"衅"，缝隙，破绽，弱点。异体字。
12. 既畜王资而承敌国之釁：通"蓄"，积累。通假字。
13. 既畜王资而承敌国之釁：通"乘"，趁机。通假字。
14. 非有分于从衡之党：同"纵"，合纵。古今字。
15. 非有分于从衡之党：同"横"，连横。古今字。
16. 以寡趣本务而趋末作：通"趋"，趋向。通假字。
17. 则称先王之道以籍仁义：通"藉"，凭借。通假字。

18．而徼倖其后：通"邀"，求取。通假字。

19．修治苦窳之器：通"盬"，粗劣。通假字。

20．侔农夫之力：通"牟"，求取。通假字。

（二）词义详解

1．【工】（三 P1181 常用词 762）

（1）工人，有技艺的人。《论语·卫灵公》："工欲善其事，必先利其器。"《石钟山记》："而渔工水师虽知而不能言。"

（2）精巧。姜夔《扬州慢·淮左名都》："纵豆蔻词工，青楼梦好，难赋深情。"

引申为擅长。《韩非子·五蠹》："工文学者非所用。"《警世通言·杜十娘怒沉百宝箱》："江南弟子，最工轻薄。"

2．【谒】（三 P776 常用词 459）

告，禀告。《韩非子·五蠹》："楚之有直躬，其父窃羊而谒之吏。"

引申为谒见，请求，请托。《韩非子·五蠹》："积于私门，尽货赂，而用重人之谒。"

3．【报】（一 P43 常用词 7）

（1）判决罪人。《韩非子·五蠹》："报而罪之。"

（2）受了别人的东西以后，还送给东西以为回答。《诗经·木瓜》："投我以木桃，报之以琼瑶。"

引申为回答别人的恩惠或仇恨，即报恩或报仇。《陈情表》："尽节于陛下之日长，报养刘之日短也。"《战国策·荆轲刺秦王》："然则将军之仇报，而燕国见陵之耻除矣。"

（3）奉命办事完毕，回来报告。《史记·廉颇蔺相如列传》："计未定，求人可使报秦者。"

（4）给回信，答复。《报任安书》："阙然久不报，幸勿为过。"

4．【北】（二 P441 常用词 313）

（1）北方。《庄子·惠子相梁》："夫鹓鶵，发于南海，而飞于北海。"

（2）败逃。《韩非子·五蠹》："鲁人从君战，三战三北。""仲尼赏而鲁民易降北。"

5．【几】（三 P1206 常用词 816）

（1）读 jī。隐微。特指事情的孕育、萌动。引申为先兆，预兆。

（2）读 jī。事务。

（3）读 jī。相去不远，近。《论积贮疏》："汉之为汉，几四十年矣。"词语"庶几"。

又作副词，表示差一点，几乎。《捕蛇者说》："今吾嗣为之十二年，几死者数矣。"

（4）读 jǐ。疑问词，问数量。《阿房宫赋》："蠹不知其几千万落。"

6．【拔】（三 P786 常用词 481）

（1）拔起来，拔出来。《史记·项羽本纪》："力拔山兮气盖世。""项庄拔剑起舞。"

引申为提拔。《出师表》："是以先帝简拔以遗陛下。"《陈情表》："过蒙拔擢，宠命优渥。"

（2）突出，超过。《梦游天姥吟留别》："势拔五岳掩赤城。"

（3）攻取，攻占，占领。《韩非子·五蠹》："拔城者受爵禄。"

7.【坚】（二 P425 常用词 280）

硬，结实，跟"脆"相对。《庄子·不龟手之药》："以盛水浆，其坚不能自举也。"

用作动词，表示使……牢固。《韩非子·五蠹》："坚甲厉兵以备难，而美荐绅之饰。"《三国志·荀彧传》："今东方皆以收麦，必坚壁清野以待将军。"

用作名词。《史记·陈涉世家》："将军身被坚执锐，伐无道，诛暴秦。"

8.【废】（二 P583 常用词 412）

（1）舍弃，停止，废弃。《孟子·齐桓晋文之事》："然则废衅钟与？"《陈情表》："臣侍汤药，未曾废离。"《韩非子·五蠹》："废敬上畏法之民，而养游侠私剑之属。"

（2）衰败，跟"兴"相对。《岳阳楼记》："政通人和，百废待兴。"

（3）除去职位。有时指皇帝被废。韩愈《柳子厚墓志铭》："谓功业可立就，故坐废退。"

（4）残废。《战国策·荆轲刺秦王》："荆轲废，乃引其匕首提秦王。"

9.【侔】

（1）相等。《韩非子·五蠹》："超五帝侔三王者，必此法也。"《庄子·外物》："海水震荡，声侔鬼神。"

（2）通"牟"，取，求取。《韩非子·五蠹》："蓄积待时，而侔农夫之利。"

10.【纵】（三 P784 常用词 477）

（1）释放，跟"禽"相对。《左传·秦晋殽之战》："奉不可失，敌不可纵。"

引申为放肆，不拘束。《韩非子·五蠹》："今则不然，士民纵恣于内。"《谏太宗十思疏》："既得志，则纵情以傲物。"《赤壁赋》："纵一苇之所如，凌万顷之茫然。"

（2）连词，即使。《史记·项羽本纪》："纵江东父兄怜而王我，我何面目见之。"

（3）旧读 zōng。竖的，直的，南北的方向。袁枚《游黄山记》："四顾奇峰错列，众壑纵横。"

11.【市】（二 P419 常用词 265）

（1）交易物品的场所，市场。《孟子·许行》："虽使五尺之童适市，莫之或欺。"《孟子·舜发于畎亩之中》："孙叔敖举于海，百里奚举于市。"

（2）买。《韩非子·五蠹》："是故事强，则以外权市官于内。"《战国策·冯谖客孟尝君》："先生所为文市义者，乃今日见之！"

12.【责】（一 P131 常用词 63）

（1）读 zhài。债务，债款。《战国策·冯谖客孟尝君》："谁习计会，能为文收责于薛者乎？"

（2）要求。引申为对别人或自己道德品行上的要求。《韩非子·五蠹》："治强不可责于外，内政之有也。"

引申为批评。《战国策·鲁仲连义不帝秦》："梁客辛垣衍安在？吾请为君责而归之！"

（3）责任。《孟子·公孙丑下》："有言责者不得其言则去。"

13.【私】（三 P929 常用词 582）

(1) 私人的。《韩非子·五蠹》："是人君不明乎公私之利，不察当否之言。"又作名词，私事，私情，私利。《韩非子·五蠹》："借于外力，以成其私。"又作动词，表示私自占有。《诗经·七月》："言私其豵，献豜于公。"

(2) 副词，偷偷地。《史记·廉颇蔺相如列传》："燕王私握臣手。"

14.【用】（二 P515 常用词 346）

(1) 使用，应用。《韩非子·五蠹》："尽货赂，而用重人之谒，退汗马之劳。"《孟子·寡人之于国也》："察邻国之政，无如寡人之用心者。"

(2) 名词，用处。《韩非子·五蠹》："赏其功，必禁无用。"《战国策·赵威后问齐使》："此率民而出于无用者，何为至今不杀乎？"《老子》："故有之以为利，无之以为用。"

(3) 名词，费用，钱财。《荀子·天论》："强本而节用。"

(4) 以。《孟子·许行》："吾闻用夏变夷者，未闻变于夷者也。"

三、语法修辞

（一）词类活用

1. 报而**罪**之：名词活用作动词，治罪。
2. 仲尼以为孝，举而**上**之：方位名词的使动用法，使……上，即把……放在上面。
3. 故令尹诛而楚奸不上**闻**：及物动词的使动用法，使……听见，即报告。一说是无标记的被动，即"楚国的犯罪行为不被君主听到"。
4. 斩敌者受赏，而**高**慈惠之行：形容词的意动用法，以……为高，即推崇。
5. **坚**甲厉兵以备难，而**美**荐绅之饰："坚"，形容词的使动用法，使……坚固。"美"，形容词的意动用法，以……为美。
6. 是境内之民，其言谈者必**轨**于法：名词活用作动词，顺应轨道，即遵循。
7. 动作者**归**之于功：动词的使动用法，使……归。
8. 为勇者**尽**之于军：动词的使动用法，使……尽。
9. 而**亡**地**败**军矣：动词的使动用法，使……削亡、使……失败。
10. 而**贰**人主之心：形容词的使动用法，使……不专一。
11. 其患御者，积于私门，**尽**货赂：动词的使动用法，使……完了/尽了，即搜刮尽。
12. **退**汗马之劳：动词的使动用法，使……退却。
13. 亦勿**怪**矣：形容词的意动用法，对……感到奇怪。

（二）特殊结构

1. 身死莫之养也：否定句中，代词"之"作动词"养"的宾语，前置。
2. 而诸先生以文学取：无标记的被动句，"取"，被……录用。

3. 行义脩则见信，见信则受事：有标记的被动句，两个"见"都是助动词，表被动。
4. 而安则不可攻也/治则不可攻也：无标记的被动句，"攻"，被攻打。
5. 削灭之朝：无标记的被动句，"削灭"，被……削弱、灭亡。

单元习题

一、选择题

1. 下列对句子中加点字的解释，不正确的一项是（   ）。
   - A. 自矜者不长　　　　　　　　矜：夸耀
   - B. 强行者有志　　　　　　　　强：强大
   - C. 不贵难得之货　　　　　　　货：财物
   - D. 埏埴以为器　　　　　　　　埏：糅和

2. 下列对句子中加点字的解释，不正确的一项是（   ）。
   - A. 自伐者无功　　　　　　　　伐：夸耀
   - B. 我树之成，而实五石　　　　树：栽种
   - C. 曰余食赘行，物或恶之　　　物：物体
   - D. 复众人之所过　　　　　　　复：弥补，补救

3. 下列对句子中加点字的解释，不正确的一项是（   ）。
   - A. 埏埴以为器　　　　　　　　埴：黏土
   - B. 凿户牖以为室　　　　　　　牖：窗户
   - C. 故有道者不处　　　　　　　处：相处
   - D. 民之从事，常于几成而败之　几：接近

4. 下列句子中没有通假字的一项是（   ）。
   - A. 曰余食赘行，物或恶之
   - B. 其未兆易谋
   - C. 其脆易泮
   - D. 九层之台，起于累土

5. 下列句子中加点字的用法不相同的一组是（   ）。
   - A. 当其无，有车之用　　　　　不失其所者久
   - B. 为之于未有　　　　　　　　曰余食赘行，物或恶之
   - C. 是以圣人无为　　　　　　　以辅万物之自然而不敢为
   - D. 死而不亡者寿　　　　　　　常于几成而败之

6. 下列句子中，加点词不属于古今异义的一项是（   ）。
   - A. 民之从事，常于几成而败之　B. 企者不立，跨者不行
   - C. 自见者不明　　　　　　　　D. 知足者富，强行者有志

7. 下列句子中，句式不同于其他三项的一项是（   ）。
   - A. 常于几成而败之　　　　　　B. 蚓无爪牙之利，筋骨之强
   - C. 九层之台，起于累土　　　　D. 治之于未乱

8. 下列对《老子》有关内容的分析和概括，不正确的一项是（　　）。

A. 《老子》告诉人们，"有"和"无"是相互依存、相互作用的，"有无相生"提醒人们要全面地看待事物。

B. 《老子》告诫人们为人应谦恭谨慎，只有脚踏实地，不好高骛远，不自以为是，不自我夸耀，方可长久。

C. 《老子》告诫人们要做自知、自胜、自足、强行的人。在老子看来，"自知""自胜"十分重要，但是"知人""胜人"更加重要。

D. 《老子》告诫人们做事要善始善终，无论做什么事情，都必须具有坚强的毅力，从小事做起，才可能成就大事业。

9. 下列对句子中加点字的解释，不正确的一项是（　　）。

A. 小知不及大知　　　　　　　　知：同"智"

B. 未有知其修者　　　　　　　　修：长

C. 翼若垂天之云　　　　　　　　垂：垂挂

D. 且适南冥也　　　　　　　　　适：往，到

10. 下列选项中"以"的意义和用法，与"奚以知其然也"相同的一项是（　　）。

A. 或脱身以逃　　　　　　　　　B. 具以情告

C. 料大王士卒足以当项王乎　　　D. 能以足音辨人

11. 下列对选文《庄子·北冥有鱼》的理解与分析，不正确的一项是（　　）。

A. 将朝菌、蟪蛄、众人与冥灵、大椿、彭祖进行对比，突出"小年不及大年"的道理。

B. 运用夸张手法，描绘大鹏形体硕大、迅猛远征的形象，展现绝对自由的理想境界。

C. 斥鴳反复问"彼且奚适也"，表现出对大鹏"绝云气，负青天"展翅南飞的不理解。

D. 选文想象丰富、奇特，灵活运用多种艺术手法，体现了庄子散文的浪漫主义色彩。

12. 下列对《庄子·庖丁解牛》相关内容的理解，不正确的一项是（　　）。

A. 《庄子》也叫《道德经》，是庄子及其后学所著，采用了大量的虚构的寓言故事论证观点。

B. "庖丁"是人名，其中"庖"是职业，"丁"是名字，这种取名的方法在先秦颇为普遍，如"弈秋""轮扁""盗跖"等。

C. "文惠君"中，"惠"为谥号。谥号指古代帝王、诸侯、大臣等有一定地位的人死后，根据其生平事迹、品德修养而给予的称号。

D. 《桑林》为传说中商汤时代的乐曲名；《经首》相传为尧时的乐曲名。

13. 下列对加点字的解释有误的一项是（　　）。

A. 乃中经首之会　　　　　　　　中：合乎

B. 批大郤，导大窾　　　　　　　导：指导

C. 族庖月更刀，折也　　　　　　族：众，一般

D. 謋然已解，如土委地　　　　　　委：卸落

14. 下列加点字的意义和用法相同的一组是（　　）。

A. 庖丁为文惠君解牛　　　　　　为之踌躇满志

B. 手之所触，肩之所倚　　　　　　始臣之解牛之时

C. 而刀刃若新发于硎　　　　　　提刀而立，为之四顾

D. 臣以神遇而不以目视　　　　　　以无厚入有间

15. 下列对加点字的解释有误的一项是（　　）。

A. 比及三年：等到　　　　　　　　异乎三子者之撰：才能

B. 明足以察秋毫之末：视力　　　　百姓皆以王为爱也：仁爱

C. 乃中经首之会：合乎　　　　　　族庖月更刀：众

D. 宗庙之事，如会同：至于　　　　吾与点也：赞成

16. 下列对句子中加点字的解释，不正确的一项是（　　）。

A. 则负匮、揭箧、担囊而趋　　　　揭：打开

B. 何适而无有道邪　　　　　　　　适：到

C. 则是重利盗跖也　　　　　　　　重：增益

D. 故逐于大盗　　　　　　　　　　逐：追随

17. 下列各句对文章《庄子·胠箧》的阐述，不正确的一项是（　　）。

A. 作者在文中论述了这样的情况：世俗所谓的聪明人，是替大盗积聚财物的，所谓的圣人，是替大盗防守财物的。

B. 作者在文中阐述偷窃之道有五：能凭空推测屋里财物，是圣明；率先进屋，是勇敢；最后退出，是义气；知道可否行动，是智慧；分配公平，是仁爱。

C. 作者阐述了圣人与大盗相生相依的论点：如果没有圣人的出现，就没有大盗的产生，打击圣人与囚禁盗贼并举，天下才能长治久安。

D. 作者在文中指出"窃钩者诛，窃国者为诸侯"，揭露了仁义的虚伪和社会的黑暗，提出"绝圣弃知"的主张，要摒弃社会文明与进步，这是庄子社会观和政治观的消极面。

18. 下列句子中加点字的读音，不正确的一项是（　　）。

A. 木直中绳（zhōng）　　　　　　B. 吾尝跂而望矣（qǐ）

C. 声非加疾也（jí）　　　　　　　D. 假舆马者（yú）

19. 下列对句子中加点字的解释，不正确的一项是（　　）。

A. 则知明而行无过矣　　　　　　　知：智慧

B. 而闻者彰　　　　　　　　　　　彰：清楚

C. 而绝江河　　　　　　　　　　　绝：横渡

D. 君子生非异也　　　　　　　　　生：习惯

20. 下列对两个句子在文中意思的理解，正确的一项是（　　）。

　　①学不可以已　　　　　　　②金就砺则利

A. ①学习不可以成为过去的事情　②刀斧等拿到磨刀石上去磨就会锋利

B. ①学习不可以停止　　　　　　②金属靠拢磨刀石就会锋利

C. ①学习不可以停止　　　　　　②刀斧等拿到磨刀石上去磨就会锋利

D. ①学习不可以成为过去的事情　②金属靠拢磨刀石就会锋利

21. 下列对句中加点字的解释，错误的一项是（　　）。

A. 夫得言不可以不察　　　　　察：考察

B. 数传而白为黑　　　　　　　数：多次

C. 国人道之，闻之于宋君　　　国：宋国

D. 是非之经，不可不分　　　　经：划分

22. 以下句子中，属于证明"察传"观点的正面论据的一组是（　　）。

①齐桓公闻管子于鲍叔

②智伯闻赵襄子于张武

③乐正夔一足

④鲁哀公问于孔子曰："乐正夔一足，信乎？"

⑤晋师三豕涉河

⑥非也，是己亥也

A. ②③⑤　　　　B. ①③⑥　　　　C. ②④⑤　　　　D. ①④⑥

23. 下列对《吕氏春秋·察传》有关内容的概括和分析，不正确的一项是（　　）。

A. 作者举从狗到玃，再到母猴，最后到人这一事例，是为了说明事物经过人们"数传"后会把白说成黑、把黑说成白这一道理。

B. 作者在第二段论述时，使用的最为突出的手法是对比，不仅在说理时用正反对比，在举例时也用了正反对比。

C. 作者提出了"熟论"和"验之以理"的观点后，举了三个例子来说明，这三个例子都包括传言及对传言验证后所得出的真实情况。

D. "察传"即明察传闻之意。文中认为传闻中的事物往往有似是而非之处，应加以审验。文章多用故事为论据，生动有趣。

二、填空题

1. 庄子，名_____，_____中期_____国人，他继承并发展了_____的思想，为_____学派的重要代表人物。

2. 《庄子》有_____篇，其中"_____"七篇，"_____"十五篇，"杂篇"十一篇，研究者多认为"_____"是庄子所作。

3．《庄子·百川灌河》中写河伯骄傲自大的句子是"＿＿＿＿＿＿＿＿＿＿＿＿＿＿＿＿"。

4．由《庄子·百川灌河》引出的两个成语是＿＿＿＿＿＿＿＿、＿＿＿＿＿＿＿＿。

5．在《庄子·曹商使秦》中，"王说之，益车百乘"的原因是＿＿＿＿＿＿＿＿＿＿＿＿＿。

6．"子行矣！"一句充分表达了庄子对曹商的＿＿＿＿＿＿＿＿＿＿之情。

三、解释下列加粗的字词

1．秋水**时**至
2．百川灌**河**
3．不**辩**牛马
4．**至于**北海
5．两**涘**渚崖之间
6．不见水**端**
7．始**旋**其面目
8．闻道**百**
9．**望洋**向**若**而叹曰
10．且夫我尝闻少仲尼之**闻**
11．而**轻**伯夷之义者
12．子之难**穷**
13．则**殆**矣
14．**大方**之家
15．**野语**有之曰
16．**见**笑
17．**少**仲尼之闻
18．**泾流**之大

四、把下列句子翻译成现代汉语

1．臣之所好者，道也；进乎技矣。

2．以无厚入有间，恢恢乎其于游刃必有余地矣！

3．彼圣人者，天下之利器也，非所以明天下也。

4．以天下之美为尽在己。

5．始吾弗信。

6．於是焉河伯始旋其面目，望洋向若而歎曰："野语有之曰'闻道百，以爲莫己若'者，我之謂也。"（南京师范大学2023）

7．郢人垩慢其鼻端，若蝇翼。

8．臣则尝能斫之。

9．王说之，益车百乘。

10．子岂治其痔邪？

11．故曰"夔一足"，非"一足"也。

12．缘物之情及人之情，以为所闻，则得之矣。

五、写出下列句子中的通假字

1．砉然向然。

2. 技盖至此乎？

3. 善刀而藏之。

六、写出加粗词的词类活用

1. 以无**厚**入有间。

2. 良庖**岁**更刀，割也。

3. 族庖**月**更刀，折也。

七、分析题

1. 根据《庄子·惠子相梁》的内容，用一个四字词语概括庄子的思想，并从正反两面进行分析。

2. 联系文章《庄子·运斤成风》对"运斤成风"的含义进行分析。

3. 根据文章《庄子·曹商使秦》对曹商这一人物作简要评析。

4. "彼窃钩者诛，窃国者为诸侯。"作者在文章《庄子·胠箧》中列举了哪些"窃钩者"和"窃国者"？请各举一例。

单元习题参考答案

一、选择题

1. B【解析】强：勤勉。

2. C【解析】物：人们。

3. C【解析】处：为，做。

4. B【解析】A项中，"行"通"形"，表形体；C项中，"泮"通"判"，表分离；D项中，"累"通"蔂"，表土筐。

5. C【解析】A项中，都是代词；B项中，都是代词；C项中，分别是介词和连词；D项中，都是连词，表转折。

6. D【解析】A项中，古义为做事；今义为做，投身到（事业中去）。B项中，古义为不行，行走不稳；今义为不可以，不被允许。C项中，古义为不能显明；今义为不理解、不明白，不亮。D项中，古今义都为知道满足，满足于已经得到的。

7. B【解析】B项是定语后置句，其他三项都是状语后置句。

8. C【解析】C项错误，"知人""胜人"十分重要，但是"自知""自胜"更加重要。

9. C【解析】C项中，"垂"同"陲"，表边际。

10. D【解析】"奚以知其然也"是介宾前置句。"奚"为宾语，意思是"什么"；"奚以"即"以奚"，"以"即"凭借"。整个句子的意思：（你）凭借什么知道这是正确的？A项中，"以"为连词，相当于"而"。B项中，"以"为介词，相当于"把"。这句话可翻译为：完全把（自己的）实情告诉了他。C项中，"以"表足以，完全可以。这句话可翻译为：估计大王的军队能够抵挡住项王的军队吗？D项中，"以"指凭借。这句话可翻译为：能够凭借脚步声辨别是谁。

11. B【解析】B项中，"展现绝对自由的理想境界"说法错误，根据后文可知"乘天地之正，而御六气之辩，以游无穷者"才是绝对自由的理想境界。

12. A【解析】A项中，《庄子》也叫《道德经》"的说法错误，《庄子》也叫《南华经》。

13. B【解析】B项中，"导"指顺着，循着，导入。

14. D【解析】A项中，第一个"为"是介词，表替，给；第二个"为"是介词，表因为；B项中，第一个"之"是结构助词，的；第二个"之"是为取独用法；C项中，第一个"而"表转接；第二个"而"表修饰；D项中，均为介词，表用。

15. B【解析】B项中，"百姓皆以王为爱也"中的"爱"，应该解释为"吝啬"。句意：百姓都认为您吝啬啊。

16. A【解析】A项中，"揭"指扛着。"揭箧"即把箱笼扛走。

17．B【解析】B项中，这五点偷窃之道为盗跖对自己徒弟说的，表示"盗亦有道"，并非作者的观点。

18．A【解析】A项中，"中"读zhòng。这句话的意思是木材直得合乎拉直的墨线。

19．D【解析】D项中，"生"通"性"，指天赋，资质。

20．C

21．C【解析】C项中，"国"在句中义为国都或都城。

22．D【解析】②③⑤为反面论据，①④⑥为正面论据。本题的难点是③④句，③句中"乐正夔一足"是误传，④句是鲁哀公在考察那句话是否为误传。

23．A【解析】A项错误，用狗到人的事例，是为了说明"得言不可以不察"这个观点。

二、填空题

1．周；战国；宋；老子；道家

2．三十三；内篇；外篇；内篇

3．以天下之美为尽在己

4．望洋兴叹；贻笑大方

5．曹商多次丢弃尊严，讨好秦主

6．鄙视、厌恶

三、解释下列加粗的字词

1．时：按时。

2．河：黄河。

3．辩：通"辨"，分辨。

4．至于：到达。

5．涘：水边。

6．端：边，尽头。

7．旋：转，转变。

8．百：多。

9．(1) 望洋：仰视的样子，也作"望羊""望阳"。(2) 若：海神的名字。

10．闻：学识，学问。

11．轻：认为……轻，看轻，轻视。

12．穷：尽。

13．殆：危险。

14．大方：大道。

15. 野语：俗语，谚语。
16. 见：表被动。
17. 少：认为……少。
18. 泾流：水流。

四、把下列句子翻译成现代汉语

1. 臣下所注重探究的，是解牛的规律；这已经超出技术层面了。
2. 用很薄的刀刃切入有空隙的骨节，宽宽绰绰的，那么刀刃的运转必然是有余地的啊！
3. 那些所谓的圣人，就是治理天下的利器，是不可以用来明示天下的。
4. 认为天下的美景都集中在自己这里。
5. 开始我还不敢相信。
6. 这时河伯转变了自己的脸色，抬头仰视着海神若叹息说："俗话所说的'知道的道理很多了，便认为没有谁能比得上自己'，这正是说我呀。"
7. 有个楚国人刷墙时，有白泥落在其鼻尖上，好像苍蝇的翅膀那么薄。
8. 我的确曾经能够砍掉鼻尖上的白泥。
9. 秦王喜欢他，加赐了他百辆马车。
10. 您难道是治疗了他的痔疮吗？
11. 所以说"夔一足"，不是"只有一只脚"。
12. 遵循着事物的规律和人的情理，用这种方法来审察所听到的传闻，就可以得到真实的情况了。

五、写出下列句子中的通假字

1. "向"为通假字，通"响"，响声。"砉然向然"意思是哗哗作响，或发出哗哗的响声。
2. "盖"为通假字，通"盍"，何，怎样。"技盖至此乎"意思是你解牛的技术怎会高超到这种程度呢？
3. "善"为通假字，通"缮"，指拭。"善刀而藏之"意思是把刀揩拭干净然后收藏起来。

六、写出加粗词的词类活用

1. 形容词活用作名词，厚度。
2. 名词活用作状语，每年。
3. 名词活用作状语，每月。

七、分析题

1. 淡泊名利。

正面：面对物欲横流、争权夺利的社会现实，能够独善其身，保持高洁傲岸的精神品质的确是难能可贵的。

反面：庄子的思想消极避世、知难而退、不思进取，对社会发展有不利的方面。

2. 庄子把"运斤成风"的故事讲得简练传神：郢人垩慢其鼻端，请匠石斫之；匠石"运斤成风"，结果尽垩而鼻不伤，郢人立不失容。短短几句话便将一个惊心动魄的场景不露声色地描绘出来，使人不得不由衷感叹匠石的鬼斧神工。而接下去的匠石与宋元君的对答则进一步深化主题，揭示了匠石与郢人休戚与共的互相依赖关系："臣则尝能斫之。虽然，吾之质死久矣！"郢人不过是个靶子，是个配角，但没有这个配角，匠石也演不出运斤成风的绝技，所以"运斤成风"意为比喻手法熟练，技艺高超。

3. 曹商以丧失尊严为代价去换取财富，并且不以为耻，反以为荣，这与他原本的社会地位有关。他生活在社会最底层，生活艰辛，但渴望能出人头地，因此一旦发达便四处炫耀。

4.【窃国者】田成子陈恒，其前人是陈国人，流落到齐国做了大夫，后来陈氏势力越来越大，陈恒便杀了齐简公，自立为齐王。陈恒"有乎盗贼之名"，弑君之罪，本应诛杀，但结果却是"身处尧舜之安，小国不敢非，大国不敢诛，十二世有齐国"。田成子夺权后曾赠给孔子礼物，孔子接受了，等于默认了其篡位的合法性。

【窃钩者】如窃腰带这种不值钱东西的人。

第六单元

《诗经》

一、基本概况

《诗经》又被称为《诗》《诗三百》《毛诗》《三百篇》等,传为尹吉甫采集、孔子编订。《诗经》记载的诗歌中,最早记录于西周初年,最迟产生于春秋时期,上下跨度约五六百年,全书共311篇,其中6篇为笙诗(只有标题,没有内容),现存305篇。

二、《诗经》六艺

1.《诗经》在内容上分为《风》《雅》《颂》三个部分。

(1)《风》:周代各地的歌谣,共160篇,是《诗经》的核心内容。它包括了十五个地方的民歌,如《周南》《召南》《邶风》《鄘风》等,反映了不同地区的风土人情和民间生活。

(2)《雅》:周人的正声雅乐,分为《小雅》和《大雅》。《小雅》74篇,《大雅》31篇,共105篇。其多为贵族宴饮或诸侯朝会时的乐歌,带有一种尊崇的意味。

(3)《颂》:周王廷和贵族宗庙祭祀的乐歌,分为《周颂》《鲁颂》《商颂》。《周颂》31篇,《鲁颂》4篇,《商颂》5篇,共40篇。

2.《诗经》中诗的表现手法主要有三种,通常称为"赋""比""兴"。

(1) 赋:直接铺陈叙述,是最基本的表现手法。

(2) 比:比喻,明喻和暗喻均属此类。

(3) 兴:借助其他事物为所咏之内容做铺垫,往往用于一首诗或一章诗的开头,对渲染气氛、创造意境起着重要的作用。

三、内容主题

《诗经》的内容广阔,主要反映了西周初年到春秋中叶的社会生活,主要包括以下几个方面:表现恋爱、婚姻题材的婚恋诗,如《关雎》《静女》等;描写农业生产的农事诗,如《周颂》中的《臣工》《噫嘻》等;关于战争和徭役的征役诗,如《东山》《君子于役》等;反映社会矛盾、揭露批判现实的怨刺诗,如《巷伯》《正月》等。

關雎、卷耳、桃夭、芣苢、北門、靜女

一、课文通译

關雎《周南》

關關①**雎鳩**②，**在河之洲**③。**窈窕淑女**④，**君子好逑**⑤。

关关和鸣的雎鸠，栖息在河中的小洲。贤良美好的女子，是君子好的配偶。

① 关关：象声词，雌雄二鸟相互应和的叫声。
② 雎鸠：一种水鸟，一般认为就是鱼鹰，传说它们雌雄形影不离。
③ 洲：同"州"，水中的陆地。
④ 窈窕淑女：贤良美好的女子。窈窕：文静美好的样子。窈：深邃，喻女子心灵美。窕：幽美，喻女子仪表美。淑女：善良美好的女子。
⑤ 好逑：好的配偶。逑：通"仇"，配偶。

參差①**荇菜**②，**左右流之**③。**窈窕淑女，寤寐**④**求之**。

参差不齐的荇菜，时而向左、时而向右去摘取。贤良美好的女子，日日夜夜都想追求她。

① 参差：长短不齐的样子。
② 荇菜：水草类植物。圆叶细茎，根生水底，叶浮在水面，可供食用。
③ 左右流之：时而向左、时而向右去摘取。这里是以勉力求取荇菜隐喻"君子"努力追求"淑女"。流：求取。之：指代荇菜。
④ 寤寐：醒和睡，指日夜。寤：睡醒。寐：睡着。

求之不得，寤寐思服①。**悠哉悠哉**②，**輾轉反側**③。

追求却没法得到，日日夜夜总思念她。绵绵不断的思念，叫人翻来覆去难以入睡。

① 服：思念。
② 悠哉悠哉：思念之情绵绵不尽，思念深长的样子。悠：忧思的样子。哉：语气助词。"悠哉悠哉"犹言"想念呀，想念呀"。
③ 辗转反侧：翻覆不能入眠。辗：古字作"展"。"展转"即反侧。"反侧"犹翻覆。

參差荇菜，左右采之。窈窕淑女，琴瑟友之①。

参差不齐的荇菜，在船的左右两边摘取它。贤良美好的女子，弹琴鼓瑟对她表示亲近。

① 琴瑟友之：弹琴鼓瑟来亲近她。"琴""瑟"皆为弦乐器。琴五或七弦，瑟二十五或五十弦。友：用作动词，此处有亲近之意。

參差荇菜，左右芼①**之。窈窕淑女，鐘鼓樂之**②。

参差不齐的荇菜，在船的左右两边去挑选它。贤良美好的女子，用钟鼓奏乐来使她快乐。

① 芼：挑选。
② 钟鼓乐之：用钟奏乐来使她快乐。乐：使动用法，使……快乐。一说读yuè，通"悦"，译为取悦。

卷耳《周南》

采采①卷耳②，不盈③顷筐④。嗟⑤我怀⑥人，
在繁盛的卷耳丛中采摘，半天的时间还不满一小筐。唉，对心上人的思念如潮水般涌来，
寘⑦彼⑧周行⑨。
索性把菜筐弃在大路旁。

① 采采：一说意为采了又采，如《毛诗故训传》作"采摘"解，朱熹《诗集传》云"非一采也"。另一说意为茂盛，如马瑞辰《毛诗传笺通释》认为是状野草"盛多之貌"。
② 卷耳：苓耳，石竹科一年生草本植物，嫩苗可食，子可入药。
③ 盈：满。
④ 顷筐：一说浅而易盈的竹筐；另一说斜口筐，后高前低。这句说采了又采都采不满浅筐子，表示心思不在这上头。顷：同"倾"。
⑤ 嗟：语气助词，或谓叹息声。
⑥ 怀：怀想。
⑦ 寘：同"置"，放、搁置。
⑧ 彼：指示代词。
⑨ 周行：环绕的道路，特指大道。

陟①彼崔嵬②，我③马虺隤④。我姑⑤酌⑥彼金罍⑦，维⑧以不永怀⑨。
攀越高高的土石山，我的马儿疲惫不堪，神态颓丧。且让我斟满金罍的酒，慰藉我长久的思绪和忧伤。

① 陟：升、登。
② 崔嵬：高山。
③ 我：想象中丈夫的自称。
④ 虺隤：疲极而病。
⑤ 姑：姑且。
⑥ 酌：斟酒。
⑦ 金罍：青铜做的罍。罍：器名，青铜制，用以盛酒和水。
⑧ 维：发语词，无实义。
⑨ 永怀：长久思念。

陟彼高冈，我马玄黄①。我姑酌彼兕觥②，维以不永伤③。
登上高高的山脊梁，我的马儿已生了病。且让我斟满大杯的酒，消解我心中长长的悲伤。

① 玄黄：黑色毛与黄色毛相掺杂的颜色。朱熹说"玄马而黄，病极而变色也"，即本是黑马，病久而出现黄斑。
② 兕觥：一说野牛角制的酒杯；另一说青铜做的牛形酒器。
③ 永伤：长久的忧思。

陟彼砠①矣，我马瘏②矣。我仆痡③矣，云何④吁⑤矣！
艰难地攀登上乱石冈，我的马儿累倒在一旁。仆人精疲力尽，无奈的愁思聚结在心上！

① 砠：有土的石山，或谓山中险阻之地。
② 瘏：因劳致病，马疲病不能前行。
③ 痡：因劳致病，人过劳不能走路。
④ 云何：奈何，奈之何。云：语气助词，无实义。
⑤ 吁：忧伤而叹。

桃夭《周南》

桃之夭夭①，灼灼②其华③。之子④于归⑤，宜⑥其室家。
桃花怒放千万朵，色彩鲜艳红似火。这位姑娘嫁过门，夫妻美满又和顺。

① 夭夭：花朵怒放，美丽而繁华的样子。
② 灼灼：花朵色彩鲜艳如火，明亮鲜艳的样子。
③ 华：同"花"。
④ 之子：这位姑娘。
⑤ 于归：女子出嫁。于：虚词，无实义。
⑥ 宜：和顺，亲善。

桃之夭夭，有蕡^①其實。之子于歸，宜其家室。
桃花怒放千万朵，硕果累累大又多。这位姑娘嫁过门，早生贵子后嗣旺。

① 蕡：草木结实的样子，此处指桃实肥厚肥大。

桃之夭夭，其葉蓁蓁^①。之子于歸，宜其家人。
桃花怒放千万朵，桃叶纷呈真茂盛。这位姑娘嫁过门，齐心携手家和睦。

① 蓁蓁：草木繁密的样子。这里形容桃叶茂盛。

芣苢《周南》

采采^①芣苢^②，薄言^③采之。采采芣苢，薄言有^④之。
繁茂鲜艳的芣苢呀，我们赶紧来采呀。繁茂鲜艳的芣苢呀，我们赶紧采起来。

① 采采：茂盛的样子。
② 芣苢：植物名，即车前草。其穗状花序结籽特别多，赞美芣苢可能与当时的多子信仰有关。
③ 薄言："薄"为发语词，无实义；"言"为语气助词。
④ 有：取得，获得。

采采芣苢，薄言掇^①之。采采芣苢，薄言捋^②之。
繁茂鲜艳的芣苢呀，一片一片摘下来。繁茂鲜艳的芣苢呀，一把一把捋下来。

① 掇：拾取，摘取。
② 捋：从茎上成把地采取。

采采芣苢，薄言袺^①之。采采芣苢，薄言襭^②之。
繁茂鲜艳的芣苢呀，提起衣襟兜起来。繁茂鲜艳的芣苢呀，披起衣襟兜回来。

① 袺：提起衣襟兜东西。
② 襭：把衣襟扎在腰带上兜东西。

北門《邶風》

出自北門，憂心殷殷^①。終^②窶^③且貧，莫知我艱。已焉哉^④！
我从北门出城去，心中烦闷多忧伤。既受困窘又贫寒，没人知我艰难样。既然这样就算了吧！

天實爲之，謂之何^⑤哉！
都是老天的安排，我有什么办法呢！

① 殷殷：忧愁深重的样子。
② 终：王引之《经义述闻》引王念孙说"终，犹既也"。
③ 窭：贫寒，艰窘。
④ 已焉哉：既然这样就算了吧。

⑤ 谓之何：犹奈也，即奈何不得之意。

王事①适我②，政事③一④埤(pí)益⑤我！我入自外，室人交徧(biàn)⑥讁(zhé)⑦我。
王家差事派给我，衙门公务也都增加给我！我从外面回到家，家人纷纷责怪我。

已焉哉！天實爲之，謂之何哉！
既然这样就算了吧！都是老天的安排，我有什么办法呢！

① 王事：周王的事。
② 适我：扔给我。适：通"擿"，同"掷"，扔。
③ 政事：公家的事。
④ 一：都。
⑤ 埤益：大大增加。
⑥ 徧：同"遍"。
⑦ 讁：同"谪"，谴责，责难。

王事敦(dūn)①我，政事一埤遺(wèi)②我！我入自外，室人交徧摧③我。已焉哉！
王家差事扔给我，衙门公务也派齐给我！我从外面回到家，家人纷纷讥讽我。既然这样就算了吧！

天實爲之，謂之何哉！
都是老天的安排，我有什么办法呢！

① 敦：扔给。
② 遺：加。
③ 摧：挫也，讥刺。

静女《邶风》

静女①其②姝(shū)③，俟(sì)④我於城隅⑤。愛⑥而不見，搔首踟(chí)躕(chú)⑦。
娴静的姑娘真美丽，约我等在城角隐蔽处。故意躲藏让我找，急得我挠头徘徊心紧张。

① 静女：娴雅贞静之女。静：娴雅贞静。
② 其：形容词词头。
③ 姝：美丽，漂亮。
④ 俟：等待。此处指约好地方等待。
⑤ 城隅：城角隐蔽处。一说城上角楼。城：城墙。
隅：城墙上的角楼。
⑥ 愛：通"薆"，隐藏。
⑦ 搔首踟躕：用手指挠头，徘徊不进。踟躕：徘徊不定。

静女其孌(luán)①，貽(yí)②我彤管③。彤管有煒(wěi)⑤，説懌(yì rǔ)⑥女⑦美。
娴静的姑娘容颜好，送我一枝彤管。彤管色红又有光彩，我喜爱你颜色鲜艳。

① 孌：面目姣好。
② 貽：赠。
③ 彤管：一说红管的笔；另一说和荑应是一物，即初生时呈红色的管状的草。有的植物初生时或者才发芽不久时呈红色，不仅颜色鲜亮，有的还可吃。如是此意，就与下文的"荑"同类。也可能是指涂了红色的管状乐器等。
④ 有：形容词词头，无实义。
⑤ 煒：色红而光亮。
⑥ 説懌：喜爱。説：同"悦"。懌：喜悦。
⑦ 女：同"汝"，你，指彤管。

自牧①归②荑③,洵美且异④。匪⑤女之为美,美人之贻。
在郊野采荑赠送给我,荑草确实美好又珍异。不是荑草本身长得美,而是美人相赠的情意异常深厚。

① 牧:城邑的远郊。
② 归:通"馈",赠送。
③ 荑:初生的白茅草,象征婚媾。
④ 洵美且异:确实美得特别。洵:确实。异:特殊。
⑤ 匪:通"非"。

二、字词梳理

(一)古今与通假

1. 关关雎鸠,在河之**洲**:同"州",水中陆地。古今字。
2. 窈窕淑女,君子好**逑**:通"仇",配偶。通假字。
3. 不盈**顷**筐:同"倾",不正,倾斜,偏侧。古今字。
4. 我姑酌彼金**罍**:同"櫑",盛酒器。异体字。
5. 灼灼其**华**:同"花",花朵。异体字。
6. 王事**适**我:通"擿",投掷。通假字。
7. 室人交**徧**谪我:同"遍",都。异体字。
8. 室人交徧**谪**我:同"谪",责怪。异体字。
9. **爱**而不见:通"薆",隐蔽。通假字。
10. 爱而不**见**:同"现",出现,显露。古今字。
11. **说**怿女美:同"悦",喜爱。古今字。
12. 说怿**女**美:同"汝",你。古今字。
13. **匪**女之为美:通"非",不是。通假字。

(二)词义详解

1.【寤】(三 P796 常用词 501)

(1) 睡醒。《诗经·关雎》:"窈窕淑女,寤寐求之。"
引申为醒悟,觉悟。《狱中上梁王书》:"是使荆轲卫先生复起,而燕秦不寤也。"
(2) 通"牾",逆。《左传·郑伯克段于鄢》:"庄公寤生。"

2.【寐】(三 P797 常用词 502)

睡着。《诗经·关雎》:"窈窕淑女,寤寐求之。"

> **知识链接:"寝""卧""眠""寐""睡"的辨析**
>
> "寝""卧""眠""寐""睡"都与睡觉有关。中古以后,"睡"等于"寐"。
>
> 五者的不同在于:"寝"指的是在床上睡觉,或病人躺在床上,可睡着,也可没有睡着。"卧"是靠着"几"睡觉。"眠"指闭上眼睛。"寐"指假寐,是穿着衣服而睡。"睡"指的是坐寐,即坐着打瞌睡。

3.【友】

（1）名词，朋友。《滕王阁序》："十旬休暇，胜友如云。"《战国策·冯谖客孟尝君》："于是乘其车，揭其剑，过其友曰：'孟尝君客我。'"

又活用为动词，"以……为友"。《赤壁赋》："侣鱼虾而友麋鹿。"

（2）动词，结交。《论语·学而》："无友不如己者。"

（3）友爱，亲爱。《诗经·关雎》："窈窕淑女，琴瑟友之。"

4.【怀】（二 P517 常用词 349）

（1）想念。《诗经·卷耳》："嗟我怀人。"《楚辞·哀郢》："出国门而轸怀兮，甲之鼌吾以行。"

引申为留念。《左传·晋灵公不君》："我之怀矣，自诒伊戚。"

（2）归向，归附。《国语·晋语》："诸侯亲之，戎狄怀之，以正晋国。"

（3）胸前。《项脊轩志》："汝姊在吾怀，呱呱而泣。"

5.【寘】

安放。《诗经·卷耳》："寘彼周行。"《左传·晋灵公不君》："宰夫胹熊蹯不熟，杀之，寘诸畚。""使尽之，而为之箪食与肉，寘诸橐以与之。"

6.【永】（二 P521 常用词 361）

水长流。《诗经·汉广》："江之永矣，不可方思。"

引申为一般的长。《诗经·硕鼠》："谁之永号？"

又引申为时间久远，长久。《诗经·卷耳》："我姑酌彼金罍，维以不永怀。"

7.【归】（二 P505 常用词 319）

（1）女子出嫁。《诗经·桃夭》："之子于归，宜其室家。"《礼记·大同》："男有分，女有归。"

（2）回家，回国。《孟子·许行》："筑室于场，独居三年，然后归。"《孟子·陈仲子》："他日归，则有馈其兄生鹅者。"《论语·先进》："童子六七人，浴乎沂，风乎舞雩，咏而归。"

又表示使之归，送归。《战国策·鲁仲连义不帝秦》："吾请为君责而归之！"

引申为最后回到某一地点。《周易·系辞下》："天下同归而殊途。"

引申为归附，归属，汇聚。《孟子·夫子当路于齐》："天下归殷久矣，久则难变也。"

（3）读 kuì。通"馈"，赠送。

> 📌 知识链接："归""还"的辨析
>
> "归"和"还"都指"回"，但"归"特指"回家，回国"，"还"只是简单的"回来"。

8.【掇】（四 P1440 常用词 909）

拾取。《诗经·芣苢》："采采芣苢，薄言掇之。"

9.【殷】（三 P938 常用词 605）

（1）众，盛。《诗经·溱洧》："士与女，殷其盈矣。"

（2）[殷殷] 忧愁的样子。《诗经·北门》："出自北门，忧心殷殷。"

（3）读 yān。红中带黑。《左传·齐晋鞌之战》："左轮朱殷。"

10.【终】（三 P1207 常用词 818）

（1）终结，终了，和"始"相对。《陈情表》："祖母无臣，无以终余年。"《左传·晋灵公不君》："靡不有初，鲜克有终。"

[终日] 一天到晚。《荀子·劝学》："吾尝终日而思矣，不如须臾之所学也。"

[终身] 一辈子。《孟子·齐桓晋文之事》："俯足以畜妻子，乐岁终身饱。"《战国策·鲁仲连义不帝秦》："遂辞平原君而去，终身不复见。"

引申为全部。《诗经·噫嘻》："骏发尔私，终三十里。"

（2）副词，自始至终，永远。《战国策·唐雎不辱使命》："虽然，受地于先王，愿终守之，弗敢易。"《战国策·鲁仲连义不帝秦》："鲁仲连辞让者三，终不肯受。"《楚辞·山鬼》："余处幽篁兮终不见天，路险难兮独后来。"

又表示终归，终究。《六国论》："齐人未尝赂秦，终继五国迁灭。"

（3）死。如"寿终正寝"。

11.【俟】（二 P572 常用词 387）

读 sì。等待。《诗经·静女》："俟我于城隅。"《论语·先进》："如其礼乐，以俟君子。"

12.【贻】（二 P517 常用词 348）

赠送，送给。《庄子·不龟手之药》："魏王贻我大瓠之种。"《诗经·静女》："贻我彤管。"

引申为遗留，留给。《左传·晋灵公不君》："我之怀矣，自诒伊慼。"

三、语法修辞

（一）词类活用

1. 钟鼓乐之：动词的使动用法，使……快乐。
2. 宜其室家：形容词的使动用法，使……和顺。

（二）特殊结构

1. 桃之夭夭："之"用在主谓短语"桃夭夭"中间，取消句子独立性，使得主谓短语"桃夭夭"这一整体充当句子的主语。
2. 灼灼其华：主谓倒装，主语是"其华"，谓语是"灼灼"。
3. 有蕡其实：主谓倒装，主语是"其实"，谓语是"有蕡"。"有"为形容词词头。
4. 贻我彤管：双宾句，"我"作间接宾语，"彤管"作直接宾语。

5. 匪女之为美:"之"在主谓短语"女为美"中间,取消句子独立性,使得"女之为美"这一整体充当句子的谓语。

(三) 修辞

关关雎鸠,在河之洲 / 参差荇菜,左右流之 / 参差荇菜,左右芼之:典型的起兴手法,即借用别的事物来引发所咏事物。

柏舟、牆有茨、相鼠、氓、木瓜、黍離

一、课文通译

柏舟《鄘風》

汎①彼柏舟，在彼中河②。髧③彼兩髦④，實維⑤我儀⑥。之死⑦矢靡它⑧。
柏木小船在漂荡，在那条河的中央。垂发齐眉的少年郎，是我心中的好对象。至死不会变心肠。

母也天只！不諒⑨人只⑩！
我的娘啊我的天！不相信人家的心哪！

① 汎：浮行。这里形容船在河中不停漂浮的样子。
② 中河：河中。
③ 髧：头发下垂状。
④ 兩髦：男子未行冠礼前，头发齐眉，分向两边状。
⑤ 維：乃，是。
⑥ 儀：配偶。
⑦ 之死：到死。之：到。
⑧ 矢靡它：没有其他。矢：通"誓"，发誓。靡它：无他心。
⑨ 諒：相信。
⑩ 只：语气助词。

汎彼柏舟，在彼河側。髧彼兩髦，實維我特①。之死矢靡慝②。
柏木小船在漂荡，在那条河两岸。垂发齐眉的少年郎，是我倾慕的对象。至死不会变主张。

母也天只！不諒人只！
我的娘啊我的天！不相信人家的心哪！

① 特：配偶。
② 慝：通"忒"，变更，差错，变动。"慝"也指邪恶，恶念，引申为变心。

牆有茨《鄘風》

牆有茨①，不可埽②也。中冓③之言，不可道④也；所⑤可道也，
墙上长满了蒺藜，无论如何都扫不掉。你们宫中私房话，实在没法说出口；如果真要说出来，

言之醜也。
那话就难听死啦。

① 茨：植物名，蒺藜。一年生草本植物，果实有刺。
② 埽：同"扫"，扫除。
③ 中冓：内室，宫中龌龊之事。
④ 道：说。
⑤ 所：若。

牆有茨，不可襄①也。中冓之言，不可詳②也；所可詳也，
墙上长满了蒺藜，无论如何都除不掉。你们宫中私房话，实在没法详细说；如果真要说详细，
言之長也。
那话说来可长啦。

① 襄：同"攘"，除去，扫除。　　② 详：细说。

牆有茨，不可束①也。中冓之言，不可讀②也；所可讀也，
墙上长满了蒺藜，无论如何都清不净。你们宫中私房话，实在不能对人说；如果真的传开来，
言之辱也。
简直就是羞辱啊。

① 束：捆走。这里是打扫干净的意思。　　② 读：宣扬。

相鼠《鄘風》

氓《衛風》

氓①之蚩蚩②，抱布貿絲③，匪④來貿絲，來 即⑤ 我 謀⑥。送子涉淇⑦，
老实忠厚的男子，怀抱布匹来换丝，不是真的来换丝，是找个机会和我谈婚事。送郎君渡过淇水，
至于頓丘⑧，匪 我 愆⑨期，子 無 良 媒。將⑩子無⑪怒，秋 以 爲 期。
一直送到顿丘，不是我要延误佳期，是因为你没有请好媒人。请郎君不要生气，秋天到了来迎娶。

① 氓：彼来此之民，男子之代称。《说文解字》："氓，民也。"本义为外来的百姓。
② 蚩蚩：憨厚、老实的样子。一说通"嗤嗤"，笑嘻嘻的样子。
③ 抱布贸丝：以布匹易丝。贸：交易。
④ 匪：通"非"，不是。
⑤ 即：走近，靠近。
⑥ 谋：商量。古音"咪"（mī）。
⑦ 淇：卫国河名。今河南省淇河。
⑧ 顿丘：地名，今河南省清丰县。丘：古读如"欺"。
⑨ 愆：过失，过错，这里指延误。
⑩ 将：愿，请。
⑪ 无：通"毋"，不要。

乘①彼 垝 垣②，以 望 復 關。不 見 復 關③，泣 涕④ 漣 漣⑤；
登上那倒塌的墙壁，遥向复关凝神望。复关没有见到盼望的人，眼泪簌簌掉下来；
既 見 復 關，載⑥笑 載 言。爾 卜 爾 筮⑦，體⑧無 咎⑨言。以 爾 車 來，
情郎既从复关来，又说又笑喜洋洋。你从卜筮看一看吉凶吧，只要卜筮的结果好。你就用车来迎娶，

以我贿⑩迁。
我带上嫁妆嫁给你。

① 乘：登上。
② 垝垣：倒塌的墙壁。垝：倒塌。垣：墙壁。
③ 复关：一说"复"指返回；"关"指在来往要道所设的关卡。女望男到期来会。他来时一定要经过关门。另一说"复"是关名。"复关"即卫国地名，指"氓"所居之地。
④ 涕：眼泪。
⑤ 涟涟：涕泪下流的样子。
⑥ 载：动词词头，无实义。
⑦ 尔卜尔筮：烧灼龟甲的裂纹以判吉凶叫作"卜"。用蓍(shī)草占卦叫作"筮"。尔：一作"尔"。
⑧ 体：龟兆和卦兆，即卜筮的结果。
⑨ 无咎言：无凶卦。咎：不吉利，灾祸。
⑩ 贿：财物，指嫁妆，妆奁(lián)。

桑之未落，其叶沃若①。于嗟鸠兮②，无食桑葚！于嗟女兮，
桑树叶未落时，桑叶像水浸润过一样有光泽。唉，那些斑鸠呀，不要贪吃桑葚！哎，年轻的姑娘们呀，
无与士耽③！士之耽兮，犹可说④也；女之耽兮，不可说也。
不要沉溺在与男子的情爱中！男子沉溺在爱情里，还可以脱身；女子沉溺在爱情里，就无法解脱了。

① 沃若：犹"沃然"，像水浸润过一样有光泽。
② 于嗟鸠兮：唉，那些斑鸠呀。于：通"吁"，本用于表示惊怪、不然、感慨等，此处与"嗟"皆表感慨。鸠：斑鸠。传说斑鸠吃桑葚过多会醉。
③ 耽：迷恋，沉溺。
④ 说：通"脱"，解脱。

桑之落矣，其黄而陨①。自我徂尔②，三岁食贫③。淇水汤汤④，
桑树到了落叶时，叶儿枯黄憔悴纷纷掉落。自从嫁到你家去，多年来过着贫穷的生活。淇水滔滔，
渐⑤车帷裳⑥。女也不爽⑦，士贰⑧其行。士也罔⑨极⑩，
水花打湿了车上的布幔。我没有什么差错，你的行为却前后不一致了。男人的爱情没有定准，
二三其德⑪。
三心二意变了心。

① 其黄而陨：犹《诗经·裳裳者华》中的"芸其黄矣"。黄：变黄。陨：坠落，掉下。这里用黄叶落下比喻女子年老色衰。
② 徂尔：嫁到你家。徂：往。
③ 食贫：过贫穷的生活。
④ 汤汤：水势浩大的样子。
⑤ 渐：浸湿。
⑥ 帷裳：车旁的布幔。
⑦ 爽：差错。
⑧ 贰：不专一，有二心，跟"壹"相对。一说读tè。以上两句是说女方没有过失而男方行为前后不一致。
⑨ 罔：无，没有。
⑩ 极：标准，准则。
⑪ 二三其德：在品德上三心二意，言行前后不一致。

三岁为妇，靡室劳矣①；夙②兴③夜寐，靡有朝矣！
作为你的妻子多年，繁重的家务劳作担负无余；起早睡迟，没有片刻闲暇！
言既遂矣④，至于暴矣；兄弟不知，咥⑤其笑矣！静言思之⑥，
你的心愿实现后，渐渐对我施横暴；兄弟不知道我的遭遇，见面时都讥笑我啊！静下心来思往事，

躬自悼矣⑦!
只能独自伤心!

① 靡室劳矣：所有的家庭劳作担负无余。靡：无。室劳：家务劳作。
② 夙：早。
③ 兴：起来。
④ 言既遂矣：你的心愿实现后。言：语气助词，无义。

既遂：《谷风》篇"既生既育"的意思，言愿望既然已经实现。
⑤ 咥：笑的样子。
⑥ 静言思之：静下心来思往事。言：音节助词，无实义。
⑦ 躬自悼矣：独自伤心。躬：自身。悼：伤心。

及爾偕老，老使我怨。淇则有岸，隰①则有泮② pàn。
当初曾相约一起白头偕老，偕老之说徒然使我怨恨罢了。淇水滔滔终有岸，沼泽虽宽终有尽头。
總角③之宴④，言笑晏晏⑤ yàn，信誓旦旦⑥，不思其反⑦。反是不思⑧，
回想少时多欢乐，谈笑之间露温柔，海誓山盟犹在耳，哪里料到你会违背誓言。不要再回想背弃誓言之事了，
亦已焉哉⑨!
既已终结便罢休吧!

① 隰：一说低湿的地方；另一说作"湿"，水名，即漯河，其为黄河的支流，流经卫国境内。
② 泮：通"畔"，水边、边岸。
③ 总角：古代男女未成年时把头发扎成丫髻，借指幼年。这里指代少年时代。
④ 宴：快乐。
⑤ 晏晏：温和、柔顺。
⑥ 旦旦：诚恳的样子。

⑦ 不思其反：不曾想过会违背誓言。反：背叛，违背。
⑧ 反是不思：不要去想违反这些誓言的事情。是：指示代词，指代誓言。其重复上句的意思，变换句法是为了和下句押韵。
⑨ 亦已焉哉：相当于说撇开算了罢。已：了结，终止。哉：古读如兹（zī）。语气词连用来加强语气，表示感叹。

木瓜《衛風》

黍離《王風》

彼黍①離離②，彼稷③之苗。行邁④靡靡⑤ mǐ，中心⑥搖搖⑦。知我者
看那黍子一行行，高粱苗儿也在长。走在路上脚步缓，心中是那般心神不定。能理解我的人
謂我心憂，不知我者謂我何求。悠悠⑧蒼天！此何人哉？
说我是心中忧愁，不能理解我的人问我把什么寻求。高高在上的苍天啊！何人害我离家走？

① 黍：北方的一种农作物，形似小米，有黏性。
② 离离：行列貌。

③ 稷：古代的一种粮食作物，指粟或黍属。
④ 行迈：行走。

⑤ 靡靡：行步迟缓貌。
⑥ 中心：心中。
⑦ 摇摇：心神不定的样子。
⑧ 悠悠：遥远的样子。

彼黍離離，彼稷之穗。行邁靡靡，中心如醉。知我者
看那黍子一行行，高粱穗儿也在长。走在路上脚步缓，心中如同喝醉酒一样。能理解我的人
謂我心憂，不知我者謂我何求。悠悠蒼天！此何人哉？
说我是心中忧愁，不能理解我的人问我把什么寻求。高高在上的苍天啊！何人害我离家走？

彼黍離離，彼稷之實①。行邁靡靡，中心如噎②。知我者
看那黍子一行行，高粱穗儿红彤彤。走在路上脚步缓，心中如噎一般痛。能理解我的人
謂我心憂，不知我者謂我何求。悠悠蒼天！此何人哉？
说我是心中忧愁，不能理解我的人问我把什么寻求。高高在上的苍天啊！何人害我离家走？

① 实：果实。
② 噎：堵塞。此处以食物卡在食管比喻忧深气逆难以呼吸。

二、字词梳理

（一）古今与通假

1. 之死矢靡它：通"誓"，发誓。通假字。
2. 之死矢靡它：同"他"，旁指代词。古今字。
3. 之死矢靡慝：通"忒"，更改，变动。通假字。
4. 墙有茨，不可埽也：同"扫"，扫除。异体字。
5. 匪来贸丝／匪我愆期：通"非"，否定副词，表判断。通假字。
6. 于嗟鸠兮，无食桑葚：通"吁"，为表示赞叹、悲伤等的感情用词。通假字。
7. 信誓旦旦：通"怛"，诚恳的样子。通假字。

（二）词义详解

1.【谅】（一 P225 常用词150）

(1) 形容词，诚实。《论语·季氏》："友直，友谅，友多闻。"

(2) 动词，相信别人的真实。《诗经·柏舟》："母也天只！不谅人只！"

引申为原谅。欧阳修《与刁景纯学士书》："未必谅某此心也。"

2.【详】（三 P793 常用词495）

(1) 详细，详尽。《诗经·墙有茨》："中冓之言，不可详也。"

(2) 读 yáng。假装。《史记·项羽本记》："见使者，详惊愕。"

3.【贿】（三 P946 常用词626）

(1) 财物。《诗经·氓》："以尔车来，以我贿迁。"

(2) 赠送（礼物）。《左传·宣公九年》："王以为有礼，厚贿之。"

引申为贿赂。《洹河·记王忠肃公翱事》："是非贿得之。" →后起义。

> **知识链接："货""资""财""贿""赂"的辨析**
>
> "货""资""财""贿""赂"属于同义词。
>
> 五者的不同在于："货"指金玉；"资"指钱财；"财"指日常必需品；"贿"指布帛，多作名词；"赂"和"贿"义近，但多作动词。

4.【涕】（三 P1082 常用词 722）

眼泪。《楚辞·离骚》："长太息以掩涕兮，哀民生之多艰。"《诗经·氓》："不见复关，泣涕涟涟。"

又为鼻涕。王褒《僮约》："目泪下落，鼻涕长一尺。"

> **知识链接："涕""泗""泪"的辨析**
>
> 古代汉语中，一般"涕"指眼泪，"泗"指鼻涕。后来"泪"代替了"涕"，"涕"代替了"泗"，而"泗"一般不用了。

5.【渐】（二 P601 常用词 447）

(1) 流入。《尚书·禹贡》："东渐于海。"

引申为浸泡。《诗经·氓》："淇水汤汤，渐车帷裳。"《荀子·劝学》："兰槐之根是为芷，其渐之滫，君子不近，庶人不服。"

引申为慢慢渗透，习染。《汉书·龚遂传》："今大王亲近群小，渐渍邪恶。"

(2) 进。《尚书·顾命》："疾大渐。"

引申为事物逐渐发展。《史记·太史公自序》："非一旦一夕之故也，其渐久矣。"

引申为副词，慢慢地，逐渐地。《醉翁亭记》："渐闻水声潺潺。"

6.【遂】（三 P922 常用词 565）

(1) 成，顺利地做到。《报任安书》："四者无一遂。"

引申为顺心，满意。《诗经·氓》："言既遂矣，至于暴矣。"

引申为顺利成长。《韩非子·难二》："六畜遂，五谷殖。"

(2) 副词，于是，就，从此就。《战国策·鲁仲连义不帝秦》："遂辞平原君而去，终身不复见。"《楚辞·渔父》："遂去，不复与言。"《战国策·江乙对荆宣王》："虎以为然，故遂与之行。"

7.【暴（曝）】（三 P1062 常用词 676）

(1) 读 pù。晒。《孟子·许行》："江汉以濯之，秋阳以暴之。"《荀子·劝学》："虽有槁暴，不复挺者，輮使之然也。"《孟子·弈秋》："一日暴之，十日寒之，未有能生者也。"

引申为暴露。《六国论》:"暴霜露,斩荆棘,以有尺寸之地。"

(2)强大而突然来的,又猛又急的。《诗经·终风》:"终风且暴。"

引申为突然。《狼》:"屠暴起,以刀劈狼首。"

引申为凶恶残毒的。《诗经·氓》:"言既遂矣,至于暴矣。"《史记·陈涉世家》:"伐无道,诛暴秦。"

引申为不孝。《韩非子·五蠹》:"以是观之,夫君之直臣,父之暴子也。"

8.【躬】(二 P526 常用词 376)

身体。《韩非子·五蠹》:"楚之有直躬,其父窃羊而谒之吏。"

引申为自身,自己。《诗经·氓》:"静言思之,躬自悼矣!"

又引申为亲自。《出师表》:"臣本布衣,躬耕于南阳。"

9.【投】(四 P1442 常用词 915)

(1)抛掷,投向。《战国策·庄辛说楚襄王》:"填黾塞之内,而投己乎黾塞之外。"《诗经·木瓜》:"投我以木瓜,报之以琼琚。"

引申为抛弃,扔掉。刘希夷《从军行》:"平生怀仗剑,慷慨即投笔。"

(2)投入。如"自投罗网"。

引申为迎合,投合。元好问《赠答刘御史云卿》:"户牖徒自开,胶漆本易投。"

(3)投靠,依托。《三国志·诸葛亮传》:"与苍梧太守吴巨有旧,欲往投之。"

引申为到……住宿。《石壕吏》:"暮投石壕村。"

10.【求】(二 P423 常用词 274)

(1)寻找。《诗经·黍离》:"不知我者谓我何求。"《战国策·江乙对荆宣王》:"虎求百兽而食之,得狐。"《左传·楚归晋知罃》:"二国图其社稷,而求纾其民。"

引申为要求,责求。《论语·学而》:"君子食无求饱,居无求安。"

(2)向别人求得利益。《战国策·鲁仲连义不帝秦》:"吾视居此围城之中者,皆有求于平原君者也。"

引申为请求。《战国策·触詟说赵太后》:"赵氏求救于齐。"《战国策·冯谖客孟尝君》:"长驱到齐,晨而求见。"《左传·烛之武退秦师》:"吾不能早用子,今急而求子,是寡人之过也。"

三、语法修辞

(一)词类活用

1. 士贰其行:形容词活用作动词,不专一,有二心。
2. 二三其德:数词的使动用法,使……两次、三次改变,使……反复改变。

(二)特殊结构

1. 在彼中河/中心摇摇:"中河"即"河中","中心"即"心中"。此处上古汉语的语序和今天不太一致。

2. 不死何为：疑问句中，代词"何"作动词"为"的宾语，前置。

3. 秋以为期：名词"秋"作介词"以"的宾语，前置，即"以秋为期"。

4. 桑之未落，其叶沃若："之"放在主语"桑"和谓语"未落"之间，取消句子独立性。

5. 不知我者谓我何求：疑问句中，代词"何"作动词"求"的宾语，前置。

君子于役、风雨、伐檀、硕鼠、鸨羽、蒹葭

一、课文通译

君子于役《王风》

君子于役①，不知其期②。曷③至④哉？鸡栖于埘⑤，日之夕矣，
丈夫服役去远方，服役长短难估量。什么时候才回到家呢？鸡已经进了窝，太阳也从西边落，
羊牛下来。君子于役，如之何勿思⑥！
牛羊成群下山坡。丈夫服役在远方，叫我怎不把他想！

① 于役：到外面服役。于：动词词头。役：服劳役。
② 期：服役的期限。
③ 曷：何时。
④ 至：归家。
⑤ 埘：鸡舍，通过在墙壁上挖洞做成。
⑥ 如之何勿思：如何不思。如之：犹说"对此"。

君子于役，不日不月①。曷其有佸②？鸡栖于桀③，日之夕矣，
丈夫服役去远方，每日每月恨日长。什么时候才能又相会？鸡纷纷上了架，太阳也渐渐西下，
羊牛下括④。君子于役，苟⑤无饥渴！
牛羊下坡回到家。丈夫服役在远方，但愿不会饿肚肠！

① 不日不月：没法用日月来计算时间。
② 有佸：再相会，再来到。
③ 桀：鸡栖木。一说用木头搭成的鸡窝。
④ 括：相会，会集。这里指牛羊放牧回来关在一起。
⑤ 苟：但愿，希望。

风雨《郑风》

伐檀《魏风》

坎坎①伐檀兮，真②之河之干③兮，河水清且涟④猗⑤。不稼⑥不穑⑦，
砍伐檀树声坎坎啊，棵棵放倒堆河边啊，河水清清微波转哟。不播种来不收割，
胡⑧取禾⑨三百廛⑩兮？不狩⑫不猎⑬，胡瞻⑭尔庭有县⑮貆⑯兮？
为何要取走这么多谷物啊？不冬狩来不夜猎，为何见你庭院悬着猪獾啊？

彼君子⑰兮，不素餐⑱兮！
那些老爷君子啊，不会白吃闲饭啊！

① 坎坎：象声词，伐木声。
② 寘：同"置"，放置。
③ 干：通"岸"，水边。
④ 涟：澜。
⑤ 猗：义同"兮"，语气助词。
⑥ 稼：播种。
⑦ 穑：收获。
⑧ 胡：为什么。
⑨ 禾：谷物。
⑩ 三百：意为很多，并非实数。
⑪ 廛：通"缠"，古代的度量单位，三百廛就是三百束。
⑫ 狩：冬猎。
⑬ 猎：夜猎。此诗中皆泛指打猎。
⑭ 瞻：向前或向上看。
⑮ 县：同"悬"，悬挂。
⑯ 貆：猪獾。一说幼小的貉。
⑰ 君子：此系反话，指靠剥削而生活的统治者。
⑱ 素餐：白吃饭，指不劳而获。

坎 坎 伐 辐①兮，寘 之 河 之 侧 兮，河水清且直②猗。不 稼 不 穑，
砍下檀树做车辐啊，堆放在河边的一处啊，河水清清直流注哟。不播种来不收割，
胡 取 禾 三 百 亿③兮？不 狩 不 獵，胡 瞻 爾 庭 有 縣 特④兮？彼 君 子 兮，不 素 食 兮！
为何要取走这么多谷物啊？不冬狩来不夜猎，为何见你庭院有兽悬挂啊？那些老爷君子啊，不会白吃饱腹啊！

① 辐：车轮上的辐条。
② 直：水流的直波。
③ 亿：通"束"。
④ 特：三岁大兽。

坎 坎 伐 輪 兮，寘之河之漘①兮，河水清且沦②猗。不 稼 不 穑，胡取禾三百囷③兮？
砍下檀树做车轮啊，棵棵放倒河边屯啊，河水清清起波纹哟。不播种来不收割，为何要取走这么多谷物啊？
不 狩 不 獵，胡 瞻 爾 庭 有 縣 鶉 兮？彼 君 子 兮，不 素 飧④兮！
不冬狩来不夜猎，为何见你庭院挂鹑鹑啊？那些老爷君子啊，不会白吃腥荤啊！

① 漘：水边。
② 沦：小波纹。
③ 囷：束。一说圆形的谷仓。
④ 飧：熟食。这里泛指吃饭。

硕鼠（《魏风》）

碩 鼠①碩 鼠，無②食 我 黍③！三 歲④貫⑤女⑥，莫 我 肯 顧。逝⑦將 去⑧女，
大老鼠呀大老鼠，不许吃我种的黍！多年辛勤伺候你，你却不肯照顾我。发誓定要摆脱你，
適 彼 樂 土。樂 土 樂 土，爰⑨得 我 所⑩。
去那乐土有幸福。那乐土啊那乐土，才是我的好去处。

① 硕鼠：大老鼠。一说田鼠。
② 无：通"毋"，不要。
③ 黍：黍子，也叫黄米，谷类，是重要粮食作物之一。
④ 三岁：多年。三：非实数。
⑤ 贯：服侍，侍奉。
⑥ 女：同"汝"，你。
⑦ 逝：通"誓"，发誓。
⑧ 去：离开。
⑨ 爰：于是，在此。
⑩ 所：处所。

碩鼠碩鼠，無食我麥！三歲貫女，莫我肯德①。逝將去女，
大老鼠呀大老鼠，不许吃我种的麦！多年辛勤伺候你，你却不肯优待我。发誓定要摆脱你，
適彼樂國②。樂國樂國，爰得我直③。
去那乐国有仁爱。那乐国啊那乐国，才是我的好所在。

① 德：恩惠。
② 国：域，即地方。
③ 直：通"职"，处所。王引之《经义述闻》："当读为职，职亦所也。"一说同"值"。

碩鼠碩鼠，無食我苗！三歲貫女，莫我肯勞①。逝將去女，
大老鼠呀大老鼠，不许吃我种的苗！多年辛勤伺候你，你却不肯慰劳我。发誓定要摆脱你，
適彼樂郊。樂郊樂郊，誰之②永號③？
去那乐郊有欢笑。那乐郊啊那乐郊，谁还悲叹长呼号？

① 劳：慰劳。
② 之：其，表示诘问语气。
③ 号：呼喊。

鴇羽《唐風》

肅肅①鴇②羽，集于苞栩③。王事靡④盬⑤，
大鸨扑棱棱地振动着翅膀，成群栖息在丛生的栎树上。王侯家的徭役无止又无休，
不能藝⑥稷⑦黍⑧。父母何怙⑨？悠悠蒼天！曷⑩其有所⑪？
我不能回家耕种五谷杂粮。我可怜的父母靠什么养活？可望不可及的老天爷在上！我何时才能返回我的家乡？

① 肃肃：鸟翅扇动的响声。
② 鸨：鸟名，似雁而大，群居水草地区，性不善栖木。
③ 苞栩：丛生的柞树。苞：草木丛生。栩：栎树，一说柞树。
④ 靡：无，没有。
⑤ 盬：休止。
⑥ 艺：种植。
⑦ 稷：高粱。
⑧ 黍：黍子，黄米。
⑨ 怙：依靠，凭恃。
⑩ 曷：何时。
⑪ 所：住所。

肅肅鴇翼，集于苞棘①。王事靡盬，
大鸨扑棱棱地扇动着翅膀，成群落在丛生的酸枣树上。王侯家的徭役无休亦无止，
不能藝黍稷。父母何食？悠悠蒼天！曷其有極②？
我不能回家耕种五谷杂粮。可怜的父母有什么吃的啊？可望不可及的老天爷在上！什么时候我才能不再奔忙？

① 棘：酸枣树，落叶灌木。
② 极：终了，尽头。

肅肅鴇行①，集于苞桑。王事靡盬，
大鸨扑棱棱地扇动着翅膀，成群栖息在丛生的桑树上。王侯家的徭役从来没有尽头，

不能藝稻粱。父母何嘗②？悠悠蒼天！曷其有常③？

我不能回家耕种稻谷高粱。可怜的父母吃什么活着啊？可望不可及的老天爷在上！苦命的日子何时恢复正常？

① 行：鸨腿。一说翅根。这里引申为鸟翅。
② 嘗：吃。
③ 常：正常。

蒹葭《秦風》

蒹①葭②蒼蒼③，白露爲④霜。所謂⑤伊人⑥，在水一方⑦。

一大片茂盛的芦苇，清晨的露水变成霜。我所怀念的心上人啊，就站在对岸河边上。

遡洄從之⑧，道阻⑨且長。遡游⑩從之，宛⑪在水中央。

逆流而上去追寻她（他），那道路险阻又漫长。顺流而下寻寻觅觅，她（他）仿佛在河水中央。

① 蒹：没有长穗的芦苇。
② 葭：初生的芦苇。
③ 蒼蒼：茂盛的样子。
④ 爲：凝结成。
⑤ 所謂：所说。这里指所怀念的。
⑥ 伊人：那个人。
⑦ 在水一方：在河的另一边。
⑧ 遡洄从之：沿着河道向上游去寻找她（他）。溯洄：逆流而上。从：追，追求。
⑨ 阻：险阻，难走。
⑩ 遡游：顺流而涉。游：通"流"，指直流。
⑪ 宛：仿佛。

蒹葭萋萋①，白露未晞②。所謂伊人，在水之湄③。

芦苇茂盛一大片，清晨露水尚未晒干。我那魂牵梦绕的人啊，她（他）就在河水对岸。

遡洄從之，道阻且躋④。遡游從之，宛在水中坻⑤。

逆流而上去追寻她（他），那道路又陡又高。顺流而下寻寻觅觅，她（他）仿佛在水中小洲。

① 萋萋：茂盛的样子。文中指芦苇长得茂盛。
② 晞：晒干。
③ 湄：水和草交接之处，指岸边。
④ 躋：升高。这里形容道路又陡又高。
⑤ 坻：水中的小洲或高地。

蒹葭采采①，白露未已②。所謂伊人，在水之涘③。

河畔芦苇繁茂连绵，清晨露滴尚未被蒸发完。我那苦苦追求的人啊，她（他）就在河岸一边。

遡洄從之，道阻且右④。遡游從之，宛在水中沚⑤。

逆流而上去追寻她（他），那道路弯曲又艰险。顺流而下寻寻觅觅，她（他）仿佛在水中的陆地上。

① 采采：茂盛鲜明的样子。
② 已：止。这里相当于"干"，变干。
③ 涘：水边。
④ 右：迂回曲折。
⑤ 沚：水中的小块陆地。

二、字词梳理

（一）古今与通假

1. 鸡**栖**于埘：同"栖"，禽鸟歇宿。异体字。
2. 曷其**有佸**：通"又"，再次。通假字。
3. 寘之河之**干**兮：通"岸"，水畔。通假字。
4. 胡瞻尔庭有**县**貆兮：同"悬"，悬挂。古今字。
5. 不素**飧**兮：同"飨"，晚餐，熟食，引申为吃饭。异体字。
6. 三岁贯**女**：同"汝"，你。古今字。
7. **逝**将去女：通"誓"，发誓。通假字。
8. 爰得我**直**：通"职"，处所。通假字。
9. **遡**洄从之：同"溯"，逆流而上。异体字。

（二）词义详解

1.【役】（四 P1303 常用词 838）

（1）戍守边疆。《诗经·君子于役》："君子于役，不知其期。"

引申为兵役，又泛指劳役。《石壕吏》："急应河阳役，犹得备晨炊。"《捕蛇者说》："更若役，复若赋，则何如？"

又引申为驱使。《归去来兮辞》："既自以心为形役，奚惆怅而独悲？"

（2）事。又特指战事，战役。

2.【期】（二 P436 常用词 301）

（1）一定的时间，期限。《诗经·君子于役》："君子于役，不知其期。"《左传·郑伯克段于鄢》："公闻其期，曰：'可矣！'"《楚辞·离骚》："曰黄昏以为期兮，羌中道而改路。"《诗经·氓》："将子无怒，秋以为期。"

引申为动词，约会。《世说新语·陈太丘与友期》："陈太丘与友期行，期日中。"

引申为期望。《韩非子·五蠹》："是以圣人不期修古，不法常可。"

（2）读 jī。一周年。《战国策·冯谖客孟尝君》："后期年，齐王谓孟尝君……"

> **知识链接："时""世""期"的辨析**
>
> "时"与"世"在表"时代"义时是同义词，其余情况下不可互换；"时"与"期"在表"泛指时间"义时是同义词。
>
> "时"的本义是"时令"，后来才用于表示"时间""时候"。"世"与"期"不容易混淆。"期"表示固定的时期。

3.【晦】（二 P434 常用词 297）

(1) 阴历每月的最后一天。《庄子·北冥有鱼》："朝菌不知晦朔。"

(2) 天色昏暗，跟"明"相对。《诗经·风雨》："风雨如晦。"《楚辞·山鬼》："杳冥冥兮羌昼晦，东风飘兮神灵雨。"

引申为一般的黑暗，不清楚。《醉翁亭记》："晦明变化者，山间之朝暮也。"

比喻不显达或隐逸。《晋书·隐逸传·论》："君子之行殊途，显晦之谓也。"

4.【稼】（二 P512 常用词 336）

(1) 禾的穗和果实。《诗经·七月》："十月纳禾稼。"

(2) 种田。《诗经·伐檀》："不稼不穑，胡取禾三百廛兮？"《孟子·许行》："后稷教民稼穑。"

5.【穑】（二 P512 常用词 337）

收割。《诗经·伐檀》："不稼不穑，胡取禾三百廛兮？"《孟子·许行》："后稷教民稼穑。"

6.【德】（一 P236 常用词 177）

(1) 道德，修养。《左传·宫之奇谏假道》："神所冯依，将在德矣。"

引申为作风，品行。《论语·颜渊》："君子之德风，小人之德草。"《诗经·氓》："士也罔极，二三其德。"

(2) 恩德，德泽。《左传·楚归晋知罃》："无怨无德，不知所报。"《史记·垓下之战》："吾闻汉购我头千金，邑万户，吾为若德。"

引申为动词，施加恩德。《诗经·硕鼠》："三岁贯女，莫我肯德。"

引申为动词，表示感激。《左传·楚归晋知罃》："王曰：'然则德我乎？'"

三、语法修辞

（一）词类活用

1. 君子于役，不**日**不**月**：名词活用作动词，用日、月计算时间。

2. **胡**取禾三百廛兮：疑问代词作状语，为什么。

3. 三岁贯女，莫我肯**德**：名词活用作动词，施加恩惠。

（二）特殊结构

1. 莫我肯德 / 莫我肯顾 / 莫我肯劳：否定句中，代词"我"作动词"德 / 顾 / 劳"的宾语，前置。常规语序是"莫肯德我 / 莫肯顾我 / 莫肯劳我"。

2. 父母何怙 / 父母何食 / 父母何尝：疑问句中，代词"何"作动词"怙 / 食 / 尝"的宾语，前置。常规语序是"父母怙何 / 父母食何 / 父母尝何"。

3. 曷其有极：疑问句，疑问代词"曷"作状语，询问时间，即什么时候。这是《诗经》常见的语法特点，别处少见。

黃鳥、無衣、月出、七月

一、课文通译

黃鳥《秦風》

交交①黃鳥②，止於棘③。誰從④穆公⑤？子車奄息⑥。
交交黄鸟鸣声哀，枣树枝上停下来。是谁为穆公殉葬？子车奄息命运乖。
維此奄息，百夫之特⑦。臨其穴，惴惴其慄。彼蒼者天⑧，
谁不赞许好奄息，百夫之中一俊才。走近他的墓穴，恐惧得浑身发抖。苍天在上请开眼，
殲我良人⑨！如可贖兮，人百其身⑩。
坑杀好人该不该！如若可赎代他死，百人甘愿赴泉台。

① 交交：鸟鸣声。
② 黃鳥：黄雀。
③ 棘：酸枣树。一种落叶乔木，枝上多刺，果小味酸。"棘"之言"急"，双关语。
④ 从：从死，即殉葬。
⑤ 穆公：春秋时期秦国国君，姓嬴，名任好。
⑥ 子车奄息：春秋时期秦国大夫，姓子车，字奄，名息。子车：复姓。车：旧时读 jū。
⑦ 特：杰出的人才。
⑧ 彼苍者天：悲哀至极的呼号之语，犹今语"老天爷哪"。
⑨ 良人：好人。
⑩ 人百其身：犹言"用一百人赎其一命"。

交交黃鳥，止於桑①。誰從穆公？子車仲行。維此仲行，
交交黄鸟鸣声哀，桑树枝上歇下来。是谁为穆公殉葬？子车仲行遭祸灾。谁不称赞仲行，
百夫之防②。臨其穴，惴惴其慄。彼蒼者天，殲我良人！
百夫之中一干才。走近他的墓穴，恐惧得浑身发抖。苍天在上请开眼，坑杀好人该不该！
如可贖兮，人百其身。
如若可赎代他死，百人甘愿化尘埃。

① 桑：桑树。"桑"之言"丧"，双关语。
② 防：当，比。

交交黃鳥，止於楚①。誰從穆公？子車鍼虎。維此鍼虎，
交交黄鸟鸣声哀，荆树枝上落下来。是谁为穆公殉葬？子车针虎遭残害。谁不夸奖针虎，
百夫之禦。臨其穴，惴惴其慄。彼蒼者天，殲我良人！
百夫之中辅弼才。走近他的墓穴，恐惧得浑身发抖。苍天在上请开眼，坑杀好人该不该！
如可贖兮，人百其身。
如若可赎代他死，百人甘愿葬蒿莱。

① 楚：荆树。"楚"之言"痛楚"，双关语。

無衣《秦風》

月出《陳風》

月出皎①兮。佼②人僚③兮，舒④窈糾⑤兮。勞心悄⑥兮。

月亮出来多明亮，美人仪容真漂亮，身姿窈窕步轻盈。让我思念心烦忧。

① 皎：月光洁白明亮。
② 佼：同"姣"，美好。
③ 僚：同"嫽"，娇美。
④ 舒：舒徐，舒缓，指从容娴雅。
⑤ 窈糾：形容女子行走时体态的曲线美。
⑥ 勞心：忧心。
⑦ 悄：忧愁状。

月出皓兮。佼人懰①兮，舒憂受兮。勞心慅②兮。

月亮出来多洁白，美人仪容真姣好，身姿窈窕步舒缓。让我思念心忧愁。

① 懰：体态轻盈的样子。《埤苍》作"嬼"，指妖冶。
② 慅：忧愁，心神不安。

月出照兮。佼人燎①兮，舒夭紹②兮。勞心慘③兮。

月亮出来光普照，美人仪容真美好，身姿窈窕步优美。让我思念心烦躁。

① 燎：姣美。一说光明。朱熹《诗集传》："燎，明也。"
② 夭紹：形容女子风姿绰约。
③ 慘：当为"懆（cǎo）"，焦躁貌。《诗集传》："慘当作懆，忧也。"

七月《豳風》

七月流火①，九月授衣②。一之日觱發③，二之日栗烈⑤。

七月心宿向西落，九月妇女缝寒衣。十一月北风劲吹，十二月寒气袭人。

無衣無褐⑥，何以卒歲？三之日于耜⑦，四之日舉趾⑧。同我婦子，

没有好衣没粗衣，怎么度过这年底？正月开始修锄犁，二月下地去耕种。带着妻儿一同去，

饁⑨彼南畝⑩，田畯⑪至喜⑫。

把饭送到向阳的土地，农官司来到田间，心中欢喜。

① 流火："火"（古读 huǐ）为星座名，即心宿。心宿于每年夏历六月出现于正南方，位置最高，七月后逐渐偏西下沉，故称"流火"。
② 授衣：将裁制冬衣的工作交给女工。九月丝麻等事

结束，所以在这时开始做冬衣。
③ 一之日：豳历一月，即农历十一月。与后方的"二之日""三之日"一样，均为豳历纪日法。
④ 觱发：大风触物声。觱：一说读bō。
⑤ 栗烈：相当于"凛冽"，形容气寒。
⑥ 褐：粗布衣。
⑦ 于耜：修理耒耜（耕田起土之具）。于：犹"为"。耜：古代农具名，耒耜的主要部件，似锹。一说"于"非动词用法，而是语气副词，则"耜"可理解

为活用作动词，即修理耒耜。
⑧ 举趾：去耕种。
⑨ 馌：馈送食物。
⑩ 南亩：田耕成若干垄，高处为"亩"，低处为"畎"。田垄东西向的叫作"东亩"，南北向的叫作"南亩"。
⑪ 田畯：农官名，又称农正或田大夫。
⑫ 喜：欢喜。

七月流火，九月授衣。春日①载②阳③，有鸣仓庚④。女执懿⑤筐，
七月心宿向西落，九月妇女缝寒衣。三月阳光暖融融，黄莺婉转唱着歌。姑娘提着深竹筐，
遵彼微行⑥，爰⑦求柔桑⑧。春日迟迟⑨，采蘩⑩祁祁⑪。女心伤悲，
一路沿着小道走，伸手采摘嫩桑叶。春来日子渐渐长，人来人往采白蒿。姑娘心中好伤悲，
殆及公子同归⑫。
害怕要随贵人嫁他乡。

① 春日：农历三月。
② 载：始。
③ 阳：温暖。
④ 仓庚：鸟名，即黄莺。
⑤ 懿：深。
⑥ 微行：小径（桑间道）。
⑦ 爰：语气助词，犹"曰"。一说于此，为"于焉"的合音字。

⑧ 柔桑：初生的桑叶。
⑨ 迟迟：白天长。
⑩ 蘩：菊科植物，即白蒿。古人用其于祭祀，女子在出嫁前有"教成之祭"。一说用蘩"沃"蚕子，则蚕易出，所以养蚕者需要它，其法未详。
⑪ 祁祁：（采蘩者）众多。
⑫ 殆及公子同归：怕被公子强迫带回家去。一说怕被女公子带去陪嫁。公子：国君之子。

七月流火，八月萑苇①。蚕月②条桑③，取彼斧斨④，以伐远扬⑤，
七月心宿星向西落，八月要把芦苇割。三月修剪桑树枝，取来锋利的斧头，砍掉高高长枝条，
猗⑥彼女桑⑦。七月鸣鵙⑧，八月载绩。载玄⑨载黄，我朱⑩孔阳⑪，为公子裳。
攀着细枝摘嫩桑。七月伯劳声声叫，八月开始把麻织。染丝有黑又有黄，我的红色更鲜亮，献给贵人做衣裳。

① 萑苇：芦苇。八月萑苇长成，收割下来，可做蚕箔。
② 蚕月：三月。
③ 条桑：修剪桑树。
④ 斨：方孔的斧头。
⑤ 远扬：长得太长而高扬的枝条。
⑥ 猗：通"掎"，牵引。"掎桑"是用手拉着桑枝来采叶。一说美好盛大的样子。

⑦ 女桑：柔桑。
⑧ 鵙：鸟名，即伯劳。
⑨ 玄：黑而赤的颜色，指丝织品与麻织品的染色。"黄"同此。
⑩ 朱：赤色。
⑪ 阳：鲜明。

四月秀葽①，五月鸣蜩②。八月其获，十月陨萚③。一之日于貉④，
四月远志开了花，五月知了阵阵叫。八月田间收获忙，十月树上叶子落。十一月上山猎貉，

327

取彼狐狸，爲公子裘。二之日其同⑤，載纘⑥武功⑦。言私其豵⑧，
猎取狐狸皮毛好，送给贵人做皮袄。十二月猎人会合，继续操练打猎功。打到小猪归自己，
獻豜於公⑨。
猎到大猪献公家。

① 秀葽：远志结实。葽：植物名，也叫远志。
② 蜩：蝉。
③ 陨蘀：落叶。
④ 于貉：举行貉祭。《郑笺》："于貉，往搏貉以自为裘也。"貉：哺乳动物，外貌像狐狸，昼伏夜出。
⑤ 同：聚合，言狩猎之前聚合众人。
⑥ 纘：继续。
⑦ 武功：田猎。
⑧ 私其豵：小兽归猎者私有。豵：一岁小猪，这里泛指小兽。
⑨ 豜于公：大兽献给公家。豜：三岁的猪，这里泛指大兽。

五月斯螽①動股②，六月莎雞③振羽④。七月在野，八月在宇，九月在户，
五月蚱蜢弹腿叫，六月纺织娘振翅。七月蟋蟀在田野，八月来到屋檐下，九月跳进家门口，
十月蟋蟀入我牀下。穹窒⑤熏鼠，塞向⑥墐⑦户。嗟我婦子，曰⑧爲改歲⑨，
十月钻进我床下。堵塞鼠洞熏老鼠，封好北窗与门缝。叹我妻儿好可怜，岁末将过新年到，
入此室處。
迁入这屋把身安。

① 斯螽：虫名，蝗类，即蚱蜢，蚂蚱。旧说斯螽以两股相切发声。
② 动股：（蚱蜢）发出鸣声。
③ 莎鸡：虫名，即纺织娘。
④ 振羽：鼓翅发声。
⑤ 穹窒：将室内满塞的洞穴完全堵塞住。这样才便于熏鼠。穹：空隙。窒：堵塞。
⑥ 向：朝北的窗户。
⑦ 墐：用泥涂抹。贫家门扇用柴竹编成，涂泥可使它不通风。
⑧ 曰：《汉书》引作"聿"，语词。
⑨ 改岁：旧年将尽，新年快到。

六月食鬱①及薁②，七月亨③葵及菽④。八月剝⑤棗，十月獲稻。爲此春酒⑥，
六月食李和葡萄，七月煮葵又煮豆。八月开始打红枣，十月下田收稻谷。酿成春酒美又香，
以介⑦眉壽⑧。七月食瓜，八月斷壺⑨，九月叔⑩苴⑪。采荼薪樗⑫，食我農夫。
为了主人求长寿。七月里面可吃瓜，八月到来摘瓠瓜，九月拾起秋麻子。采摘苦菜又砍柴，养活农夫把心安。

① 郁：植物名，唐棣之类。树高五六尺，果实像李子，赤色。
② 薁：植物名，果实大如桂圆。一说野葡萄。
③ 亨：同"烹"，烹饪。
④ 菽：豆的总名。
⑤ 剥：打。
⑥ 春酒：因冬天酿酒，经春始成而得名。枣和稻都是酿酒的原料。
⑦ 介：祈求。
⑧ 眉寿：长寿。人老眉间有豪毛，叫秀眉，所以长寿称眉寿。
⑨ 壶：通"瓠"，瓠瓜。
⑩ 叔：拾。
⑪ 苴：秋麻之籽，可以吃。
⑫ 薪樗：采樗木为薪。樗：木名，即臭椿。

九月築場①圃②，十月納③禾稼④：黍 稷 重(tóng) 穋(lù)⑤，禾⑥麻 菽 麥。嗟 我 農 夫，
九月修筑打谷场，十月庄稼收进仓：黍稷早稻和晚稻，粟麻豆麦全入仓。叹我农夫真辛苦，
我 稼 既 同，上 入 執 宮 功⑦。晝 爾 于 茅，宵 爾 索 綯(táo)⑧。亟(jí)⑨ 其 乘 屋⑩，其 始 播 百 穀。
庄稼刚好收拾完，又开始建筑宫室。白天要去割茅草，夜里赶着搓绳索。赶紧上房修好屋，开春还得种百谷。

① 场：打谷的场地。
② 圃：菜园。春夏做菜园的地方秋冬做场地，所以场圃连成一词。
③ 纳：收进谷仓。
④ 禾稼：谷类的通称。稼：古读如"故"。
⑤ 重穋：亦作"種稑"。穋，同"稑"。作物早种晚熟叫"重"，晚种早熟叫"穋"。
⑥ 禾：专指小米。
⑦ 宫功：建筑宫室，或指室内的事。功：事。
⑧ 索綯：打绳子。索：动词，指制绳。綯：绳。
⑨ 亟：急。
⑩ 乘屋：盖屋。茅和绳都是盖屋需用的东西。

二之日鑿冰沖沖①，三之日納于凌②陰③。四之日其蚤，獻 羔(zǎo) 祭 韭(jiǔ)④。九 月 肅 霜⑤，
十二月凿冰冲冲，正月搬进冰窖中。二月开初祭祖先，献上羊羔和韭菜。九月寒来始降霜，
十 月 滌 場(dí)⑥。朋 酒⑦ 斯 饗(xiāng)，曰 殺 羔 羊。躋(jī)⑧ 彼 公 堂⑨，稱⑩ 彼 兕 觥⑪，萬⑫ 壽 無 疆⑬。
十月清扫打谷场。两樽美酒敬宾客，宰杀羊羔大家尝。登上主人的庙堂，举杯共同敬主人，齐声高呼寿无疆。

① 冲冲：凿冰之声。"冲"古读如"沉"。
② 凌：冰。
③ 阴：藏冰之处。
④ 献羔祭韭：用羔羊和韭菜祭祖。
⑤ 肃霜：犹"肃爽"，双声连语，指九月天高气爽。
⑥ 涤场：清扫场地。一说涤荡，即草木摇落无余。
⑦ 朋酒：两樽酒。
⑧ 跻：登。
⑨ 公堂：国君的朝堂。一说公共场所。
⑩ 称：举。
⑪ 兕觥：角爵，古代的一种用兽角做的酒器。
⑫ 万：大。
⑬ 无疆：无穷。

二、字词梳理

（一）古今与通假

1. 与子同泽：同"襗"，汗衣，内衣。古今字。
2. 猗彼女桑：通"掎"，牵引，拉着。通假字。
3. 取彼狐狸：同"貍"，野猫。异体字。
4. 七月亨葵及菽：同"烹"，煮。古今字。
5. 八月剥枣：通"攴"，击，打。通假字。
6. 以介眉寿：通"匄"，又通"乞"，乞求，祈求。通假字。
7. 八月断壶：通"瓠"，瓠瓜。通假字。
8. 黍稷重穋：通"穜"，早种晚熟的谷。通假字。
9. 黍稷重穋：同"稑"，晚种早熟的谷。异体字。
10. 上入执宫功：通"尚"，尚且，还要。通假字。
11. 三之日纳于凌阴：通"窨"，地窖。通假字。

12. 四之日其蚤：通"早"，早朝（祭祀仪式）。通假字。

13. 献羔祭韭：同"韭"，植物名，韭菜。异体字。

（二）词义详解

1. 【甲】（一 P59 常用词 44）

（1）军人的护身衣服。《楚辞·国殇》："操吴戈兮被犀甲，车错毂兮短兵接。"《韩非子·五蠹》："言战者多，被甲者少也。""坚甲厉兵以备难。"《孟子·寡人之于国也》："兵刃既接，弃甲曳兵而走。"

引申为披甲执兵的人，即甲士。《三国志·诸葛亮传》："今战士还者及关羽水军精甲万人。"

（2）天干第一位。《楚辞·哀郢》："出国门而轸怀兮，甲之鼂吾以行。"

2. 【兵】（一 P59 常用词 42）

（1）兵器，武器。《左传·郑伯克段于鄢》："大叔完聚，缮甲兵。"《诗经·无衣》："王于兴师，修我甲兵，与子偕行。"《孟子·齐桓晋文之事》："抑王兴甲兵，危士臣，构怨于诸侯。"

（2）持兵器的人，士兵，军队。《韩非子·五蠹》："出兵则军败，退守则城拔。"《孙子兵法·谋攻》："不战而屈人之兵。"

引申为军事，战争。《论积贮疏》："兵旱相乘，天下大屈。"

3. 【阳】（三 P805 常用词 519）

（1）山南，水北。姚鼐《登泰山记》："泰山之阳，汶水西流。"

（2）日光。《孟子·许行》："江汉以濯之，秋阳以暴之，皜皜乎不可尚已！"

引申为天气暖和。《诗经·七月》："春日载阳，有鸣仓庚。"

（3）表面上，假装。《洹河·记王忠肃公翱事》："皆阳应曰……"

（4）鲜明。《诗经·七月》："载玄载黄，我朱孔阳，为公子裳。"

（5）哲学名词，与"阴"相对。

4. 【孔】（二 P522 常用词 362）

很，甚。《诗经·七月》："载玄载黄，我朱孔阳，为公子裳。"

5. 【穫（获）】（二 P512 常用词 338）

收割庄稼。《诗经·七月》："八月其获，十月陨萚。"

> **知识链接："穫""獲"的辨析**
>
> "穫"和"獲"都有"取进"的意思，且今都写作"获"。
>
> 二者的不同在于："穫"专用于农事的收成；而"獲"则用于狩猎和战争方面的取得，此外还用于一般"取得"的意义。

6. 【秀】（三 P1179 常用词 760）

（1）谷物吐穗开花。《诗经·生民》："实发实秀。"

引申为某些草类开花。《诗经·七月》："四月秀葽，五月鸣蜩。"《楚辞·山鬼》："采三秀兮于山间，石磊磊兮葛蔓蔓。"

引申为昌茂。《醉翁亭记》："野芳发而幽香，佳木秀而繁阴。"

用于抽象意义时，表示优异、特出。《礼记·王制》："选士之秀者而升之学，曰俊士。"

（2）俊秀，清秀，美丽。韩愈《送李愿归盘谷序》："秀外而惠中。"《醉翁亭记》："望之蔚然而深秀者，琅琊也。"

7.【乘】（一 P61 常用词 47）

（1）读 chéng。动词，驾车，乘车。《庄子·北冥有鱼》："若夫乘天地之正，而御六气之辩。"《战国策·冯谖客孟尝君》："于是乘其车，揭其剑，过其友……"《左传·齐桓公伐楚》："齐侯陈诸侯之师，与屈完乘而观之。"

引申为乘船。《老子》："虽有舟舆，无所乘之。"

引申为骑着（坐骑）。《楚辞·离骚》："乘骐骥以驰骋兮，来吾道夫先路！"《楚辞·山鬼》："乘赤豹兮从文狸，辛夷车兮结桂旗。"

引申为登上。《诗经·氓》："乘彼垝垣，以望复关。"《诗经·七月》："亟其乘屋，其始播百谷。"

引申为凭借，趁着。《过秦论》："因利乘便，宰割天下，分裂山河。"

（2）读 shèng。名词，兵车。《左传·郑伯克段于鄢》："大叔完聚，缮甲兵，具卒乘，将袭郑。"《左传·齐晋鞌之战》："綦毋张丧车，从韩厥曰：'请寓乘'。"

又作量词。《左传·郑伯克段于鄢》："命子封帅车二百乘以伐京。"《庄子·曹商使秦》："破痈溃痤者，得车一乘；舐痔者，得车五乘。"《孟子·夫子当路于齐》："当今之时，万乘之国行仁政。"

8.【叔】（二 P509 常用词 328）

（1）用手拾取。《诗经·七月》："七月食瓜，八月断壶，九月叔苴。"

（2）排行在末的，年少的。《左传·郑伯克段于鄢》："请京，使居之，谓之京城大叔。"

三、语法修辞

（一）词类活用

1. 言*私*其豵：形容词活用作动词，私自占有。
2. 采荼*薪*樗：名词活用作动词，拿……柴。
3. 昼尔于*茅*：名词活用作动词，采取茅草。
4. 宵尔*索*绹：名词活用作动词，搓绳子。

（二）特殊结构

1. 为公子裳／为公子裘：双宾句，"公子"是间接宾语，"裳／裘"是直接宾语。

2. 何以卒岁：疑问句中，代词"何"作介词"以"的宾语，前置。

3. 朋酒斯飨：名词性结构"朋酒"充当宾语，并使用指示代词"斯"复指，置于动词"飨"之前。

節南山、公劉、噫嘻

一、课文通译

節南山《小雅》

節①彼南山,維石巖巖②。赫赫師尹③,
巍巍的终南山高耸入云端,层层叠叠的山石危立险矗。太史尹氏正得势而权位显赫,

民具④爾瞻。憂心如惔⑤,不敢戲談。
引得普天下百姓万众瞩目。仁人君子为国政忧心如焚,不敢开玩笑哪来幽默谈吐。

國既卒⑥斬,何用⑦不監?
国运已经衰落得如此不堪,你为什么还这样熟视无睹?

① 节:通"截(jié)"。长言之则为截薛(niè),亦嵯峨。
② 岩岩:山石堆积的样子。
③ 师尹:太师尹氏。师:太师,西周掌军事大权的长官。尹:尹氏,西周文职大臣,卿士之首。
④ 具:通"俱"。
⑤ 惔:火烧。
⑥ 卒:终,全。
⑦ 何用:何以,何因。

節彼南山,有實①其猗②。赫赫師尹,
巍巍的终南山高耸入云端,山谷幽深草密林木可参天。太史尹氏正得势而权位显赫,

不平謂何?天方薦③瘥④,喪亂弘多。民言無嘉,
但他执政不平有何善可言?苍天无眼正降下重重祸患,丧乱何其多竟是不可言传。百姓们怨声载道没人说好,

憯⑤莫懲嗟。
你却不曾有丝毫愧怍嗟叹。

① 有实:实实,广大的样子。《诗经》中形容词、副词以"有"作词头者,相当于该词之重叠词。
② 猗:通"阿",山隅,大的丘陵。
③ 荐:再次。
④ 瘥:疫病。
⑤ 憯:曾,乃。这里指竟然。

尹氏大師,維周之氐①。秉國之均②,
我敬爱的太史尹氏大官人,你可是咱大周王室的根本。执掌国家大政方针的重臣,

四方是維,天子是毗③,俾民不迷。不弔④昊天⑤,
天下四方的安稳靠你支撑,天子权威的牢固靠你辅振,百姓的生活道路靠你指引。现在却得不到苍天的眷顾,

不宜空⑥我師⑦。
你不该总让我们饱受穷困。

① 氐：根本。
② 均：通"钧"，制陶器的模具下端的转轮盘。这里指国家政权。
③ 毗：犹"裨"，辅助。
④ 弔：通"叔"，借为"淑"，善。
⑤ 昊天：苍天，皇天。
⑥ 空：穷。
⑦ 师：众民。

弗躬弗親，庶 民 弗 信。弗 問 弗 仕，勿 罔 君 子。
周王你不亲政勤政，已经失去天下百姓的信任。对朝政总是不闻不问，你不要再欺哄瞒骗至德圣君。
式① 夷② 式 已③，無 小 人 殆④。瑣 瑣⑤ 姻 亞⑥，則 無 膴 仕⑦。
你就该静心执政莫再发昏，不要再委政小人危及国运。那些委琐宵小的裙带姻亲，就不该教他做高官厚禄人。

① 式：应，当。
② 夷：平。
③ 已：依全诗前后及此处文义，应当为"己"，义为以身作则。
④ 殆：危。
⑤ 瑣瑣：细小卑贱。《尔雅·释训三》："佌佌，瑣瑣，小也。"
⑥ 姻亞：统指襟带关系。姻：儿女亲家。亚：同"娅"，姐妹之夫的互称。
⑦ 膴仕：厚任，高官厚禄，今世所谓"肥缺"。

昊 天 不 傭①，降 此 鞠 訩②；昊 天 不 惠③，
苍天大老爷不肯公平无私，给人间降下如此大的灾疫；苍天大老爷不肯施恩眷顾，
降 此 大 戾④。君 子 如 屆⑤，俾 民 心 闋⑥；君 子 如 夷，
给人间降下如此深重的戾气。至德的圣君如果降趾莅临，一定会让百姓的乱心平息；至德的圣君如果执政公允，
惡 怒 是 違。
一定会消除百姓的怨怒。

① 傭：均，平。
② 鞠訩：极乱。訩：祸乱，昏乱。
③ 惠：恩惠。
④ 戾：暴戾，灾难。
⑤ 屆：同"届"，临。
⑥ 闋：息。

不 弔 昊 天，亂 靡 有 定。式 月 斯 生①，
可叹命运多舛不被苍天怜悯，天下糟乱至今还没有平定。祸患滋生伴随着岁月增长，
俾 民 不 寧。憂 心 如 酲，誰 秉 國 成②？不 自 爲 政，
使黎民百姓生活不得安宁。我忧国忧民之心痛如沉醉，是谁执掌国政竟如此无能？你不能鞠躬尽瘁亲劳勤政，
卒③ 勞 百 姓。
遭殃受害的始终是天下苍生。

① 式月斯生：应月乃生。
② 成：成规。
③ 卒：始终。

駕 彼 四 牡①，四 牡 項 領②。我 瞻 四 方，
我驾驭着那四匹高头大马，四马奔腾抖动着粗壮脖颈。我站在车上瞻望四方风景，

蹙蹙³靡所骋⁽ᶜʰéⁿᵍ⁾。
心头茫然不知向何处驰骋。

① 牡：公牛，引申为雄性禽兽，此指公马。
② 项领：肥大的脖颈。
③ 蹙蹙：局促的样子。

方茂①尔恶②，相尔矛③矣；既夷既怿⁴⁽ʸⁱ⁾，
当你肆意为恶抖威风时，两眼盯着矛戟想和人作战；心平气和又和颜悦色时，
如相酬⁽ᶜʰóᵘ⁾矣。
犹如宾朋对坐把酒来言欢。

① 茂：盛。
② 恶：憎恶。
③ 矛：矛戟。
④ 怿：悦。

昊天不平，我王不宁。不惩其心，
苍天总是如此不公，害得我君王整日不得安生。太史尹氏不但不自警自省，
覆①怨其正²。
反倒抱怨别人对他的规劝纠正。

① 覆：反。
② 正：规劝纠正。

家父①作诵²，以究王訩。式讹³尔心，
家父大夫苦心孤诣作讽诗，为的是探究我王遭难深因。抑或是为了感化你的狠心，
以畜⁴万邦。
以有利国家造福天下黎民。

① 家父：此诗作者，周大夫。
② 诵：诗。
③ 讹：改变。
④ 畜：养。

公刘《大雅》

笃①公刘！匪②居匪康。迺场³迺疆，迺积⁴迺仓⁵。迺裹餱⁽ʰóᵘ⁾粮⁶，
我祖公刘好忠厚！不图安康和享受。划分疆界治田畴，仓里粮食堆得厚。包起干粮备远游，
于橐⁽ᵗᵘó⁾于囊⁷，思辑⁸用光⁹。弓矢斯⁰张¹¹，干¹²戈戚¹³扬¹⁴，爰方启行。
大袋小袋都装满，大家团结光荣久。佩起弓箭执戈矛，盾牌刀斧都拿好，向着前方开步走。

① 笃：诚实忠厚。
② 匪：不。
③ 场：用作动词，修治田亩。
④ 积：露天堆粮，后亦称"庾"。
⑤ 仓：把粮食堆放到粮仓。
⑥ 餱粮：干粮。
⑦ 于橐于囊：装入口袋。无底曰"橐"，有底曰"囊"。
⑧ 思辑：和睦团结。思：发语词。
⑨ 用光：以为荣光。

⑩ 斯：指示代词，复指宾语"弓矢"。
⑪ 张：绑上弓弦。
⑫ 干：盾牌。
⑬ 戚：斧。
⑭ 扬：大斧，亦名"钺"。

篤 公 劉！于 胥①斯 原②。既 庶 既 繁③，既 順④廼 宣⑤，而 無 永 歎。
我祖公刘好忠厚！察看豳地谋虑周。百姓众多紧跟随，民心归顺舒畅透，没有叹息不烦忧。
陟⑥則在巘⑦，復 降 在 原。何 以 舟⑧之？維 玉 及 瑶，鞞⑨琫⑩容 刀。
忽登山顶远远望，忽下平原细细瞅。身上佩戴什么宝？美玉琼瑶般般有，鞘口玉饰光彩柔。

① 胥：视察。
② 斯原：这里的原野。
③ 庶、繁：人口众多。
④ 顺：民心归顺。
⑤ 宣：舒畅。
⑥ 陟：攀登。
⑦ 巘：小山。
⑧ 舟：佩戴。
⑨ 鞞：刀鞘。
⑩ 琫：刀鞘口上的玉饰。

篤 公 劉！逝①彼 百 泉，瞻 彼 溥②原。廼 陟 南 岡，乃 覯③于 京④。
我祖公刘好忠厚！沿着溪泉岸边走，广阔原野漫凝眸。登上高冈放眼量，京师美景一望收。
京 師 之 野，于 時⑤處 處⑥，于 時 廬 旅⑦，于 時 言 言，于 時 語 語。
京师四野多肥沃，在此建都美无俦，快快去把宫室修，又说又笑喜洋洋，又笑又说乐悠悠。

① 逝：往。
② 溥：广大。
③ 覯：察看。
④ 京：豳之地名。一说高丘。
⑤ 于时：于是。时：通"是"。
⑥ 处处：居住。
⑦ 庐旅：此二字古通用，即"旅旅"，寄居之意。这里指宾旅馆舍。

篤 公 劉！于 京 斯 依。蹌 蹌①濟 濟②，俾③筵④俾 几⑤，既 登 乃 依。
我祖公刘好忠厚！定都京师立鸿猷。群臣侍从威仪盛，赴宴入席错觥筹，宾主依次安排定。
乃 造⑥其 曹⑦，執 豕 于 牢⑧，酌 之⑨用 匏⑩。食 之 飲 之，君 之⑪宗 之⑫。
于是去往牲畜地，圈里抓猪做佳肴，且用瓢儿酌美酒。酒醉饭饱情绪好，推选公刘为领袖。

① 跄跄：形容走路有节奏。
② 济济：从容端庄貌。
③ 俾：使。
④ 筵：铺在地上坐的席子。
⑤ 几：放在席子上的小桌。
⑥ 造：去往。
⑦ 曹：放牧的牲畜群。
⑧ 牢：猪圈。
⑨ 酌之：斟酒。
⑩ 匏：葫芦，此指剖成的瓢，古称匏爵。
⑪ 君之：当君主。
⑫ 宗之：当族主。

篤 公 劉！既 溥 既 長，既 景①廼 岡，相②其 陰 陽③，觀 其 流 泉。
我祖公刘好忠厚！开辟荒地宽又长，丈量平原和山丘，山南山北测一周，勘明水源与水流。
其 軍 三 單④，度⑤其 隰 原⑥，徹 田⑦爲 糧。度 其 夕 陽，豳 居 允 荒⑧。
组织军队分三班，勘察低地开深沟，开荒种粮治田畴。再到西山仔细看，居住豳地真广大。

① 景：同"影"。
② 相：视察。
③ 阴阳：山之南北。山北曰"阴"，山南曰"阳"。
④ 三单：谓分军为三，以一军服役，他军轮换。《毛诗故训传》："三单，相袭也。"单：通"禅"，意为轮流值班。
⑤ 度：测量。
⑥ 隰原：低平之地。
⑦ 彻田：周人管理田亩的制度。
⑧ 允荒：确实广大。

<u>篤　公　劉！于　豳　斯　館。涉渭①爲亂②，取厲③取鍛④。止　基　廼　理，</u>
我祖公刘好忠厚！豳地筑宫环境幽。横渡渭水驾木舟，砺石锻石任取求。块块基地治理好，
<u>爰　衆　爰　有⑤。夾　其　皇　澗⑥，遡　其　過　澗⑦。止　旅　廼　密⑧，芮⑨　鞫⑩之即。</u>
民康物阜笑语稠。皇涧两岸人住下，面向过涧豁远眸。移民定居人稠密，就近移居河两岸。

① 渭：渭水。源出今甘肃省渭源县北鸟鼠山，东南流至清水县，入今陕西省境，横贯渭河平原，东流至潼关，入黄河。
② 乱：横流而渡。
③ 厉：同"砺"，磨刀石。
④ 锻：打铁，此指打铁用的石锤。
⑤ 爰众爰有：人多且富有。
⑥ 皇涧：豳地水名。
⑦ 过涧：水名。
⑧ 止旅廼密：前来定居的人口日渐稠密。
⑨ 芮：水名，出吴山西北，东入泾。
⑩ 鞫：水外也。

噫嘻《周颂》

<u>噫　嘻①成　王②！既　昭　假③爾④，率　時⑤農　夫，播　厥　百　穀。</u>
成王轻声感叹作祈告！我已招请过先公先王，我将率领这众多农夫，去播种那些百谷杂粮。
<u>駿⑥發　爾　私⑦，終⑧三　十　里。亦　服⑨爾　耕，十　千　維　耦⑩。</u>
田官们推动你们的耜，在一终三十里田野上。大力配合你们的耕作，万人耦耕结成五千双。

① 噫嘻：感叹声。"声轻则噫嘻，声重则呜呼"，兼有神圣的意味。
② 成王：周成王。
③ 昭假：招请。昭：通"招"。假：通"格"，至。
④ 尔：语气助词。
⑤ 时：通"是"，此。
⑥ 骏：通"畯"，田官。
⑦ 私：一种农具，"耜（sì）"的形误。
⑧ 终：竟，指全部。
⑨ 服：配合。
⑩ 耦：两人各持一耜并肩共耕。一终千井，一井八家，共八千家，取整数称十千，结对约五千耦。

二、字词梳理

（一）古今与通假

1. 节彼南山：通"截"，山体高峻的样子。通假字。
2. 有实其猗：通"阿"，山隅。通假字。
3. 憯莫惩嗟：通"曾"，竟然，语气副词。通假字。
4. 尹氏大师，维周之氐：同"柢"，根本。古今字。
5. 秉国之均：通"钧"，国家政权。通假字。

6. 琐琐姻亚，则无膴仕：同"娅"，姐妹丈夫互称，即连襟。古今字。

7. 君子如届：同"届"，至，到。异体字。

8. 如相酬矣：同"酬"，劝酒。异体字。

9. 以究王讻：通"凶"，恶人。通假字。

10. 匪居匪康：通"非"，不，表否定。通假字。

11. 迺埸迺疆：同"乃"，连词，于是。异体字。

12. 何以舟之：通"周"，环绕，腰间佩戴。通假字。

13. 既景迺冈：同"影"，影子，用作动词，测日影。古今字。

14. 其军三单：通"禅"，换班。通假字。

15. 取厉取锻：同"砺"，磨刀石。古今字。

16. 率时农夫：通"是"，指示代词，这，这些。通假字。

（二）词义详解

1. 【具】（一 P144 常用词 88）

(1) 设食，准备酒席。《左传·秦晋殽之战》："居则具一日之积，行则备一夕之卫。"

引申为餐。《战国策·冯谖客孟尝君》："左右以君贱之也，食以草具。"

(2) 动词，具有。《虞初新志·核舟记》："罔不因势象形，各具情态。"

引申为准备。《左传·郑伯克段于鄢》："大叔完聚，缮甲兵，具卒乘。"

(3) 副词，义同"俱"。《诗经·节南山》："赫赫师尹，民具尔瞻。"《史记·鸿门宴》："私见张良，具告以事。"《陈情表》："臣以表闻，辞不就职。"《桃花源记》："问所从来，具答之。"

(4) 才具，才能。《晋书·王羲之传》："吾素无廊庙具。"

2. 【监】（三 P1165 常用词 734）

(1) 读 jiàn。对着水盆照看自己的形象。《尚书·酒诰》："人无于水监，当于民监。"

作名词，表示照看形象的器具。《新书·胎教》："明监，所以照形也。"

用于抽象意义时表示借鉴。《论语·八佾》："周监于二代，郁郁乎文哉！"

(2) 读 jiān。自上视下。《诗经·皇矣》："监观四方，求民之莫。"

引申为察看，督促。《诗经·节南山》："国既卒斩，何用不监？"《水浒传·智取生辰纲》："却监着那十一个军汉。"

3. 【秉】（二 P510 常用词 332）

(1) 禾把。《诗经·大田》："彼有遗秉，此有滞穗。"

(2) 手拿着。《楚辞·天问》："伯昌号衰，秉鞭作牧。"

抽象意义引申为掌握，主持。《诗经·节南山》："秉国之均，四方是维。"

4. 【违】（一 P137 常用词 74）

(1) 离开，避开。《左传·楚归晋知罃》："虽遇执事，其弗敢违。"

引申为去，消除。《诗经·节南山》："君子如夷，恶怒是违。"

(2) 违反，违背。《孟子·寡人之于国也》："不违农时，谷不可胜食也。"

5.【项】（三 P815 常用词 542）

(1) 脖子的后部。《庄子·曹商使秦》："夫处穷闾阨巷，困窘织屦，槁项黄馘者，商之所短也。"

(2) 条目。 ←后起义。

(3) 大。《诗经·节南山》："驾彼四牡，四牡项领。"

→《诗经》中有很多字词的含义十分特殊，难以见到其他例证，这是古书释读的问题。我们记住这些常见词的常见义即可。

> 📌 知识链接："领""项""颈"的辨析

"领""项""颈"都有脖子的含义。

三者的不同在于："领"是脖子的通称；"项"指脖子的后部；"颈"指脖子的前部。

6.【领】（二 P527 常用词 378）

(1) 脖子。《诗经·节南山》："驾彼四牡，四牡项领。"

(2) 衣服，领子。《荀子·劝学》："若挈裘领。"

引申为代表人物。如"领袖"。

(3) 统率，率领。《三国演义·群英会蒋干中计》："吾自领军以来，滴酒不饮。"

7.【覆】（三 P1048 常用词 647）

(1) 反。《诗经·节南山》："不惩其心，覆怨其正。"

(2) 倒。《庄子·北冥有鱼》："覆杯水于坳堂之上，则芥为之舟。"

(3) 盖。《左忠毅公逸事》："公阅毕，即解貂覆生，为掩户。"《孔雀东南飞》："枝枝相覆盖，叶叶相交通。"

(4) 回信。 →晚起义。

> 📌 知识链接："復""覆""複"的辨析

"復""覆""複"在上古时期的用法有交叉，后世彼此独立。

三者的不同在于："復"表示回来或回去；"覆"表示遮盖、翻或倒；"複"表示双层的衣服。"復""複"后来都写作"复"。

8.【畜】（一 P322 常用词 204）

(1) 读 xù。养。《诗经·节南山》："式讹尔心，以畜万邦。"《孟子·寡人之于国也》："鸡豚狗彘之畜，无失其时。"《孟子·齐桓晋文之事》："仰不足以事父母，俯不足以畜妻子。"

(2) 读 xù。积蓄，储藏。又写作"蓄"。《韩非子·五蠹》："既畜王资而承敌国之釁。"

(3) 读 chù。家养的禽兽。《周礼·庖人》："庖人掌共六畜、六兽、六禽。"

9.【张】(三 P1057 常用词 666)

(1) 绷紧弓弦,跟"弛"相对。《诗经·公刘》:"弓矢斯张,干戈戚扬。"《老子》:"天之道,其犹张弓与?"

(2) 张开,扩大。《出师表》:"诚宜开张圣听。"

引申为张挂。《荀子·劝学》:"是故质的张而弓矢至焉。"

(3) 量词。《左传·昭公十三年》:"子产以幄幕九张行。"

10.【干】(三 P775 常用词 458)

(1) 盾牌。《过零丁洋》:"辛苦遭逢起一经,干戈寥落四周星。"

(2) 通"岸"。《诗经·伐檀》:"坎坎伐檀兮,寘之河之干兮。"

(3) 冒犯,触犯。《商君书·定分》:"民不敢犯法以干法官也。"孔稚珪《北山移文》:"干青云而直上。"

(4) 追求。《中山狼传》:"时墨者东郭先生将北适中山以干仕。"

11.【逝】(四 P1449 常用词 933)

去。《论语·子罕》:"逝者如斯夫,不舍昼夜!"

去世。《与吴质书》:"一时俱逝,痛可言邪?"

通"誓",表决心。《诗经·硕鼠》:"逝将去女,适彼乐土。"

> 📌 知识链接:"逝""往""去"的辨析
>
> "逝"表示没有目的地的(上下文都不提到目的地),常带有感情色彩。"往"有目的地,但并不在其后进行说明。"去"表示离开,还可能回来。

12.【旅】(一 P338 常用词 249)

(1) 古代军队五百人为旅。《左传·哀公元年》:"有田一成,有众一旅。"

引申为一般的军队。《论语·先进》:"加之以师旅,因之以饥馑。"

(2) 行。杜甫《与严二归奉礼别》:"题书报旅人。"

引申为旅行的人。《孟子·齐桓晋文之事》:"行旅皆欲出于王之涂。"《岳阳楼记》:"商旅不行。"

引申为寄居。《诗经·公刘》:"止旅迺密,芮鞫之即。"

引申为暂居。《诗经·公刘》:"于时处处,于时庐旅,于时言言,于时语语。"

13.【造】(四 P1296 常用词 822)

(1) 到(某地)去。《诗经·公刘》:"乃造其曹。"

(2) 做成,制造。《赤壁赋》:"是造物者之无尽藏也。"

14.【允】(三 P1184 常用词 769)

(1) 信,诚。《尚书·舜典》:"夙夜出纳朕命,惟允。"

副词,的确,确实。《诗经·公刘》:"豳居允荒。"

(2) 得当，合适。《后汉书·虞诩传》："祖父经，为郡县狱吏，案法平允。"

(3) 答应，许诺。任昉《为褚蓁让代兄袭封表》："未垂矜允。"

15．【理】（四 P1325 常用词 884）

(1) 加工玉石。《韩非子·和氏》："王乃使玉人理其璞而得宝焉。"

引申为治理。《诗经·公刘》："止基迺理，爰众爰有。"

又为整理，料理。王安石《答司马谏议书》："为天下理财，不为征利。"《乐府诗集·木兰诗》："当窗理云鬓。"

(2) 纹理。引申为规律。《庄子·庖丁解牛》："依乎天理。"

(3) 治理狱讼的官，法官。《报任安书》："遂下于理。"

16．【众】（三 P1066 常用词 687）

多，特指人多。《诗经·公刘》："止基迺理，爰众爰有。"

引申为群。《楚辞·离骚》："虽萎绝其亦何伤兮，哀众芳之芜秽。"

名词，众人。《楚辞·哀郢》："众踥蹀而日进兮，美超远而逾迈。"《楚辞·离骚》："众皆竞进以贪婪兮，凭不厌乎求索。"

[众人] 特指一般人。《楚辞·渔父》："举世皆浊我独清，众人皆醉我独醒。"

17．【昭】（一 P55 常用词 34）

(1) 明亮。《荀子·劝学》："是故无冥冥之志者，无昭昭之明。"《楚辞·离骚》："芳与泽其杂糅兮，唯昭质其犹未亏。"

引申为动词，表明。《诗经·噫嘻》："既昭假尔，率时农夫。"

(2) 宗庙的次序。左为昭，右为穆。《左传·宫之奇谏假道》："大伯虞仲，大王之昭也。"

三、语法修辞

（一）词类活用

1. 卒**劳**百姓：动词的使动用法，使……劳苦。
2. 不宜**空**我师：形容词活用作动词，使动用法，使……穷困。
3. 迺**场**迺**疆**：名词活用作动词，整治田亩。
4. 迺**积**迺**仓**：名词活用作动词，露天堆粮、把粮食堆放到粮仓。
5. 俾**筵**俾**几**：名词活用作动词，铺上席子、摆上矮桌。
6. **君**之**宗**之：名词"君""宗"放在代词"之"前，活用作动词，当……君王，当……宗主。
7. 既**景**迺**冈**：名词活用作动词，测量日影、登上山冈。
8. 于**豳**斯**馆**：名词活用作动词，建造房舍。

（二）特殊结构

1. 民具尔瞻：为了追求押韵，将代词宾语"尔"放在动词"瞻"之前。

2. 四方是维：代词"是"复指宾语"四方"，"四方"置于动词"维"之前。
3. 天子是毗：代词"是"复指宾语"天子"，"天子"置于动词"毗"（辅佐）之前。
4. 恶怒是违：代词"是"复指宾语"恶怒"，"恶怒"置于动词"违"（消除）之前。
5. 弓矢斯张：代词"斯"复指宾语"弓矢"，"弓矢"置于动词"张"（张开）之前。
6. 何以舟之：代词"何"作介词"以"的宾语，前置，表示"用什么环绕着他"。
7. 芮鞫之即：代词"之"复指宾语"芮鞫"，"芮鞫"置于动词"即"（到）之前。

单元习题

一、填空题

1. 《_____》是我国最早的一部诗歌总集，收录了从西周到春秋时期的诗歌，现存_____篇，因此又叫《_____》。

2. 《诗经》有"诗六义"。《诗经》中的诗按所配乐曲的性质分为"_____""_____""_____"三类。《关雎》和《蒹葭》在三类中属于"_____"。《诗经》的句式以四言为主，根据不同内容的表达需要，分别采用"_____""_____""_____"的艺术手法。

3. 统领《关雎》全篇的诗句是：_____，_____。

4. 根据语境，给下面一段话中加点的字注音。

那些冲破羁（_____）绊，或汪洋恣肆、或蕴藉风流的句子，道尽我们无法言说的情愫，早已悄（_____）然融入了我们的血脉，塑造着我们的容貌，淬炼着我们的思想，让我们在《诗经》中追寻民族的文化基因，拥抱那最美的诗和远方。

5. 请从所给的三个词语中选出一个最符合语境的词语，并将序号填在横线上。

（1）如诗如画的"诗经里"小镇是西安人喜欢的休闲度假之处。小桥流水与精巧雅致的房屋_____（①相辅相成；②相映成趣；③相依相偎），为在都市里穿梭已久的人们提供了远离喧嚣的静心之处。

（2）最要紧的是求之于科学实验，而不是求之于一二人的_____（①臆测；②推测；③臆断）。

6. "四书五经"是"四书"与"五经"的合称。《诗经》是"五经"之一，其他"四经"分别是《尚书》《礼记》《周易》《_____》；"四书"分别是《_____》《_____》《_____》《中庸》。

二、选择题

下列关于《诗经》的表述，错误的一项是（　　）。

A．《诗经》是"五经"之一。

B．《诗经》中的诗可分为"风""雅""颂"三类。

C．《诗经》的主要表现手法是"赋""比""兴"。

D．《诗经》是我国最早的诗歌总集，也是我国诗歌浪漫主义传统的源头。

三、判断题（正确的打"√"，错误的打"×"）

1. 古时住宅旁常栽桑树和梓树，后人用"桑梓"指家乡，如"埋骨何须桑梓地，人生无处不青山"。（　　）

2. 《诗经》是我国第一部诗歌总集，分为"风""雅""颂""赋""比""兴"六部分。（　　）

四、文言文阅读

郑玄家奴婢皆读书。尝使一婢，不称旨①，将挞之方自陈说玄怒使人曳著②泥中。须臾，复有一婢来，问曰："胡为乎泥中③？"答曰："薄言往愬，逢彼之怒④。"（《世说新语》）

【注】①旨：意思。②曳著：拉到。③胡为乎泥中：为什么在泥水中。语出《诗经·式微》："式微式微，胡不归？微君之躬，胡为乎泥中？"④薄言往愬，逢彼之怒：我要去诉说心中的怨苦，正遇到他大发雷霆。语出《诗经·柏舟》："亦有兄弟，不可以据。薄言往愬，逢彼之怒。"薄言：发语词。愬：诉说。

1. 下列选项中，加点词语的意思不相同的一项是（　　）。

A. 郑玄家奴婢皆读书 / 皆若空游无所依
B. 尝使一婢 / 吾尝求古仁人之心
C. 不称旨 / 交口称赞
D. 复有一婢来 / 复前行，欲穷其林

2. 请用三条"/"给下列句子断句。

将挞之方自陈说玄怒使人曳著泥中

五、句子默写

1. _____，在河之洲。窈窕淑女，_____。（《诗经·关雎》）

2. 求之不得，_____。悠哉悠哉，_____。（《诗经·关雎》）

3. _____，左右采之。（《诗经·关雎》）

4. _____，在水一方。（《诗经·蒹葭》）

5. 蒹葭萋萋，_____。（《诗经·蒹葭》）

6. 溯洄从之，_____。溯游从之，_____。（《诗经·蒹葭》）

7. 式微，式微，胡不归？_____，胡为乎泥中？（《诗经·式微》）

8. _____，_____。纵我不往，_____？（《诗经·子衿》）

9. 《诗经·式微》中，反复咏叹"_____，_____，_____"，并通过质问式的回答表达控诉，不言怨而怨自深。

六、诗歌鉴赏

1. 《诗经》是文学的典范、语言的宝库。许多常用的成语就出自《诗经》。请从下列《诗经》名句中各提炼出一个成语，填在括号中。

(1)"投我以桃，报之以李。"——《诗经·抑》（_____）

(2)"彼采萧兮，一日不见，如三秋兮。"——《诗经·采葛》（_____）

(3)"桃之夭夭，灼灼其华。"——《诗经·桃夭》（_____）

(4)"它山之石，可以为错。"——《诗经·鹤鸣》（_____）

(5)"人之多言，亦可畏也。"——《诗经·将仲子》（_____）

(6)"迨天之未阴雨，彻彼桑土，绸缪牖户。"——《诗经·鸱鸮》（_____）

2．阅读古诗，回答问题。

关雎

关关雎鸠，在河之洲。窈窕淑女，君子好逑。

参差荇菜，左右流之。窈窕淑女，寤寐求之。

求之不得，寤寐思服。悠哉悠哉，辗转反侧。

参差荇菜，左右采之。窈窕淑女，琴瑟友之。

参差荇菜，左右芼之。窈窕淑女，钟鼓乐之。

(1) 子曰："《诗》三百，一言以蔽之，曰'思无邪'。"请结合《诗经·关雎》的具体诗句，说说你对"思无邪"的理解。

(2)《诗经》多采用重章叠句的形式。请结合《诗经·关雎》中的诗句，简析重章叠句的表达效果。

3．阅读古诗，回答问题。

蒹葭

蒹葭苍苍，白露为霜。所谓伊人，在水一方。溯洄从之，道阻且长。溯游从之，宛在水中央。

蒹葭萋萋，白露未晞。所谓伊人，在水之湄。溯洄从之，道阻且跻。溯游从之，宛在水中坻。

蒹葭采采，白露未已。所谓伊人，在水之涘。溯洄从之，道阻且右。溯游从之，宛在水中沚。

(1) 发挥想象，用亮丽的语言描绘"蒹葭苍苍，白露为霜，所谓伊人，在水一方"所展现的画面。

(2) 重章叠唱是诗经的经典的艺术特色，请简要分析这首诗重章叠唱的艺术效果。

4．阅读古诗，回答问题。

式微

式微，式微，胡不归？微君之故，胡为乎中露！

式微，式微，胡不归？微君之躬，胡为乎泥中！

(1) 诗中的"式微"是什么意思?

(2) 这首诗运用何种修辞手法,有何作用?

5. 阅读古诗,回答问题。

子衿

青青子衿,悠悠我心。纵我不往,子宁不嗣音?

青青子佩,悠悠我思。纵我不往,子宁不来?

挑兮达兮①,在城阙兮。一日不见,如三月兮。

【注】①挑(tāo)兮达(tà)兮:独自徘徊的样子。

(1) 诗歌前两章采用_____的形式,造成回环往复的表达效果。

(2) "一日不见,如三月兮"是女主人公的内心独白。请从修辞的角度对这两句诗作简要赏析。

6. 阅读古诗,回答问题。

桃夭

桃之夭夭,灼灼其华。之子于归①,宜其室家。

桃之夭夭,有蕡②其实。之子于归,宜其家室。

桃之夭夭,其叶蓁蓁③。之子于归,宜其家人。

【注】①归:出嫁。②蕡(fén):草木果实累累的样子。③蓁(zhēn)蓁:叶子茂盛的样子。

(1) 本诗在章法结构上采用了_____的形式。

(2) 请从"比兴"手法的角度赏析全诗。

(3) 刘勰《文心雕龙·物色篇》把以"灼灼"状桃花之鲜,看作思考千年也难易一字的佳构。请说说"灼灼"一词到底好在哪里?

7. 阅读古诗,回答问题。

硕鼠

硕鼠硕鼠,无食我黍!三岁贯①女②,莫我肯顾。逝③将去女,适彼乐土。乐土乐土,爰④得我所。

硕鼠硕鼠,无食我麦!三岁贯女,莫我肯德。逝将去女,适彼乐国。乐国乐国,爰得我直。

硕鼠硕鼠,无食我苗!三岁贯女,莫我肯劳。逝将去女,适彼乐郊。乐郊乐郊,谁之永号?

【注】①贯,借作"宦",侍奉。②女:同"汝"。③逝:通"誓"。④爰:乃,于是。

(1) 下列诗句与本诗表达的情感最接近的一句是（　　）
A. 一日不见，如三月兮！　　　　　B. 微君之躬，胡为乎泥中！
C. 溯游从之，宛在水中央。　　　　D. 窈窕淑女，君子好逑。
(2) 说说你对"逝将去女，适彼乐土"中"逝"字的理解。
(3) 这首诗采用了"比"的表现手法，请做具体分析。

单元习题参考答案

一、填空题

1. 诗经；305；诗三百

【解析】 本题考查学生对文学常识的掌握。《诗经》是我国第一部诗歌总集，共收入自西周初年至春秋中叶大约五百多年的诗歌 305 篇，因此又叫《诗三百》。

2. 风；雅；颂；风；赋；比；兴

【解析】《诗经》有"诗六义"。"六义"中，"风""雅""颂"是诗的分类，或者说是按乐曲的性质进行的分类；"赋""比""兴"是诗的表现手法，或根据不同内容的表达需要采用的不同艺术手法。"风"都是各地民间传唱的歌谣，"雅"是贵族间流传的乐歌，"颂"是祭祀用的乐歌。《关雎》和《蒹葭》属于"风"。

3. 窈窕淑女；君子好逑

【解析】 本题考查学生对文学常识的把握。回顾所读文章的相关情节，根据问题作答即可。注意"窈窕""逑"的书写不要出现错误。

4. jī; qiǎo

【解析】 正确识记"羁"读作"jī"。"悄"是一个多音字：在"悄然"中，其应读三声；在"静悄悄"中，其应读一声。

5. (1) ②
   (2) ①

【解析】 本题考查近义词的辨析。(1) 相辅相成：两件事物互相配合，互相辅助，缺一不可。相映成趣：相互衬托着，显得很有趣味，很有意思。相依相偎：两个人彼此照顾，相互搀扶一起生活。(2) 臆测：主观地推测、猜测，凭想象揣测。推测：根据已知的测度未知的。臆断：主观判断。

6. 春秋；论语；孟子；大学

【解析】 本题考查学生对文学常识的掌握。"四书五经"是"四书"与"五经"的合称，是历代儒家学子研学的核心书经。在中国传统文化的诸多文学作品中，"四书五经"占据着相当重要的位置。它详细记载了我国早期思想文化发展史上最活跃的时期在政治、军事、外交、文化等各个方面的史实资料以及孔孟等思想家的重要思想。所谓"四书"，指的是《大学》《论语》《孟子》《中庸》；所谓"五经"，指的是《诗经》《尚书》《礼记》《周易》《春秋》。

二、选择题

D【解析】《诗经》是我国诗歌现实主义传统的源头，《离骚》才是我国诗歌浪漫主义传统的源头。D项错误。

三、判断题（正确的打"√"，错误的打"×"）

1. √

2. ×【解析】本题考查学生对古代文化知识的积累。《诗经》在内容上分为"风""雅""颂"三个部分。"赋""比""兴"是《诗经》中诗的三种表现手法。

四、文言文阅读

1. C【解析】A项中，"皆"都是"全，都"；B项中，"尝"都是"曾经"；C项中，前者义为"称心"，后者义为"称赞"；D项中，"复"都是"又，再"。

2. 将挞之 / 方自陈说 / 玄怒 / 使人曳著泥中

【解析】本题考查学生划分文言句子节奏的能力。文言语句的节奏划分一般以句意和语法结构为划分依据。一般来说，主谓之间应该有停顿，句中领起全句的语气词后应该有停顿，几个连动的成分之间也应该有停顿。所以划分句子节奏时，除了要考虑句子的意思，还要考虑句子的结构。此题根据文意（郑玄要打她。她刚要分辩，郑玄生气了，叫人把她拉到泥里）即可推断出正确答案。

【参考译文】

郑玄家里的奴婢都读书。有一次郑玄使唤一个婢女，其事情干得不称心，于是郑玄要打她。她刚要分辩，郑玄便生气了，叫人把她拉到泥里。一会儿有一个婢女走来，问她："为什么会在泥水中？"她回答说："我要去诉说心中的怨苦，正遇到他大发雷霆。"

五、句子默写

1. 关关雎鸠；君子好逑

2. 寤寐思服；辗转反侧

3. 参差荇菜

4. 所谓伊人

5. 白露未晞

6. 道阻且长；宛在水中央 / 道阻且跻；宛在水中坻 / 道阻且右；宛在水中沚

7. 微君之躬

8. 青青子衿；悠悠我心；子宁不嗣音

9. 式微；式微；胡不归

【解析】默写常见的名句名篇时，首先要选准诗句，然后要注意不要出现错字、别字。生僻字平时要多写几遍。近几年总出理解性默写的题目，这种题目的难度比根据上下文默写要难。此题要注意"睢""寤寐""辗""荇""晞""宛""衿""嗣"等字词的书写。

六、诗歌鉴赏

1. （1）投桃报李

（2）一日不见，如隔三秋

（3）逃之夭夭

（4）他山攻错

（5）人言可畏

（6）未雨绸缪

【解析】本题考查学生对成语含义的掌握。学习时需注意对成语的整体意义的理解和记忆，并要善于从诗句中提取出成语。如"投我以桃，报之以李"可提取"投桃报李"；"桃之夭夭，灼灼其华"可提取"逃之夭夭"；等等。

2. （1）子曰："《诗》三百，一言以蔽之，曰'思无邪'。"（孔子说："《诗经》三百篇，可以用一句话来概括，就是'无不出自真情'。"）也就是说《诗经》中诗的作者都是出自真情之自然流露而有这些作品的。"参差荇菜，左右采之"表现出君子眼中淑女采荇菜时的活泼可爱与勤劳能干，表达出君子对其纯洁的爱慕之心，体现出《诗经》思想纯正的特点。

【解析】结合《诗经·关雎》的诗句说明这个道理即可。如中间八句写思念：男子对姑娘思念不止，以至梦寐以求，辗转反侧。在他眼前出现的是这位美丽姑娘采摘荇菜时"左右流之"的苗条、优美的身姿，使他夜不能寐；然而，大约这只是一厢情愿，他只有独自在床上"辗转反侧"，直到天明。这一章既有直接的心理描写"悠哉游哉"，写其绵绵情意，思念不绝；又有动作描写"辗转反侧"，突出其内心状态的不平静，形象逼真地表现了主人公深深的思念之情。这体现了《诗经》"思无邪"的特点。

（2）"窈窕淑女，寤寐求之""窈窕淑女，琴瑟友之""窈窕淑女，钟鼓乐之"这三句体现了《诗经》重章叠句（重章叠唱、重章叠沓）的特点，展现了君子对淑女从追求到交往再到成婚的完整过程，表达了君子追求淑女的执着，形成了回环往复、韵律和谐、令人回味无穷的效果。

【解析】简析重章叠句的表达效果。重章叠句指上下句或者上下段用相同的结构形式反复咏唱的一种表情达意的方法，是诗歌的一种常见手法。这首诗就采取了重章叠句的手法，每部分都有些句子重复咏唱。这是《诗经》语言的一个特色。本诗的感情真挚热烈，回环咏唱的章法更是使热恋之情被步步推向高潮。诗的每一章都用起兴的艺术手法，将自然景象与人物的内心情感和谐地融会起来，景中含情，情中蕴景。在分析时一定要结合《诗经·关雎》的具体诗句。

3. （1）金秋之季，拂晓之时，芦花泛白，清露为霜，瑟瑟秋风，苇丛起伏，茫茫秋水，清澈澄明，水上烟波万顷，一位美丽的女子好像在水一方。

【解析】此题考查学生描绘诗中展现的图景画面的能力。本题作答时不能直译诗句,应抓住诗中的主要景物,如"苍苍""白露"等意象,进行适当的想象,并用自己的语言描述画面。描述时一要忠实于原诗,二要用自己的联想和想象加以再创造,语言力求优美、流畅。

(2)全诗三章,采用重章叠唱的形式,一唱三叹,节奏鲜明,旋律优美;还显示了主人公情感的逐层加深,具有强烈的感染力。

【解析】本题考查重章叠唱这一写作手法。重章叠句指上下句或者上下段用相同的结构形式反复咏唱的一种表情达意的方法,是诗歌的一种常见手法。这种手法具有回环反复的表达效果与音韵美、意境美、含蓄美,能在内容和主题上深化意境,渲染气氛,强化感情,突出主题。

4.(1)天黑了。

【解析】本题考查对诗歌的理解。"式微,式微,胡不归"意思是"天黑了,天黑了,为什么还不回家"。本诗写出了受奴役者的非人处境以及他们对统治者的满腔愤懑。

(2)用反复和设问的修辞手法,形成了重章叠句,营造了特别的氛围,体现了一唱三叹、余味无穷的特色,同时也引人注意,启人以思,所谓不言怨而怨自深矣。(意对即可)

【解析】本题考查学生对诗歌的赏析能力。这首诗以设问强化语言效果。从全诗看,"式微,式微,胡不归"并不是有疑而问,而是胸中早有定见的故意设问。诗人遭受统治者的压迫,夜以继日地在野外干活,有家不能回,苦不堪言,自然要倾吐心中的牢骚不平。这种虽无疑而故作有疑的设问形式,使诗篇显得宛转而有情致,同时也引人注意,启人以思,所谓不言怨而怨自深矣。同时,本诗使用了反复的修辞手法,重章换字,押韵和谐,体现了一唱三叹、余味无穷的特色。

5.(1)重章叠句

【解析】本题考查学生对诗歌表现手法的辨析。重章叠句是诗歌的一种常见手法。从"青青子衿,悠悠我心""青青子佩,悠悠我思"和"纵我不往,子宁不嗣音""纵我不往,子宁不来"可知,诗歌前两章运用了重章叠句的手法。

(2)这里运用夸张修辞手法,写出了女主人公与恋人虽然只有一天不见面,却好像分别了三个月那么漫长,从而表达了女主人公对恋人的思念之切。

【解析】本题考查了学生对诗歌语句的赏析能力。这类题目需要我们在了解诗歌的结构和作者思想情感的基础上作答,常见的答题格式:本句运用了什么修辞手法,写出了什么内容,表达了什么感情。"一日不见,如三月兮"的意思是:一天不见你的面啊,好像有三月那样长!由此可知,这里运用了夸张的手法,形象地表达了女主人公对恋人的思念与牵挂。

6.(1)重章叠句

【解析】本诗每章都以"桃之夭夭"开始,中间"之子于归"句子重复出现,使用了重章叠句的手法,即重复的几章节,意义和字面只有少数的改变。

(2)本诗以"桃之夭夭"起兴,通过铺垫和渲染,热烈而真挚地表达了对新娘的赞美和祝福;以桃设比,通过对桃花、桃实、桃叶的描写,在赞美新娘美丽贤淑的同时,从不同的角度祝福新娘婚后夫妻和睦、子孙繁衍、家族兴旺。联想巧妙，形象鲜明，意趣盎然。

【解析】本题考查学生对"比兴"手法的理解运用能力。这是一首贺婚诗。诗的三章都以桃树起兴，以嫩红的桃花、硕大的桃实、密绿成荫的桃叶比喻美满的婚姻，表达了对女子新婚之喜的美好祝福。

(3)"灼灼"一词给人以照眼欲明的感觉，深刻到难以磨灭的地步。

7．(1) B 【解析】本题考查学生对诗歌主旨的理解。《诗经·硕鼠》是一首古今公认的控诉剥削者的诗歌。"微君之躬，胡为乎泥中"出自《诗经·式微》，意思是：如果不是为君主，何以还在泥浆中！表达的也是对统治者的控诉。故选 B。

(2) 一个"逝"字表现了诗人决计采取反抗斗争以挣脱压迫和剥削的坚定决心。

【解析】本题考查学生对词语的赏析能力。这类题目需要在把握诗文内容的基础上，结合诗文的主旨和具体的诗句分析作答，涉及古诗的"炼字"技巧。这类题目常采用答题格式是：先解释词语的意思，再结合诗句分析表达的内容，最后写其表达效果。诗句"逝将去女，适彼乐土"的意思是：发誓定要摆脱你，去那乐土有幸福。"逝"通"誓"，表现了诗人反抗压迫和剥削的坚定决心。

(3) 以硕鼠的贪得无厌比喻统治者的苛捐杂税（"重敛"），寄寓了百姓反对剥削，向往乐土的情感。

【解析】本题考查学生对写作手法的理解。"比者，以彼物比此物也"，通俗地讲，"比"就是比喻，是对人或物加以形象的比喻，使其特征鲜明突出。这首诗就是用硕鼠的贪得无厌来比喻统治者的苛捐杂税，表达当时的百姓反对剥削，向往乐土的情感。

《楚辞》

一、基本概况

《楚辞》是中国文学史上第一部浪漫主义诗歌总集。"楚辞"这一名称，西汉初期已有之，首见于《史记·酷吏列传》。可见最晚在汉代前期便已有这一名称。其本义是泛指楚地的歌辞，以后才成为专称，指以战国时楚国屈原的创作为代表的新诗体。

二、内容与特点

内容：《楚辞》一书以屈原的作品为主，其余各篇也是承袭屈赋的形式。西汉末年，刘向将屈原、宋玉以及汉代淮南小山、东方朔、王褒、刘向等人的作品汇编成集，定名为《楚辞》。后来，东汉王逸又增入自己的作品《九思》。全书共十七篇。

特点：《楚辞》因其运用楚地的文学样式、方言声韵和风土物产等而具有浓厚的地方色彩。其创作手法浪漫，感情奔放，想象奇特，充满浓郁的神话色彩。在体裁上，《楚辞》打破了《诗经》的四言格式，创造了参差不齐、灵活多变的句式，为诗歌的发展开辟了新的道路。

三、价值与影响

文学价值：《楚辞》是中国第一部浪漫主义诗歌总集，对后世诗歌创作产生了深远影响。它开创了中国浪漫主义文学诗篇之先河，是继《诗经》之后对中国文学最具深远影响的一部诗歌总集。

历史价值：《楚辞》中的诗歌反映了战国时期楚国的社会生活和人民情感，具有重要的历史价值。同时，它也记录了屈原等人的思想和观念，为我们了解那个时代提供了宝贵的资料。

文化价值：《楚辞》作为中华文化的重要组成部分，其思想和观念对中国传统文化产生了深远的影响。屈原等人的作品不仅展示了楚国的文化特色，也体现了中华民族的精神追求和审美趣味。

離騷

一、课文通译

帝高陽①之苗裔②兮，朕③皇考④曰伯庸。攝提⑤貞⑥于孟陬⑦兮，惟庚寅⑧吾以降⑨。
我是古帝高阳氏的子孙，我已故的父亲字伯庸。正当寅年的孟春正月，庚寅日那天我降生。

皇覽⑩揆⑪余初度兮，肇⑫錫⑬余以嘉名⑭。名余曰正則兮，字⑮余曰靈均。
父亲仔细观测我的生辰，起初赐给我相应的美名。父亲把我的名取为正则，把我的字取作灵均。

紛吾既有此內美⑯兮，又重⑰之以脩能。
我虽然已经具有如此众多的内在美好品质啊，但我还是要不断修炼提升以增加自己更多的才能。

扈⑱江離與辟芷⑲兮，紉⑳秋蘭㉑以為佩。汨㉒余若將不及兮，恐年歲之不吾與㉓。
我把江离芷草披在肩上，把秋兰结成索佩挂身旁。光阴似箭我好像跟不上，岁月不等待人令我心慌。

朝搴㉔阰之木蘭兮，夕攬㉕洲之宿莽㉖。日月忽㉗其不淹兮，春與秋其代序㉘。
清晨折取阰山上的木兰，傍晚摘取小洲上的宿莽。时光迅速逝去不能久留，四季更相代谢变化有常。

惟㉙草木之零落兮，恐美人㉚之遲暮㉛。不撫㉜壯而棄穢兮，
想到草木在不断地飘零、凋谢，不禁担忧美人也会日益衰老。不能趁着壮年除去秽恶之行，

何不改乎此度㉝？乘騏驥㉞以馳騁兮，來吾道㉟夫先路！
为何不改变现行的法度？乘上骏马纵横驰骋吧，来吧，我在前面引导开路！

① 高阳：古帝颛顼之号。
② 苗裔：喻指子孙后代。苗：初生的禾本植物。裔：衣服的末边。
③ 朕：我。
④ 皇考：对亡父的尊称。
⑤ 摄提：摄提格的简称。太岁在寅时为摄提格。此处指寅年。
⑥ 贞：正。
⑦ 孟陬：孟春正月。孟：开始。陬：正月。
⑧ 庚寅：庚寅之日。古以干支相配来纪日。
⑨ 降：旧读 hóng，降生。
⑩ 览：考察，观测。
⑪ 揆：思量，大致估量现实状况。
⑫ 肇：开始。
⑬ 锡：通"赐"。
⑭ 嘉名：美好的名字。名：名字。
⑮ 字：表字，这里活用作动词，起表字。
⑯ 内美：内在的美好品质。
⑰ 重：再。
⑱ 扈：楚方言，披挂。
⑲ 江离、芷：均为香草名。
⑳ 纫：把……搓成搓绳。"纫"为形声字，从系，刃声。本义：搓绳。朱骏声曰："凡单展曰纫，合绳曰纠，织绳曰辫。"
㉑ 秋兰：香草名，即泽兰，秋季开花。
㉒ 汨：水疾流的样子，此处用以形容时光飞逝。
㉓ 不吾与：宾语前置，即"不与吾"，不等待我。
㉔ 搴：拔取。
㉕ 揽：采摘。
㉖ 宿莽：草名，经冬不死的草。
㉗ 忽：迅速的样子。
㉘ 代序：不断更迭。
㉙ 惟：思虑。
㉚ 美人：一说屈原自指，一说楚怀王。

㉛ 迟暮：衰老。
㉜ 抚：趁。
㉝ 此度：现行的法度。
㉞ 骐骥：骏马。
㉟ 道：同"导"，引导。

昔三后①之纯粹②兮，固众芳之所在。杂申椒与菌桂③兮，
从前三后有纯粹的美德，是因为身边有群贤辅助。杂聚申椒、菌桂似的人物啊，
岂维纫夫蕙茞④？彼尧舜之耿介⑤兮，既遵道⑥而得路。何桀纣之猖披⑦兮，
哪里只是蕙和茞的简单连缀呢？唐尧、虞舜多么光明正大，他们沿着正道登上坦途。夏桀、殷纣多么狂妄、邪恶，
夫唯捷径⑧以窘步。惟夫党人之偷乐⑨兮，路幽昧⑩以险隘。岂余身之惮⑪殃⑫兮，
他们贪图捷径必然会走投无路。结党营私的人苟安享乐，他们的前途黑暗而险阻。哪里是我害怕招灾惹祸，
恐皇舆之败绩⑬。忽奔走以先后兮，及前王之踵武⑭。荃⑮不察余之中情兮，
我只是担心祖国为此覆没。我快速地奔走在君王前后，希望追随先王的足迹。您不深入了解我的忠心，
反信谗而齌怒⑯。余固知謇謇⑰之为患兮，忍而不能舍也。指九天⑱以为正⑲兮，
反而听信谗言而暴怒。我早知道忠言直谏有祸，但愿意忍受这种祸患而不肯停止进言。上指苍天请它给我作证，
夫唯灵修⑳之故也。曰黄昏以为期㉑兮，羌㉒中道而改路。初既与余成言㉓兮，
这一切都是为了君王。我们说好了在黄昏时见面的，你却中途改变了主意。你当初既然和我有了约定，
后悔遁而有他。余既㉔不难夫离别兮，伤灵修之数化㉕。
后来又反悔变心而有了另外的打算。我并不是难于与你别离，只是伤心你的反反复复。

① 三后：夏禹、商汤、周文王。
② 纯粹：美德。
③ 申椒、菌桂：均为香木名。
④ 蕙、茞：均为香草名。茞：古读zhǐ。
⑤ 耿介：光明正大。
⑥ 遵道：遵循正道。
⑦ 猖披：猖狂。
⑧ 捷径：邪道。
⑨ 偷乐：苟且享乐。
⑩ 幽昧：黑暗。
⑪ 惮：害怕。
⑫ 殃：灾祸。
⑬ 败绩：喻指君国的倾危。

⑭ 踵武：跟着别人的脚步走。
⑮ 荃：香草名，喻指楚怀王。
⑯ 齌怒：暴怒。齌：古读jī。
⑰ 謇謇：形容忠言直谏的样子。
⑱ 九天：古人认为天有九重，故言。
⑲ 正：通"证"。
⑳ 灵修：指代楚怀王。
㉑ 期：约定的日期。
㉒ 羌：楚语，表转折，相当于现在的"却"。
㉓ 成言：以言相约。
㉔ 既：本来。
㉕ 数化：多次变化。

余既滋①兰之九畹兮，又树②蕙之百畝③。畦④留夷与揭车⑤兮，杂杜衡与芳芷。
我已经栽培了九畹春兰，又种植了百亩蕙草。种植了一畦留夷和揭车，还把杜衡、芳芷套种其间。
冀⑥枝叶之峻⑦茂兮，愿竢时乎吾将刈⑧。虽萎⑨绝⑩其亦何伤兮，哀众芳之芜⑪秽⑫。
我希望它们都枝繁叶茂，等待着我收割的那一天。它们枯萎死绝也无须悲伤，使我痛心的是它们荒芜污秽。

① 滋：栽种。
② 树：种植。

③ 亩：二百四十步为亩。
④ 畦：五十亩为畦，这里用作动词，种一畦。
⑤ 留夷、揭车：均为香草名。
⑥ 冀：希望。
⑦ 峻：高大。

⑧ 刈：收割。
⑨ 萎：枯萎。
⑩ 绝：落尽。
⑪ 芜：荒芜。
⑫ 秽：污秽。

衆皆競進①以貪婪②兮，憑不猒乎求索③。羌內恕己以量人兮，
众人都贪婪好利，争先恐后地追求利益，贪求已满仍不厌地索求。他们宽恕自己而揣度别人，
各興④心而嫉妒。忽馳騖⑤以追逐兮，非余心之所急。老冉冉⑥其將至兮，
他们各起坏心思而又相互妒忌。急于奔走钻营以争权夺利，这些都不是我追求的东西。只觉得老年在渐渐来临，
恐脩名之不立。朝飲木蘭之墜露兮，夕餐秋菊之落英⑦。苟⑧余情其信姱⑨以練要⑩兮，
担心美好名声不能树立。早晨我饮木兰上的露滴，晚上我用菊花残瓣充饥。只要我内心确实美好且择正道而行，
長顑頷亦何傷。擥⑪木根以結茝兮，貫⑫薜荔之落蕊。矯⑬菌桂以紉蕙兮，
常常面黄饥瘦又有什么可悲伤。我用树木的根编结茝草，把薜荔的花蕊穿在一起。我拿菌桂的枝条连接蕙草，
索⑭胡繩之纚纚⑮。謇吾法⑯夫前脩兮，非世俗之所服。雖不周⑰於今之人兮，
将胡绳搓成又长又好的绳索。我效法那前代的贤人啊，绝非一般世俗之徒的穿戴。我与现在的人虽不相容，
願依彭咸⑱之遺則。
我却愿依照彭咸的遗教。

① 竞进：对权势利禄的争相追逐。
② 贪婪：追名逐利。王逸注："爱财曰贪，爱食曰婪。"
③ 求索：追求。
④ 兴：生。
⑤ 驰骛：乱驰。
⑥ 冉冉：渐渐。
⑦ 英：花。
⑧ 苟：如果。此处可译为"只要"，表条件。
⑨ 信姱：的确美好。

⑩ 练要：择正道而行。
⑪ 擥：同"揽"，持取。
⑫ 贯：穿。
⑬ 矫：举起。
⑭ 索：草有茎叶可做绳索。此处作动词，意为搓绳。
⑮ 纚纚：长而下垂貌。
⑯ 法：效法。
⑰ 周：合。
⑱ 彭咸：殷代贤大夫，谏其君不听，投江而死。

長太息以掩涕兮，哀民生①之多艱②！余雖好脩姱以鞿羈兮，
长长地叹息，偷偷地掩面哭泣，哀叹百姓的生活如此多难！我虽爱好修洁却备受羁束，
謇朝誶③而夕替④。既替余以蕙纕⑤兮，又申⑥之以攬茞。亦余心之所善兮，
早晨直言进谏晚上就被罢免。君王因为我佩戴蕙草而废弃我，但我重复揽集茞兰。只要我内心纯洁美好，
雖九死其猶未悔⑦！
纵然死上多次也绝不后悔！

① 民生：百姓的生活。
② 艰：难。
③ 誶：进谏。

④ 替：废。
⑤ 纕：佩戴。
⑥ 申：重复。

⑦ 悔：怨恨，指后悔。

怨靈脩之浩蕩兮，終不察夫民心。眾女①嫉余之蛾眉兮，謠②諑③謂余以善淫。
只怨楚王这样糊涂啊，他始终不能体察民心。那些小人妒忌我的丰姿，造谣诬蔑我妖艳、好淫。

固時俗之工巧兮，偭④規矩而改⑤錯⑥；背繩墨⑦以追曲⑧兮，競周容⑨以爲度。
庸人本来就善于取巧，违背规矩而改变政策；违背正道而追求邪僻，争着苟合求容把它作为法则。

忳鬱邑余侘傺⑩兮，吾獨窮困乎此時也。寧溘死以流亡⑪兮，余不忍爲此態⑫也！
忧愁烦闷啊我失意不安，此时我多么孤独穷困啊。宁可忽然死去、魂魄离散，我也不能容忍这种媚俗取巧的姿态！

① 众女：喻众奸臣。
② 谣：造谣。
③ 诼：诬蔑。
④ 偭：违背。
⑤ 改：更改。
⑥ 错：通"措"，措施，指先圣之法。
⑦ 绳墨：匠人用来打直线的工具，喻指正道。
⑧ 曲：邪僻。
⑨ 周容：苟合求容，指以求容媚为常法。
⑩ 侘傺：失志貌。
⑪ 流亡：随水漂流而去。
⑫ 此态：苟合求容之态。

鷙鳥之不羣①兮，自前世②而固然。何方圓之能周兮，夫孰異道③而相安！
雄鹰不与那些燕雀同群，自古以来就是这般。方和圆怎能互相配合，志向不同看怎能彼此相安！

屈④心而抑志兮，忍尤⑤而攘⑥詬⑦；伏⑧清白以死直兮，固前聖之所厚⑨。
委屈心志而压抑情感，忍受罪过而容忍耻辱；保持清白节操并为忠直而死，这本为古代圣贤所看重的。

① 不群：不与众鸟同群。
② 前世：古代。
③ 异道：不同的道路，喻指不同的志向。
④ 屈：委屈。
⑤ 尤：罪过。
⑥ 攘：容忍。
⑦ 诟：耻辱。
⑧ 伏：通"服"，保持，坚守。
⑨ 厚：看重。

悔相①道之不察兮，延②佇乎吾將反。回③朕車以復路兮，及行迷④之未遠。
后悔当初不曾看清前途，长久地伫望后我又将回头。调转我的车走回头路，趁着走上迷途还不算太远。

步⑤余馬於蘭皋⑥兮，馳椒丘且焉止息⑦。進不入以離尤兮，退將復脩吾初服⑧。製⑨菱荷以爲衣兮，集芙蓉⑩以爲裳。不吾知⑪其亦已兮，苟⑫余情其信芳。高⑬余冠之岌岌兮，長⑭余佩之陸離⑮。芳⑯與澤其雜糅兮，
我让马徐徐走在长着兰草的水边高地，然后让它跑上长着椒树的山丘并暂且在那里休息。既然进取不成反而获罪，那就回来重修我的旧服。我要把菱叶裁剪成上衣，并用荷花把下裳织就。没有人了解我也就罢了，只要我的内心真正馥郁芳柔。把我的帽子加得高高的，把我的佩带增得长悠悠的。芳洁与污垢混杂一起，

唯⑰昭質其猶未虧。忽反顾以遊目⑱兮，将往观⑲乎四荒。佩缤纷⑳其繁饰兮，
只有纯洁的品质不会腐朽。我忽然回头纵目远望，将游观四面遥远的地方。佩戴着众多的华丽饰物，
芳菲菲其弥章㉑。民生㉒各有所乐兮，余独好修以为常㉓。
散发出一阵阵浓郁的芳香。人们各有自己的爱好，我偏偏喜欢把修养品德作为常事。
虽体解吾犹㉔未变兮，岂余心之可惩㉕！
即使粉身碎骨我也不会改变，我的心岂会因受创而知诫！

① 相：观看。
② 延：长久。
③ 回：调转。
④ 行迷：迷途。
⑤ 步：徐行。
⑥ 皋：水边高地。
⑦ 止息：休息一下。
⑧ 修吾初服：修身洁行。
⑨ 制：裁制。
⑩ 芙蓉：荷花。
⑪ 不吾知：宾语前置，即"不知吾"，不了解我。
⑫ 苟：只要。
⑬ 高：用作动词，使……增高。
⑭ 长：用作动词，使……增长。
⑮ 陆离：修长而美好的样子。
⑯ 芳：芬芳之物。
⑰ 唯：只有。
⑱ 遊目：纵目远望。
⑲ 往观：前去观望。
⑳ 缤纷：盛多的样子。
㉑ 章：明显。
㉒ 民生：人生。
㉓ 常：恒常之法。
㉔ 犹：尚且。
㉕ 惩：惧怕。

二、字词梳理

（一）古今与通假

1. 肇锡余以嘉名：通"赐"，赐予。通假字。
2. 又重之以修能：通"修"，美。通假字。
3. 又重之以修能：通"态"，姿态。通假字。
4. 扈江离与辟芷兮：同"僻"，偏僻。古今字。
5. 来吾道夫先路：同"导"，引导。古今字。
6. 岂维纫夫蕙茝：通"唯"，独，单单。通假字。
7. 凭不猒乎求索：同"厌"，满足。异体字。
8. 各兴心而嫉妒：同"妒"，忌妒。异体字。
9. 苟余情其信姱以练要兮：通"拣"，选择。通假字。
10. 擥木根以结茝兮：同"揽"，持，拿。异体字。
11. 偭规矩而改错：通"措"，措施。通假字。
12. 何方圜之能周兮：同"圆"，圆形。异体字。
13. 伏清白以死直兮：通"服"，保持，坚守。通假字。
14. 进不入以离尤兮：通"罹"，遭受。通假字。

15. 芳菲菲其弥章：同"彰"，显著。古今字。

（二）词义详解

1.【忽】（四 P1460 常用词 960）

(1) 不注意，不重视，无视。《战国策·庄辛说楚襄王》："倏忽之间，坠于公子之手。"

(2) 突然。《楚辞·离骚》："忽反顾以遊目兮，将往观乎四荒。"《梦游天姥吟留别》："迷花倚石忽已暝。"

2.【代】（三 P920 常用词 562）

(1) 更换，代替。《庄子·惠子相梁》："庄子来，欲代子相。"《左传·祁奚荐贤》："孰可以代之？"

(2) 轮流地，交替地。《楚辞·离骚》："日月忽其不淹兮，春与秋其代序。"

(3) 朝代。《礼记·大同》："大道之行也，与三代之英，丘未之逮也，而有志焉。"

(4) 父子相继为一代。

3.【遵】（二 P504 常用词 316）

顺着道路走。《楚辞·离骚》："既遵道而得路。"《楚辞·哀郢》："遵江夏以流亡。"《诗经·七月》："女执懿筐，遵彼微行。"

引申为依照，按照。《史记·殷本纪》："不遵汤法。"

4.【序】（三 P1192 常用词 785）

(1) 东西墙。《大戴礼记·王言》："曾子惧，退，负序而立。"

(2) 学校。《孟子·齐桓晋文之事》："谨庠序之教，申之以孝悌之义。"

(3) 次序，秩序。《楚辞·离骚》："日月忽其不淹兮，春与秋其代序。"

(4) 叙说，说明。李白《春夜宴从弟桃花园序》："会桃花之芳园，序天伦之乐事。"

引申为文体的一种，如《指南录后序》。

(5) 文体的另一种，赠序，如《送东阳马生序》。

5.【零】（四 P1586 常用词 1042）

落（雨）。《诗经·东山》："零雨其濛。"

引申为一般的落下，飘散。《楚辞·离骚》："惟草木之零落兮，恐美人之迟暮。"

6.【后】（一 P240 常用词 184）

(1) 动词，走在后面，落后。《论语·微子》："子路从而后。"

(2) 位置在后面的，跟"前"相对。《孔雀东南飞》："新妇车在后。"

又为时间在后面的，次序在后的，跟"先""前"相对。《指南录后序》："舟与哨相后先。"

7.【灵】（二 P597 常用词 440）

(1) 女巫。《楚辞·东皇太一》："灵偃蹇兮姣服。"

引申为神，神灵。《楚辞·云中君》："灵皇皇兮既降。"

又为鬼神的精神意志。《楚辞·国殇》："天时坠兮威灵怒。"

(2) 对死者之称。《出师表》："不效，则治臣之罪，以告先帝之灵。"

8.【化】（三 P1054 常用词 659）

(1) 变化。《吕氏春秋·察今》："变法者因时而化。"

(2) 教化。《陈情表》："逮奉圣朝，沐浴清化。"

9.【冀】（三 P799 常用词 505）

(1) 希望。《楚辞·离骚》："冀枝叶之峻茂兮。"

(2) 古九州之一。

10.【法】（一 P332 常用词 233）

(1) 法令，法律。《韩非子·五蠹》："儒以文乱法，侠以武犯禁。"

(2) 制度。《吕氏春秋·察今》："故治国无法则乱。"

(3) 动词，效法，学习好的榜样。《韩非子·五蠹》："是以圣人不期修古，不法常可。"《楚辞·离骚》："謇吾法夫前脩兮，非世俗之所服。"

(4) 方法，办法，法子。《孙子·谋攻》："凡用兵之法，全国为上。"

11.【周】（三 P939 常用词 606）

(1) 环绕。《左传·齐晋鞌之战》："逐之，三周华不注。"《项脊轩志》："垣墙周庭，以当南日。"

(2) 严密。《孙子·谋攻》："辅周则国必强，辅隙则国必弱。"

(3) 结合，亲密。《论语·为政》："君子周而不比，小人比而不周。"《楚辞·离骚》："虽不周于今之人兮，愿依彭咸之遗则。"

12.【替】（三 P921 常用词 563）

(1) 废。《九章·怀沙》："常度未替。"《楚辞·离骚》："謇朝谇而夕替。"

(2) 代替。→后起义。《乐府诗集·木兰诗》："愿为市鞍马，从此替爷征。"

13.【度】（三 P951 常用词 636）

(1) 读 duò。量长短。《孟子·齐桓晋文之事》："度，然后知长短。"

(2) 读 duó。揣度，计算，推测。《左传·隐公十一年》："山有木，工则度之。"《诗经·公刘》："其军三单，度其隰原。"

(3) 读 dù。量长短的标准。《韩非子·郑人买履》："已得履，乃曰：'吾忘持度'。"

引申为法度，法制。《楚辞·离骚》："背绳墨以追曲兮，竞周容以为度。"

(4) 读 dù。风度，度量。《战国策·荆轲刺秦王》："群臣惊愕，卒起不意，尽失其度。"

(5) 读 dù。渡过。《乐府诗集·木兰诗》："万里赴戎机，关山度若飞。"王之涣《凉州词》："春风不度玉门关。"

14.【尤】（三 P1069 常用词 694）

(1) 罪过，过失。《楚辞·离骚》："屈心而抑志兮，忍尤而攘诟。"《论语·为政》："言寡尤，行寡悔。"

(2) 优异。《过小孤山大孤山》："信造化之尤物也。"

（3）特别，格外。《陈情表》："况臣孤苦，特为尤甚。"

引申为尤其，更。《醉翁亭记》："其西南诸峰，林壑尤美。"

> **知识链接**："弥""愈""尤"的辨析
>
> "弥"简单地表示"更加"；"愈"表示事物进一步发展；"尤"表示在同类事物中显得突出，没有进一层发展的意思。

三、语法修辞

（一）词类活用

1. 忽奔走以先后兮：名词活用作动词，走在前面，走在后面。
2. 畦留夷与揭车兮：名词活用作动词，种五十亩。
3. 索胡绳之纚纚：名词活用作动词，拧成绳子。
4. 余虽好修姱以鞿羁兮：名词活用作动词，均表"约束"义。
5. 步余马于兰皋兮：动词的使动用法，使……慢慢走。
6. 高余冠之岌岌兮，长余佩之陆离：形容词的使动用法，使……高高的，使……长长的。

（二）特殊结构

不吾知其亦已兮：否定句中，代词"吾"作宾语，前置。

山鬼、國殤

一、课文通译

山鬼

若有人兮山之阿①，被②薜荔兮帶女蘿③。既含睇④兮又宜笑⑤，子⑥慕予兮善窈窕⑦。

好像有人在那山角经过，是我身披薜荔腰束女萝。含情斜视巧笑多么优美，你爱慕我的姿态婀娜。

① 山之阿：山角。
② 被：同"披"。
③ 薜荔、女萝：皆为蔓生植物，香草。
④ 含睇：含情脉脉地斜视。睇：微微斜视。
⑤ 宜笑：得体地笑。
⑥ 子：你，山鬼对自己爱慕男子的称呼。
⑦ 窈窕：美好的样子。

乘赤豹①兮從②文狸③，辛夷車④兮結⑤桂旗⑥。被石蘭兮帶杜衡⑦，折芳馨兮遺⑧所思。余⑨處幽篁⑩兮終不見天，路險難兮獨後來。

驾乘红色的豹后面跟着花纹野猫，辛夷木车上扬起桂枝编成的旗。是我身披石兰腰束杜衡，采折鲜花赠你聊表相思。我身居幽深竹林始终不见天日，道路艰险难行使我姗姗来迟。

① 赤豹：皮毛呈红色的豹。
② 从：使……跟着。
③ 文狸：有花纹的野猫。文：花纹。狸：野猫。
④ 辛夷车：用辛夷木做成的车。
⑤ 结：编结。
⑥ 桂旗：桂枝编成的旗。
⑦ 石兰、杜衡：皆香草名。
⑧ 遗：赠。
⑨ 余：我，山鬼的自称。
⑩ 幽篁：幽深的竹林。篁：竹林。

表①獨立兮山之上，雲容容②兮而在下。杳冥冥③兮羌④晝晦，東風飄兮神靈雨⑤。留靈脩⑥兮憺⑦忘歸，歲既晏⑧兮孰華予⑨？

孤身一人伫立在高山之巅，云雾溶溶在脚下浮动舒卷。白昼昏昏暗暗如同黑夜，东风飘旋送来神灵降下的雨点。挽留我与你一起享尽欢乐而忘了归去，年岁渐老又有谁让我永如花艳？

① 表：独立突出的样子。
② 容容：水或烟气流动的样子，即溶溶。
③ 杳冥冥：又幽深又昏暗。
④ 羌：语气助词。
⑤ 雨：用作动词，降雨。
⑥ 灵脩：神女（山鬼）。
⑦ 憺：安乐的样子。
⑧ 晏：晚。
⑨ 华予：让我像花一样美丽。华：花。

采三秀①兮於山間，石磊磊兮葛蔓蔓。怨公子②兮悵忘歸，君思我兮不得閒。

我在山间采撷益寿的灵芝，岩石磊磊葛藤缠绕。抱怨公子怅然忘却归去，你思念我却没空到来。

① 三秀：灵芝草的别名，一年开三次花，传说服食了能延年益寿。
② 公子：神女。

山中人兮芳杜若①，飲石泉兮蔭松柏。君思我兮然疑作②。靁填填③兮雨冥冥，
山中的人像杜若般纯正芳香，饮山泉而遮阴于松柏。你对我的想念是真是假。雷声滚滚雨势冥冥，
猨④啾啾⑤兮狖⑥夜鳴。風颯颯兮木蕭蕭，思公子兮徒離⑦憂。
猿鸣啾啾穿透沉沉夜幕。风声飒飒落木萧萧，思慕公子啊独自悲伤。

① 杜若：香草。
② 然疑作：信疑交加。然：相信。作：起。
③ 填填：雷声。
④ 猨：同"猿"。
⑤ 啾啾：猿叫声。
⑥ 狖：长尾猿。
⑦ 离：通"罹"，遭受。

國殤①

操吳戈②兮被③犀甲④，車錯⑤轂⑥兮短兵⑦接。旌蔽日兮敵若雲⑧，
战士手持兵器身披犀甲，敌我双方战车交错，短兵相接。旌旗遮日，敌众如云
矢交墜⑨兮士爭先。
两军相射的箭纷纷坠落在阵地上，战士奋勇争先。

① 国殇：为国捐躯的人。殇：未成年而死，也指战死在外的人。
② 吴戈：吴国制造的戈。当时吴国的冶铁技术较先进，吴戈因锋利而闻名。
③ 被：同"披"，穿着。
④ 犀甲：犀牛皮制作的铠甲，特别坚硬。
⑤ 错：交错。
⑥ 毂：车轮的中心部分，有圆孔，可以插轴。这里泛指战车的轮轴。
⑦ 短兵：刀剑一类的短兵器。
⑧ 旌蔽日兮敌若云：旌旗遮蔽日光，敌兵像云一样涌上来，言敌军之多。
⑨ 交坠：交相坠落。

凌①余陣兮躐②余行③，左驂殪④兮右刃傷。霾⑤兩輪兮縶四馬，
敌军侵犯我方行列阵地，左边的骖马倒地而死，右边的骖马被兵刃所伤。轮陷污泥，四马被绊，
援玉枹⑥兮擊鳴鼓⑦。天時墜⑧兮威靈⑨怒，嚴殺⑩盡⑪兮棄原壄⑫。
主帅举起鼓槌猛击战鼓。杀得天昏地暗连威严的神灵都震怒，残酷的厮杀后尸横遍野。

① 凌：侵犯。
② 躐：践踏。
③ 行：行列。
④ 殪：死。
⑤ 霾：通"埋"。古代作战，在激战将败时埋轮缚马，表示坚守不退。
⑥ 枹：同"桴"，鼓槌。
⑦ 鸣鼓：很响亮的鼓。
⑧ 天时坠：上天都怨恨。天时：上天际会，这里指上天。坠：通"怼"，怨恨。
⑨ 威灵：威严的神灵。
⑩ 严杀：严酷的厮杀。一说严壮，指士兵。
⑪ 尽：皆，全都。
⑫ 壄：同"野"。

出不入兮往不反①，平原忽②兮路超遠③。帶長劍兮挾秦弓④，首身離⑤兮心不懲⑥。
将士们一去永不回，走向那遥远没有尽头的平原。佩长剑夹强弓征战沙场，身首异处仍壮心不改。
誠⑦既勇兮又以⑧武⑨，終⑩剛强兮不可凌。身既死兮神以靈⑪，魂魄毅兮⑫爲鬼雄⑬。
真正勇敢顽强而英武，始终刚强坚毅不可侵犯。身躯虽死但英灵不泯，魂魄刚毅堪为鬼中豪杰。

① 反：同"返"。
② 忽：渺茫，不分明。
③ 超远：遥远无尽头。
④ 秦弓：良弓。战国时，秦地木材质地坚实，制造的弓射程远。
⑤ 首身离：身首异处。
⑥ 心不惩：壮心不改。惩：悔恨。
⑦ 诚：诚然，确实。
⑧ 以：且，连词。
⑨ 武：威武。
⑩ 终：始终。
⑪ 神以灵：死而有知，英灵不泯。神：精神。
⑫ 魂魄毅兮：一作"子魂魄兮"。
⑬ 鬼雄：战死了但魂魄不死，即使做了鬼，也要成为鬼中豪杰。

二、字词梳理

（一）古今与通假

1. 被薜荔兮带女萝 / 操吴戈兮被犀甲：同"披"，披着。古今字。
2. 乘赤豹兮从文狸：同"纹"，花纹。古今字。
3. 乘赤豹兮从文狸：同"狸"，野猫。异体字。
4. 采三秀兮於山间：通"巫"，巫山。通假字。
5. 君思我兮不得闲：同"闲"，闲暇。古今字。
6. 靁填填兮雨冥冥：同"雷"，一种天象，打雷。异体字。
7. 猨啾啾兮狖夜鸣：同"猿"，猿猴。异体字。
8. 霾两轮兮絷四马：通"埋"，掩埋，掩藏。通假字。
9. 天时坠兮威灵怒：通"懟"，怨恨。通假字。
10. 严杀尽兮弃原埜：同"野"，田野。古今字。
11. 诚既勇兮又以武：通"已"，已经。通假字。

（二）词义详解

1.【结】（三 P925 常用词 572）

(1) 打结，编织。《老子》："使民复结绳而用之。"《楚辞·离骚》："擥木根以结茞兮，贯薜荔之落蕊。"《楚辞·山鬼》："乘赤豹兮从文狸，辛夷车兮结桂旗。"

引申为名词，结。《论衡·实知》："天下事有不可知，犹结有不可解也。"《荀子·劝学》："其仪一兮，心如结兮。"

引申为聚焦，集中。《荀子·劝学》："故君子结于一也。"

(2) 结合，结交，交往，如"结拜"。

2．【表】（三 P1194 常用词 790）

(1) 穿在外面的衣服，跟"里"相对。《庄子·让王》："子贡乘大马，中绀而表素。"引申为屏障。《左传·宫之奇谏假道》："虢，虞之表也。虢亡，虞必从之。"

(2) 测日影的仪表。引申为标准，表率。

(3) 树立木石标志物以示表扬。引申为表扬。

(4) 文体的一种，给皇帝的信，奏章。如《出师表》《陈情表》。

(5) 突出的。《楚辞·山鬼》："表独立兮山之上，云容容兮而在下。"

3．【荫】（四 P1582 常用词 1031）

树荫。《荀子·劝学》："树成荫而众鸟息焉。"

用作动词，表遮蔽。《楚辞·山鬼》："山中人兮芳杜若，饮石泉兮荫松柏。"

引申为庇荫。

> **知识链接："蔽""荫"的辨析**
>
> "蔽"可以从前后左右遮蔽，也可以从上下遮住。"荫"只能从上下遮住，且是遮住太阳。

4．【错】（二 P513 常用词 341）

(1) 镶嵌。张衡《四愁诗》："美人赠我金错刀。"

(2) 错杂，交叉。《楚辞·国殇》："操吴戈兮被犀甲，车错毂兮短兵接。"

(3) 磨石。《诗经·鹤鸣》："它山之石，可以为错。"

(4) 通"措"，安放，放置。《楚辞·离骚》："固时俗之工巧兮，偭规矩而改错。"

三、语法修辞

词类活用

1. 被薜荔兮**带**女萝 / 被石兰兮**带**杜衡：名词活用作动词，把……当作带子。

2. 乘赤豹兮**从**文狸：动词的使动用法，使……跟着。

3. 岁既晏兮孰**华**予：名词活用作动词，用花来打扮，这里翻译为使……变年轻。

4. 饮石泉兮**荫**松柏：名词的意动用法，把……当作树荫。

5. 左骖殪兮右**刃**伤：名词活用作状语，用刀刃。

哀郢

一、课文通译

皇天①之不純命②兮，何百姓之震愆③兮？民離散而相失兮，
天道不专反复无常啊，为何使老百姓在动乱中遭殃？人们妻离子散、家破人亡啊，
方⑤仲春⑥而東遷⑦。
正当仲春二月便迁逃东方。

① 皇天：上天，老天。皇：大。
② 纯命：天命有常。
③ 震：震动，震惊。
④ 愆：遭罪。

⑤ 方：正当。
⑥ 仲春：夏历二月。
⑦ 迁：迁徙。这里指逃难。

去①故鄉②而就③遠兮，遵④江夏⑤以流亡。出國門⑥而軫懷⑦兮，
离别故乡到远处去啊，沿着长江、夏水到处流亡。走出都门我悲痛难舍啊，
甲⑧之鼂⑨吾以行。發郢都⑩而去閭⑪兮，怊荒忽⑫其焉極⑬？
我们在甲日的早上踏上行程。从郢都出发离开旧居，前途渺茫哪知尽头在何方？
楫⑭齊揚⑮以容與⑯兮，哀⑰見君⑱而不再得。望長楸⑲而太息⑳兮，
桨儿齐摇船儿却徘徊不前啊，可怜我再也不能见到君王。望着故国高大的楸树不禁长叹啊，
涕㉑淫淫㉒其若霰㉓。過㉔夏首㉕而西浮㉖兮，顧㉗龍門㉘而不見。
泪落纷纷像雪粒一样。经过夏水的发源处又向西浮行啊，回头看郢都东门却见不到其模样。
心嬋媛㉙而傷懷兮，眇㉚不知其所蹠㉛。順風波㉜以從流㉝兮，
心绪缠绵牵挂不舍而又无限忧伤啊，渺渺茫茫不知落脚在何方。顺着风波随着江流漂泊吧，
焉㉞洋洋㉟而爲客㊱。凌㊲陽侯㊳之氾濫兮，忽翱翔㊵之焉㊶薄㊷。
就这样成为无家的流浪者四处漂流。船儿行驶在滚滚的波浪之上啊，就像鸟儿飞翔却不知停泊在哪个地方。
心絓㊸結㊹而不解㊺兮，思蹇產㊻而不釋㊼。
心中郁结苦闷而无法解脱啊，愁肠百结难以释怀。

① 去：离开。
② 故乡：指代郢都。
③ 就：趋，往。
④ 遵：循，顺着。
⑤ 江夏：长江和夏水。夏水是古水名，在今湖北省境内，是长江的分流。

⑥ 国门：国都之门。
⑦ 轸怀：悲痛地怀念。
⑧ 甲：甲日那一天。古时以干支纪日，甲是干支纪日的起字。
⑨ 鼂：通"朝"，早晨。
⑩ 郢都：战国时期的楚国都城，在今湖北省江陵县。

⑪ 闾：本指里巷之门，代指里巷。里巷是居民区。
⑫ 荒忽：心绪茫然。一说行程遥远。
⑬ 焉极：何极，何处是尽头。一说极，至也。
⑭ 楫：船桨。
⑮ 齐扬：一同举起。
⑯ 容与：犹豫。
⑰ 哀：悲伤。
⑱ 君：楚王。
⑲ 长楸：高大的楸树。楸：树名，落叶乔木。
⑳ 太息：叹息。
㉑ 涕：泪。
㉒ 淫淫：泪流满面。
㉓ 霰：雪粒。
㉔ 过：经过。
㉕ 夏首：地名，今湖北省沙市附近，为夏水的起点，长江在此分出夏水。
㉖ 西浮：向西浮行。诗人由夏水经夏首入江，本应顺流东下，但因依恋不舍而再看了一眼龙门，故反向西浮，之后才"运舟"（回船）向东。一说自西向东漂浮。东汉王逸认为"言己从西浮而东行"；郭沫若认为"心思向西而船行向东"。

㉗ 顾：回顾，回头看。
㉘ 龙门：郢都的东门。
㉙ 婵媛：心绪牵引，绵绵不绝。
㉚ 眇：通"渺"，遥远的样子。
㉛ 蹠：践踏，指落脚之处。
㉜ 顺风波：顺风随波。
㉝ 从流：从流而下。
㉞ 焉：兼词，于是，于此。
㉟ 洋洋：漂流不定。
㊱ 客：漂泊者，流浪者。
㊲ 凌：乘。
㊳ 阳侯：传说中的大波之神，这里指波涛。
㊴ 氾滥：大水横流涨溢。
㊵ 翱翔：飞翔的样子，这里比喻漂流的样子。
㊶ 焉：何。
㊷ 薄：止。
㊸ 絓：牵挂。
㊹ 结：郁结。
㊺ 解：解开。
㊻ 蹇产：诘屈纠缠。
㊼ 释：解开，消除。

將運舟①而下浮②兮，上洞庭③而下江④。去⑤終古之所居⑥兮，今逍遙⑦而來東。
我将行舟向下顺流而去啊，向南入洞庭，向北进长江。离开自古以来的住所啊，如今漂泊到了东方。

① 运舟：行舟。
② 下浮：向下游漂行。
③ 上洞庭：南入洞庭湖。
④ 下江：北入长江。

⑤ 去：离开。
⑥ 终古之所居：祖先世世代代居住的地方，指郢都。
⑦ 逍遥：无拘无束、自由自在的样子。这里指漂泊。

羌①靈魂之欲歸兮，何須臾②而忘反③？背④夏浦⑤而西思⑥兮，
我的灵魂时时都想归去啊，哪会片刻忘记返回故乡？背向夏水西行而思念郢都啊，

哀故都⑦之日遠。登大墳⑧以遠望兮，聊⑨以舒⑩吾憂心。
故都日渐遥远真叫人悲伤。登上大堤而举目远望啊，姑且以此来舒展一下我忧愁的衷肠。

哀州土⑪之平樂⑫兮，悲江介⑬之遺風⑭。
痛心这片国土不再地广民安，悲伤沿江两岸古代遗留的美好民风不再延续。

① 羌：语气词，楚方言，有乃之意。
② 须臾：时间很短暂，犹言"顷刻"。
③ 反：同"返"。
④ 背：背对着，指离开。
⑤ 夏浦：地名，指夏口，在今湖北省武汉市。

⑥ 西思：思念西方，指思念西面的郢都。
⑦ 故都：指代郢都。
⑧ 坟：水边高地。一说水边高堤。
⑨ 聊：姑且。
⑩ 舒：舒展。

⑪ 州土：楚国州邑乡土。
⑫ 平乐：土地平阔，人民安乐。一说和平快乐。
⑬ 江介：长江两岸。
⑭ 遗风：古代遗留下来的风气。

當①陵陽②之焉至③兮？淼④南渡之焉如⑤？曾不知⑥夏⑦之爲丘兮，
面对着陵阳我要到何处去啊？大水茫茫南渡又将去往何方？连大厦荒废成丘墟都不曾想到啊，
孰⑧兩東門⑨之可蕪？心不怡⑩之長久兮，憂與愁其相接。惟⑪郢路⑫之遼遠⑬兮，
又怎么可以再度让郢都东门荒芜？心中久久不悦啊，忧愁与惆怅相接不断。郢都的路途是那样遥远啊，
江與夏之不可涉⑭。忽⑮若去不信⑯兮，至今九年⑰而不復⑱。慘鬱鬱⑲而不通⑳兮，
长江和夏水有舟难航。忽然遭放逐不被君主信任，至今九年多了还不能回去。悲惨忧郁心情不得舒畅啊，
蹇㉑侘傺㉒而含慼㉓。
怅然失意满怀悲伤。

① 当：面对着。
② 陵阳：地名，在今安徽省青阳县或安徽省安庆市南。一说大的波涛。
③ 焉至：至何处。
④ 淼：大水茫茫的样子。
⑤ 焉如：何往。
⑥ 曾不知：怎不知。
⑦ 夏：通"厦"，高大的房屋。这里指楚都之宫殿。
⑧ 孰：谁。一作"何"。
⑨ 两东门：郢都东向的两个门。
⑩ 怡：乐。
⑪ 惟：发语词。
⑫ 郢路：通向郢都之路。
⑬ 辽远：遥远。
⑭ 涉：渡水。
⑮ 忽：忽然，时间过得快。
⑯ 不信：不被信任。
⑰ 九年：屈原在顷襄王时被流放是在顷襄王十三年（公元前286年），至白起破郢的顷襄王二十一年（公元前278年），首尾正是九年。
⑱ 复：返回郢都。一说不重新被信任。
⑲ 郁郁：郁积的样子。
⑳ 不通：心情不通畅。
㉑ 蹇：发语词，楚方言。
㉒ 侘傺：怅然独立，形容失意者的茫无适从。
㉓ 慼：同"戚"，忧伤。

外①承歡②之汋約兮，諶③荏弱④而難持⑤。忠湛湛⑥而願進⑦兮，
群小奉承楚王的欢心表面上美好啊，实际上内心软弱没有坚定的操守。有人忠心耿耿愿被进用为国效力啊，
妬被離⑧而鄣⑨之。堯舜⑩之抗行⑪兮，瞭杳杳⑫而薄⑬天。
却遭到众多嫉妒者的阻挡。唐尧、虞舜具有高尚的品德啊，高远无比可达九天云霄。
衆讒人之嫉妬兮，被⑭以不慈⑮之僞名。
而那些谗佞小人却要心怀妒忌啊，竟然在他们的头上加以"不慈"的污蔑之名。
憎⑯愠㐌⑰之脩美⑱兮，好⑲夫人⑳之忼慨㉑。衆踥蹀㉒而日進兮，
楚王讨厌那些不善言辞的忠贤之臣啊，却喜欢听那些小人表面上的激昂慷慨。小人奔走钻营而日益显进啊，
美㉓超遠㉔而逾邁㉕。
贤臣却越来越被疏远。

① 外：表面。
② 承欢：奉承君主之欢。
③ 谌：诚，实在。
④ 荏弱：软弱。

⑤ 难持：难以自持，指没有坚定的操守。
⑥ 湛湛：忠厚的样子。
⑦ 进：被进用。
⑧ 被离：纷乱的样子。被：同"披"。
⑨ 鄣：同"障"，阻碍，遮蔽。
⑩ 尧舜：传说中上古的两位圣明的君主。
⑪ 抗行：高尚伟大的行为。
⑫ 杳杳：遥远。
⑬ 薄：迫近。
⑭ 被：覆盖，这里犹言加在身上。
⑮ 不慈：不爱儿子。尧、舜传位于贤人，不传儿子，又传说尧曾杀长子考监明，所以战国时有人说他们不慈。《庄子·盗跖》："尧不慈，舜不孝。""尧杀长子，舜流母弟。"
⑯ 憎：憎恶。
⑰ 愠愉：不善言辞。
⑱ 修美：高洁美好。
⑲ 好：爱好，喜欢。
⑳ 夫人：彼人，那些人。
㉑ 忼慨：装腔作势地发表激昂慷慨的言辞。忼：同"慷"。
㉒ 蹀躞：小步行走貌。
㉓ 美：美人，这里指贤人。
㉔ 超远：疏远。
㉕ 逾迈：越发远行。逾：同"愈"。

乱①曰：曼②余目以流观③兮，冀④壹反⑤之何时？鸟飞反故乡兮，
尾 声：放眼四下观望啊，什么时候能返回郢都一趟？鸟儿高飞终要返回旧巢啊，
狐 死 必⑥ 首 丘⑦。信⑧非吾罪而弃逐⑨兮，何 日 夜 而 忘 之⑩？
狐狸死时头一定向着狐穴所在的方向。确实不是我的罪过却遭放逐啊，日日夜夜我哪里能忘记我的故乡？

① 乱：乐章的末章。后来借用作为辞赋最后总结全篇内容的收尾。
② 曼：引。
③ 流观：四处观望。
④ 冀：希望。
⑤ 壹反：返回一次。
⑥ 必：必定。
⑦ 首丘：头向着所居住处的山丘。
⑧ 信：确实。
⑨ 弃逐：放逐。
⑩ 之：借代故乡郢都。

二、字词梳理

（一）古今与通假

1. 甲之**朝**吾以行：通"朝"，早晨。通假字。
2. **眇**不知其所蹠：通"渺"，遥远的样子。通假字。
3. 淩阳侯之**氾**滥兮：同"泛"，浮。异体字。
4. 何须臾而忘**反** / 冀壹**反**之何时：同"返"，返回。古今字。
5. 曾不知**夏**之为丘兮：通"厦"，高大的房屋。通假字。
6. **妒**被离而鄣之：同"妒"，嫉妒。异体字。
7. 妒被离而**鄣**之：同"障"，阻隔，阻断。异体字。
8. 憎愠愉之**修**美兮：通"修"，美。通假字。
9. 好夫人之**忼**慨：同"慷"，慷慨。异体字。
10. 美超远而**逾**迈：同"愈"，更加。古今字。
11. 冀**壹**反之何时：同"一"，一次。异体字。

(二) 词义详解

1. 【纯】

(1) 丝不杂。《楚辞·离骚》："昔三后之纯粹兮，固众芳之所在。"

(2) 专一。《楚辞·哀郢》："皇天之不纯命兮，何百姓之震愆？"

(3) 善良，美。《左传·郑伯克段于鄢》："颍考叔，纯孝也。爱其母，施及庄公。"

2. 【扬】（三 P1167 常用词 737）

(1) 举起来。《楚辞·哀郢》："楫齐扬以容与兮，哀见君而不再得。"

(2) 振奋。《后汉书·张衡传》："振声激扬，伺者因此觉知。"

(3) 宣扬，传播。《礼记·中庸》："隐恶而扬善。"

(4) 古地名。

(5) 大斧头。《诗经·公刘》："干戈戚扬，爰方启行。"

3. 【聊】（三 P1187 常用词 776）

(1) 藉，依赖。《指南录后序》："穷饿无聊。"

(2) 副词，姑且，暂且。《楚辞·哀郢》："登大坟以远望兮，聊以舒吾忧心。"

4. 【介】（一 P60 常用词 45）

(1) 疆界。《楚辞·哀郢》："哀州土之平乐兮，悲江介之遗风。"

引申为在中间。《战国策·鲁仲连义不帝秦》："东国有鲁连先生，其人在此，胜请为绍介而见之于将军。"

引申为给予。《荀子·劝学》："神之听之，介尔景福。"

(2) 特立，直立（指品行）。《楚辞·离骚》："彼尧舜之耿介兮，既遵道而得路。"

(3) 量词，个。《滕王阁序》："勃，三尺微命，一介书生。"

(4) 甲。特指披挂甲胄的人，即甲士。《韩非子·五蠹》："国平养儒侠，难至用介士。"《左传·晋灵公不君》："既而与为公介，倒戟以御公徒。"

又活用作动词，给……披甲。《左传·齐晋鞌之战》："不介马而驰之。"

(5) 通"芥"，比喻微末的事物。《战国策·冯谖客孟尝君》："孟尝君为相数十年，无纤介之祸者，冯谖之计也。"

(6) 求。《诗经·七月》："为此春酒，以介眉寿。"

5. 【外】（一 P241 常用词 186）

外面，跟"内"相对。《楚辞·哀郢》："外承欢之汋约兮，谌荏弱而难持。"《韩非子·五蠹》："其言古者，为设诈称，借于外力，以成其私。"《左传·郑伯克段于鄢》："大隧之外，其乐也泄泄。"

引申为外部，特指国家的外部或家庭的外部。《左传·楚归晋知罃》："若从君之惠而免之，以赐君之外臣首。"《战国策·鲁仲连义不帝秦》："百万之众折于外，今又内围邯郸而不去。"

6.【夫】(三 P1071 常用词 698)

(1) 成年男子。《韩非子·五蠹》:"蓄积待时,而侔农夫之利。"

(2) [夫子] 对男子的敬称。《孟子·夫子当路于齐》:"夫子当路于齐,管仲晏子之功,可复许乎?"

(3) 丈夫。《孟子·许行》:"父子有亲,君臣有义,夫妇有别。"

(4) 读 fú。指示代词,这,那。《楚辞·哀郢》:"憎愠惀之脩美兮,好夫人之忼慨。"

(5) 读 fú。句首语气词,表示将对某事进行判断。《楚辞·离骚》:"何方圜之能周兮,夫孰异道而相安!"《庄子·百川灌河》:"且夫我尝闻少仲尼之闻,而轻伯夷之义者,始吾弗信。"

(6) 句尾语气词,表示感叹。《庄子·不龟手之药》:"则夫子犹有蓬之心也夫!"

三、语法修辞

(一) 词类活用

1. 过夏首而西浮兮 / 背夏浦而西思兮:方位名词作状语,向西。

2. 狐死必首丘:名词活用作动词,头朝着。

(二) 特殊结构

1. 何百姓之震愆:"何 + 名词 + 形容词"是古汉语中常见的用于表示感叹的句式,即"……是多么的……"。

2. 恌荒忽其焉极:疑问句中,疑问代词"焉"作宾语,前置。

3. 忽若去不信兮:无标记被动句,"不信",不被信任。

4. 忠湛湛而愿进兮:无标记被动句,"愿进",愿意被进用。

卜居、渔父

一、课文通译

卜居

屈原既放①三年，不得复见②。竭知尽忠，而蔽鄣③于谗。
屈原被流放了三年，仍不能见到国君。他竭尽智慧尽忠心，却被谗言遮挡和阻隔。
心烦虑乱，不知所从。乃往见太卜④郑詹尹曰："余有所疑，愿因⑤先生决之。"
他心烦意乱，不知道何去何从。于是前往拜见太卜郑詹尹说："我有疑惑，希望依靠先生您来决定。"
詹尹乃端策⑥拂龟⑦，曰："君将何以教之？"
詹尹就摆正蓍草、拂净龟壳，说："您有什么要赐教呢？"

① 放：放逐。
② 复见：再见到楚王。
③ 蔽鄣：遮蔽，阻挠。
④ 太卜：掌管卜筮的官。
⑤ 因：凭借，靠着。
⑥ 端策：数计蓍草。一说"端"为"揣"之借字。《说文解字》："揣，数也。"
⑦ 拂龟：拂去龟壳上的灰尘。

屈原曰："吾宁悃悃款款①朴以忠乎？将送往劳来②斯无穷乎？
屈原说："我是宁愿忠心耿耿，朴实而忠诚呢？还是送往迎来，四处通达无阻而官运亨通呢？
宁诛锄草茅以力耕乎？将游大人③以成名乎？宁正言不讳以危身乎？
是宁愿凭力气除草耕作呢？还是游说于达官贵人之中来成就名声呢？是宁愿直言不讳来使自身危殆呢？
将从俗富贵以媮生④乎？宁超然⑤高举⑥以保真⑦乎？将哫訾栗斯⑨、
还是该跟从习俗和富贵者来使身安乐呢？是宁愿超然脱俗来保全自己的纯真呢？还是阿谀逢迎战战兢兢、
喔咿儒儿⑩以事妇人⑪乎？宁廉洁正直以自清乎？将突梯⑫滑稽⑬、
咿咿喔喔（语无伦次地谄言献媚）来巴结妇人呢？是宁愿廉洁正直来使自己清白呢？还是圆滑求全，
如脂如韦⑭以絜楹⑮乎？宁昂昂若千里之驹乎？将泛泛⑰若水中之凫⑱，
像脂肪和熟皮一样毫无骨气地谄媚阿谀呢？是宁愿昂然自傲如同千里马呢？还是如同鸭子一样，
与波上下，偷以全吾躯乎？宁与骐骥亢轭⑲乎？将随驽马⑳之迹乎？
随波逐流，偷生来保全自己的身躯呢？是宁愿和良马一起呢？还是跟随驽马的足迹呢？
宁与黄鹄㉑比㉒翼乎？将与鸡鹜㉓争食乎？此孰吉孰凶？何去何从？
是宁愿与天鹅比翼齐飞呢？还是跟鸡鸭一起争食呢？这些选择哪是吉哪是凶？应该何去何从？
世溷浊㉔而不清：蝉翼为重，千钧㉕为轻；黄钟㉖毁弃，瓦釜㉗雷鸣；
世界浑浊不清：蝉翼被认为重，千钧被认为轻；黄钟被毁坏丢弃，瓦锅被认为可以发出雷鸣；

谗人高张㉘，贤士无名。吁嗟默默兮，谁知吾之廉贞！"
谗言献媚的人位高名显，贤能的人士默默无闻。哎呀不用再说了，谁知道我的廉洁忠贞！"

① 悃悃款款：诚实勤恳的样子。
② 送往劳来：送往迎来。劳：旧读 lào，慰劳。
③ 大人：达官贵人。
④ 媮生：使身安乐。
⑤ 超然：高超的样子。
⑥ 高举：远走高飞。
⑦ 保真：保全真实的本性。
⑧ 呢䛐：阿谀奉承。
⑨ 栗斯：献媚之态。栗：恭谨，恭敬。斯：语气助词。
⑩ 喔咿儒儿：强颜欢笑的样子。
⑪ 妇人：楚怀王的宠姬郑袖。她与朝中重臣上官大夫等人联合排挤谗毁屈原。
⑫ 突梯：圆滑的样子。
⑬ 滑稽：一种能转注吐酒、终日不竭的酒器，后借以指应付无穷、善于迎合别人。
⑭ 如脂如韦：像油脂一样光滑，像熟牛皮一样柔软，指善于应付环境。
⑮ 絜楹：度量屋柱，顺圆而转，形容处世圆滑随俗。
⑯ 昂昂：昂首挺胸、堂堂正正的样子。
⑰ 氾氾：漂浮不定的样子。氾：同"泛"。
⑱ 凫：水鸟，即野鸭。
⑲ 亢轭：并驾而行。亢：同"伉"，并也。轭：车辕前端的横木。
⑳ 驽马：劣马。
㉑ 黄鹄：天鹅。
㉒ 比：旧读 bì。
㉓ 鹜：鸭子。
㉔ 溷浊：肮脏、污浊。
㉕ 千钧：代表最重的东西。古制三十斤为一钧。
㉖ 黄钟：古乐中十二律之一，是最响最宏大的声调。这里指声调合于黄钟律的大钟。
㉗ 瓦釜：陶制的锅。这里代表鄙俗音乐。
㉘ 高张：在高位。

詹尹乃释策而谢①，曰："夫尺有所短，寸有所长；物有所不足，
詹尹便放下蓍草致歉，说："所谓尺有它不足的地方，寸有它的长处；物有它不足的地方，
智有所不明；数②有所不逮③，神有所不通。用君之心，
智慧有它不能明白的问题；卦有它算不到的事，神有它显不了灵的地方。您按照您自己的心意，
行君之意。龟策诚不能知此事。"
实行您的主张吧。龟壳和蓍草实在无法知道这些事。"

① 谢：致歉。
② 数：卦数。
③ 逮：及。

渔父

屈原既①放，游于江潭，行吟泽畔；颜色②憔悴，形容③枯槁。
屈原被放逐后，在沅江边上游荡，沿着江边走边唱；面容憔悴，模样枯瘦。
渔父见而问之曰："子非三闾大夫④与？何故至于斯？"
渔父见了向他问道："您不是三闾大夫吗？为什么落到这步田地？"

① 既：已经，引申为（在）……之后。
② 颜色：脸色。
③ 形容：形体容貌。
④ 三闾大夫：掌管楚国屈、景、昭三姓王族事务的官。屈原曾任此职。

屈原曰："举 世 皆 浊 我 独 清，众 人 皆 醉 我 独 醒，
屈原说："天下都浑浊不堪而只有我清澈透明（不同流合污），世人都迷醉了而唯独我清醒，
是①以②见③放。"
因此被放逐。"

① 是：这。
② 以：因为。
③ 见：被。

渔父曰："圣 人 不 凝 滞 於 物，而 能 与 世 推 移。世 人 皆 浊，
渔父说："圣人不死板地对待事物，能随着世道一起变化。世上的人都肮脏，
何不淈①其泥而扬其波？众 人 皆 醉，何 不 餔②其 糟③而 歠④其 醨⑤？何 故 深 思 高 举⑥，
何不搅浑泥水而扬起浊波？大家都迷醉了，何不既吃酒糟又大喝其酒？为什么想得过深又自命清高，
自 令 放 为？"
以至让自己落了个放逐的下场？"

① 淈：搅浑。
② 餔：吃。
③ 糟：酒糟。
④ 歠：饮。
⑤ 醨：薄酒。
⑥ 举：举动。

屈原曰："吾 闻 之，新 沐①者 必 弹 冠，新 浴②者 必 振 衣。
屈原说："我听说，刚洗过头一定要弹弹帽子，刚洗过澡一定要抖抖衣服。
安 能 以 身 之 察 察③，受 物 之 汶 汶④者 乎？宁 赴 湘 流，葬 身 於 江 鱼 之 腹 中。
怎能让清白的身体，受到世俗尘埃的污染呢？我宁愿跳到湘江里，葬身在江鱼腹中。
安 能 以 皓 皓⑤之 白，而 蒙 世 俗 之 尘 埃 乎？"
怎么能让晶莹剔透的纯洁，蒙上世俗的尘埃呢？"

① 沐：洗头。
② 浴：洗身，洗澡。
③ 察察：皎洁的样子。
④ 汶汶：污浊。
⑤ 皓皓：洁白或高洁的样子。

渔父莞尔①而笑，鼓枻②而去。歌曰："沧浪③之水清兮，可以濯④吾缨⑤；
渔父听了微微一笑，摇起船桨动身离去。唱道："沧浪之水清又清啊，可以用来洗我的帽缨；
沧浪之水浊兮，可以濯吾足。"⑥遂⑦去⑧，不 复⑨与 言。
沧浪之水浊又浊啊，可以用来洗我的脚。"便远去了，不再同屈原说话。

① 莞尔：微笑的样子。
② 鼓枻：摇摆着船桨。鼓：拍打。枻：船桨。
③ 沧浪：水名，汉水的支流，在湖北省境内。
④ 濯：洗。
⑤ 缨：系帽的带子，在颔下打结。
⑥ "沧浪……"句：这首《沧浪歌》也见于《孟子·离娄上》。其中"吾"字皆作"我"字。
⑦ 遂：于是。
⑧ 去：离开。
⑨ 复：再。

二、字词梳理

（一）古今与通假

1. 竭知尽忠：同"智"，智慧。古今字。
2. 将从俗富贵以媮生乎：通"愉"，安乐。通假字。
3. 何不铺其糟而歠其醨：同"啜"，饮，喝。古今字。

（二）词义详解

1.【放】（二 P507 常用词 323）

(1) 驱逐。《战国策·冯谖客孟尝君》："齐放其大臣孟尝君于诸侯。"《楚辞·卜居》："屈原既放三年，不得复见。"《楚辞·渔父》："众人皆醉我独醒，是以见放。""何故深思高举，自令放为？"

(2) 放纵，不约束。《孟子·齐桓晋文之事》："苟无恒心，放辟邪侈，无不为已。"

2.【因】（二 P420 常用词 269）

(1) 动词，依靠，凭借。《楚辞·卜居》："余有所疑，愿因先生决之。"《左传·烛之武退秦师》："因人之力而敝之，不仁。"

引申为顺着。《庄子·庖丁解牛》："依乎天理，批大郤，导大窾，因其固然。"

引申为接着。《论语·先进》："加之以师旅，因之以饥馑。"

又引申为因而。《孟子·齐桓晋文之事》："若民，则无恒产因无恒心。"

[因而] 趁此，就此。《战国策·冯谖客孟尝君》："今君有区区之薛，不拊爱子其民，因而贾利之。"

(2) 介词，通过。《战国策·鲁仲连义不帝秦》："魏王使客将军辛垣衍间入邯郸，因平原君谓赵王曰……"

(3) 介词，由于。《谏太宗十思疏》："恩所加，则思无因喜以谬赏。"

(4) 名词，原因。《孔雀东南飞》："于今无会因。"

(5) 副词，于是。《战国策·冯谖客孟尝君》："臣窃矫君命，以责赐诸民，因烧其券，民称万岁。"

(6) 如同。《战国策·庄辛说楚襄王》："夫蜻蛉其小者也，黄雀因是以。"

3.【策】（二 P525 常用词 374）

(1) 竹制的马鞭。《战国策·鲁仲连义不帝秦》："齐闵王将之鲁，夷维子执策而从。"

(2) 写字的竹简。《宋学士文集·王冕读书》："执策映长明灯读之。"

(3) 计策，计谋。《史记·廉颇蔺相如列传》："均之二策，宁许以负秦曲。"

(4) 用于占卜的筹码。《楚辞·卜居》："龟策诚不能知此事。"

(5) 拐杖。《淮南子·夸父逐日》："夸父弃其策。"

4.【色】（一 P238 常用词 180）

(1) 表情，神色。《战国策·触詟说赵太后》："太后之色少解。"《楚辞·渔父》："颜色憔悴，形容枯槁。"《孟子·舜发于畎亩之中》："征于色，发于声，而后喻。"《战国策·庄辛说楚襄王》："襄王闻之，颜色变作，身体战栗。"

(2) 女色。《大学·诚意》："如恶恶臭，如好好色。"

(3) 色彩。《庄子·北冥有鱼》："天之苍苍，其正色邪？"《孟子·齐桓晋文之事》："抑为采色不足视于目与？"

> **知识链接："颜""色"的辨析**
>
> "色"指脸上的表情，"颜"指"额"。二者有密切联系，所以常并列使用。
>
> 二者的不同主要在于："色"可当色彩讲，也含"女色"的意思；而"颜"无这两种含义。

5.【见】(一 P214 常用词 124)

(1) 看见。《楚辞·渔父》："渔父见而问之曰……"

(2) 读 xiàn。谒见，拜见。《左传·曹刿论战》："曹刿请见。"《论语·季氏》："冉有季路见于孔子。" ——一般作不及物动词使用，作及物时译作"看见"。

(3) 读 xiàn。被看见，出现。《战国策·荆轲刺秦》："图穷而匕首见。"

(4) 助词，表"被"。《楚辞·渔父》："举世皆浊我独清，众人皆醉我独醒，是以见放。"《庄子·秋水》："吾长见笑于大方之家。"

6.【令】(一 P133 常用词 67)

(1) 发出命令。《史记·垓下之战》："乃令骑皆下马步行，持短兵接战。"

引申为名词，命令。《史记·屈原列传》："王使屈平为令，众莫不知。"

(2) 旧读 líng。使。《战国策·触詟说赵太后》："多予之重器，而不及今令有功于国。"《吕氏春秋·察传》："宋君令人问之于丁氏。"《楚辞·渔父》："何故深思高举，自令放为？"

(3) 官职。《韩非子·五蠹》："令尹曰……"

(4) 时令。《芙蕖》："群葩当令时，只在花开之数日。"

三、语法修辞

（一）词类活用

1. 宁正言不讳以危身乎 / 将从俗富贵以媮生乎：形容词的使动用法，使……危险 / 使……安乐。

2. 宁廉洁正直以自清乎 / 世溷浊而不清：形容词的使动用法，使……清白。

3. 偷以全吾躯乎：形容词的使动用法，使……保全。

4. 何不淈其泥而扬其波：形容词的使动用法，使……浑浊。

（二）特殊结构

1. 屈原既放三年：无标志的被动句，"放三年"即被放逐三年。
2. 君将何以教之：疑问句中，代词"何"作介词"以"的宾语，前置。
3. 是以见放：介词"以"的宾语"是"前置。助词"见"表被动，这句是有标志的被动句。

单元习题

一、填空题

1. 现存最早的《楚辞》本子是东汉王逸的《＿＿＿＿＿＿》，他在《叙》中表明所依据的底本是刘向的辑本。

2. 《＿＿＿＿＿＿》中"山有木兮木有枝，心悦君兮君不知"两句，是屈原的诗《＿＿＿＿＿＿》中"沅有芷兮醴有兰，思公子兮未敢言"两句所本。

3. 诗人屈原在长诗《＿＿＿＿＿＿》中用"虽体解吾犹未变兮，岂余心之可惩"表明了自己誓死坚持理想、保持高尚人格的决心。

4. 屈原的长诗《＿＿＿＿＿＿》是一首别开生面的咏史诗。此诗通过对宇宙万物以及夏、商、周兴亡的历史和楚国现状的探问，表现了诗人对楚国前途的强烈忧患意识。

5. "路曼曼其修远兮，吾将上下而求索"是屈原的诗《＿＿＿＿＿＿》中的名句。

6. 屈原的短篇抒情诗集《九章》共＿＿＿＿＿＿篇作品，包括《惜诵》《＿＿＿＿＿＿》《＿＿＿＿＿＿》《抽思》《怀沙》《思美人》《惜往日》《＿＿＿＿＿＿》《悲回风》。

7. 《＿＿＿＿＿＿》一诗是屈原的绝笔。全诗最后说："宁溘死而流亡兮，恐祸殃之有再"，表明了诗人以死殉志的悲壮之情。

8. 《＿＿＿＿＿＿》是诗人屈原早期创作的一首咏物述志诗，诗以拟人化的手法赞美橘树"受命不迁""秉德无私"的品性，并将它作为自己的师表。

9. "鸟飞反故乡兮，狐死必首丘"是屈原的诗《＿＿＿＿＿＿》中的句子。这首诗大约作于楚国国都沦陷之后，表达了诗人国破家亡的悲哀和至死不渝的爱国之情。

10. 屈原短篇抒情诗集《九章》中的《＿＿＿＿＿＿》记叙了屈原晚年被流放江南的凄苦经历，其开头就说："余幼好此奇服兮，年既老而不衰"，表达了诗人矢志不渝地执着于理想的精神。

11. 屈原的抒情组诗《九歌》共分为＿＿＿＿＿＿篇，分别是《东皇太一》《云中君》《＿＿＿＿＿＿》《＿＿＿＿＿＿》《大司命》《＿＿＿＿＿＿》《东君》《河伯》《＿＿＿＿＿＿》《＿＿＿＿＿＿》和《礼魂》。

12. 屈原的《九歌·＿＿＿＿＿＿》中，"首身离兮心不惩""魂魄毅兮为鬼雄"礼赞了勇武刚强、为国捐躯的将士，充满了慷慨悲壮的英雄气概。

13. "青云衣兮白霓裳，举长矢兮射天狼"是屈原的诗《＿＿＿＿＿＿》中的句子，体现了英雄主义精神。

14. 《九歌·少司命》中，"悲莫悲兮生别离，＿＿＿＿＿＿"两句描写离别的悲哀，被后人推许为"千古情语之祖"。

15. 古人赞誉《九歌·湘夫人》中"嫋嫋兮秋风，_____"两句是写景的妙句，"沅有芷兮澧有兰，_____"两句是写情的妙句，二者互相生发，形成一种情景交融的意境。

16. "若有人兮山之阿，被薜荔兮带女萝"是《_____》一诗中对山中女神的描写。这种描写充满了山林的气息。

二、翻译下列文段（武汉大学 2024）

屈原至于江滨被发行吟泽畔颜色憔悴形容枯槁渔父见而问之曰子非三闾大夫欤何故而至此屈原曰举世混浊而我独清众人皆醉而我独醒是以见放渔父曰夫圣人者不凝滞于物而能与世推移举世混浊何不随其流而扬其波众人皆醉何不铺其糟而啜其醨何故怀瑾握瑜而自令见放为屈原曰吾闻之新沐者必弹冠新浴者必振衣人又谁能以身之察察受物之汶汶者乎宁赴常流而葬乎江鱼腹中耳又安能以皓皓之白而蒙世之温蠖乎（《史记·屈原列传》）

单元习题参考答案

一、填空题

1. 楚辞章句
2. 越人歌；湘夫人
3. 离骚
4. 天问
5. 离骚
6. 九；涉江；哀郢；橘颂
7. 惜往日
8. 橘颂
9. 哀郢
10. 涉江
11. 十一；湘君；湘夫人；少司命；山鬼；国殇
12. 国殇
13. 东君
14. 乐莫乐兮新相知
15. 洞庭波兮木叶下；思公子兮未敢言
16. 山鬼

二、翻译下列文段

屈原被放逐后，在沅江边上游荡，沿着江边走边唱；面容憔悴，模样枯瘦。渔父见了向他问道："您不是三闾大夫吗？为什么落到这步田地？"

屈原说："天下都是浑浊不堪而只有我清澈透明（不同流合污），世人都迷醉了而唯独我清醒，因此被放逐。"

渔父说："圣人不死板地对待事物，能随着世道一起变化。世上的人都肮脏，何不搅浑泥水而扬起浊波？大家都迷醉了，何不既吃酒糟又大喝其酒？为什么想得过深又自命清高，以至让自己落了个放逐的下场？"

屈原说："我听说，刚洗过头一定要弹弹帽子，刚洗过澡一定要抖抖衣服。怎能让清白的身体，受到世俗尘埃的污染呢？我宁愿跳到湘江里，葬身在江鱼腹中。怎么能让晶莹剔透的纯洁，蒙上世俗的尘埃呢？"

跋

诸君面前的这本《古代汉语同步辅导与习题详解手写笔记》立项于 2022 年 6 月，正式动笔则是在 2023 年底 2024 年初。回首看来，有许多汗水与收获，能顺利完稿则必须要感谢以下几位前辈与同仁。首先要感谢本书前后三任编辑老师的接续努力。本项目是由李梦雨老师起意策划，后转至刘振云老师管理，最后则在夏仪老师手里完稿，三位编辑老师认真筹划、有序统筹、及时沟通、稳步推进，是非常棒的编辑，背后亦可见云图公司对本项目一以贯之的关注与重视。其次则是所有与本书出版有关的校对编审老师们。三审三校的严格把关，提出了大量的修改意见，为全书的体例、内容等问题提出了精准的修改方案，为稿子内容的严谨与形式的美观，付出了艰辛的劳动，这一点也深深地感动着笔者。最后，本书烦琐而细致的原文详解，耗费了马一鸣老师大量的时间与精力，可谓劳苦功高。

记得 2024 年暑假，正是集中笔力撰稿之时。每日在斗室里久坐苦战，黄昏时骑车在中山大学深圳校区的校园内漫游，驻足欣赏夕阳，云卷云舒、日暮苍山，彼刻"心凝形释，与万化冥合"，是一天中不多的乐趣。马老师定也是如此坚持，否则不会有文质兼美的译文出炉。

"追风赶月莫停留，平芜尽处是春山。"人的生命是由一个个坐标和片段构成的。于此刻而言，笔者与读者都在登攀各自心中的某座春山，故谨以此书献给：在时间的长河中，你我诸君之生命中奋斗的一瞬！

童 程
2025 年 3 月 18 日
中山大学相山